일본 전후 정치와
사회민주주의

GENSHI NO NAKA NO SHAKAI MINSHU-SHUGI
(revised and enlarged edition of "Sengo Nihon Seiji To Shakai Minshu-shugi")
by SHINKAWA Toshimitsu

일본 전후 정치와 사회민주주의 : 사회당·총평 블록의 흥망

1판1쇄 | 2016년 6월 10일

지은이 | 신카와 도시미쓰
옮긴이 | 임영일

펴낸이 | 정민용
편집장 | 안중철
책임편집 | 윤상훈
편집 | 이진실, 최미정

펴낸 곳 | 후마니타스(주)
등록 | 2002년 2월 19일 제300-2003-108호
주소 | 서울 마포구 양화로6길 19, 3층 (서교동)
전화 | 편집_02.739.9929/9930 영업_02.722.9960 팩스_0505.333.9960

홈페이지 | www.humanitasbook.co.kr
페이스북 | facebook.com/humanitasbook
트위터 | @humanitasbook
블로그 | humanitasbook.tistory.com
이메일 | humanitasbooks@gmail.com

인쇄 | 천일문화사_031.955.8083 제본 | 일진제책사_031.908.1407

값 20,000원

ISBN 978-89-6437-247-0 93300

이 도서의 국립중앙도서관 출판시도서목록(CIP)은 e-CIP홈페이지(http://www.nl.go.kr/ecip)와
국가자료공동목록시스템(http://www.nl.go.kr/kolisnet)에서 이용하실 수 있습니다.
(CIP제어번호: CIP2016010421)

일본 전후 정치와 사회민주주의

사회당·총평 블록의 흥망

幻視のなかの社会民主主義
『戦後日本政治と社会民主主義』増補改題

신카와 도시미쓰(新川敏光) 지음 | 임영일 옮김

후마니타스

일러두기

1. 이 책은 다음 저서의 한국어 완역본이다.

    新川敏光, 『幻視のなかの社会民主主義』(『戦後日本政治と社会民主主義』 増補改題: 法律文化社, 2007)

2. 한글 전용을 원칙으로 했다. 고유명사의 우리말 표기는 국립국어원의 외래어 표기법을 따랐다.
   그러나 관행적으로 굳어진 표기는 그대로 사용했으며, 필요한 경우 한자나 원어를 병기했다.

3. 옮긴이가 본문에서 첨가한 내용은 대괄호([ ])로 처리했고, 원주 외에 추가한 각주는 '역주'로
   표기했다. 책의 맨 끝에 실은 '일본 노동조합 총연맹 체제의 변화 과정' 또한 원서에 없는 것으로,
   한국 독자의 이해를 돕기 위해 옮긴이가 추가한 것이다.

4. 초판 및 증보판 후기에서 언급된 문헌은 각주 양식으로 처리했다.

5. 단행본·전집·정기간행물에는 겹낫표(『 』)를, 논문·논설·기고문 등에는 큰따옴표(" ")를,
   선언·강령·각서 등의 문서 및 법령에는 가랑이표(〈 〉)를 사용했다.

한국어판 서문

이 책을 출판한 것은 20년 전인 1997년이다. 그로부터 10년이 지난 2007년에 개정판을 낼 수 있었다. 그리고 이번에 한국어로 번역 출판하게 되었다. 출판한 지 적지 않은 시간이 지났음에도 새로운 독자를 만날 기회를 얻는 것은 필자에게 더할 나위 없이 큰 기쁨이다. 번역의 수고를 감수해 주신 임영일 선생님께 감사의 뜻을 표하고 싶다.

이 책의 착상을 얻은 것은 『일본형 복지의 정치경제학』日本型福祉の政治経済学(이 책 또한 운 좋게 한국에 소개되었다)[『일본사회복지의 정치경제학』, 윤문구 옮김(홍익재, 2001)]을 집필할 때이다. 당시 필자는 권력자원동원론을 이용해 노동조합의 조직화와 중앙 집중화, 정치적 영향력, 노동과 자본의 권력 균형 등을 분석하고, 전후 일본 복지국가가 발전하고 이를 수정하기까지에 이르는 정치과정을 밝히고자 했다. 이때 권력자원동원에 성공한 스웨덴의 경험을 정리하게 되었다. 이를 기준으로 일본을 살펴본다면 일본 권력자원동원의 특징을 더욱더 선명하게 볼 수 있으리라고 생각했다.

스웨덴에서는 노동자와 농민의 연대와 계급 교차 연합에 힘입어 강력한 사민주의 세력이 형성되었다. 반면 전후 일본에서는 노농 연대가 실패로 끝나면서 민간 부문의 노사 연합은 노동 내의 공공 부문과 민간 부문의 대립을 고착시켰고, 그 결과 보수당인 자유민주당(이하 자민당) 정권을 허용했다. 이 책에서 필자가 시도한 것은 일본에서 왜 사민주의 세력이 성장하지 못했는지, 달리 말해 일본 '사민주의의 실패'를 스웨덴 모델을 준거로 삼아 그려내는 것이었다.

일본 전후 정치에서 좌파 세력이 완전히 무력했던 것은 아니다. 1955년부터 1993년까지 계속된 자민당 장기 집권 아래 일본사회당도 줄곧 제1 야당의 지위를 차지하고 있었다. 일본사회당은 공산당과 다른 일본의 독자적 사회주의정당이며, 정식 영어 명칭은 'Social Democratic Party of Japan', 즉 일본사회민주당이었다. 그러나 일본사회당이 내세운 정책은 서구의 사회민주당에서 보여 준 정책과는 달랐다. 일본사회당은 사회주의혁명을 표방했고 복지국가에 냉담했다. 일본사회당 후보는 선거에서 복지 확대를 빈번히 외쳤지만 이는 선거용 대책에 불과했다. 자민당이 집권하는 가운데 일본사회당은 '무엇이든 반대'하는 만년 야당이자 저항정당으로 야유를 받는 존재였고 집권당이 될 준비에는 소홀했다. 일본사회당은 의회에서 과반수를 차지할 정도의 후보자를 세우지도 않았으니 진지하게 정권 획득을 목표로 삼았다고 보기 어렵다.

왜 일본사회당이 서구적인 사회민주당이 되지 못하고 정권 획득의사가 없는 저항정당이 된 것인가? 그 배경으로 전후 일본의 권력자원동원에서 나타났던 특징을 들 수 있다. 일본사회당을 지탱한 것은 일본노동조합총평의회(이하 총평)라고 불리는 일본 최대의 조직노동이었다. 총평은 냉전 체제에서 반공산주의 노동운동의 기수로 탄생했지만, 결성되자마자 좌경화되면서 결국에는 평화 헌법을 지키고 전쟁에 반대하는 입장(이 책에서는 호헌 평화주의라고 부르고 있다)

에 섰다. 일본사회당은 총평에 대한 인적·재정적 의존성이 높아서 총평의 정치 지부라고 불릴 정도였다.

총평의 정치 지부인 사회당의 기본 방침이 호헌 평화주의였던 이상, 이 정당이 저항정당이 된 것은 우연이나 전략적 착오가 아니라 합리적 선택이었던 셈이다. 헌법 수정을 저지하는 데는 의회 의석의 3분의 1을 점하는 것으로 충분하다. 또한 미·일 안보에도 야당 입장이었기에 반대 의견을 낼 수 있었다. [그러나] 정권을 잡게 되면 국제 관계 및 외교 현실에 타협할 수밖에 없기에 이데올로기적 순수성을 유지하기 어렵다. 실제로 1994년 무라야마 도미이치村山富市 사회당 당수는 총리가 되자마자 호헌 평화주의를 포기했다.

이처럼 일본사회당은 마르크스주의와 호헌 평화주의를 특징으로 하는 좌파 이데올로기를 주장했을 뿐 집권 프로그램을 내놓지 못했다. 이런 사회당이 1986년 〈신新선언〉을 채택하며 뒤늦게나마 현실 정당 노선을 걷게 된다. 〈신선언〉에 의해 일본사회당은 소비에트형 사회주의와 결별하고 서구식 사회주의(사민주의)를 추구할 것을 천명했다.

이렇게 한 데는 총평 내 좌파 세력이 쇠퇴한 것이 배경으로 작용했다. 총평의 중핵을 담당했던 것은 공공 부문 노조였다. 이들은 마르크스주의 이론으로 무장했고, 노사 화해를 거부했으며, 민간 부문의 노사 화해 체제와는 대립하고 있었다(계급 교차 연합의 고정화). 이들은 쟁의권이 박탈된 데 반발하면서 불법 파업을 되풀이하는 등 사용자와 대결하려는 자세를 분명하게 드러냈다. 대결형 노동운동은 1950년대 총평계 민간 부문에서도 나타났지만, 일부 중소기업을 제외하면 1960년대 들어 모두 도태되었다. 반면 시장 경쟁에 노출되지 않고 신분이 보장되었던 공공 부문에서는 1970년대에도 [대결형 노동운동이] 유지되고 있었다. 특히 공기업의 노동조합, 그중에서도 국철노동조합(이하 국철노조)이 이 같은 흐름을 이끌었다. 그러나 대결형 노동운동은 1980년대 중반 공기업이 민영화되면서 쇠퇴했다. 이런 일련의 과정 속에서 일본노동조합총연합(이하 연합連合)이 탄생했다.

그렇다면 연합이 탄생하고 일본사회당이 현실정당화의 길을 가면서 1990년대 일본 사민주의 세력이 좌파의 중심이 되었는가? 현실은 달랐다. 현실정당화로 방향을 돌린 사회당은 1990년 걸프 전쟁이 발단이 된 PKO(유엔 평화 유지 활동) 법안을 둘러싸고 다시 호헌 평화주의 노선으로 회귀했다. 그리고 1993년, 아무런 정권 구상이 없는 상태에서 자민당의 분열, 즉 상대편이 실기하면서 정권을 차지했다. 따라서 비非자민 연립 정권 내에서 사회당은 최대 세력이었음에도 완전한 주도권을 발휘할 수 없었고 정치 개혁을 외치는 보수 신당에 끌려 다녔다. 그 일환으로 실시된 소선거구제 아래서는 노동조합에만 의존했던 기존 선거운동 방식만으로는 사회당 후보를 당선시키기 어려웠다. 신당 결성 시도들마저 좌절되자 대다수의 사회당 국회의원은 난파선에서 달아나듯 보수 세력이 주도한 민주당에 합류했다.

민주당이 자민당과 대치하고 그 결과로 일본의 민주주의 정치가 활성화되었다면 사회당의 소멸이 무의미하지는 않았을 것이다. 유감스럽게도 현실은 이 같은 기대마저 배반한다. 21세기 들어 보수에 대항하는 좌파 정당이 존재하지 않게 된 정치 무대에서 자민당 정권은 신자유주의적 개혁을 단행한다. 고용을 보장받지 못하는 주변 노동력이 증대되었고 소득 격차는 더욱더 확대되었다. 민주당은 이 같은 신자유주의적 개혁에 맞서 효과적으로 제어하는 기구가 되지 못했다. 심지어 그들 안에는 신자유주의적 개혁에 공감하는 인물 또한 적지 않았다. 건전한 좌우 대립과 정당 간 경쟁을 결여한 일본 정치가 만들어 낸 것은 일본식의 분단 사회이다.

한국 사정에 밝지 않은 필자로서는 일본사회당 그리고 일본 정치의 비극이 한국 정치에 어떤 교훈을 줄 수 있을지에 대해 답할 능력이 없다. 그럼에도 여기에서 보편적 교훈을 찾아낼 수는 있을 것이다. 현실을 무시한 교조주의는 원칙 없는 현실 추종주의로 변할 수 있다는 것, 그리고 언제나 원칙을 견지하면서도 현실에는 유연하게 대응할 필요가 있다는 점이다. 미래를 여는 정치에는 원칙과 현실의 긴장을 견딜 수 있는 지성과 의지가 요구된다.

2015년 12월
신카와 도시미쓰

서장
과제와 시각

1993년 자민당 장기 정권이 무너졌다. 그 직접 원인이 금전 스캔들을 둘러싼 내부 대립이고, 오자와 이치로小沢一郎와 하타 쓰토무羽田孜를 위시한 경세회経世会 회원들의 탈당이었던 것은 주지의 사실이다. 물론 금전 스캔들은 자민당의 만성병이었지 새로운 일은 아니었다. 자민당은 이 만성병의 처방약이 무엇인지 알고 있었다. 제도 개혁은 자민당이 습관적으로 쓰는 '상징 정치'였다. 그럼에도 1993년의 당의 분열이 정권 교체로 이어진 것은 오자와를 필두로 자민당 내의 개혁파가 당의 결속보다 정치 개혁을 우선시하는 태도를 취해, 과거에는 자민당의 상징조작으로도 충분했던 제도 개혁을 실질적인 정치 쟁점으로 바꾸어 버렸기 때문이다.

이런 결단의 배경으로 '1955년 체제'를 규정한 냉전 체제의 종언, 이권 확보와 재계 보호 정책을 중심으로 한 자민당 정치의 한계 등 구조적 요인이 지적된다山口 1997). 그러나 이후 정계 개편 움직임을 보면, 자민당과 사회당의 이념 대립이 끝났음에도 자민당 정치의 종언은 없었다. 공교롭게도 이념 대립의 종언이 자민당과 사회당이 제휴할 수 있게 함으로써 자민당의 재기를 도운 격이었다.

1995년과 1998년의 참의원 선거에서 자민당이 고전한 데서 보듯,[1]

자민당의 재기는 안정적이지는 않았다. 그러나 1993년의 정치 변화가 가져온 분명한 변화는 자민당과 사회당 대립 구도의 종언이다. 오랫동안 만년 야당이라 불렸던 일본사회당이 호소카와 모리히로細川護熙 연립내각에 참여하는가 하면, 그로부터 1년 뒤에는 '숙적' 자민당과 '역사적 화해'를 감행해, 사회당 당수(무라야마 도미이치)를 총리로 하는 내각을 탄생시킨 것이다. 만년 야당에서 정권의 일익을 담당하는 당으로의 전환은 저항정당으로부터 현실정당으로 이행한다는 것을 의미한다. 1955년 체제 아래 최대 쟁점이었던 외교·방위 정책을 보면, 사회당은 호소카와 내각에서는 〈8당 각서〉(1993년 7월 29일)를 통해 "지금까지 정부 정책의 계승"을 수용했고, 더 나아가 무라야마 내각에서는 "자위대 합헌, 미·일 안보조약 견지"를 제시해 장기간에 걸친 국내 냉전 구조에 종지부를 찍었다.[2]

사회당이 현실정당을 향해 방향 수정을 시작한 것은 1980년대 중반이었다. 당시 이시바시 마사시石橋政嗣 위원장은 집권당으로 전환하기 위해 1986년 가까스로 〈신선언〉을 채택했다. 이로써 사회당은 "계급정당인가, 국민정당인가?"라는 오랜 논쟁에 종지부를 찍었다.

---

1 1995년 참의원 선거에서 자민당은 46석에 그쳐 40석을 얻은 신진당新進黨에 바짝 쫓겼다. 비례구와 지역 선거구 득표율에서는 신진당이 자민당에 앞섰다. 1998년 참의원 선거에서는 신진당이 와해되고 민주당이 새로 제1 야당이 되었는데, 당수인 간 나오토菅直人의 인기가 높았으나 당의 지지율은 낮아 지민당의 낙승이 예상되었다. 하지만 선거 결과 자민당은 44석에 머물고 민주당이 예상외로 선전해 27석을 얻었다.

2 당시 무라야마 총리가 미·일 안보조약의 '유지'를 '견지'堅持로 잘못 말한 것은 본인도 인정하는 잘 알려진 일화이다(村山·辻本 1998, 112).

사회당은 '국민의 당'으로서 기존 사회주의와는 다른 방향을 지향한다고 밝혔다.[3] 무라야마 위원장 시절의 사회당은 〈신선언〉이 제시한 현실정당화를 완성했다고 말할 수 있다. 〈신선언〉을 대신한 〈1995년 선언〉에서는 사회민주주의 이념을 전면적으로 내세우고, 〈신선언〉에서는 손대지 못했던 '호헌·반자위대·반(미·일)안보' 노선을 대폭 수정했다.

사회당의 이 같은 현실정당화는 〈고데스베르크강령〉으로 마르크스주의와 결별하고, 기독교민주동맹과의 대연정을 거쳐, 1970년대에 집권당이 되어 국민의 신뢰를 얻었던 독일 사민당의 경험을 따른 것이었다(田辺 1988). 1996년 1월 일본사회당은 사회민주당으로 이름을 바꾼다. 그러나 이는 비약을 향한 제1보가 아니라 종언의 시작에 불과했다. 1996년 10월 총선거를 앞두고 사회민주당은 하토야마 이치로鳩山一郎 신당 합류파와 잔류파로 분열된다. 선거 후 사회민주당은 중의원에서 겨우 15석에 불과한 군소 정당으로 전락해, 자민당 정권을 내각 밖에서 지원하는 세력으로 잔명을 이어가게 된다.[4]

---

3 이는 소련식 사회주의를 포기하고 서구식 사회민주주의를 선택한다는 의미였는데, 좌파가 강력하게 저항하자 그 표현을 애매하게 한 것이었다.

4 자민당의 야마자키 다쿠山崎拓 씨는 [자민당이 사회당이 아닌 다른 보수 야당과 연정을 실시하리라는] 보·보 연합 소문이 나돌고 있던 당시, 필자도 참가한 연구회 석상에서 "자민당은 조강지처를 버리고 젊은 부인을 새로 들이는 중년 남자의 난봉기를 가진 당이 아니다."라고 말했는데, 이는 무라야마 정권 이후 사회당이 처한 처지를 절묘하게 표현한 말이었다(야마자키 인터뷰 1997/05/22). [역주 : 소선거구제를 도입한 1996년의 첫 중의원 총선거 결과 자민당은 5백 석 중 239석, 제1 야당 신진당이 156석, 민주당이 52석, 공산당이 26석이었다. 과반 획득에 실패한 자민당은 보수 야당(신진당·민주당)이 아니라, 30석에서 15석으로 대패한 사회민주당(과거 사회당), 9석에서 2석으로 조락한 신당사키가케와의 연정을 계속한다.]

흔히 오랫동안 '무엇이든 반대'하는 저항정당으로 존재해 온 것이 사회당이 조락한 원인이라고 지적되어 왔다. 그러나 사회당이 가까스로 사회민주주의를 선택해 현실정당으로 변신한 결과는 이토록 처참했다. 사회당은 왜 실패했는가? 이를 이해하려면 일본 전후 정치 속에서 사회당이 맡아 온 역할은 무엇이고, 현실정당화는 무엇을 의미하는지를 물어야 한다. 그리고 이는 바꾸어 말하면 일본 정치에서 사회민주주의란 무엇인지를 다시 묻는 것과 다름없다. 따라서 이를 확인하려면 시야를 넓혀 정당정치를 넘어서서 계급정치까지 연구 대상으로 포괄해야 한다. 사회민주주의란 자본주의에서 발생하는 노동과 자본의 대립을 의회주의로, 다시 말해 경제적 분쟁을 정치의 장으로 옮겨 완화하려는 것이고, 따라서 노자勞資[5]의 권력관계를 빼고 사회민주주의를 말할 수는 없다고 생각하기 때문이다.

이 책에서는 우선 스웨덴에 대한 연구를 실마리 삼아 사회민주주의를 모델화하고, 이를 준거 틀로 하여 전후 일본의 정치경제 체제와 비교해 양자의 차이 및 그 함의를 검토한다. 스웨덴을 준거로 하는 이유는 스웨덴이 가장 발달한 사회민주주의 체제를 실현해 왔다는 평가가 일반적일 뿐만 아니라, 사회민주주의 개념을 실증적 분석 모델로 다듬는 데서 스웨덴 연구가 선도적 역할을 해왔기 때문이다. 스웨덴을 기준으로 삼아 양자의 차이를 검토하겠지만, 일본이 스웨

---

5 이 책에서는 원칙적으로 거시적 계급 수준에서 조직 노동과 자본의 관계를 언급하는 경우에는 노자(노동·자본)라는 용어를, 기업 수준에서의 노동조합과 경영의 관계에 대해서는 노사(노조·사용자)라는 용어를 사용한다.

덴에 비해 '지체'되었다거나 스웨덴에 다가가야 한다는 식의 규범적 평가를 하지는 않는다. 다른 모델과 마찬가지로 사회민주주의 모델에도 불가피하게 이론적 편향이 있음은 물론이다. 스웨덴이라는 북유럽의 소국을 모델로 하는 것은 사회민주주의가 선진 자본주의 나라들 중 적어도 20세기 후반에서는 보편적인 의미를 지녔다고 인식하기 때문이며, 이 점에서 필자는 이론적 중립을 표방하거나, '백지에서 출발'한다고 내세울 생각이 전혀 없다(Rothstein 1996, 44 참조).

사회민주주의 모델을 통해 전후의 일본 정치를 분석하는 작업은 다음과 같은 인식에서 그 타당성을 찾을 수 있다. 제2차 세계대전 후 자본주의 정치경제는 계급정치 수준에서의 노자협조(이른바 '전후 화해')와 생산성 정치의 특징을 보였다. 전후 노자 화해 체제를 가능하게 한 것이 포드주의Fordism 축적 체제였다고 생각한다. 대량생산·대량소비 시스템이 작동하려면 대규모의 동질적 노동력이 필요할뿐더러 노동자가 소비자로서 축적 체제의 일부가 될 필요도 있다. 즉 노동자는 잉여가치를 생산하고 소비하는 두 측면에서 불가결한 요소로 축적 체제에 포섭된다.

물론 '전후 화해 체제'의 구체적 형태는 각 나라의 역사적·문화적 맥락, 제도적 권력관계에 따라 다양하다. 하지만 거기에는 재분배적인, 즉 사회민주주의적인 경향성이 존재한다. 이것이 사회민주주의를 '전후 화해 체제'의 한 범형(패러다임)으로 평가하는 이유이다. 사회민주주의 패러다임은 자본주의 체제에 의한 노자 계급투쟁의 불가피성(제로섬 관계)과 국가의 계급성을 부정하고, 자본주의 내에서 노동자가 처한 생활환경과 생활 조건의 개선(노자 관계의 개선)을 추구한다. 생산 현장에서는 노사가 경영권과 노동권을 서로 인정하고,

정치적으로는 노동자 정당이 집권해 시장경제의 수정을 꾀하는 것인데, 이를 사회민주주의의 두 바퀴라 할 수 있다.

이 책을 통해 자민당 연구에 비해 질적·양적으로 부족한 사회당(혹은 사회당·총평 블록) 연구에 기여하는 한편, 더 나아가 사회당을 통해 일본 전후 정치를 일관된 시각으로 분석함으로써 일본 정치 연구에 일조하고자 한다.[6] 물론 20세기 후반의 일본 정치를 거의 완전히 지배한 자민당과 만년 야당이었던 사회당을 같은 비중으로 다룰 수는 없다. 그러나 1955년 체제 속에서 자민당과 사회당은 음과 양의 관계처럼 함께 일본 정치의 윤곽을 형성하고 있었다. 그런 의미에서 일본 전후 정치를 전체적으로 이해하려면 사회당 및 사회당 현상을 해명하는 일은 필수적이라고 생각한다.

끝으로 이 책의 구성을 간단히 살펴보면 다음과 같다. 제1장에서는 스웨덴 연구를 실마리 삼아 이 책의 준거 틀인 사회민주주의 모델을 구성한다. 제2장에서는 일본사회당이 순수한 저항정당으로 자리 잡는 과정을 묘사해, 그것이 반反사회민주주의로 가는 길과 다름없음을 밝힌다. 제3장에서는 노자의 권력자원동원에서 나타나는 특징을 통해 계급정치 수준에서 1955년 체제를 분석한다. 사회민주주의란 포드주의를 전제한 자본축적 전략의 일환으로 이해될 수 있으나, 전후 일본의 정치경제 체제는 기업주의적 노자(노사) 화해 체제

---

6 사회당을 포함한 일본 정치의 이데올로기 연구에서는 大嶽(1996)의 업적이 중요하다. 필자와 비슷한 방법론과 문제의식으로 저술된 역작으로는 五十嵐(1998) 참조. 또한 전후 체제 형성기의 사회당에 대해서는 이미 뛰어난 역사적 연구들이 있다. 예컨대 福永(1997), 中北(1998) 참조.

를 통해 사회민주주의를 우회하는 길이었다. 그 와중에 사회당의 존재 의의는 사회민주주의를 표방하는 것이 아니라 어디까지나 자민당에 대한 반대당, 절대적 야당으로서 기업주의적 자본축적으로부터 배제된 가치와 이해관계를 대표하는 것이어야 했다.

저항정당으로서의 사회당을 지지하고 규정한 것이 총평, 특히 일본관공청노동조합협의회(이하 관공노)[7]였다. 제4장에서는 그런 관공노를 대표해 총평의 좌경화와 계급주의 노선을 선도한 국철노조에 초점을 맞춰 좌경화의 배경과 궤적을 분석하고, 국철노조의 쇠퇴가 계급정치 수준에서 1955년 체제의 종언을 뜻하는 것이었음을 밝힌다. 제5장에서는 4장에서 지적된 계급정치의 변화, 그에 따른 사회당의 현실정당화 과정을 분석하고, 그것이 사회당의 지지 기반을 확대하는(권력자원동원) 전략으로서 타당했는지를 검토한다.

결론적으로 1980년대 사회당의 사회민주주의 선택은 이중의 의미에서 적절하지 않았다. 첫째, 당시 일본 경제는 1970년대 경제위기가 찾아오자 기업주의를 강화하고 (노동시장) 이중구조를 확대하는 기회로 이를 활용했으며, 그 성과 또한 국제적으로 높은 평가를 받고 있었다. 따라서 1980년대는 사회민주주의를 회피한 기업주의 축적 모델이 '절정'을 구가하던 시대이고, 일본의 전후 정치에서 사

---

7 역주 : 1949년 12월 결성한 관공노에는 일본교직원조합(일교조), 국철노조, 전체신노동조합(전체), 전국전기통신노동조합(전전통), 전국인쇄노동조합(전인쇄), 전일본자치단체노동조합협의회(자치노) 등의 조직이 참가했다. 1951년 설립한 관청노동조합협의회(관노)와 1953년에 통합했고, 산하 조직들이 총평에 가입함에 따라 1958년 해산했다.

회민주주의가 가장 매력을 잃은 시대였다 해도 과언이 아니다. 둘째, 당시 세계적으로 신보수주의가 대두하면서 케인스주의 경제 이론을 지주로 삼아 온 사회민주주의는 수세에 몰려 있었다. 바꿔 말하면, 기존의 사회민주주의 모델은 세계적으로 한계에 봉착해 재생의 길을 찾던 중이었다. 이런 배경에서 보면, 1980년대에 사회민주주의를 선택한 것은 시의적절했다고 보기 어렵다.

1990년대 이후 사회당은 〈신선언〉에 기초해 마르크스주의를 포기하고 사회민주주의를 지향했지만 걸프 전쟁을 계기로 호헌 평화주의를 재확인·강화함으로써, 적극적으로 국제사회에 기여하자고 주장한 민사당 및 공명당과의 거리가 멀어졌다. 그 결과 사회민주주의 전략에 입각해 연합한 사회당·공명당·민사당(사·공·민) 노선은 최종적으로 파산하고, 사회당은 독자적인 집권 전략을 상실한 상태에서 1993년 비자민 연립 정권에 참여하게 된다. 소선거구·비례대표 병립제의 승인과 호헌 평화주의의 포기 등 당의 명운을 결정할 노선 변경은, 연립 정권이 탄생하고 당수가 총리로 선출되는 '긴급사태' 상황 속에서 국회의원을 중심으로(기존의 기관 중심주의에서 이탈해) 이루어졌다. 말하자면 위기 속에서 당의 통상적인 결정 기관이 마비된 가운데 사회당의 현실정당화가 완성된 것이다.

그러나 이 과정에서 새로운 지지 기반을 획득(형성)하려는 전략은 보이지 않았다. 다시 말해 사회당은 아무 전망도 없이 당의 최대 존재근거인 호헌 평화주의를 포기한 것이다. 이런 현실정당화는 사회당에 최악의 시나리오였다. 사회당은 일본신당日本新党·신당사키가케에, 오자와에게, 그리고 자민당에 쫓겨 궁지로 내몰리고 있었다. 그러나 사회당을 궁지로 몰아넣은 최대의 요인은 사회당 자신에 있었다. 사회당의 (무)원칙·(무)전략·(무)정책이 바로 그것이었다.

제6장(종장)에서는 21세기 들어 사회민주주의의 가능성이 열린 것에 대해 약간의 고찰을 보탠다. 여기에서의 논의는 '발견적'[8]이며 다분히 사고思考실험적이다. 일반적으로 사회민주주의의 새로운 가능성이라고 이야기되는 것은 탈산업주의적 가치에 입각한 정치(예컨대 환경, 페미니즘, 상호 승인 등)이지만, 일본에서 그 중요성은 이제 겨우 인식되고 있는 상황이다. 유동적 고용 및 소득 불평등이 확대되는 경향을 보면 재분배 정치, 즉 원래 사민주의가 지녔던 의미가 더 중시될 가능성이 있다. 그렇다고 해서 일국一國복지국가주의가 여전히 유효하다는 뜻은 아니다. 하지만 새로운 정치 공간에서 오래된 쟁점이 다시 대립 축이 될 가능성은 결코 적지 않다고 생각한다.

8 역주 : '발견적'heuristic이란, 문제를 해결하거나 배우거나 발견하기 위해 아직 확립되지 않은 방법이나 개념을 적용하는 접근법으로서, 이를 통해 문제 해결 과정을 촉진할 수 있다.

제1장

사회민주주의 모델의 재검토

머리말

공산주의 이념은 일당독재에 따른 권위주의적 정치체제와 중앙집권적 계획경제가 낳은 폐해로 그 빛을 잃은 지 오래되었다. 따라서 베를린장벽이 무너지면서 시작된 공산주의 블록의 붕괴는 충격적인 사건이었지만, 이론적으로는 이미 분명했던 파산이 현실적으로 재확인된 것에 불과했다 해도 과언이 아니다.

이론적으로 보면 오히려 사회민주주의의 원칙 아래 고도의 복지국가를 실현해 온 '스칸디나비아 모델'이 동요한 것이 충격적이다(宮本 1994c 참조). 전후 세계경제를 이끌어 온 미국 경제는 1960년대 후반부터 부쩍 활력을 잃고 있었고, 1970년대에는 브레턴우즈 체제가 붕괴되면서 세계적 스태그플레이션으로 파급되었다. 그 와중에 많은 선진국들이 경제정책 목표를 '완전고용'에서 '인플레이션 억제'(물가 안정)로 바꾸며, 케인스주의 정책을 포기하고 긴축정책으로 선회했다. 그러나 스칸디나비아 나라들은 일부를 제외하고는 '완전고용' 정책을 견지하며 코포라티즘 체제(국가·자본·노동의 합의에 의한 협조적 시장경제)를 통해 '고용'과 '물가'를 비교적 잘 조율해 왔다(Cameron

1984; Schmidt 1982; 1983). 따라서 스칸디나비아 사회민주주의는 신보수주의에 대항하고자 고안된 유력한 대안적 경제위기 관리 전략이었다고 생각한다(新川 1993).

그러나 1980년대에는 노르웨이·스웨덴 등 스칸디나비아 나라들 중 가장 안정적인 코포라티즘 체제를 지닌 나라들도 거시적 경제정책과 임금정책이 점점 더 괴리되면서, 1991년까지 심각한 인플레이션에 직면했다. 그 결과 이들도 '완전고용' 정책을 공개적으로 포기하고 '물가 안정'을 최우선 과제로 삼았다. 1980년대 노르웨이의 실업률은 2~3퍼센트, 스웨덴은 2퍼센트 이하로 낮았지만, 인플레이션은 각각 8.1퍼센트와 6퍼센트로 높았다. 노르웨이는 1981년 인플레이션이 13.4퍼센트에 달해 보수 정권이 긴축정책을 채택하기도 했다. 또한 1986년 사민당 정권은 경제정책의 대전환을 추진해 국내 금융시장의 자유화, 유럽 나라들과의 환율 연동제를 실시함으로써 일국 단위의 수요관리로 '완전고용'을 유지하려는 정책을 명실공히 포기했다.

1981년 스웨덴의 인플레이션은 12.4퍼센트였다. 공교롭게도 이는 1976~82년의 보수 연립 정권이 적극적 재정 정책을 시행해 '완전고용'을 유지하려다가, 재정 적자를 눈덩이처럼 키우고 인플레이션을 부채질한 결과였다. 스웨덴 사회민주노동당Sveriges Socialdemokratiska Arbetareparti, SAP(이하 스웨덴 사민당)이 재집권한 뒤 '제3의 길'을 제시하며 통화가치 절하, 재정 합리화, 금융 자유화, 임금의 억제 혹은 조율을 추진한다(Notermans 1993, 138-142). '제3의 길'은 단기적으로는 성공을 거두었다. 실업률은 3.5퍼센트에서 2퍼센트 아래로 떨어졌고, 국제수지도 흑자로 전환되었다.

그러나 결국 '제3의 길'은 기대만큼 생산성을 높이지 못했고, 임금 인상을 억제하는 데도 실패해 인플레이션이 재연되었으며, 1980년대 말에는 평가절하에 따른 효력도 사라졌다. 1989~90년의 인플레이션은 6.6퍼센트로 경제협력개발기구(이하 OECD) 평균 4.5퍼센트보다 높았고, 1989년의 국제수지는 1982년보다 더 큰 적자였다(Pontusson 1992a, 306). 1990년 이후 사태는 더욱 심각해졌는데, 실질성장률은 1990년 0.3퍼센트에서, 1991년에는 마침내 마이너스 1.4퍼센트까지 떨어졌다. 한편 1990년의 소비자물가 상승률은 10.4퍼센트에 이르렀고, 1991년에도 9.4퍼센트로 여전히 높아, 전형적인 스태그플레이션 증세를 보였다(『니혼게이자이 신문』 1992/12/23). 이 같은 경제정책 파산이 직접적인 계기가 되어 잉바르 칼손Ingvar Carlsson 사민당 정부는 1991년 가을 총사퇴하고, 그 직후 치러진 선거에서 사민당은 1932년 이후(1932~76년 연속 집권) 최저 득표율(37.6퍼센트)을 기록해 야당으로 전락했다. 사민당의 이 '역사적 패배'에 따라 보수 연합의 칼 빌트Carl Bildt가 보수정당 당수로서는 1928년 이후 처음으로 총리가 되었다(Pontusson 1992a, 305).[9]

그러나 보수 연립 정권이 내세운 경제정책도 악전고투를 면치 못했다. 1991년 마이너스 성장을 기록했고, 1992~93년에도 회복하

[9] 역주 : 1991년 9월에 치러진 이 선거에서 사민당은 349석 중 138석으로 제1당, 온건당(과거 보수당)이 80석으로 제2당이 되었다. 좌파 연합은 154석[사민당+좌파당(16석)]이었고, 우파 연합은 170석[온건당+자유인민당(33석)+중앙당(31석)+기독교민주당(26석)]으로 모두 과반에 미달했다. 이 선거에서 처음 25석을 얻어 약진한 극우파 정당인 신민주당이 캐스팅보트 역할을 해, 온건당의 빌트가 총리가 되었다.

지 못했다. 실업률은 1990년 1.6퍼센트에서 1993년에는 7.7퍼센트로 뛰었다(Stephens 1996, 45). 재정 수지를 보면 1991년에 적자로 전환해, 1993년에는 국내총생산(이하 GDP)의 13퍼센트를 넘는 규모의 적자를 기록했다(Lachman 1995, 19, 22). 그 결과 1994년 10월에 보수 연립 정권은 와해되고 사민당이 재집권한다. 사민당은 1991년 선거에서 패배했으나 재기할 수 없을 정도의 타격을 받지는 않았던 셈이다. 하지만 과거 스웨덴 사회민주의 체제의 특징이었던 연대임금제, 중앙교섭 제도, 코포라티즘이 이미 1991년경에 완전히 망가졌음을 감안하면, 사민당의 재집권이 곧 '스웨덴 모델'의 건재를 말해 주는 것도 아니었다.

현재 과거 사회민주주의의 거울로 칭송되던 '스칸디나비아 모델'의 동요에 주목하는 연구들이 속속 나오고 있다(Lane 1993; Lachman 1995; Freeman 1997). 이 연구들은 당연히 사회민주주의 모델, 혹은 권력자원론에 문제를 제기하고 있다.[10] 여기서는 이 새로운 흐름을 검토하고 사회민주주의 모델의 재구성을 시도한다.

---

10 대표적인 사회민주주의 분석 모델은 발테르 코르피Walter Korpi가 제시한 권력자원론이다. 권력자원동원 모델, 권력동원 모델, 권력격차 모델, 노동운동 모델 등 다양하게 불리지만 여기서는 '권력자원론'으로 통칭한다(O'Conner & Olsen 1998). 권력자원론은 노자의 권력관계, 특히 노동의 권력자원동원 조건 (전략+환경요인)을 해명하는 동시에, 노동 조직 권력(노조 조직률, 중앙 집중화 정도가 핵심 지표)과 노동자 (사민주의) 정당의 힘(의석 점유율, 집권 경험 등)으로 사회민주주의 정책의 전개(특히 완전고용·재분배 정책)를 설명한다. 이 모델을 사용한 대표적 연구로는 Korpi(1978; 1989), Korpi & Shalev(1978; 1980), Esping-Andersen(1985), Esping-Andersen & Korpi(1984), Myles(1989), Quadagno(1988) 등이 있다.

1. 사회민주주의와 권력자원동원

사회민주주의는 종종 사회주의와 같은 뜻으로 사용된다. 아주 잘못되었다고 할 수는 없겠지만, 사회주의가 공산주의의 동의어로 사용되는 경우가 많다는 점을 생각하면, 자칫 사회민주주의 개념이 너무 넓어질 우려가 있다. 따라서 여기에서는 사회민주주의를 마르크스주의와 대립되는 개념으로 파악하려 한다. 잘 알려져 있듯이, 칼 마르크스Karl Marx는 자본주의가 부르주아지와 프롤레타리아트라는 서로 이해관계가 다른 두 계급을 만들며, 다른 계급들은 조만간 이 양대 계급으로(대부분은 후자로) 흡수되리라고 보았다. 이렇게 점점 더 사회가 양극화되고, 자본주의 생산양식과 생산관계의 모순이 한 계점에 이르면, 혁명은 필연적이다(혁명의 주체적 계기와 구조적 모순의 연결은 이론적으로 가장 힘든 문제이지만).

마르크스주의와 구별되는 사회주의 흐름이 영국의 페이비언협회 Fabian Society 등을 비롯해 여럿 있었으나, 마르크스주의 내부에서 이를 극복하려 시도한 이로는 에두아르트 베른슈타인Eduard Bernstein이 손꼽힌다. 그는 자본주의가 붕괴한다는 시나리오가 현실에서 검증되지 않는다는 점을 일찍이 간파했다. 그는 자본주의가 계급의 양극 분해를 초래하지 않으며, 노동자에게 빈곤이 아니라 부를 가져다줄 수 있다고 지적했다. 이에 더해 경제결정론을 부정하고, 국가(정치)가 민주화되면 자본주의의 모순을 줄이고 생산력을 높여 노동자들에게 혜택을 줄 수 있다고 주장했다(Bernstein 1993; Esping-Andersen 1985, 19-20).[11]

사회민주주의를 모델화하면 다음과 같은 특징을 발견할 수 있다. 첫째, 궁핍화 가설을 부정하고, 자본주의 틀 내의 개혁 가능성을 인

정한다. 둘째, 개혁의 가능성을 정치(국가와 의회)에서 찾는다. 정통 마르크스주의에 따르면 "국가는 계급 대립을 통제할 필요에서 생겨 났으므로, 그러나 동시에 이 계급들의 항쟁 속에서만 생기므로 그것 은 보통 가장 유력한 경제적 지배계급의 국가다"(エンゲルス 1965, 227). 이 런 계급 국가관에서 보면 보통선거권의 의미도 당연히 제한적일 수 밖에 없다. "보통선거권은 노동자계급 성숙의 척도다. 그것은 지금 의 국가에서는 결코 그 이상의 의미를 지닐 수 없고, 그 이상의 것이 될 수도 없다"(エンゲルス 1965, 229).

이 같은 경제결정론은 레닌주의에서 한층 강화된다. 레닌에 따르 면 "민주주의가 고도로 발전할수록, 부르주아 의회는 증권거래소와 은행가에게 종속된다." 따라서 부르주아 의회는 "부르주아지가 프 롤레타리아트를 억압하는 도구이고, 적대계급, 즉 소수 착취자들의 도구다"(レーニン 1953, 32, 34). 이처럼 정통 마르크스·레닌주의의 관점에 서 봤을 때 경제결정론을 부정하고 민주주의 정치의 가능성을 긍정 하는 것은 어디까지나 이단일 수밖에 없다.

사회민주주의는 민주주의 정치의 가능성을 추구한다는 점에서는 정통 마르크스주의와 의견을 달리하고 있지만, 그 역시 마르크스주 의에 따른 자본주의 해석에 의존한다는 데서는 차이가 없다. 자본주 의란 특정 방식에 따라 생산과 교환을 사회적으로 조직하는 체제이 고, 이때의 생산이란 다른 사람들의 수요, 즉 교환을 위한 행위이다.

---

11 베른슈타인과 그의 사회민주주의에 대해서는 피터 게이Peter Gay의 기념비적 노작(Gay 1952), 그리고 関
(1980), 保住(1992), 亀嶋(1995) 참조.

생산수단은 사적으로 소유되고 생산수단(자본)을 소유하지 못한 자들은 상품화된 노동력을 팔아 생활에 필요한 물자를 얻을 수밖에 없으며, 이 임금노동자들의 노동과정과 그 결과물은 자본에 의해 통제되고 수탈된다(Przeworski 1985, 11).

자본주의 체제는 기본적으로 노자의 이해관계가 대립하는 구조이고, 민주주의 정치의 가능성을 추구하는 것은 계급 갈등이 정치 무대로 이전된다는 뜻이다. 생산 현장의 권력관계는 경영권을 탈취하지 못하는 한 기본적으로 노동 측에 불리하기 마련이다. 하지만 민주주의 제도가 발전하고 보통선거권이 인정되면, 정치 무대에서 노동자는 적어도 형식적으로는 경영자와 대등한 시민으로 존재한다. 따라서 노동 권력이 강화되면(노조 조직률이 높고, 노동 조직의 중앙 집중화가 진행되며, 노동자 정당이 의회에서 영향력을 가지게 되면), 노동의 투쟁 전략에 따라 정치 영역이 결정적으로 중요해진다. 다시 말해 노동이 잘 조직되면, 경영 측과 직접 대결하기보다는 의회에서 수적 우위를 확보해 이익을 실현하는 것이 유력한 전략이 된다(Korpi & Shalev 1979, 170; 1980, 308). 덧붙이자면, 스웨덴은 1909년, 노르웨이는 1921년, 프랑스는 1920년, 영국은 1926년에 대규모 노사 갈등이 일어나 모두 노동 측이 크게 패배했는데, 이 경험이 노동의 의회주의 경향을 강화하는 계기가 되었다(Przeworski 1985, 12).

의회주의는 사회민주주의의 권력자원동원 전략을 다음과 같이 규정한다. 즉 노동자가 더욱더 단결하려면 노동자계급과 다른 계급을 엄격히 구분하는 이른바 '분리'ghetto 전략이 유리하지만, 이 전략은 의회에서 다수파를 형성하는 데 큰 한계를 지닌다. 산업 노동자는 자본·경영 측에 대해서는 '수적 우위'를 과시할 수 있지만, 어떤 나라에서도 절대 다수를 점할 수는 없기 때문이다. 따라서 산업 노동자가 단독으로 의회의 다수파를 형성하는 것은, 대자적對自的 계급 형성의 문제는 논외로 하더라도, 단순히 통계적인 사실만 봐도 어려운 일이었다. 이에 더해 전체 유권자 중 산업 노동자가 차지하는 비율을 보면, 벨기에가 1912년에 간신히 50.1퍼센트였으나 1971년에는 19.1퍼센트까지 떨어졌다. 덴마크는 최고 29퍼센트, 핀란드는 24퍼센트를 넘지 못했고, 프랑스는 1893년에 39.4퍼센트, 독일은 1907년에 36.9퍼센트, 노르웨이는 1900년에 34.1퍼센트였으며, 스웨덴은 1952년 40.4퍼센트를 기록한 뒤 점차 감소하는 추세를 보였다(Przeworski 1985, 23-24).

따라서 노동자 정당이 의회에서 다수파를 형성하려면 노동자를 다른 계급과 구별해 내부 응집력을 높이는 '분리' 전략을 포기하고, 보편적 이념과 목표를 표방하며 계급 연대를 도모하는 것이 중요하다. 스웨덴 사회민주주의가 대두한 배경에는 노동자와 농민의 '적록赤綠 연합'이 있었는데, 이는 다른 나라들도 마찬가지다. 산업사회의 성숙에 따라 화이트칼라가 증가하면 '적백赤白 연합'의 연대 정책이 사회민주주의의 성패를 결정하는 열쇠가 된다.

사민주의 정당은 산업 노동자를 넘어서는 횡적 지지의 동원을 위해 포괄적이고 보편적인 강령을 제출할 필요가 있다. 스웨덴 사민당의 당수로 1932년에서 1946년까지 총리로 재임한 페르 알빈 한손Per Albin Hansson은 스웨덴 복지국가의 기초를 닦은 인물로 알려져 있는데, 그는 스웨덴을 '노동자의 집'이 아니라 '민중의 집'으로 만들자고 주장했다. "민중의 집에서는 그 누구도 억압받는 일은 없다. 거기에서는 서로 조화를 이루고 살며, 서로 싸우는 일은 없다. 또한 계급

투쟁이 아니라 협조의 정신 덕분에 모든 사람들은 안심하고 안전한 삶을 영위할 수 있다"(岡沢 1991, 76).

사회민주주의의 세 번째 특징이라 할 수 있는 복지국가 정책은 이런 요청에 부응하는 것이었다. 사민주의는 노동자의 권리, 특히 노동시장에서 벗어날 권리(탈상품화)를 실현하는 동시에 노동자의 권리를 초월하는 재분배 정책의 실현을 목표로 한다. 복지국가 정책을 통해 광범위한 유권자가 사회민주주의를 지지하도록 동원하는 한편, 자본에 의한 노동의 분절을 저지하고 노동이 더 확고하게 단결하게끔 만들 수 있다. 예스타 에스핑-앤더슨Gøsta Esping-Andersen에 따르면, "사회민주주의란 국가의 입법을 통해 계급적 단결을 구축하고 권력을 동원하려는 운동이다"(Esping-Andersen 1985, 10).

스웨덴 사회민주주의의 발전을 계급자원동원의 관점에서 설명해보자. 스웨덴에서는 19세기 후반부터 격심한 노사 갈등이 계속되어, 1909년 스웨덴 전국노동조합총연맹Landsorganisationen i Sverige(이하 LO)은 산하 노조들의 압박에 의해 총파업에 돌입했다. 그러나 경제 불황 속에서 파업은 장기화되었고, 결국 노동 측은 참패했다. LO 가입 조합원 수도 반감했다. 이를 계기로 LO는 결정적으로 개량주의 노선으로 전환하지만, 조직이 약화되어 산하 노조를 효과적으로 통제할 수 없었다. 스웨덴에서 노사협조주의는 LO가 힘을 되찾고 사민당이 농민동맹[12]과 연대하면서 안정적인 정권을 확립한 1930년대

---

12 역주 : 1918년 결성된 농민 정당으로 강력한 사회주의·공산주의 강령을 가졌다. 정식 명칭은 스웨덴 민주농민동맹Sverges demokratiska jordbrukareförbund, SDJ. 1945년 이후 사민당과 연대했으나 1950년대

에 들어서야 정착될 수 있었다. 코르피가 '역사적 화해'라는 상징적인 표현으로 불렀던 1938년의 살트셰바덴Saltsjöbaden 협약(기본 합의)[13]이 계기였다. LO는 여기서 공식적으로 자본주의 원칙과 자본의 경영권을 인정했고, 대신에 보수 세력은 민주적 절차를 존중해 사민주의 정권이 추진할 개혁 정책을 수용하기로 확약했다(Korpi 1978, 55-75; Esping-Andersen 1985, 87).[14]

권력자원론에 따르면, '노사의 역사적 화해'는 LO가 중앙 집중적으로 조직화하는 데 성공했고 '적록 연합'이 자본 측의 양보를 이끌어 냈기에 가능했다고 파악한다. 노동 조직의 강화에 대해 스웨덴 경영자총연맹Svenska Arbetsgivareföreningen(이하 SAF) 내부에서는 수출산업과 내수산업 경영자들 사이에 이해관계 대립이 있었고, 이들을 정치적으로 대표하는 부르주아 정당들도 분열되어 있었다(Korpi & Shalev 1979; 1980). 이렇듯 노자 관계에서 노동이 우위에 있었으므로 노동이 주도권을 쥐고 산업 갈등을 평화적으로 해결하는 절차를 확립해, 이후 사민당 정권이 안정적으로 집권하며 복지국가가 발전할 수 있었다고 이야기된다.

그러면 다음으로 스웨덴 사민주의가 성숙해진 데 따른 결과물이

에 연금법을 둘러싼 갈등으로 사민당과 결별하고 '중앙당'으로 개칭했다.

13 역주 : 1935년부터 LO와 SAF의 협의가 진행되어, 1938년 12월 20일 양자 대표가 스톡홀름 외곽의 작은 도시 살트셰바덴의 그랜드호텔에서 최종 합의안에 서명했다.

14 스웨덴 사민주의가 마르크스주의와 결별했는지에 대해서는 논란이 있다. 무릇 스웨덴 사민주의가 그때까지 혁명주의를 취하고 있었는가(그런 적이 있었는가), 역사적 화해를 통해 어느 정도나 사회주의 노선 혹은 경제민주주의를 포기했는가(아닌가) 등 논의가 분분했다(宮本 1994a, 48-49; 石原 1996, 7장 참조).

라고 하는 '렌·마이드너 모델'을 살펴보자.[15] 사민당 정권은 경제정책의 최대 목표인 '완전고용'과 '물가 안정'을 동시에 구현했다. 하지만 LO는 물가 안정의 대가로 임금 인상이 거듭 억제되자, 수출의 존도가 높은 스웨덴 경제에서 국제 경쟁력을 유지하려면 그것이 필요함을 인정하면서도, 안이한 임금 억제 정책을 비판하기 시작했다. 이런 배경 속에서 1951년 LO 대회에서 채택된 것이 『노동조합운동과 완전고용』인데, 여기에 렌·마이드너 모델의 골자가 담겼다.

이 모델에 따르면 임금 인상은 SAF와 LO의 정상 교섭에서 논의되지만, 이는 기업 수익과 생산성에 기초한 것이 아니라 '동일노동·동일임금'을 원칙으로 하는 '연대임금제'에 따라 진행된다. 연대임금제는 부당한 저임금 노동을 해소하고 노동자의 단결을 강화하는 수단으로 규정된다. 또한 '동일노동·동일임금' 원칙은 생산성이 낮은 기업을 압박해 경영 합리화를 촉진한다. 산업구조가 합리화되면서 발생하는 잉여 노동력을 재훈련·재배치하고자 도입된 것이 '적극적 노동시장 정책'이다. 그리고 연대 임금에 의해 발생하는 우량 기업의 여유 자금이 임금 추가 인상wage drift[16]에 이용되지 않도록 세제상 조치를 통해 복지국가 재원으로 확보하도록 한다(Esping-Andersen 1985, 227 이하; Pontusson 1992b).

---

15 역주 : 예스타 렌Gösta Rehn(1913~96)은 스웨덴의 경제학자로 1930 7◦년 LO에서 근무했고 이후 스톡홀름 대학교 교수로 있었다. 루돌프 마이드너Rudolf Meidner(1914~2005) 역시 경제학자로, 대부분의 시간을 LO에서 근무했다.

16 역주 : 협약 임금 이상으로 임금을 올리는 것. 임금 부상貸上으로 옮기기도 한다.

1959년에 소득비례연금allmän tilläggspension, ATP이 도입된 것에는 '적록'에서 '적백' 연합으로 이행한다는 상징적 의미가 있었다. 스웨덴은 1946년 국민연금 제도를 도입했으나, 이 제도는 보편주의 원칙에 기초한 정액 급부 제도로서, 현역 시절의 생활수준을 유지하기에는 부족했다. 따라서 1950년대에 들어 현역 시절의 소득을 반영해 연금을 인상하라는 목소리가 커져 갔다. 그 결과 LO를 중심으로 정리된 것이 바로 소득비례연금이다. 여기에는 공공·민간 부문의 전체 피고용자가 의무적으로 가입된다(자영업자는 임의 가입). 급여액은 각자 수입이 가장 높았던 15년간의 평균액을 기준으로 해 그 액수의 3분의 2를 보장하도록 설계되었다. 재정은 노사 쌍방, 그러나 실제로는 대부분 사용자가 부담했다. 경영 측은 새로운 연금제도를 도입하는 것 자체를 반대하지는 않았으나, 소득비례연금은 사용자의 부담이 클뿐더러 강제가입이므로 기금 규모가 거대해지면 자본 재분배에 대한 공적 규제 강화가 뒤따를 것을 염려해 반대 입장으로 돌아섰다. 또한 사민당의 연정 파트너였던 농민동맹도 농민과 별로 상관이 없는 소득비례연금을 도입하는 데 소극적이었다(Esping-Andersen 1985, 161-165; Pontusson 1993, 563-564).

게다가 스웨덴 사무직노동조합연맹Tjänstemännens Centralorganisation(이하 TCO)에서도 소득비례연금에 소극적인 그룹이 우세해서, TCO의 지지를 받고 있었던 국민당Folkpartiet Liberalerna은 이를 반대하기로 결정했다. 소득비례연금은 국민당 의원 한 명이 당론에 등을 돌리고서야 성립될 수 있었다. 그럼에도 소득비례연금 문제로 '적록 연합'이 파기되고 이후 사민당은 화이트칼라의 지지를 크게 동원할 수 있게 되었기에, 이는 '적록'에서 '적백'으로 전환하는 분수령으로 평가된다.

스웨덴의 취업 인구 중 농민이 차지하는 비율은 1930년의 13퍼센트에서 1960년에는 3퍼센트까지 낮아진 반면, 화이트칼라는 13퍼센트에서 35퍼센트로 증가했다. 따라서 사민당으로서는 화이트칼라의 지지를 확보하는 것이 급선무였다. 소득비례연금은 이처럼 '녹(농민)에서 백(화이트칼라)으로' 파트너를 교체하도록 촉진했다. 덧붙이자면, 1960년대의 계급별 정당 지지를 보면 육체노동자의 70퍼센트는 당연히 사민당을 지지했고, 화이트칼라의 50퍼센트 이상도 사민당을 지지하고 있었다(Esping-Andersen 1985, 52, 56, 126).

2. 구조와 제도

렌·마이드너 모델이 도입되고 화이트칼라의 지지를 확보하면서 스웨덴 사회민주주의가 안정을 찾은 듯했으나, 1960년대 후반에는 이미 렌·마이드너 모델에 따른 정책 효과가 약해지고, 1970년대 들어 화이트칼라의 사민당 지지도 줄곧 떨어져 1979년에는 38퍼센트로 추락했다(Esping-Andersen 1985, 126). 사민당은 1976~82년 보수 연합에 정권을 내주었고, 심지어 1991년 선거에서는 역사적 패배를 맛보았다. 이렇듯 사민주의가 '막다른 골목'에 직면하자, 사민주의 모델의 노동 편중성을 극복하자는 움직임이 나타났다. 여기에서는 그중 구조적·제도적 요인을 강조하는 입장들을 소개하려 한다.

첫째, 국제경제 환경과 국내 산업구조 등의 경제적 요인에서 사민주의가 대두하고 '쇠퇴'한 원인을 찾으려는 견해가 있다. 1930년대에 발생한 대공황은 필연적으로 불황 탈출을 모든 경제정책의 최대 목표로 만들었고, 이에 따라 케인스주의적인 수요관리에 입각한 완전고용 정책이 추구되었다. 이에 따라 노사 갈등도 기존의 제로섬zero-sum게임이 아니라 덧셈plus-sum 게임으로 전환해, 노자(노사) 간 타협이 성립할 소지가 생겼다. 이에 비해 1970년대에 발생한 스태그플레이션은 '관리된 인플레이션'으로 완전고용을 실현한다는 케인스주의 정책의 파산이라 할 만큼, 선진국들은 차례로 케인스주의의 거시 경제 정책을 포기했다. 대신에 그들은 인플레이션 억제를 위해 통화관리와 국제수지 균형을 중시하는 신자유주의 정책에 의존하게 된다. 신자유주의 정책에서 조직 노동의 역할은 아예 기대되지도 않는다. 즉 신자유주의 경제정책에서는 조직 노동의 전략적 지위는 인정되지 않는다(Notermans 1993; Garrett 1993). 케인스주의의 종언은 일국 단위에서 시행되는 재정·금융정책의 효과가 사라졌음을 의미하는데, 이 현상이 자본의 유동성 확대와 금융시장 자유화의 결과라는 점은 분명하다. 스웨덴에서도 기업들이 계속 초국적화하고 해외 투자가 증대되면서, 기업이 성장하더라도 국내 고용의 확대로 이어지지 않게 되었다. 게다가 국제적 상호 의존이 확산되면서 일국적 경제관리를 시행하는 것도 여의치 않았다.

케인스주의의 성쇠와 더불어, 1930년대 포드주의 확산 및 1970년대 이후의 쇠퇴[가 사민주의에 미친 영향]도 이야기된다(제3장 1절 참조). 포드주의는 생산성을 높여 임금 인상과 복지국가 발전을 가능하게 했을 뿐만 아니라, 반#숙련노동을 증대시켜 전통적인 숙련노동과 미숙련노동의 간극을 없앰으로써 산업 노동자들이 단결할 수 있게 했다. 그러나 포스트포드주의는 획일적 대량생산이 아니라 유연 자동화[17]를 추구했고, 그 결과 포드주의에 입각한 동질적 노동시장은 무너지고 임금 교섭도 분권화된다. 결국 정상頂上 수준에서의 노자 교섭과 사회 협약은 수정될 수밖에 없었다(Pontusson 1992a, 320 이하).

일반적 수준에서 1930년대의 경제 환경과 경제구조는 사회민주주의 세력에 유리했으나 1970년대 중반 이후로 불리했다는 점은 이해할 만하다. 그러나 그런 조건들이 스웨덴과 스칸디나비아 나라들에만 있었던 것이 아님은 물론이다. 모든 자본주의 나라들이 같은 조건에 놓여 있었는데, 왜 어떤 나라는 다른 나라들보다 사민주의 세력이 강하고 복지국가 제도가 발전되었는지를 설명할 수 있어야 한다. 더 나아가 스웨덴은 자본·금융시장에 대한 치밀한 중앙 통제가 이루어지고 있었고, 1970년대에 완전고용 유지를 위해 그것을 효과적으로 활용할 수 있었다고 한다. 따라서 1980년대 중반 이후 자본의 자유화, 유럽공동체(이하 EC) 통화 통합을 적극적으로 수용한 것은 사민당의 정치적 결단이었으며, 이는 단순히 국제경제 환경의 변화만으로 설명될 수 없다는 지적도 있다(Notermans 1993).

그렇다면 사회민주주의의 발전을 스웨덴 경제의 특수성으로 설명할 수는 있을까? 스웨덴은 뒤늦게 산업화에 나선 작은 나라여서 수출 의존 경제가 발전할 수밖에 없었고, 이것이 대량생산에 기초한

---

17 역주 : 컨베이어에 의한 대량생산 체제와 같은 포드주의 체제는 대규모의 동질적인 반숙련 노동력을 동원하는 것이므로 노동의 동질화가 진행되지만, '다품종 소량 생산 체제'를 지향하는 포스트포드주의는 작업 공정별로 숙련도가 다른 노동력을 양성하고 동원하는 '유연 자동화' 체제를 도입함으로써 노동의 동질화가 아닌 이질화를 초래한다.

고도로 집중된 산업구조를 낳았으며, 그로 말미암아 비교적 동질적인 노동자계급이 생겨나 사민주의 정권의 지지 기반이 되었다는 설명이 있다(Cameron 1978; Ingham 1974). 하지만 뉴질랜드 역시 스웨덴과 같은 소국이고 무역의존도가 높은 나라임에도 노사 분쟁이 격화되었을뿐더러 파업은 수출산업에서 집중적으로 발생하고 있었다(Korpi & Shalev 1979, 184). 덴마크의 경우에는 규모가 작은 내수산업과 직종노조 craft union가 중심이 되어 19세기 말 노사의 중앙 집중화가 진행되었다(Swenson 1991b, 532-534). 따라서 한 나라의 산업구조가 중요하다고 해도, 그것이 사회민주주의의 발전을 직접 설명해 주지는 못한다.

또한 사민당이 안정적으로 집권하고 LO가 SAF와 역사적 타협을 이룬 1930년대에 스웨덴 산업의 수출의존도는 상대적으로 낮아지고 있었고, 1920년대의 수출의존도로 다시 돌아간 것은 1960년대였다는 사실에 주의할 필요가 있다. 수출의존도는 1940년대 후반에 가장 낮았고, 1980년대에는 꾸준히 높아졌다. 요컨대 수출의존도의 변화와 사회민주주의의 성쇠 사이에 필연적 관련은 없다는 것이다 (Pontusson 1992a, 319). 정치운동 또한 변혁의 대상이 되기도 하며 객관적 조건에서 자유로울 수 없지만, 그런 조건들이 특정한 형태를 결정짓는 것은 아니다. 객관적 조건은 전략적 행위의 선택 구조를 구성하는 요인으로 봐야 한다(Przeworski 1985, 3). 따라서 권력자원동원에서 전략적 행위의 중요성이 문제되는데, 코르피와 샬레브는 한 사회의 역사적으로 구조화된 특징들이 권력자원동원을 결정한다고 지적한다. 또한 노동조합과 사회민주당은 상호 의존적으로 발전한다고 개념화하고, 그 이상 논의를 확대하지는 않는다(Korpi & Shalev 1979; Shalev 1983).

이에 대해, 권력자원 모델을 비판하며 권력자원동원에는 국가 정책이 중요하다는 점을 지적하는 이들도 있는데, 예컨대 보 로스슈타인Bo Rothstein이 그렇다. 그는 권력자원 모델이 복지국가 발전을 가장 잘 설명한다고 인정하지만, 왜 어떤 나라에서 유독 노동자계급이 강력히 조직되는지를 충분히 설명하지 못한다고 지적한다. 그는 스웨덴의 경우 1934년 겐트Ghent 제도로 불리는 '임의 실업보험 제도'가 도입된 것이 노동자들이 단결하는 데 결정적인 계기였다고 말한다.

이 제도의 특징은 공적 실업 기금을 노동조합이 운영한다는 점이다. 스웨덴의 겐트 제도는 자유당[현재 국민당]과 타협한 산물로서, 국가기관의 감독권이 강화되고, 조합원 이외의 노동자도 기금에 참가할 수 있게 하며, 사용자에게 보험료를 징수하지 않고, 급부 수준도 낮게 유지되는 등 공황기 실업 대책으로는 별다른 역할을 하지 못했다(1935~39년 실업 기금의 지출은 정부 지출의 3.3퍼센트에 불과했다). 그러나 사민당 정부는 뜻을 굽히지 않고 이 제도를 도입했다. 왜냐하면 정부의 의무보험제가 아니라 겐트 제도야말로 노동을 단결시키고 조직력을 높이는 유효한 수단이 되리라는 장기적 전망을 가지고 있었기 때문이다.

1920년대 스웨덴의 실업 대책은 보수 정권이 노동자가 단결하지 못하게 가로막는 수단으로 활용되고 있었다. 당시 실업대책위원회는 의회에서 부르주아 다수파의 지지를 받아 실업보험을 값싼 노동력 제공의 수단으로 이용함으로써 노동자의 분열과 대립을 조장했다. 이와 달리 겐트 제도는 실업보험 수급자가 노조가 설정한 수준 이하의 임금으로 노동을 강요받거나, 파업 깨기 행위에 동원되는 등의 일이 없도록 배려한다. 사민당 정권은 연립 파트너인 농민동맹의 반대를 무시할 수 없었으므로 실업대책위원회를 곧바로 폐지하지는 못했다. 하지만 보건사회부Socialdepartementet의 권한을 확대하는 한편 위원회의 권한은 서서히 축소해, 1939년에는 결국 위원회를 폐지하는 데 성공했다.

1980년대를 보면, 실업보험의 거의 전액이 국고에서 부담되었고, 형식적으로는 비노조원도 실업 기금에 가입할 수 있었지만, 노동조합이 운영 주체였기에 실제로 그러기는 어려웠다. 1986년에 비노조원 노동자는 전체 기금 가입자의 1퍼센트 미만이었다. 겐트 제도는 스웨덴 외에 덴마크·핀란드·아이슬란드 등에서도 도입했는데, 이 나라들은 국가의 의무보험제가 도입된 나라들에 비해 모두 노조 조직률이 높다. 로스슈타인은 겐트 제도야말로 스웨덴에서 강력한 노동 권력이 탄생하게 된 계기였다고 말한다(Rothstein 1990; 1992).

로스슈타인과 킹D. S. King은 제도적 유산이라는 관점에서 영국과 스웨덴의 노동시장 정책의 차이를 분석하면서(King & Rothstein 1993), 권력자원동원 모델에 제도론적 관점이 보완되어야 한다고 강조한다. 이에 대해 좀 더 부연하고자 한다.

제도론은 역사적 제도론, 사회학적 제도론, 합리적 선택론 등으로 구분되는데, 로스슈타인은 역사적 제도론의 맥락에서 이야기한다.[18] 역사적 제도론의 뿌리는 테다 스카치폴Theda Skocpol 등의 국가주의statism에 있다. 그들은 정치학의 주류인 다원주의 및 그와 대립한 마르크스주의 모두를 사회 환원론이라고 비판하고, 국가가 사회로

---

18 제도론을 소개하고 검토하는 자료는 매우 많지만, 비교적 최근 연구로는 Finnemore(1996), Koelble (1995), Hall & Taylor(1996), March & Olsen(1996), 建林(1995) 등이 있다.

부터 독립적인 행위자로서 활동함으로써 사회 구성을 규정하는 측면을 강조했다(Skocpol & Finegold 1983; Evans 1985). 국가의 자율성은 선험적으로 결정되는 것이 아니며, 국가 중심주의 자체는 이후 포기되었지만, 국가 구성과 제도·정책이 사회 구성에 미치는 영향력과 규정력에 대한 연구는 역사적 제도론으로 계승되어 발전해 갔다.

제도란 행위를 구조화하는 공식·비공식의 규칙과 절차이고, 국가 구조와 국가-사회의 관계도 당연히 여기에 포함된다(Thelen & Steinmo 1992, 2). 제도는 역사적 맥락 속에서 형성되며 이후의 행위 방식을 규정한다. 사회적 의미가 있는 행위란 제도를 매개로 하는 행위이며, 권력자원동원도 예외는 아니다. 권력자원동원은 특정한 제도적 조건 아래 진행되므로, 권력자원론에는 반드시 제도 분석이 포함되어야 한다. 역사적 구속성과 경로 의존성을 강조하는 역사적 제도론은 제도를 독립(설명)변수로 취급하는 경우가 많으나, 제도가 일방적으로 권력자원동원을 규정하는 것은 물론 아니다. 권력자원동원 전략이 제도 변경을 촉진하기도 하므로, 양자의 관계는 어디까지나 상호 규정적이다. 어느 것이 독립변수인지는 문제 설정에 따라 달라진다.

로스슈타인은 겐트 제도가 권력자원동원에 효과적이었다고 지적하는 한편, 이는 사민당 정권이 의도적으로 선택한 산물이라는 점 또한 분명히 하고 있다. 여기서도 제도와 전략의 상호 규정성을 확인하게 된다. 또한 권력자원론은 사민주의 권력을 노동조합과 노동자 정당의 '함수'로 개념화하는데, 조직 노동이 사민당 정권을 가능하게 했고 사민당 정권이 전략적 행위(정책 선택)를 통해 조직 노동의 더 큰 권력자원동원을 촉진했다는 주장은 이런 가설을 지지하는 것이다(Esping-Andersen 1985, 140).

3. 사회(민주)주의의 딜레마

사민당이 전략적 행위를 수행할 때 직면하는 커다란 난점은 '사회(민주)주의의 딜레마'이다. 의회주의 전략은 전통적인 분리 전략을 포기하는 것이라고 앞서 말했지만, 실제로는 사민주의 정당이 더 넓은 유권자 층에 호소하는 정책을 제기하는 순간 심각한 딜레마가 발생한다. 왜냐하면 의회주의를 채택한 이상 사민당은 노동자 정당의 색채를 약화시킬 수밖에 없고, 그렇게 되면 지지 기반인 노동자 계급의 응집력이 약화될 위험이 있기 때문이다(Przeworski 1985, 29). 노동자 정당이 의회주의 전략, 즉 사회민주주의 전략을 채택하는 한 이 딜레마를 피할 수 없다.

렌·마이드너 모델은 완전고용과 산업합리화를 달성해 국제 경쟁력을 유지할 묘안이라고 생각되었지만, 1969~70년에 그 전제인 노사의 '역사적 화해'가 동요하는 사태가 발생했다. 예테보리Göteborg 등지의 항만과 라플란드Lapland 북부의 광산, 게다가 기계 산업 현장에서도 노동자들의 파업이 이어졌다. 이를 평조합원들이 경영자 전권專權과 중앙 집중적 교섭에 반발해 일으킨 반란이라고 간주한 LO와 사민당은, 공동결정법Medbestämmandelagen, MBL과 노동자기금 제도를 도입해 다시금 계급적 단결을 강화하고자 했다.

스웨덴에서는 경영자의 해고권 남용을 제한하고, 단체교섭은 고용조건(임금·노동시간·수당)에만 국한해 경영상의 결정에는 노조가 관여하지 않는다는 합의 아래 노사협조가 성립했다. 1930년대 후반까지는 경영 측의 생산 합리화 노력을 노동도 적극적으로 받아들였고, 이에 더해 노동이 경영에서 벗어나 조직의 자율성을 확보하기 위해서는 경영권에 개입하지 않는 것이 좋다는 입장을 유지했다(Pontusson 1993, 565).

그러나 일반 조합원의 소외감과 불만을 해소할 필요성이 커지자, LO는 1971년 대회에서 입법을 통해 노사관계의 개혁을 추진한다는 캠페인을 대대적으로 펼쳤다. 핵심 요구는 고용 보장 강화와 노동환경 개선, 노조의 현장 활동 강화, 경영 정보에 대한 접근권 확대, 기업의 의사 결정에 대한 지역 노조의 발언권 확보 등이었다. LO의 이 방침을 TCO도 지지했고, 정치권에서는 사민당은 물론 국민당·중앙당도 지지했다. 이에 따라 1976년에는 공동결정법이 제정되어 경영자 전권을 제한할 수 있게 되었다. 노동문제뿐만 아니라 노동의 이해관계와 관련된 모든 문제가 공동 결정의 대상이 되며, 경영자는 지역 노조가 요구하면 어떤 문제든 교섭에 응할 의무를 지게 된다. 그러나 반드시 합의할 의무는 없으며, 합의에 실패하면 경영자가 일방적으로 기업 방침을 결정할 수 있다(Pontusson 1993, 566; Fulcher 1991, 204).

노동자기금 제도는 기업 이윤의 일부를 노동자기금으로 회수해 주식에 투자하는 제도로, 이를 통해 기업 경영에서 노동의 발언권을 높이고 자본의 사회화(집단 소유권)를 이루려는 것이었다. 이 제도는 1975년 마이드너가 제안하고 이듬해 LO 대회에서 채택되었다. 물론 마이드너는 공동결정법과 더불어 산업민주주의의 일환으로 이를 제안했는데, 여기에는 렌·마이드너 모델을 수정·보완하려는 목적도 있었다. 기존의 연대임금제는 호황 기업의 초과이윤을 충분히 통제하지 못한 탓에 임금 추가 인상 효과가 발생했고, 이것이 연대임금제를 위협하고 있었다. 또한 적극적 노동시장 정책이 시행되어 산업 합리화가 진행되자 부와 자본이 점점 집중되면서, LO는 재분배를 강화할 필요를 느끼고 있었다(Esping-Andersen 1985, 296-297; Pontusson 1993, 554; Pontusson 1992b, 6장).

1973년 유류파동 이후 세계경제가 침체하면서 수출산업도 부진에 빠졌는데, 이런 힘든 시기인 1974~75년에 실시된 큰 폭의 임금 인상은 스웨덴 경제에 큰 부담이 되었다. 따라서 임금 인상을 자제하라는 여론이 커졌는데, 이 역시 노동자기금 제도를 추진하게 된 배경 가운데 하나였다. LO는 사민당 정부가 임금 억제를 요구해 오자 그 대신 노동자기금을 도입할 것을 제안했다. 이 제도는 노동자가 일방적으로 임금 억제에 따른 희생을 감내하는 제로섬 상황을 피하게 할 묘안으로 받아들여졌다. 노동자는 임금 인상을 자제한 대가로 집단적 주식 보유를 실현해 산업 민주화를 추진할 수 있으며, 그렇게 조성된 기금이 위축된 민간투자를 활성화해 자본형성에도 기여하리라고 여겨졌다(Esping-Andersen 1985, 297).

그러나 공동결정법을 도입할 수 있도록 양보했던 경영 측이 이 문제에 대해서는 크게 반대하며 언론 매체를 통한 홍보까지 감행한다. SAF는 노동자기금을 체제 선택의 문제로 받아들이고 이는 '점진적 사회주의'creeping socialism라고 경고하고 나섰다. 또한 TCO 지도부는 처음에는 집단소유제에 호의적이었지만, 1979~80년까지는 대다수의 조합원이 노동자기금에 반대한다고 파악해 중립적 입장으로 후퇴했다. 정당들의 경우 보수파인 온건당은 물론이고 중도파 정당들도 집단소유제 도입에 소극적인 입장으로 돌아섰기에, 사민당도 이 문제를 신중하게 다룰 수밖에 없었다. 1976년 선거에서 사민당은 "노동자기금의 도입 여부는 조사위원회의 결론을 기다려야 한다."고 하는 등 선거 쟁점으로 삼지 않으려 했다(Pontusson 1993, 554).

1976년 선거에서 패배한 사민당과 LO는 이 안을 훨씬 온건한 형태로 수정했지만, 유권자들의 반발은 오히려 더 커졌다. 1976년 43퍼센트였던 반대 의견은 1982년에 61퍼센트로 높아졌다.[19] 따라서 1982년의 사민당의 재집권은 "노동자기금 때문이 아니라 그것에도 불구하고" 보수 연립 정권이 내세운 졸렬한 경제정책에 대한 국민들의 반발 때문에 가능했다(Pontusson 1993, 555). 재집권한 사민당은 노동자기금을 도입하지만, 기업의 부담을 낮추고 기간도 한정(1984~90년)함으로써, 집단소유제를 실현해 경영에 대한 노동자의 발언권을 강화하고 이 기금을 산업 정책의 축으로 삼겠다던 원래 목적에서는 멀리 벗어났다. 1987년 현재 다섯 개의 노동자기금이 보유한 주식은 볼보자동차 한 회사가 운용하는 유동자금의 절반에도 못 미쳤고, 1990년 말에는 스톡홀름 주식시장에 상장된 총액의 3.5퍼센트에 불과해, 결국 이 기금은 또 하나의 국민연금 보험 기금이 되는 데 그쳤다(Pontusson 1993, 555-556; Pontusson 1992b, 7장).[20]

1970년대의 스웨덴 사회민주주의는 [경영권 인정, 임금 억제에 대한 협조 등에 대한] 일반 조합원들의 반발로 다시 계급주의를 전면에 내걸고 노동자의 단결을 강화하는 방향으로 선회했으나, 노동자기금을 도입하자는 데 이르러 국민들로부터 '너무 나갔다'는 평가를 받

---

19 하지만 1976년 선거에서 노동자기금은 핵심 쟁점이 아니었다. 선거에서 이 문제가 핵심이라고 본 유권자는 4퍼센트에 불과했고, 그보다는 원전 문제(21퍼센트), 경제정책의 방향(13퍼센트)이 주요 관심사였다(宮本 1994a, 57).

20 노동자기금이 이념과 정책 면에서 어떻게 후퇴했는지에 대해서는 宮本(1994b) 참조.

은 셈이다. 사민당이 계급정치 전략을 취했던 1970년대에 화이트칼라의 사민당 지지는 계속 감소해, 1970년의 48퍼센트에서 1979년에는 38퍼센트로 떨어졌다(Esping-Andersen 1985, 126). 1976년에 실시한 여론조사를 보면 노조 권력을 부정하는 여론이 이를 강화하자는 여론과 같은 수준이었고, 1984년에는 전자가 후자를 39퍼센트포인트나 앞섰다(Pontusson 1993, 556).

노동자기금 문제를 거치면서 사민당은 다시 포괄정당으로 정책 방향을 바꾼다. 재무장관 셀-올로프 펠트[21]가 주창한 '제3의 길'은 케인스주의나 대처주의Thatcherism와 다른 길을 제창한 것이지만, 실제로는 시장 효율성을 최우선시하는 것이었고, 적어도 스웨덴의 맥락에서는 신자유주의로 받아들여졌다. 1990년 사민당은 고고하게 걸어 온 복지국가의 길을 단념하고 EC 가입 의사를 밝힌다. 그러나 신자유주의로의 전환은 전통적 지지층의 반발을 초래했는데, 이는 1991년 사민당 패배의 중요한 배경이 되었다.

이와 같이 1970~80년대 사민당의 전략과 정책이 동요한 현상을 '사회(민주)주의의 딜레마'로 이해할 수 있다. 사적 소유제와 경영권을 존중함으로써 '노사의 역사적 타협'을 실현하고, 소득비례연금을 도입해 '적록 연합'에서 '적백 연합'으로 지지 기반을 옮김으로써 스

---

21 역주 : 셀-올로프 펠트Kjell-Olof Feldt(1931~). 스웨덴 사민당 정치가로서, 상무장관(1970~75년), 재무장관(1983~90년)을 역임하며 1980년대 스웨덴 사민당 정부의 정책을 이끌었다. 1981년 사민당의 경제위기 대응 연구팀장으로『스웨덴의 미래』라는 보고서를 작성했다. 1982년 사민당 재집권 후 재무장관에 임명되었고, 그 직후인 10월 2일 경제위기 관리 프로그램을 발표했는데 이것이 '제3의 길'로 불리게 되었다.

웨덴 사민주의는 그 기반을 굳혔다고 생각되었다. 그러나 LO의 권한 강화, 사민당의 포괄정당화는 일반 노동자들 사이에 소외감과 불만을 누적시켜 1960년대 말에는 현장 파업을 초래하기에 이르렀다. 이에 대해 LO와 사민당은 노동자의 계급적 단결을 도모하는 정책을 제시했다. 공동결정법은 화이트칼라에게도 호의적으로 받아들여졌지만, 노동자기금에 대해서는 노동 권력이 강화되는 것을 경계하는 목소리가 높아졌다. 1980년대 사민당은 계급주의 노선을 벗어나 다시 포괄정당화를 추구하게 된다. 그러나 재무장관 펠트와 그 참모들이 주창한 신자유주의 노선, 즉 '제3의 길'과 금융 자유화, EC 가입은 LO 안팎의 강한 반발을 초래했고, 결국 1991년 선거에서 사민당은 역사적 패배를 맞게 된다.

4. 자본 권력과 계급 교차 연합 ① : 코포라티즘의 확립

권력자원론은 권력균형 모델, 권력격차 모델이라고 불리기도 하는데, 권력관계, 특히 노자의 권력관계에 주목한다. 따라서 개념적으로는 자본 권력을 무시하지 않는다. 그렇지만 실제 연구에서는 노동 권력의 분석에 관심이 집중되어, 자본 권력까지 균형 있게 다루는 연구는 드물다. 코르피와 에스핑-앤더슨은 "단결한 노동 권력에 비해 사본은 분열되어 있다", "노동에 밀려 자본이 양보했다."라면서 자본 권력을 수동적으로 표현한다(Korpi 1978; Esping-Andersen 1985). 그 결과 권력자원 모델은 자본 조직의 영향력을 충분히 고려하지 못한다는 비판을 받고 있다. 자본 권력의 중요성을 강조한 대표 논자로는 제임스 풀처James Fulcher, 페테르 스벤손Peter Swenson, 요나스 폰투손 Jonas Pontusson 등이 있다(Fulcher 1991; Swenson 1991a; 1991b; Pontusson 1991; 1993).

자본 권력의 관점에서 중앙 집중적 노사 교섭의 발전을 다시 보자. 우선 1906년 12월의 타협에서 노동 측은 처음으로 경영권을 인정했고, 경영 측은 노동조합의 존재를 인정했다. 이 타협은 1909년 총파업으로 무너졌으나, 풀처와 스벤손은 이 타협 자체가 애초부터 자본이 주도해 도출되었음을 지적한다. 사민당이 1889년에 창당되고, 사민당의 지도로 LO가 결성된 것이 1898년이며, SAF는 1902년 총파업을 계기로 탄생했다는 역사적 경과를 보면, 분명 경영 측의 결속은 노동 권력의 압박에 따른 결과였다. 그러나 SAF가 초기부터 고도로 중앙 집중적 조직이었던 데 비해 LO는 가입 조직들을 대표해서 교섭할 권한이 없었다. 1906년 12월의 타협은 SAF가 개별 산업 노조들이 아니라 LO에 대해, 경영권을 인정하지 않으면 자본 총파업(공장폐쇄)을 하겠다고 압박한 결과였다. LO는 이런 SAF의 강경한 입장을 배경으로 산하 노조들을 설득했고, 그 결과 경영 측은 노동의 단결권과 단체교섭권을 정식으로 인정하고 노동 측은 경영권을 받아들였던 것이다. 이렇듯 SAF는 '파업-직장폐쇄'의 악순환을 끊기 위해 LO의 권위를 부정하지 않고, 오히려 LO를 중앙교섭 창구로 대하며 그 위상을 적극적으로 높여 주었다.

1906년 12월의 타협은 1909년의 총파업, 그 이후 LO의 조직력 약화로 인해 붕괴되고, 따라서 "LO 강화로 중앙교섭 제도를 확립한다."는 SAF의 목표도 좌초되었다. 하지만 그 뒤 우여곡절을 거치면서 1938년 기본 합의에 도달하면서, 다시금 중앙교섭 제도 확립을 지향할 수 있었다. 이 합의에서는 경영권 등 여러 쟁점이 있었으나 하나같이 예전부터 다루어진 쟁점이기에 특별히 새로운 내용은 없었다. 이 합의의 의의는 구체적 내용보다는 중앙교섭 패턴이 형성된 데 있다. LO는 산하 노조들이 정당한 절차를 거치지 않고 파업하는 것을 인정하지 않겠다고 SAF에 약속했는데, 1941년 규약을 개정해 산하 조합원의 3퍼센트 이상이 참여하는 파업에 대해서도 파업기금을 동결하는 등의 방법으로 파업을 승인하지 않을 권한을 확보했다. 이렇듯 LO는 1938년 합의를 계기로 산하 노조들에 대한 통제력을 강화해 갔다.

중앙교섭 체제, 즉 코포라티즘이 확립됨에 따라 자본의 주도권과 더불어 '계급 교차 연합'[22]이 중요한 의미를 지닌다. SAF와 LO의 권력자원동원은 예외 없이 계급의 경계선을 따라 진행되는 것이 아니라, 산업부문 사이 대립에 따라 계급 교차 방식으로 진행된다. 1938년의 기본 합의로부터 노사 중앙교섭에 이르기까지, 그 배후에는 수

---

22 계급 교차 연합이란 cross-class alliance의 번역어이다. 이토 미쓰토시伊藤光利가 말한 '대기업 노사 연합'과 유사한 개념인데(伊藤 1988), 여기에서는 '계급'이라는 용어를 사용한다. 개념 번역 문제 때문이 아니라, 이 책에서 말하는 사회민주주의 모델이 계급정치의 맥락에서 도출된 것인 한, 계급 개념을 사용하는 것은 당연하다고 생각하기 때문이다. 또한 자본주의사회에서 주요 권력자원이 자본과 노동이고, 이 두 권력자원의 동원 방식과 상호관계가 자본주의 정치경제를 규정한다고 상정할 때, 이는 경영자와 노동조합이 자기 의식적인 계급(대자적 계급)으로 조직됨을 뜻하는 것이 아니고(물론 그래도 상관없지만), 어디까지나 자본주의 시스템에 대응하는 기능적 개념으로서 노동과 자본이라는 개념을 사용할 뿐이다. 그리고 현실 사회가 자본주의 시스템만으로 구성되어 있는 것이 아니기에, 당연히 사회에는 노동과 자본 외에도 많은 권력자원들이 존재한다. 지금 사회민주주의 모델이 성·인종·민족의 차이에서 생겨나는 권력자원 격차의 문제를 충분히 고려하지 못한다는 비판이 많은데, 이는 당연하다. 기존의 사민주의 모델이 지닌 편향이자 한계인 셈이다.

출산업(특히 금속) 노사가 내수산업(특히 건설업계)을 압박한 과정이 있었다. 스칸디나비아에서는 전통적으로 건설업계의 임금이 높아서, 1907년에는 덴마크·스웨덴·노르웨이의 경영자들이 코펜하겐에 모여 "건설업계의 임금을 다른 산업의 임금과 같은 수준으로 억제해야 한다."고 결의하기도 했다.[23]

금속을 위시한 수출산업은 국제 경쟁력이 떨어질까 봐 고임금을 제공할 수 없고, 그렇다고 임금격차를 방치하자니 양질의 노동력을 확보하기 어려운 딜레마에 직면했다. 숙련공만 고임금으로 하면 내부의 임금격차가 발생해 노동조합의 전투성을 부채질할 위험이 있었다. 노조로서도 내수산업 부문과의 임금격차를 방치한 데 따른 내부 분열이 일어날 위험을 피해야 했다.

건설업계를 견제할 필요가 있다는 데 수출산업 부문 노사의 이해관계가 일치했고, 그래서 LO 산하 노조들에 대한 통제력을 강화하고 중앙교섭을 실현하기 위한 협력이 진행된다. 살트셰바덴 협약에서 LO는 정당한 절차를 거치지 않은 파업은 지원하지 않겠다고 결정했는데, 사실 그런 성급한 행동은 건설 노동자들이 흔히 벌였던 일이다.

코르피와 샬레브는 스웨덴에서는 노동 권력이 강화되고 사민당이 집권함으로써 노동 측의 요구를 경영 측이 수용한 결과 노사분규

---

23 스웨덴에서 건설업계의 임금이 높았던 이유는 건설업이 가혹한 국제 경쟁에서 벗어난 내수산업이라는 점 외에도, 길고 추운 겨울이라는 혹독한 기후 조건 탓에 일이 힘들고 작업 기간도 짧기 때문에 노동자들이 단결해서 1년 동안의 생계 보장을 요구해 온 점도 있었다(Swenson 1991b, 524).

가 감소했다고 말하는데, 앞서 언급한 정황들을 보면 의문의 여지가 있다. 기존의 연구들은 쟁의행위에 따른 노동 손실일이 파업 때문인지 공장폐쇄 때문인지를 구분하지 않았다. 스벤손은 급격히 감소한 것은 정작 공장폐쇄였다고 지적한다. 공장폐쇄가 단지 파업에 대처하는 수단으로 쓰였다면 공장폐쇄 감소가 곧바로 파업 감소였다고 볼 수 있지만, 덴마크와 스웨덴의 경우 공장폐쇄는 노조의 파업기금을 고갈시키기 위해, 즉 공격적인 임금 인하 수단으로 사용된 역사가 있었다.

노동의 정치적 영향력이 증대한 결과로 경영 측이 수세로 전환해 공장폐쇄가 감소했다면, 코르피와 샬레브의 주장은 여전히 유효하다. 하지만 스벤손에 따르면 그렇지 않다. 스웨덴에서는 부르주아 정당이 원래 취약했기에 사용자는 정치적 수단이 아니라 실력 동원에 의존할 수밖에 없었기 때문이다. 따라서 사민당의 장기 집권 아래서 자본의 정치적 발언이 위축된 것은 역으로 공장폐쇄라는 수단에 더욱 의존하게 만든 요인이었다.

그렇다면 사민당 정권이 법 규제를 강화해서 공장폐쇄가 감소했는가? 사민당 정권은 동정同情 공장폐쇄[24]를 포함해서 일체의 공장폐쇄에 관해 사용자의 권리를 제한할 생각조차 하지 않았다. 스벤손은 사용자의 공장폐쇄가 사라진 것은 단지 필요하지 않게 되었기 때문

---

24 역주 : 동정 공장폐쇄sympathetic lockout는 분규가 있는 다른 사업장의 사용자를 지원하고 연대하기 위한 '공격적' 공장폐쇄를 말한다. 반면 노조가 다른 사업장 노조의 파업에 연대하기 위해 파업할 경우 이를 동정파업sympathetic strike이라고 하는데, 한국에서는 모두 불법이다.

이라고, 즉 사민당 정권 아래서 경영 측이 요구한 통일적 임금 교섭이 실현되었기 때문이라고 지적한다. 그에 따라 경영 측은 임금 인상을 억제하고 일부 노조의 전투성이 전체로 확산되지 못하게 할 무기를 손에 넣었다는 것이다(Swenson 1991b, 537-539).

사민주의 블록이 경영권을 인정하고 생산성 향상에 협조하는 온건 노선을 취하는 한, 산하 노조들에 대한 LO의 통제력 강화는 경영의 입장에서도 바람직한 일이었다. 또한 LO가 국민경제에 대한 책임 있는 행동을 취하게 된 것은 사민당 정권의 유지를 위한 것이기도 했고, 따라서 사민당 정권이 노동의 규율을 요구했다고 할 수도 있는 것이었다. 그렇게 보면 사민당 정권은 경영 측으로서도 최선은 아니라 해도 공생할 만한 존재였다. 부르주아 정당의 분열과 취약성을 감안할 때, 사민당 정권을 받아들여 노사협조 노선에 의한 산업 합리화, 생산성 향상을 추구하는 것은 자본으로서도 합리적 선택이었다고 할 수 있다.

LO-사민당 블록의 세력 확대가 자본의 승인 아래 이루어졌다는 가설은 사민당 정권이 자본주의의 기본 원칙을 위배하는 정책을 시도하는 경우 자본 권력이 효과적으로 발동되고 있었음을 봐도 입증된다. 1948년 선거에서 승리한 사민당은 경제계획과 선택적 국유화를 통해 경제의 사회주의화를 시도했는데, 이는 경영 측이 강력히 반발해 실패로 돌아갔다(Pontusson 1991, 172).

소득비례연금, 공동결정법, 재분배적 상속 과세, 노동자기금 등 사민당의 대표 정책 가운데 앞의 둘은 성공하고 뒤의 둘은 실패한 이유에 대해, 폰투손은 Ⓐ 자본의 체계적 이익(장기적으로 기업의 이윤 추구를 가능하게 할 제도의 유지), Ⓑ 정책의 보편적 가치에서 기인한 정

표 1-1 | 스웨덴 사민당의 대표 정책 분석

	Ⓐ 자본의 체계적 이익	Ⓑ 정책의 가치·정당성	Ⓒ 부동층의 동향	추진 결과	자본 권력의 입장
소득비례연금	○	○	○	성공	수용
공동결정법	○	○	×	성공	찬성
상속 과세	×	○	×	실패	반대
노동자기금	×	×	×	실패	반대

주 : 원서에는 없는 것으로 옮긴이가 추가했다.

당성, Ⓒ 개혁에 직접 영향을 받는 부동층의 동향을 기준으로 삼아 분석하고 있다. 소득비례연금은 세 가지 기준을 모두 만족시키며, 공동결정법은 Ⓐ와 Ⓑ를 만족시킨다. 이에 비해 상속 과세는 Ⓑ만 만족시키고, 노동자기금은 어느 것도 만족시키지 못한다. 폰투손은 이런 분석 결과로부터 자본 권력의 규정력을 주된 변수로 끌어낸다. 상속 과세나 노동자기금의 경우, 경영자 단체가 다양한 수단을 써서 강력하게 반대한 것이 실패의 결정적 원인이었다(Pontusson 1993).

폰투손의 논의에는 Ⓐ와 Ⓒ, Ⓑ와 Ⓒ의 만족 사례는 빠져 있다. 따라서 정책 성공의 필요조건이 Ⓐ는 아니고, 세 개 중 어느 두 개를 충족하는 데 있을 가능성도 존재한다. 그도 인정하듯이, 그는 한정된 사례의 정책만 검토했을 뿐이며 과연 기준이 적절하게 설정되었는지의 문제도 있다. 그러나 그런 문제점들에도 불구하고 SAF가 수정자본주의는 승인하면서도 사적 소유제와 투자 등에 관한 경영권의 문제에 대해서는, 즉 장기적으로 자본주의의 기본 원칙을 침식할 수 있는 개혁에 대해서는 효과적으로 거부권을 행사해 왔다는 사실만은 분명하다.

당초 LO는 [기업의 이윤 중 일부를 흡수해 '공공적' 투자에 활용되도록 운용함으로써] 소득비례연금이 투자 활동을 규제할 공적 수단이 되리라고 기대했다. 하지만 기업들의 기금 차입이 늘고 기금 투자를 채권으로 한정하는 등의 규제가 시행되면서, 소득비례연금이 민간의 투자 활동을 규제할 가능성은 대폭 줄었다. 그러나 연금 급부를 충실화한다는 본연의 목적을 실현했다는 점에서 정책적 성공이었다고 말할 수 있다. 이에 비해 노동자기금은 투자 활동을 포함한 경영 활동 일반에 관해 노동자의 발언권을 강화하는 것이 최대의 목표였다. 그렇다면 이 목표가 대폭 제한되어, 소득비례연금 기금과 거의 차이가 없는 기능을 하게 된 것은 분명한 실패였다. 공동결정법을 평가해 보면, 단지 기업의 경영 관련 자료와 정보를 공개하는 장치가 하나 더 생긴 정도에 불과하다는 의견도 있지만, 고용조건을 넘어서는 문제에 대해서도 노조가 교섭권을 가지게 되었으므로 성공적이었다고도 생각된다. 하지만 이를 통해 경영권을 실질적으로 규제할 가능성은 낮았고, 자본의 체계적 이익을 저해할 정도도 아니었다.

상속 과세의 재분배 기능을 높이는 정책이 시행되면 장기적으로 사적 소유제를 침식할 우려가 컸기에, 1928년 사민당의 핵심 이론가인 에른스트 비그포르스Ernst Johannes Wigforss가 이 문제를 제기한 이래 오랫동안 논쟁이 지속되었다. 상속 과세를 수정하는 데는 보수당과 SAF는 물론 농민동맹도 반대했는데, 사민당 정권이 이런 반대를 극복하기까지는 오랜 시간이 흘렀다. 그러나 1940년과 1944년 선거 결과 상하 양원에서 다수파가 된 사민당은 공산당의 지지를 얻어 마침내 상속세 개혁에 나선다. 새로운 상속세법은 사민당의 원안보다 공제 한도액은 높아지고(2만5천 크로나에서 3만5천 크로나로) 최고 세율은 50퍼센트(원안은 60퍼센트)로 낮아지는 등, 중간 계층의 반발을 무마하고자 조정된 것이었다. 그럼에도 SAF와 부르주아 정당은 비판을 멈추지 않았다. 결국 1956년, 농민동맹의 협력이 필요했던 사민당은 그 대가로 이 제도를 폐지하게 된다(Pontusson 1993, 569-572).

경영 측이 노동의 창구 단일화를 염두에 두고 LO의 조직 강화를 도왔다는 주장은, 노동의 권력자원동원만으로 스웨덴 사회민주주의의 발전을 파악하는 것의 문제점을 날카롭게 지적한 것이다. 또한 스웨덴의 자본 권력이 생각만큼 취약한 것이 아니라(즉 사민주의 세력에 눌렸던 것만이 아니라) 사민 블록이 자본주의의 기본 원칙을 존중하는 한에서 사민 블록을 지지했다는 주장도 설득력이 있다. 왜냐하면 LO-사민당이 경제의 사회화를 급진적으로 추진할 때마다 SAF의 거부권이 효과적으로 발동되었고, 사민당 정부의 산업 정책이 적극적 노동시장 정책을 넘어서서 실현된 적도 거의 없었기 때문이다.

달리 말해, 이는 사회민주주의를 자본주의의 대립 항으로 이해하는 것은 피상적인 인식임을 말해 준다. 사회민주주의는 사회적 공정성을 내세우며, 자본주의가 필연적으로 수반하는 계급 격차를 시정하기 위한 재분배 프로젝트를 특징으로 한다. 하지만 사회민주주의 그 자체는 포드주의에 따른 자본축적 전략임을 간과해서는 안 된다. 사민주의 전략이 자본축적에 효과적일 때만 경영 측은 재분배 프로젝트를 받아들일 것이다.

다음으로 계급 교차 연합이 권력자원동원 모델에 어떤 의미를 지니는지 살펴보자. 그것은 권력자원동원에서 노동자의 동질성을 전제할 수 없다는 사실을 단적으로 보여 준다. 코르피 등도 계급을 가로지르는 분기점이 있음을 분명하게 지적한다. 예컨대 인종·민족·

종교·지역에 따른 분기점 등이다(Korpi & Shalev 1979, 169; 1980, 306; Shalev 1983, 327; Korpi 1989, 313 등 참조). 그러나 코르피와 에스핑-앤더슨은 그런 분기점들을 극복해야만 할 전근대적 잔재로 파악한 결과, 동질의 산업노동자를 전제로 스웨덴의 노동 권력을 논하게 된 것으로 보인다. 하지만 계급 구분선에 따른 권력자원동원이라는 가설이 일견 타당했다고 여겨지는 1930년대에도, 그 배후에서는 계급 교차적인 정황이 나타나고 있었다. 계급 교차 연합의 관점은 노동(계급) 내 권력자원동원과 계급 연합을 통한 권력자원동원에만 주목하는 편향을 바로잡아 줄 것이라 생각한다.[25]

5. 자본 권력과 계급 교차 연합 ② : 코포라티즘의 붕괴

1950년대부터 1960년대 스웨덴의 중앙 임금 교섭 제도는 수출 산업, 특히 금속 산업의 노사가 주도하는 패턴으로 확립되고 있었다. 금속 산업 경영자들은 생산성 향상의 대가로 임금 추가 인상을 제공하고 있었으나, 1969년에는 추가 인상 폭을 억제하기 위해 임금 결정에 추가 인상분을 미리 감안하자고 주장했다. 그러나 임금

---

25 특히 포스트포드주의에 의한 노동의 전문화와 유연화가 요구하는 노동시장의 다양화 압력으로 말미암아, 산업사회의 논리에 의한 계급 형성은 점차 곤란해지고 있었다. 이 점을 생각하면, 계급 교차 권력자원동원이라는 개념이 의미하는 바는 더욱 커진다.

추가 인상은 [생산성이 높은 기업들에 국한될 것이라고 본] 스웨덴 금속산업경영자협회sveriges verkstadsförening(이하 VF)의 예상을 뛰어넘어 생산성이 낮은 산업과 화이트칼라, 공공 부문에까지 일반화되고 있었다. VF는 추가 인상은 어디까지나 생산성 향상에 따른 능률급으로 이루어져야 한다고 생각했기에, 이런 상황을 불만스럽게 여겼다.

또한 1970년대에 들어서는 금속 대신에 관공官公 부문에서 임금 결정을 주도하게 되었으나, 중앙교섭 제도에 대한 VF의 불신은 더 굳어졌다. 1974~76년 관공노조가 임금 인상 교섭을 주도한 결과 임금이 크게 올랐다. 하지만 1970년대에는 SAF 내에서 코포라티즘에 대한 불만은 많지 않았다. 내수산업(건설·서비스·소매업 등)은 국제 경쟁의 압력이 적고 합리화와 생산성 향상보다는 노사협조를 중시하는 목소리가 강했으며, 수출산업 부문에서도(기술혁신의 정도가 낮고 자본 집약형인 산업에서는) 노동비용 상승을 감수하고서라도 쟁의 회피를 중시하는 분위기가 강했기 때문이다(Pontusson & Swenson 1996, 239).

그러나 1983년 VF는 비교적 높은 임금 인상을 수용하는 대신 스웨덴 금속노조svenska Metallindustriarbetareförbundet, Metall[현재 IF Metall]가 중앙교섭에서 이탈하게 하는 데 성공한다. 그리고 이듬해에는 SAF 전체가 이에 동조해 중앙교섭 제도는 일단 와해되었다. 그러나 그 결과 임금이 크게 올랐고, 따라서 1985년에는 사민당 정부가 앞장서서 중앙교섭 제도의 재건을 추진했다. 사민당 정부는 비판의 표적이 된 관공 부문의 임금 인상을 억제하고, 여기에 민간 부문의 임금 인상을 연동시키려고 했다. 정부의 이런 임금 억제 정책에 경영 측이 호응하면서 1980년대 후반에 중앙교섭 제도는 다시 복구되었다. 하지만 1988년 SAF가 다시 산업별 임금 교섭을 주장하면서, 1990년에는 중앙교섭 창구를 폐쇄해 버렸다. 그리고 1991년에는 정부의 모든 행정위원회에서 경영 측 대표가 철수함으로써 코포라티즘은 종언을 고했다.

1980년대 들어 SAF 내에서 VF의 주장이 수용된 배경에는 장기 불황과 무역수지 적자 문제가 있었다. 경영자들은 공공 부문을 확대해 실업률을 낮게 유지하는 정책에 대해 불만이 컸고, SAF가 복지국가에 대한 비판을 강화하고 민영화와 규제 완화, EC 가입을 적극적으로 주장하는 등 신자유주의의 분위기가 확산되어 갔다. 물론 신자유주의가 대두한 데는 코포라티즘의 '이념형'에서 이탈한 것 이상의 다른 이유가 있다. 단적으로 말하자면 포드주의의 종언, 케인스주의 정책의 유효성 소실 등이다.

대량생산에서 다품종·고품질 생산으로 전환될 때, 기존의 균질적인 단순노동이 아니라 다양한 기능과 전문성을 몸에 익힌 노동이 요구된다. 노동자에게 이를 수행할 의욕과 동기를 부여하려면 중앙교섭 제도에 의한 임금 결정으로는 불충분하다. 예컨대 임금 추가 인상이 능률급으로 실현된다면, 이는 개별 노동자들의 기능에 대응하는 것이 아니며, 따라서 적극적으로 기능을 습득하게 할 동기부여도 되지 않는다. 또한 기술을 연마하고 전문성을 획득하는 데 드는 비용을 생각하면 고용 안정이 바람직하지만, [노조의 교섭력이 임금 인상을 결정하는] 종래의 임금 결정 방식으로는 노동자들의 노조 귀속 의식은 높아도 기업 귀속 의식은 높을 수 없었다. 기술혁신에 기초한 새로운 축적 체제를 모색하게 된 현실이야말로 경영자들로 하여금 산업, 나아가 기업 수준에서 다양하고 유연한 임금 결정을 추구하게 한 결정적 요인이었다. 1980년대에 연대임금제가 무너지고 관공노조의 임금 추가 인상 보전도 폐지되었다. 그럼에도 SAF가 중앙 교섭 제도를 폐지하자고까지 밀어붙인 것은 경영 측이 포스트포드주의에 대응할 임금체계를 요구했기 때문이다(Pontusson & Swenson 1996).

경영 측의 공세를 불러온 또 다른 요인으로, 앞서 이 장의 2절 '구조와 제도' 부분에서 소개했던 국제경제 구조의 변화와 그에 따른 스웨덴 기업의 초국적화도 지적된다. 국제 경쟁이 격화되고 값싼 원자재와 노동력을 해외에서 구할 기회가 늘어남에 따라, 노동과의 화합 이상으로 노동비용 억제가 중요해진 경영 측은 LO와의 중앙교섭을 경시하게 된다. 또한 경제의 국제화에 따라 일국적 수요관리(케인스주의 정책)를 수행하기 곤란해졌고, 이 점 또한 경영 측으로 하여금 노동의 전략적 중요성을 낮추어 보게 만든 요인이었다.[26]

---

26 스웨덴 코포라티즘이 쇠퇴한 원인과 관련해 사민당·LO·SAF 등 행위자들의 전략과 의도라는 주체적 요인과 포드주의의 변질 및 무역·금융·자본의 자유화 같은 구조적 요인 중 무엇을 더 중시하는지는 논자마다 다르지만, 쇠퇴 자체를 부정하는 의견은 많지 않다(Notermans 1993; 1994; Moses 1994; Huber & Stephens 1998). 예컨대 리처드 회퍼Richard Hoefer는 1986~94년에 사회복지 분야의 이익집단 수, 역할, 정부와의 관계 등에서 차이가 크지 않았다는 점을 들며 스웨덴 코포라티즘의 쇠퇴를 부정한다(Hoefer 1996). 그러나 그는 압력단체를 연구했을 뿐, 정치경제학에서 주목하는 중앙교섭 제도의 붕괴를 시작으로 진행된 노자 관계의 변화에 대해서는 전혀 언급하지 않고 있다. 정치경제학의 맥락에서 주목되는 연구는 랑게Peter Lange·월러스틴Michael Wallerstein·골든Miriam Golden의 연구다. 이들은 북유럽 4개국과 오스트리아·독일 등 대표적 코포라티즘 나라들의 노조 조직률과 중앙 집중화 수준, 임금 교섭 수준, 정부의 개입 정도 등을 시계열적으로 비교해 1980년대 후반 코포라티즘의 쇠퇴가 일반적이지 않았다는 결론을 제시한다. 이들에 따르면, 스웨덴이 코포라티즘의 대표로 간주되었기에 그 쇠퇴가 코포라티즘의 일반적 쇠퇴를 상징한다고 여겨졌지만, 스웨덴 코포라티즘의 쇠퇴는 오히려 예외적이었다는 것이다(Lange·Wallerstein·Golden 1995). 국제 환경의 변화 같은 거시적 흐름이 한 나라에 미치는 영향은 당연히 그 나라의 산업구조와 권력관계의 차이에 따라 큰 변이를 보인다. 그러나 국제화나 유연 전문화 등의 일반적 추세가 코포라티즘에 대해 공통의 문제를 일으키지 않는다면, 사회민주주의를 축적

새로운 경제 환경에 적합한 임금체계를 요구하는 경영자들, 특히 VF에 대해 노동 측의 대응은 엇갈렸다. 1970년대에 노동 내 균열이 깊어졌기 때문이다. 노동의 계급적 단결을 실현한 것은 완전고용으로 뒷받침된 복지국가와 연대임금제였으나, 노동시장이 다원화되고 복잡해지다 보니 그 이상의 단결은 어려워진 것이다. 우선 블루칼라와 화이트칼라 사이에 알력이 생겼다. 1960년대에 화이트칼라가 급증해 산업 노동자와 비슷할 정도가 되었고, TCO 산하 노조들 사이에서는 LO가 주도해 진행하는 임금 교섭에 불만이 커져 갔다. 1956년의 직업 구성을 보면 블루칼라 53퍼센트, 화이트칼라 26퍼센트였는데, 이 차이는 급격히 줄어 1988년에는 41퍼센트, 47퍼센트로 역전되었다(Pontusson 1992a, 310).

1969~70년 임금 교섭에서는 일부 TCO 산하 노조들이 LO의 교섭 타결에 앞서서 SAF와 5개년 협약을 체결했다. [블루칼라의 주도권에 대한 화이트칼라의 이런 반발로, 결국] 1973년에는 민간 부문 화이트칼

체제·전략으로 파악하는 필자의 기본 전제가 흔들릴 것이다. 하지만 임금 교섭 수준과 정부 개입 정도에 대한 랑게 등의 지표는 매우 형식적이어서, 운영 실태의 변화를 감안하지 못하고 있다. 예컨대 독일 코포라티즘은 형식적으로는 그들의 지적대로 변화가 보이지 않으나, 1970년대 후반 이후 공장·기업 수준에서의 노사 교섭 중요성이 커지고 있었다는 보고가 있다(Thelen 1991; 1993). 이에 비해 스웨덴의 코포라티즘이 가장 크게 타격을 입은 것은 스웨덴의 중앙교섭 제도가 가장 강했고(적용 범위와 정도가 높았고), 분산형 교섭을 허용하지 않았기 때문이라 생각된다. 즉 독일의 경우 분산형 교섭을 허용할 정도로 완만한 코포라티즘이었기에 코포라티즘 체제를 수정할 필요가 적었던 것이다. 오스트리아의 경우, 강력한 코포라티즘 체제가 지속되고 있지만, 중앙교섭 제도는 스칸디나비아와는 달리 애초 임금격차를 축소하는 기능을 하지 않았으며, 임금체계가 유연했음에 주의할 필요가 있다. 덧붙이자면 오스트리아는 유럽의 OECD 가입국 중에서 블루칼라 내의 임금격차가 가장 큰 나라로 알려져 있다(Pontusson & Swenson 1996, 244-245, Iversen 1996; Kunkel & Pontusson 1998; Kitschelt 1994b).

라 노조들이 독자적인 교섭 카르텔[민간 부문 화이트칼라 카르텔Privattjan-stemannkartellen(이하 PTK)]을 구성해, 중앙 임금 교섭에서 LO가 차지하던 독점적 지위가 무너졌다. 이에 따라 임금 교섭은 SAF·LO·PTK의 '삼각 교섭'이 되고, 중앙교섭은 흔들리게 된다(Fulcher 1991, 206-212).

노동 내에서 발생한 또 하나의 심각한 대립은 공공 부문과 민간 부문의 대립이다. 복지국가의 발전은 당연히 공공 부문 확장을 촉진했고, 특히 1970년대 사회 서비스 부문이 확대되면서 공공 부문 노동자의 수가 급증했다. LO 내에 이들이 차지하는 역할도 커져, 중앙 임금 교섭에 대한 VF의 불만이 쌓여 갔음은 앞에서 말한 대로다. 그런데 국제 경쟁에 따른 산업구조 재편에 직면한 민간 노조들 사이에서도 공공 부문의 비대화, 임금 추가 인상 보전 등에 대한 비판이 높았다. 1982년에는 금속노조 중 가장 전투적이었던 공장노동자조합 Fabriks이 관공 노동자들의 '임금 기생寄生'을 공개적으로 비판했다. 이 같은 노동의 내부 균열에 편승해, VF 내 기계공업회는 같은 해 중앙교섭에서 평균 이상의 임금 인상을 약속하는 대신 노조로 하여금 임금 자동 조정 조항[교섭 후 다른 산업에서 협약 임금 이상으로 높은 임금 인상이 이루어지면 자동적으로 그 차액을 보전받는 조항]을 포기하게 했다.

이듬해 금속노조는 생산성과 국제 경쟁력을 유지하기 위해 산업별 임금 인상을 시행하겠다고 주장하는 경영 측에 동조해 LO와 SAF의 중앙교섭에서 이탈할 것을 밝힌다. 그 뒤에도 1986년 9월에는 금속노협 의장이 금속노조의 타결액보다 3퍼센트 높은 조정안을 거부한 관공노조의 '부책임한' 임금 인싱 요구를 비판하는 등, 금속노조는 관공노조를 전면적으로 비판했다. 이리하여 중앙 임금 교섭 제도는 우선 화이트칼라와 블루칼라의 분열로 흔들린 데 이어, 민간 부문과 공공 부문 노조들까지 대립하게 되면서 해체 수순을 밟는다. 중앙교섭 형성을 주도했던 것과 마찬가지로, 이를 해체하는 과정을 주도한 것도 금속 산업 노사의 계급 교차 연합이었다(Swenson 1991a, 383; Fulcher 1991, 212 이하). 금속 산업 노사는 코포라티즘의 산파에서 매장인埋 葬人으로 역할이 변했다. 이와 같은 스웨덴 코포라티즘의 운명은 수 출산업 노사의 움직임에 규정된 바가 크다고 말할 수 있다.

스웨덴 코포라티즘이 해체된 배경에 노동시장의 다양화, 경제의 국제화에 따른 유연한 임금체계 요구 등이 있었음은 분명하다. 경영 측의 요구도 여기에 있었다. 그러나 오스트리아 사례에서 보듯 연대 임금제를 시행하는지와는 무관하게 중앙교섭 제도만 유지하는 것도 가능하다. 요컨대 유연한 임금체계를 요구한다고 해서 필연적으로 중앙교섭 제도를 폐지하라는 요구로 이어지는 것은 아니다. 경영 측 입장에서도 되도록 중앙교섭 제도를 남겨 두고 유연한 임금체계를 실현할 방법을 찾는 것이 상책이라 볼 수 있다. 왜냐하면 중앙교섭 제도가 폐지된다면 경영 측 또한 주요한 임금 억제 수단을 포기해야 하는 리스크가 발생하기 때문이다.

실제로 중앙교섭이 중단된 1984년에는 임금이 큰 폭으로 상승했고, 1990년대에 들어서도 단순한 임금 교섭의 분산화는 임금 인플레이션을 불러온다는 사실이 다시 확인되면서, 새로운 임금 조정의 길을 모색하게 된다. 그럼에도 SAF가 중앙교섭 제도를 개편하는 대신에 굳이 해체하고자 한 것은 스웨덴에서는 역사적으로 중앙교섭 제도와 연대임금제가 불가분의 관계에 있었기 때문이다. 연대임금 제만을 해체하고, 중앙교섭을 유지한다는 것은 스웨덴에서는 불가능했다.

존 스티븐스John D. Stephens는 1970년대 LO의 좌경화가 경영 측으로 하여금 중앙교섭 제도와 코포라티즘을 포기하게 했다고 지적한다. 그것이 SAF가 LO를 결정적으로 불신하게 된 계기였다는 것이다(Stephens 1996). 과거에는 노동 규율을 유지하고 생산성을 향상하는데 유효하다고 생각했던 LO의 중앙 집중화가 이제는 자본축적을 가로막는 장애물로 변했다고 경영 측은 인식했다. 즉 중앙교섭을 포기하게 된 원인에는 경제 환경과 축적 체제의 변화뿐만 아니라, 1970년대 LO의 좌경화도 있었다는 것이다.

끝으로, 1980년대 자본의 공세를 가능하게 한 요인으로서 사민당 정권의 역할을 무시할 수 없다. 1970년대 계급주의 노선의 실패를 경험한 사민당은, 1982년에 다시 집권하자 유동적인 국제경제 환경에 대응하기 위해 현실적이고 유연한 노선을 채택하게 된다. 사민당은 야당이었을 당시에 이미 기존과 같이 공공 지출을 계속 늘릴 수는 없다고 여기며, 국가 기능을 축소하고 시장 메커니즘을 활성화함으로써 경제성장을 이룬다는 정책 목표를 세우고 있었다. 핵심은 금융시장의 자유화, 국영기업의 영리 추구 촉진 및 민영화였다. 또한 조세제도는 보수 연립 정권이 취했던 누진세 완화를 지지하기로 했으며, 1989~90년에는 '세기적 조세개혁'이라고 선전하면서 고소득 계층의 최고 세율을 인하했다.

1980년대 사민당 정부가 내건 기조는 펠트 재무장관과 그 참모들이 진행한 '제3의 길'이었다. 구체적으로 큰 폭의 평가절하를 통한 스웨덴 산업의 경쟁력 제고, 임금 억제(생산성과 연계한 임금격차의 인정), 정부의 재정 적자 축소를 통한 민간 투자 활동 촉진, 기간산업의 생산성 향상 지원 등이었다. 공공 부문은 적자 누적, 고임금, 인플레이션의 원흉으로 간주되어 '제3의 길'의 표적이 되었다. 펠트 장관은 우선 중앙정부의 노사 교섭 책임기관인 국가공무원청Statens Avtalsverk(이하 SAV)을 재편해 재무부의 강경파 중 한 명인 벵트 요한 손Bengt K. A. Johansson이 이를 직접 감독함으로써 임금 억제에 나서게 한다. 1984년 임금 교섭에서 사민당 정부는 공공 부문의 임금 추가 인상 억제를 임금 교섭의 목표로 설정하려 했으나 실패로 귀결되었다. 하지만 1986년 임금 교섭에서 펠트와 요한손, SAV는 조정위원회의 임금 인상안에 대해서조차 이를 수락하는 것은 '증세냐, 인원 감축이냐'가 된다고 관공노조를 압박했다. 결국 관공노조는 1986~87년의 2년 협정에서 민간 노조의 임금 인상액과의 차액을 보전받는 자동 조정 조항을 포기한다(Swenson 1991a, 385).

공공 부문 임금 억제의 성과를 보면, 지방정부의 육체노동자 임금은 민간 노동자에 비해 1970년대에는 상대적으로 더 증가했으나, 1980년대 전반에는 한계에 이르렀고, 1985년에는 전체 산업의 평균 임금의 89퍼센트가 되었다. 중앙정부 수준을 보면, 1977년에는 산업 평균 임금의 109퍼센트였는데, 1985년에는 97퍼센트가 된다(Swenson 1991a, 385). 또한 1989년에 발표된 공공 부문 개혁(초안)은 공무원의 직무 수행에 따른 임금체계 도입을 목표로 했다. 초안에는, 비대하고 중앙 집중화된 복지국가가 공무원에게는 쾌적하지만 이는 복지국가의 이용자이자 납세자인 시민들의 희생을 대가로 한 것이라고 지적되었다. 이어 공무원의 승진과 임금 인상은 업적 달성도와 고객에 대한 서비스의 질 등을 반영해 유연하고 섬세하게 시행되어야 한다고 주장했다. 덧붙이자면, 이 초안은 세 명의 금속 산업 대표들이 작성했고, 관공노조 대표는 포함되지 않았다(Swenson 1991a, 387).

이처럼 1980년대 사민당 정권은 계급정당 노선에서 포괄정당 노선으로 다시 전환해 '제3의 길'을 선택하는 흐름을 보였다. 그 속에서 금속 산업 노사의 계급 교차 연합이 관공노조에 대한 공격에 가담해, 말하자면 정부 및 민간의 노와 사, 이렇게 세 주체가 공공 부문 노조를 포위한 형국이었다. 또한 '제3의 길'은 임금 억제로 소비를 억제하는 한편, 평가절하와 저금리 정책으로 민간투자를 자극하려는 것이었기에, 결국 "노동에서 자본으로의 재분배"를 추진함으로써 자본 우위의 노자 관계에 한층 박차를 가하게 되었다.

6. 기로에 선 스웨덴 복지국가

스웨덴 복지국가의 특징을 한마디로 말하면, 표준적 사회생활을 보장하는 보편주의 사회보장이다. 보편주의란 사회적 시민권으로서 사회보장 급부가 제공된다는 의미이다. 또한 이 보편주의 원칙에 기초한 급부는, 최저 보장을 의미하는 베버리지 사회보장 계획[27]과 달리, 표준적인 사회생활을 영위할 수 있는 지급 수준을 보장한다는

---

27 역주 : 윌리엄 베버리지William H. Beveridge(1879~1963)는 영국의 전시 내각이 설치한 '사회보험 및 관련 서비스에 관한 위원회'의 위원상으로, 1942년 '베버리지 보고서'를 제출했다. 여기에는 빈곤 해소를 위해 국민의 기본적인 생활 충족을 위한 사회보험을 실시할 것, 긴급사태에 대처하기 위한 국가부조를 강화할 것 등이 제안되었으며, 국가·노동자·고용주가 사회보험 비용을 동등하게 분담할 것을 원칙으로 했다.

점에서 두드러진다.

에스핑-앤더슨이 1990년 저작에서 세 가지 복지 유형(사회민주주의·보수주의·자유주의)을 제기한 이래, 복지국가의 발전은 단선적으로 나타나지 않고 몇 개의 변이를 보인다고 파악하는 입장이 주류가 되었지만, 스웨덴을 필두로 한 스칸디나비아 나라들이 가장 수정자본주의적이라는 사실은 모든 유형론에서 확인된다. 에스핑-앤더슨의 탈상품화(노동시장으로부터의 퇴출 제도화) 지표에서는 스웨덴을 위시한 스칸디나비아 나라들의 점수가 가장 높으며, 사회계층화의 관점에서도 평등성이 높은 사회를 실현하고 있다고 볼 수 있다(Esping-Andersen 1990).

프랜시스 캐슬즈Francis G. Castles와 데버러 미첼Deborah Mitchell은 에스핑-앤더슨이 제시한 유형에는 오스트레일리아와 뉴질랜드 같은 임금 소득자 복지국가가 북미의 자유주의 복지국가와 동일시되었다고 비판한다.[28] 그들은 GDP 대비 가구 간 이전율과 평균 급부의 평등성(혹은 GDP 대비 소득 및 이윤 대비 세수의 비율)이라는 두 지표를 사용해, 가구 간 이전율은 낮고 평균 급부의 평등성은 높은 네 번째 유형(오스트레일리아와 뉴질랜드 외에 영국과 아일랜드가 포함)을 설정한다. 하지만 핀란드를 제외한 스칸디나비아 나라들을 보면, 역시 이들이 이

---

28 오스트레일리아와 뉴질랜드가 북미와 더불어 자유주의 복지국가에 포함된 것은 에스핑-앤더슨의 탈상품화 지표가 여전히 사회 지출 중심의 사고에 사로잡혀 있기 때문이라고 그들은 지적한다. 자산에 대한 조사를 폭넓게 활용하는 오스트레일리아와 뉴질랜드를 보면, 사회 지출은 낮지만 임금수준을 높여서 사회보장을 대신하는, 소득자 복지국가를 실현하고 있다. 그 결과 사회 급부는 낮아도 평등성은 높다.

전율도 높고 급부 평등성도 높다는 점이 확인된다(Castles & Mitchell 1992).
또한 사회보장과 고용정책을 기준으로 유형화한 크리스토퍼 피어슨
Christopher Pierson, 페미니스트의 입장에서 여성 노동의 양호도良好度와
가족 복지의 충실도를 계산한 앨런 시아로프Alan Siaroff 등의 연구에서
도 스칸디나비아, 특히 스웨덴이 자본주의 내에서의 개량을 주도했
다는 것, 다시 말해 사회민주주의 복지국가를 발전시켰다는 것이 확
인되고 있다(Pierson 1991; Siaroff 1994).[29]

그렇다면 사회민주주의 복지국가는 '제3의 길' 이후 어떻게 변모
했는가? 결론적으로 현재 복지국가는 신자유주의의 도전에 맞서 예
상하지 못한 저항력을 보여 주고 있다. 신자유주의로 말미암아 황폐
해진 미국과 영국에서도 사정은 다르지 않다(Pierson 1994). 하물며 스웨
덴에서 사회적 시민권이 박탈되고, 제도적 복지국가가 해체되는 중
이라고는 생각할 수 없다(岡沢·多田 1997). 그러나 그렇다고 해서 국제적
경제 자유화, 일국주의적 수요관리의 파산 등을 배경으로 국가 복지
중심주의를 재조정하라는 압박을 받고 있음을 부정하기도 어렵다.

1982년 선거에서는 보수 연립 정권이 질병 수당 지급 대기일(하
루)을 도입하자고 제기해 쟁점이 되었으나, 재집권을 이룬 사민당은
이를 철회시켰다. 그러나 사민당은 재집권하기 이전부터 새로운 개
혁은 다른 예산의 삭감으로 이어지며, 경제성장은 지속되어야 하고,
따라서 GDP 대비 공적 지출의 비율을 더 높이는 것은 불가능하다

---

29 유형론에 대해서는 宮本(1997), 특히 시아로프의 논의에 대해서는 北(1997) 참조.

고 판단하고 있었다. 이는 사민당 내부의 '신자유주의파'가 주도한 것이었지만, LO 내의 정책 전문가들 또한 복지국가가 더 높은 수준으로 발전할 필요는 없다는(스웨덴 복지국가는 충분히 발전했다는) 인식에 도달해 있었다(Stephens 1996, 43-44).

따라서 1980년대에는 공적 서비스의 방식(수익자 측은 서비스의 다양성과 접근의 융통성이 부족하다고 비판했고, 정치권에서는 서비스 비용이 높아지는 데 대한 우려가 확대되어 갔다), 쉽게 허용되는 질병 수당이 무단결근의 증가와 관련되는지의 문제, 소득비례연금이 초래할 재정 위기 등이 정책적 과제로 다루어졌다. 그렇더라도 사회정책이 본격적으로 수정되기 시작한 것은 '제3의 길'이 참담한 실패로 돌아간 뒤였다. 정부의 정책이 의도한 대로 민간에 흘러들어 간 자금은 한편으로는 금융시장의 자유화와 맞물려 투기 붐을 일으키고, 다른 한편으로는 민간의 임금수준을 높여 인플레이션을 다시 불러왔다. 중앙교섭 제도 자체가 흔들리고 기업에 더 유리하게 소득 '재분배'가 이루어지면서 일시적으로 호경기가 왔으나, 노동력이 부족해지면서(공공 서비스의 확대도 원인 중 하나였다) 민간 기업의 임금 인상 경쟁을 억제할 수 없게 되었다.

1991년 가을이 되자 보수 연립 정권은 1980년대부터 진행된 복지 정책 수정 논의를 구체화했다. 우선 소득비례연금을 보면, 기존에 고용주가 전액 부담하던 것을 노사가 절반씩 내게 하고, 만기 급부 자격 기한을 40년 납부로 늘리고, 급부액을 산정할 때 최고 소득 기간은 포함하지 않는 등의 수정을 반영했다. 다만 만기 급부 자격 기간 연장이 [출산·육아나 학업 때문에 상대적으로 근무 연수가 적을 수밖에 없는] 고학력자와 여성에게 불리할 수 있으므로, 육아나 면학 기간

등은 특별히 예외로 처리했다. 실업보험, 육아 휴가, 산재보험, 질병 수당에 대해서는 소득 대체율이 모두 80퍼센트로 인하되었다. 또한 실업보험은 1980년대 사민당 정권이 폐지했던 5일 대기제가 다시 도입되고, 질병 수당 초기 2주 지급을 고용주의 의무로 했다. 이 지급분은 기금 납부액에서 삭감되므로 고용주의 추가적인 재정 부담은 없고, 그보다는 경영자를 감독하고 노동 규율을 강화하기 위한 것이었다(Stephens 1996, 46).

공적 서비스의 관료적 공급이 초래하는 폐해를 시정하려면 분권화와 민영화가 필요하다고 하지만, 이미 사민당 정권 당시부터 분권화가 진행되고 있었다. 보수 연립 정권은 민영화와 관련해 몇 가지 개혁 조치를 취했다. 예컨대 교육 채권을 발행해 사립학교를 선택하면 공립학교 교육비의 85퍼센트를 지급하기로 했다. 또한 주간晝間 요양 부문에 민간도 참여할 수 있도록 진입 장벽을 없앴고, 가정의 제도를 도입해 환자가 의사를 선택할 수 있게 했다.

이렇듯 경제 환경과 노사관계가 변동되면서 스웨덴 복지국가에 커다란 그림자를 드리웠음을 부정할 수 없다. 관대한 사회 급부는 완전고용으로 수급자의 수가 제한된 상황에서는 가능했지만, 실업률 2퍼센트는 이제 옛이야기가 되고 중앙집권적 복지 관료주의에 따른 폐해가 문제시된 상황에서는 수정과 재편이 당연하고도 필연적이었다고 할 것이다. 그러나 스웨덴 복지국가가 발전하는 과정에서 사회적 시민권으로서의 보편주의 원칙은 전 사회에 널리 확산되었고, 이를 가능하게 했던 경제 환경(포드주의와 케인스주의)과 권력관계(코포라티즘)가 약화되는 중에도 여전히 지속성과 저항력을 보여 주고 있었다.

맺음말

사회민주주의는 수정자본주의·의회주의·복지국가를 특징으로 한다. 즉 사회민주주의는 마르크스주의적인 경제결정론을 부정하고, 민주주의적 의회정치를 통해 복지국가 정책을 추진함으로써, 자본주의 틀 내에서 개량의 가능성을 추구하자는 것이다. 포드주의의 내포적 축적 체제가 실현되고 케인스주의가 대두하면서 20세기 후반은 사회민주주의에 유리하게 작용했다. 1960년대에는 "복지국가는 정치적 쟁점이 아닌, 사회적 합의이다."라고 할 정도가 되었다.

그러나 선진국마다 복지국가의 형태는 다양하고, 그에 따라 사회민주주의를 수용하는 정도도 다양하다. 이 차이를 설명하려는 이론이 권력자원론이다. 이 모델은 노자의 권력 균형이 한 나라의 정치경제, 복지국가의 양상을 기본적으로 규정한다고 본다. 한마디로 강한 조직 노동이 사회민주주의를 실현한다고 상정한다. 그러나 사회민주주의 블록 내에서 노동과 정당의 관계가 반드시 동일하지는 않다. 노동의 조직화가 정당의 조직화를 촉진하기도 하지만, 후자가 전자를 촉진하는 경우도 있기에 양자의 관계는 상호의존적이다. 또한 각각이 계급 및 정당 수준에서 채택하는 권력자원동원의 논리와 전략은 같을 수도, 다를 수도 있다.

계급정치 수준에서 권력자원동원은, 도식적으로 말하자면, 노조 조직률과 조직 노동의 중앙 집중화 정도로 계산될 수 있다. 이에 비해 정당정치 수준에서 권력자원동원은 의회에서의 의석수에 따라 달라진다. 가장 단순하게 보면, 사회적 다수자인 산업 노동자가 1백 퍼센트 조직화되고, 그에 의존해 사회민주주의 정당이 집권하면 된다. 그러나 그런 그림은, 조직화의 난점을 지적할 필요도 없이, 어떤 선진 산업사회에서도 산업 노동자가 그 사회의 다수가 된 적이 없다는 사실만 봐도 부정된다.

정당정치 수준에서 권력자원동원의 성공, 즉 집권은 노동자의 확고한 지지와 더불어 그 이상의 계급·계층적 지지를 얼마나 모아 낼 수 있는지가 관건이다. 산업화 초기 단계에서는 노동자와 농민의 연대, 성숙 단계에서는 블루칼라와 화이트칼라의 연대가 특히 중요하다(일본의 노동조합은 블루칼라와 화이트칼라 혼합 조직이므로, 노조 조직에서 이 문제는 나타나지 않는다). '적과 녹' 혹은 '적과 백'의 동맹은 계급 수준에서의 문제이지만, 의회정치에서 다수파를 형성한다는 맥락에서 보면, 이는 정당정치 수준에서의 권력자원동원 전략의 문제가 된다.

권력자원동원 연구에는 주체적 선택 혹은 전략 수준에 대한 분석과 더불어, 그 객관적 조건에 관한 제도 분석도 필요하다. 전략 수준에서는 분리 전략과 포괄 전략 사이에서의 선택, '사회(민주)주의의 딜레마'를 어떻게 극복할지의 문제, 그와 더불어 조직 내에서 분열과 대립 관계가 존재하는 경우에는 조직 내부 정치가 중요한 분석 대상이 된다. 제도적 조건의 경우, 예컨대 사회민주주의 블록이 내세우는 완전고용과 재분배 정책은 그것이 경제정책인 이상 국내외 경제 환경과 산업구조에 의해 그 성패가 좌우되는 것은 명백하다. 그리고 권력자원동원의 개별적 상황에 따라 노동 입법, 선거제도, 조직 내 규칙과 절차 등도 제도 분석의 대상이다.

기존 연구는 노동의 조직화와 권력자원동원, 그리고 그것과 복지국가 발전의 상관관계에 관심이 집중되어 있었다. 하지만 계급 구분선에 따라 자원동원이 이루어지는 듯 보일 때조차 사실은 자본의 주도권과 자본·노동을 교차하는 권력자원동원이 중요했다는 점이 최근에 지적되고 있다. 따라서 자본의 조직화와 자본 내부의 분열·대립을 고려해 노자(노사) 관계를 분석할 필요가 있다. 특히 포드주의 단계에서 경제성장을 이끈 금속 산업 노사의 움직임에 주의할 필요가 있다. 스웨덴 코포라티즘이 탄생하고 붕괴하는 국면에서는 금속 산업 노사의 움직임이 결정적인 의미를 지니고 있었다.

　사회민주주의를 자본주의 내에서 자본에 대항하는 전략으로 이해하는 것이 일반적이고, 사실 그렇기도 하다. 하지만 사회민주주의는 일정한 권력관계에서는 효과적인(최선은 아니라 해도) 자본축적 전략이기도 하다. 그리고 그에 한해 사회민주주의 블록의 통치는 자본으로부터도 정당성을 확보하고 있다고 생각한다. 따라서 노동 구성이 복잡화·다양화·전문화되는 데 따른 유연 임금체계[의 도입] 및 경제의 국제화가 진행되고, 그에 따라 획일적 재분배와 케인스주의 수요관리의 유효성이 의문시되는 경우, 사회민주주의는 새로운 자기 정당성의 근거를 제시할 필요가 있을 것이다.

제2장

1955년 체제하의 일본사회당
저항정당의 의의와 한계

머리말

사회민주주의 관점에서 일본의 정당정치를 보자면, 가장 타당한 연구 대상은 일본사회당이다. 이른바 '1955년 체제'(이를 어떻게 정의하든)에서 일본사회당이 제1 야당으로서 자민당과 더불어 그 체제의 중심에 있었음을 부인할 수 없다. 더욱이 체제의 중심에서 일본사회당은 일관되게 일본 전후 정치의 반反보수, 혁신 세력의 결집체로서 존재했다. 보수 자민당에 반대하는 세력으로서 혁신(진보)의 기치를 내걸고 있었던 것이다.[1] 나아가 일본사회당은 창당 이래 영어 명칭으로는 'Social Democratic Party of Japan'(일본사회민주당)이라는 이름을 쓰고 있었다.

당시의 강령을 보면, "국민의 정치적 자유의 확보"와 "민주주의

---

[1] 주지하듯이, 일본 전후 정치에서는 혁신이 보수(헌법 고수)이고 보수가 혁신(헌법 개정)인 이상한 역설이 존재하고 있다.

체제의 확립"을 제1의 목표로 했고, 민주화 실현을 통한 노동권의 확보와 국민 생활의 향상을 내세우고 있었다(日本社会党編 1985, 7-8). 그리고 1955년, 좌파 사회당과 우파 사회당이 통합할 당시의 강령을 봐도, 타협의 산물이라 애매한 표현이 많지만, "민주적·평화적 수단에 의한" 사회주의사회의 실현을 강조하면서, 사회주의혁명은 "생산력의 발전, 완전고용, 생활수준의 향상, 사회보장과 더욱더 평등한 분배 등의 정책과 함께 한 걸음씩 실행된다."는 식의 장기간에 걸친 점진적 변혁이라고 말하고 있다(日本社会党編 1985, 310-311). 이런 지향을 곧 사회민주주의적이라고 말해도 좋을 것이다. 그러나 사회당은 그 뒤 건설적 야당(체제 내 개혁파)의 입장을 버리고 좌경화함으로써 1960년대에는 저항정당(반체제파)으로 바뀐다.

여기에서는 우선 사회당이 저항정당으로 변모한 과정을 당 내부 정치로부터 분석하고, 그 과정에서 나타난 강령 혹은 강령에 준하는 문건들을 통해 사회당이 어떻게 사회민주주의로부터 멀어져 갔는지를 밝히려 한다. 사회당 내의 좌파와 우파는 처음부터 이데올로기적으로 다르면서도 정책적으로는 같은 방향(생산 부흥)을 지향하고 있었다. 그러나 한국전쟁, 샌프란시스코 강화조약을 계기로 두 파는 결정적인 대립 관계로 들어갔다(中北 1998). 그리고 당내 투쟁에서 좌파가 승리하면서 사회당의 저항정당화는 돌이킬 수 없게 되었다.

그런데 사회당이 고도 경제성장에 따른 대중사회화가 진행되는 가운데 (현실정당화에 실패해) 저항정당으로 치달은 이유는 무엇인가? 결론적으로 말하자면 사회당의 현실정당화를 가로막은 것은 좌파의 우위를 보증했던 당의 제도적 구조(기관 중심주의)와 계급정치 차원에서의 권력자원동원 문제였다고 생각한다. 여기에서는 우선 전자에 대해 검토하고, 후자에 대해서는 다음 두 장에 걸쳐 자세히 살펴보기로 한다.

1. 사회당의 저항정당화

전후 창당한 사회당이 전쟁 이전 시기에 존재했던 여러 무산정당들이 두루 모인 정당이었음은 잘 알려져 있지만, 창당의 중심은 니시오 스에히로西尾末広, 미즈타니 초사부로水谷長三郎, 히라노 리키조平野力三 등의 우파 혹은 중간파였다. 창당 대회에서 선출된 지도부 가운데는 구로다 히사오黒田寿男 상공부장 등 좌파의 이름도 보이지만 서기장에 가타야마 데쓰片山哲, 조직부장에 아사누마 이네지로浅沼稲次郎, 의회대책부장에 니시오, 선거대책본부장에 히라노 등 우파의 중진들이 모두 집결했다.

처음 강령에서는 민주주의 체제 확립, 사회주의 단행, 항구적 평화의 실현이 주창되었는데, 이는 영국의 노동당을 모델로 삼은 것이었다고 한다. 우파 지도자들은 전통적·가부장적 가치관이 강했다고 하지만, 당초 사회당이 사회민주주의를 지향했음을 부정할 수는 없다.[2] 초기 사회당이 우파색이 강했다는 것을 보여 주는 일화가 있다.

2 전쟁 전과 전시 우파의 동향에 대해서는 坂野(1985), 高橋(1985, 제2부 I) 참조.

창당 선언 초안에는 '사회주의'라는 단어가 없었는데, 니시오가 그건 좀 곤란하다고 해서 두 군데만 넣었다는 우스갯소리이다(飯塚·宇治·羽原 1985, 67-69; 森田 1990, 36). 전후 최초의 총선거 뒤에 열린 제2차 당대회(1946년 9월)에서 가타야마(위원장)-니시오(서기장) 체제가 성립했다. 좌파는 위원장 후보는 내지 않고 스즈키 모사부로鈴木茂三郎가 서기장에 입후보했지만 니시오에게 1백 표 이상의 큰 차이로 졌다.

그러나 우파가 주도할 수 있었던 것은 처음부터 좌파가 내부 동요로 취약한 상태였기 때문이기도 하다. 좌파가 처음으로 맞닥뜨린 도전은 사회당에 참가하지 않았던 노농파勞農派[3]의 중진 야마카와 히토시山川均가 제창한 '민주인민전선'이었다. 야마카와는 1946년 1월 공산당을 포함한 좌파 통일전선을 주창했다. 공산당은 당초 여기에 적극적으로 응하는 자세를 보였으나, 4월 총선거를 앞두고 사회당을 강하게 비판했고, 한편 사회당 내에서는 니시오 등 우파가 '구국민주연맹'을 제창하면서 좌파의 움직임을 견제했다(福永 1997, 53-55).

맥아더의 지시에 의해 2·1 총파업[4]이 중단된 뒤에 치러진 1947

---

3 역주 : 일본공산당 계열의 마르크스주의 그룹. 1927년에 창간한 잡지 『노농』勞農에서 이름을 따온 것이다. 1차 공산당(1922년 7월~1924년 3월)에 참여했고, 2차 공산당(1926년 12월~1935년 3월)에도 참여했으나 내부 갈등 및 국제공산당(코민테른)과의 대립으로 말미암아 이탈했다. 전위당 노선에 반대하고 광범위한 대중이 참여하는 합법 정당 노선을 추구했다. 전후 일본사회당 내의 좌파 그룹(사회주의협회)으로 큰 영향력을 발휘했으며, 총평의 노동운동에도 지대한 영향력을 행사했다.

4 역주 : 1947년 관공(공무원+공공 부문)을 중심으로 계획했던 총파업. 4백만 명이 결집해 "요시다 내각 타도"라는 정치적 요구를 내걸고 나설 계획이었다. 공산당과 산별회의가 주도했으나 사회당과 총동맹 등도 참여했다. 그러나 1월 31일 연합군 총사령관 맥아더가 이를 금지하는 성명을 발표하면서 무산되었고, 이를 계기로 공산당과 산별회의가 주도하는 노동운동에 대한 반발이 급속히 확산되었다.

년 4월의 총선거에서 사회당은 143석을 얻어 제1당이 되고, 사회당 당수 가타야마를 수반으로 하는 연립 정권이 탄생했다. 이것이 우파의 절정기였다. 가타야마 내각에 좌파는 입각하지 못했고, 가타야마 총리를 필두로 모리토 다쓰오森戸辰男 문부대신[현재 문부과학대신], 미즈타니 상공대신, 히라노 농림대신[현재 농림수산대신], 니시오 관방장관 등 내각은 우파 일색이었다. 맥아더의 환영 속에 출발한 가타야마 내각이었으나, 사회당 내각이 핵심 정책으로 내세운 '석탄국가관리법안'에는 야당인 자유당[1955년 11월 자유당과 민주당이 합당해 자민당이 되었다]뿐만 아니라 연립 정권에 참여했던 민주당 내에서도 반발이 심해 결국 시데하라 기주로幣原喜重郎파 25명이 민주당을 탈당하는 소동이 일어났다. 공교롭게도 석탄관리법은 정책 효과도 미흡했고, 연립내각이 붕괴하는 계기가 되었다(松岡 1990, 147-152).

사회당 내에서 우파의 쇠퇴를 보여 준 첫 번째 단초는 히라노의 공직 추방이었다. 그는 니시오·미즈타니와 더불어 사회당을 결속시킨 중심인물로, 창당 때부터 선거 대책을 총괄했다. 사회당이 제1당이 된 제23회 총선거에서는 풍부한 자금 동원 능력을 바탕으로 크게 공헌했다고 평가되는 인물이다. 니시오는 히라노의 당내 영향력이 증대되는 것을 경계하고 있었다. 히라노에 대한 그의 불신은 1947년 1월 히라노가 니시오를 빼고 자유당·진보당과 제2차 연립정권을 수립하려 한 것이 계기였다(福永 1997, 116). 가타야마 내각에서 농업정책(특히 쌀값 문제)을 둘러싸고 히라노 농림대신과 와다 히로오和田博雄 경제안정본부 장관이 대립했을 때, 니시오가 와다를 편들자 두 사람 사이는 한층 더 악화되었다(松岡 1990, 92-96, 122-124; 福永 1997, 185).

내각 안에서 점점 고립되던 히라노에게 공직 추방의 타격이 더해졌다. 그의 공직 추방은 연합군 총사령부General Headquarters(이하 GHQ) 내의 민정국과 참모2부의 주도권 쟁탈, 그리고 GHQ와 중앙공직 적부심사 위원회의 대립을 거쳐 이루어진 정치적 결정이었다고 한다. 히라노 일파는 히라노가 추방된 배후에 니시오의 모략이 있었다고 의심했고, 결국 양자는 회복할 수 없을 만큼 극심하게 대립했다. 히라노는 1948년 1월에 탈당해 사회혁신당을 결성한다. 그를 따른 사람은 16명에 불과했으나, 우파의 쌍벽 중 한쪽이 무너지면서 우파 주도권에 구멍이 났다.

좌우의 대립은 곧 표면화되었다. 좌파는 히라노 농림대신의 후임에 일본농민조합(이하 일농) 대표인 노미조 마사루野溝勝를 추천했고, 니시오는 당의 결속을 강화하고자 이를 수용했다. 하지만 국민협동당이 맹렬하게 반대하면서 혼란이 커졌다. 농협을 설립해 새로운 지지 기반을 확보하려던 국민협동당은 일농 출신의 농림대신 탄생을 받아들일 수 없었던 것이다. 결국 사회당이 양보하는 모양새로 정리되었으나, 자신들의 요구가 거부된 좌파는 "행동의 자유"라는 성명을 발표해, '당내 야당'의 입장을 선명하게 했다(松岡 1990, 124-145; 增田 1996, 163-234; 福永 1997, 186-187).

1948년 1월에 열린 사회당 제3차 당대회에서는 우파의 아사누마가 좌파의 가토 간주加藤勘十를 눌렀고, 중앙집행위원회(중집) 선거에서도 우파 17명, 좌파 12명이 선출되면서 우파의 주도권은 유지되었다. 하지만 관공청 직원(공무원)의 새로운 급여 재원을 둘러싸고 좌파가 정부안(철도운임 및 우편요금의 인상)에 반대해, 2월 5일에 열린 예산위원회에서 좌파의 스즈키 예산위원장은 사회당 우파, 민주당, 국민협동당 등의 연립파가 부재한 가운데 '정부안 철회' 동의안을 가결시킨다. 이로써 가타야마 내각의 운명은 끝났다.[5] 또한 아시다 히토시芦田均 내각(1948년 3월 10일~10월 15일)에서는 연립내각의 주축인 니시오 부총리가 토건업자에게 정치헌금을 받은 일로 도쿄지검에 기소되고, 쇼와昭和 전기공업 사건[6]에도 연루되어 결국 정치 무대를 떠났다. 이유는 달라도 히라노와 니시오라는 우파의 두 거두가 차례로 실각함으로써 사회당 우파가 주도한 연립 노선은 완전히 파산했다.

이는 '적록 연합'에 의한 권력자원동원이 실패했음을 의미했다. 가타야마 내각을 성립시킨 1947년 총선거에서는 일농의 사회당 계열 활동가들이 크게 활약해 일농과 그 분파 조직들이 39석을 획득하는 등 전체 143석 가운데 거의 절반이 농촌 출신 의원이었다. 이렇듯 사회당이 제1당이 된 배경에는 실질적인 '적록 연합'이 존재했다. 그러나 가타야마 내각은, 세금 부담이 크다고 느낀 자작농들이 단기자금이 부족해 골머리를 앓았음에도, 노농 연대를 확실히 보장하는 정책을 추진하지 못해 농민들에게 실망을 안겼다.[7] 일농 대표

---

5 가타야마 내각(1947년 5월 24일~1948년 3월 10일)이 붕괴한 원인으로는 여러 설이 있다. 일반적으로 니시오의 견해에 따라 좌파의 행동에서 그 원인을 찾는다. 그러나 가타야마는 미국의 재군비 요구에 반대해 내각 총사퇴를 결의했다면서 이를 반박했다. 관계자들의 발언을 종합해 보면, 좌파의 반란이 붕괴의 계기가 된 것은 분명하지만, 왜 그런 사태에 이르렀는지에 대해서는 의견이 분분하다(高橋 1985, 157-182). 니시오는 그 이전부터 총사퇴의 뜻을 굳히고 기회를 노렸다는 지적도 있다(福永 1997, 230).

6 화학 대기업인 쇼와 전기공업이 정부의 고관 및 금융기관 간부들에게 뇌물을 제공하고 전후 부흥 자금 융자를 받은 사건으로 1948년 6월 발각되었다.

7 역주 : 미군정이 농지개혁을 실시하면서 소작농이 자작농으로 전환되었다. 그러나 전후 산업 시설이 파괴된 상황에서 자작농들에게는 많은 세금이 부과되었고, 재정이 부족해 농자금 대출도 어려웠다.

노미조의 농림대신 지명을 철회한 것도 '적록 연합'에 찬물을 끼얹은 셈이 되었다. 결과적으로 가타야마 내각이 출범한 지 1년 만에 농민층의 사회당 지지율은 36퍼센트에서 15퍼센트로 급락했다. 게다가 일농이 분열을 거듭하면서 사회당은 노농 연대의 발판을 잃게 되었고, 그 결과 1950년대의 농촌은 조직적으로는 농협, 재정적으로는 보조금을 매개로 보수 세력을 지지하는 견고한 기반이 되었다 (樋渡 1991, 4장; Calder 1988, 5장).

1949년 1월 총선거에서 사회당은 겨우 48석을 얻는 데 그쳤다. 게다가 야마카와 전 총리, 니시오 전 부총리, 당 3역을 포함한 중앙집행위원 26명 중 14명이 낙선한 참패였다. 이런 상황에서 4월의 제4차 당대회를 앞두고 이른바 '모리토·이나무라森戸·稻村 논쟁'이 벌어진다. 모리토는 "계급정당이란 노동자계급의 정당을 뜻하므로, 사회당은 그런 의미에서는 계급정당이 아니다. 모든 근로대중에게 문호를 연 국민정당이다."라고 주장했고, 이에 대해 이나무라 준조稻村順三는 "사회당은 노동자계급의 정당"이며 "전 국민을 포괄하는 국민정당은 아니다."라고 반박했다. 이 논쟁은 '계급적 대중정당'이라는 애매한 절충으로 끝났다. 당대회에서는 좌파가 처음으로 서기장 직을 맡는 등 크게 약진했다.

계급정당인지 대중(국민)정당인지의 논란은 이후 사회당 내의 좌우 노선이 대립할 때마다 반복되지만, 제1장에서도 살폈듯이 이는 사회주의정당의 보편적 딜레마라고 생각한다. 노동자 정당의 성격을 중시하면 당의 정체성을 지킬 수는 있지만 대중적 지지를 얻기는 어렵다. 반대로 대중적 지지를 얻기 위해 포괄정당으로 나아가면, 이번에는 당의 성격이 애매해질 수밖에 없다. 그러나 사회당의 경우

이 딜레마가 전략적 선택을 넘어서서 당의 존재 자체에 대한 문제가 된 탓에, 마르크스주의 세력과 사회민주주의 세력의 주도권 투쟁으로 나타났다. 전략적 관점에서 조정하기는 더욱 어려워졌다.[8]

제4차 당대회를 앞두고 산별민주화동맹(이하 민동)이 집단으로 입당해 좌파가 약진하게 된 힘이 되었고, 그 뒤에도 좌파는 주도권을 확립하기 위해 청년 노조원들의 대량 입당을 추진한다(中北 1998, 223). 그러자 위기감을 느낀 우파는 '독립청년동맹'을 결성했고, 당의 청년부 수준에서 [좌우] 대립이 격화되었다. 이 대립이 제5차 당대회에서 사회당의 일시 분열로까지 이어진다. 이 분열 상태는 좌파의 양보(가타야마가 사임해 위원장은 공석이 되었고, 서기장과 회계에는 우파인 아사누마와 시모조 교헤이下条恭平를 선출)로 75일 만에 끝났지만, 강화조약 문제로 두 진영은 다시 격돌한다. 1951년 1월에 열린 당대회에서 좌파는 기존의 평화 3원칙(전면강화, 중립, 군사기지 반대)에 재군비 반대를 추가한 평화 4원칙을 주장해, 강화조약을 조기에 마무리하기 위

---

8 대중정당론과 계급정당론 모두 노동자(근로자)를 중심으로 광범위한 국민의 결집을 꾀하는 것이지만, 국민정당론은 사회당이 '반공·사회민주주의'임을 주장하고, 계급정당론은 개량주의에 빠진 사회민주주의가 아니라 과학적 사회주의에 입각한 본래의 '사회민주주의'를 지향한다. 그렇다면 '계급적 대중정당'이라는 타협안은 무의미한 절충에 불과하다. 원칙을 둘러싸고 격한 논쟁이 있었음에도, 논쟁이 무원칙하게, 즉 이론적 정합성이 전혀 없는 것으로 마무리되고 말았다. 계급적 대중정당을 좌파 입장에서 정당화하려는 다음과 같은 주장도 있다. "노동자계급은 자본주의의 모순을 가장 잘 체현하고 있고, 자신의 해방을 위해서는 자본주의의 모순을 시양해야만 한다. 따라서 노동자는 스스로 보편적 계급을 형성(국민 전체의 이해를 대표)함으로써 비로소 자기 해방을 이룰 수 있다." 이런 의미에서는 '계급 = 국민정당'이라는 개념이 성립한다는 것이다(高橋 1981, 133). 이는 마르크스주의의 입장에서 계급적 대중정당론을 정합적으로 해석한 것일 수 있으나 그 이상의 의미는 없다.

해 평화 3원칙을 유연화하자는 우파를 억눌렀다. 그러나 샌프란시스코 강화조약은 결국 단독강화가 되어 버린 데다가 (미·일) 안보조약까지 포함된 탓에 사회당은 다시 괴로운 선택에 직면하게 된다.

1951년 10월에 열린 제8차 임시 당대회를 앞두고 중앙집행위원회에서 근소한 차이로 '강화조약은 찬성, 안보조약은 반대' 안건이 통과되었는데, 좌파는 이를 인정하지 못하고 당대회에서 중집안을 철회하라고 주장했다. 293 대 161로 대의원 수가 많았던 좌파가 중집 결정을 뒤집으려 하자 대회장은 수라장이 되었고, 이로써 좌우 양파는 (1955년까지) 좌파 사회당과 우파 사회당으로 분당된다. 분당 당시 의석수를 보면 중의원에서 우파 29석, 좌파 16석이었고, 참의원에서 우파 30석, 좌파 31석으로 전체적으로 우파가 우세했다.

1952년 1월 20일 우파 사회당은 당대회에서 민주사회주의를 이념으로 하고 노동 조직에 대해서는 국제자유노련에 가입해 협력할 것, 좌우의 전체주의와 대결할 것을 주창하고, 재군비에는 반대하되 간접침략[9]에 대응할 경찰예비대 수준의 치안력은 인정하기로 했으며, 국제 관계에서는 서방 진영에 남아 체제 내 개혁을 추진한다는 입장을 천명했다.

한편 좌파는 1월 28일에 당대회를 열고 전면강화를 저해하는 일체의 조약을 폐기할 것, 계급적 대중정당의 결속을 꾀할 것을 선언했다. 1954년에 작성된 좌파 사회당의 강령을 보면 폭력혁명 자체

9 역주 : 간접침략은 국외 세력이 관여해 국내에서 벌어지는 반란·내전·혁명 등을 의미한다.

는 부정하고 있으나, "자본주의의 모순은 자본주의 구조 내에서는 해결되지 않고 결국 모순은 폭발하며, 근로대중의 궁핍화와 사회 중간층의 생활 불안이 확대되어 사회적 혼란이 발생한 결과 사회주의 혁명이 일어난다."라면서 궁핍화 혁명론을 채택하고 있다. 또한 일본사회당이 의회에서 절대 다수를 확보하면 "노동조합, 농민조합, 기타 모든 조직을 당과 유기적으로 결합해 협력하게 하여 안정화·항구화한다."라고 하면서, 정권 교체를 부정하고 일당독재 체제를 시행할 것을 시사하고 있었다(日本社会党編 1985, 274-275). 이 강령은 이나무라가 집필하고 당 고문인 사키사카 이쓰로向坂逸郎가 전면 손질했다고 하는데, 교조적 마르크스주의의 직설적인 표현이라 할 만하다(田村 1984, 274-277).

한편 우파 사회당은 1955년에 통일 강령 초안을 발표해, 폭력혁명·일당독재를 명확히 부정하고, 농업과 소매업, 중소 공업, 수공업 등에서는 소유권을 인정하는 것으로 했다. 사회주의 정권을 수립하는 방법으로서 의회주의를 엄수하고, "사회주의 정권을 획득한 뒤에도 반대당의 존재를 인정하고 사법권의 독립, 교육과 사상의 자유를 억압하지 않으며, 국민의 자유로운 비판과 선거를 통해 정권을 정한다."라고 정권 교체를 인정하고 있다(日本社会党編 1985, 293). 또한 "언론·집회·결사·신앙·양심의 자유 …… 사회주의 정권이 이 권리들을 혁명을 구실로 제한하는 것은 허용하지 않는다."고 했다(日本社会党編 1985, 296). 그리고 사회주의의 경제적 목표를 "완전고용, 생산력의 발전, 생활수준의 향상, 사회보장, 그리고 소득과 재산의 좀 더 평등한 분배"라고 명기하고 있다(日本社会党編 1985, 294). 우파 사회당의 강령은 이처럼 사회주의를 표방하면서도 사적 소유제를 완전히 부정하지 않고, 복지국가 노선을 채택하며, 의회주의를 준수하겠다고 천명하는 등 사회민주주의의 입장을 선명히 밝히고 있었다.

강령 작성을 통해 좌우 사회당의 넘기 힘든 간극이 분명히 드러났다. 그럼에도 1955년 10월 좌우 사회당은 다시 통합한다. 그 배경을 보면, 우파 내에서는 니시오가 실각한 이후 중심 역할을 해온 가와카미 조타로河上丈太郎파가 분열 후 일관되게 재통합을 목표로 해왔고, 따라서 우파 사회당의 강령안은 어디까지나 통일 강령안이었다. 이에 비해 좌파 사회당의 강령 작성에서 주도권을 쥔 사회주의협회[10]파는 사회당의 계급적 순수성을 지키려는 입장에서 통합에 반대했다. 당내 파벌 가운데 와다파, 노미조파, 마쓰모토 지이치로松本治一郎파는 소극적이었다. 그러나 좌파의 핵심인 스즈키파는 가와카미파와 손잡고 통합을 추진한다.

통합에 내걸린 명분은 정권 획득이었다. 당시 두 사회당의 약진을 보면 빈말로만 볼 수 없었다. 1949년 선거에서 사회당은 48석에 그쳤으나 1952년의 총선거에서는 좌파 사회당이 54석, 우파 사회당이 57석이었다. 이듬해 총선거에서는 좌파 72석, 우파 66석이었고 1955년에는 89석과 67석으로, 1949년 이후 세 번의 선거에서 두 사회당은 분명 상승기류를 타고 있었고, 게다가 좌파가 앞서고 있었다. 이것이 스즈키파가 최종적으로 좌파 내부를 규합해 통합을 추진한 주요 원인이었다. 총평의 전면적 지원, 선거에서의 약진을

---

10 역주 : 사회주의협회는 일본사회당 내 노농파(이 장의 주 3 참조)가 결성한 마르크스주의 이론 연구 집단으로서, 사회당과 총평 양쪽 모두에 강력한 영향력을 행사했다.

생각할 때, 통합 후 주도권 확보는 거의 확실해 보였다. 통일 강령은, 사회주의협회파가 "계급적 성격을 흐리게 한 것"이라고 비판했듯이, 좌파 사회당 강령의 계급적 성격을 약화시킨 것이었다(向坂 1972, 39-98). 그러나 그런 양보는 좌파가 통합 후에 주도권을 잡을 수 있다는 자신감의 발로였던 셈이다.

스즈키파가 통합을 추진한 배경에는 실은 와다를 밀어내려는 스즈키의 의도가 있었다고도 할 만하다. 와다는 농림부의 엘리트 관료 출신이고, 전후에는 '요시다 학교'[11]의 최우등생이라 불릴 만큼, 사회당 의원으로서는 경력이 특이했다. 전쟁 이전 시기부터 싸워서 올라온 투사들에게 가장 부족한 것이 와다가 지닌 정책 입안 능력이었다. 이 능력을 무기로 와다는 입당 후 갑자기 두각을 보여 좌파 사회당의 서기장을 맡기에 이르렀다.[12] 좌파 사회당 위원장 스즈키는, 언론의 주목을 받으며 시대의 총아가 되고 있는 와다를 견제하기 위해 당초 그의 서기장 취임에 반대했다고 한다. 이는 실패로 돌아갔지만, 좌우 통합 과정에서도 와다를 견제할 의도가 있었다고 한다(升味 1985, 491-499; 田村 1984, 292-295).

우파 내에도 유사한 상황이 있었다. 니시오 실각 이후 가와카미

---

11 역주 : 여러 차례 총리를 지낸 자유당(현재 자민당) 정치가 요시다 시게루吉田茂가 관료 출신 정치가들을 규합하고 양성하기 위해 조직한 계파 모임.

12 와다의 경력을 보면 사회당 입당 자체가 기이한 일이지만, 니이기 좌파에 소속된 것은 더욱 그렇다. 와다는 가타야마 내각 당시 요시다의 추천으로 경제안정본부 장관을 맡아 가타야마나 가와카미 등과는 개인적으로 친분이 있었다. 그러나 와다는 당시 우파를 좌지우지하던 니시오, 마쓰오카 고마키치松岡駒吉의 '보스' 기질을 혐오해 좌파 쪽으로 갔다고 한다(升味 1985, 494).

파가 우파의 주도권을 쥐고 있었으나, 니시오가 1952년 총선거를 통해 정계에 복귀해 우파 사회당의 고문이 되었다. 니시오파는 우파 사회당 계열의 노조와 농민 단체(총동맹·전노·전농 등)의 지지에 힘입어 당내에서 세력을 확대하고 있었다. 가와카미파가 통합을 추진한 데는 니시오파에 대한 대결 의식이 자리 잡고 있었다고 한다(카味 1985, 503). 이 같은 파벌 대립 문제가 있었기 때문인지는 몰라도, 니시오가 무원칙한 통합을 비판하고 정책 중심의 통합, 정책의 구체화(특히 방위·안보 문제) 등의 필요성을 주창했음에도 이에 귀 기울인 통합파는 없었다(日本社会党編 1996, 281-282; 飯塚·宇治·羽原 1985, 153).[13]

통합사회당은 예상대로 좌파가 주도권을 잡아 갔으나, 사회당의 좌경화가 성공한 데는 역사적 배경이 크게 작용했다. 국제적 냉전 구조 속에서 정면으로 반전 평화를 호소하는 사회당 좌파의 자세는 보수 연합에 의해 생겨난 자민당의 개헌·재군비 노선에 불안을 느끼는 사람들의 지지를 받았다. 잘 알려져 있듯이, 사회당의 호헌 평화주의를 지탱한 세력은 총평뿐만 아니라 주부, 청년, 진보 지식인 등 광범위했다(田村 1984; 渡辺 1990 참조).

1955년 체제가 시작된 직후, 하토야마 정권 당시 헌법 문제와 소선거구제 법안을 둘러싸고 자민당과 사회당은 격렬히 대립했다. 사

---

13 니시오에 대한 평가는 엇갈린다. "체제 측의 결함을 보완하는 존재로 자기 위치를 설정한다", "하찮은 사회민주주의를 대표하는 인물에 불과하다."는 가혹한 평가(高橋 1985, 338)부터, "니시오 씨는 전후 20여 년간 일반적으로 '정치꾼'으로 여겨졌지만, 그와 달리 오히려 지나칠 만큼 단정하고 냉정할 만큼 합리적인, 매우 논리적인 사람이었다."는 호의적인 평가(石川 1997, 117-129, 168)까지 다양하다.

회당은 내각 불신임안과 징계안을 제출하거나 [국회 의결에서 기표소까지 최대한 늦게 걸어 시간을 끄는 등의] 지연전술(우보전술牛步戰術)을 펼치며 저항했는데, 이는 이후 국회 투쟁의 전형이 되었다. 그러나 하토야마 정권 당시의 사회당은 예컨대 소선거구 법안이 제출된 1956년의 정기국회에서도, 국민 생활에 관련된 78개 법안 중 45건에 대해서는 찬성했고, 반대한 법안 대부분에 대해서도 대안을 제출하고 있었다. 또한 소선거구 법안을 저지하기 위해 요시다계 의원들, 특히 마스타니 슈지益谷秀次 중의원 의장과 연대하는 배짱을 보이기도 했다. 게다가 일·소 국교 정상화에서, 사회당은 당내 반대파의 반발을 무릅쓰고 하토야마 총리를 전면적으로 지원했다(田村 1984, 311-314).

이렇듯 통합 직후의 사회당은 국회 투쟁에서는 '저항'정당, 정책적 영향력에서는 '교섭'정당이라는 두 경향을 보이고 있었다(谷 1990). 그러나 후자를 대표하는 니시오가 당내 투쟁에서 밀려나면서 사회당은 저항정당으로 굳어져 갔다. 1958년 5월 22일에 치러진 제28회 중의원 선거에서 사회당은 166석을 얻었는데, 이는 직전 선거에서 좌우 사회당과 노농당(1957년 사회당에 합류)의 합산 의석인 160석보다 여섯 석 더 얻은 결과였다. 하지만 원래 예상했던 20~30석 추가 확보에는 크게 못 미쳤기에 당 재건에 관한 논쟁이 일어났다.

니시오는 『월간 사회당』 1958년 9월호에 실린 "당의 주체성 확립은 집행부부터"라는 논문에서 총평에 대한 당 집행부의 주체성을 확립하고, 국민정당 노선을 추진할 것을 주장했다. 구체적으로, "공무원 급여 문제에 발목을 잡혀 예산신의안을 국회에 제출하지 않은 것은 사리에 맞지 않고, 국철 니가타新潟 투쟁과 같은 과도한 투쟁에 대해서는 당이 독자적 입장을 가지고 사태 수습에 나서야만 한다."

라고 주장했다(飯塚·宇治·羽原 1985, 174). 그러나 자민당과 정책 경쟁을 하자거나, 사회당이 총평으로부터 자립하자는 니시오의 주장은 시류에 맞지 않았다. 기시 노부스케岸信介 내각의 강경파에 맞서 사회당 좌파가 대중 동원 전술을 끌어올리는 상황에서 니시오의 현실주의·온건 노선은 보수파를 이롭게 하는 것으로 보였다.

　기시 정부는 1958년 8월에는 '도덕교육'의 의무화를 명시하고, 9월에는 교원 근무 평가의 전국적 실시를 단행했다. 이에 대해 일본교직원조합(이하 일교조)은 전국적인 '근무 평가 반대 투쟁'을 전개해 위원장이 체포되는 사태가 벌어졌다. 또한 같은 해 10월 기시 정부는 자민당 지도부와 의논도 없이 〈경찰직무법〉(경직법) 개정안을 국회에 제출했다. 이 같은 기시 정부의 움직임을 전전戰前의 경찰국가로 회귀하려는 시도로 본 사회당은 일치단결해 반대 투쟁을 전개했다. 노조도 총평을 비롯해 전일본노동조합회의(이하 전노), 전국산업별노동조합연합(이하 신산별), 중립노동조합연락회의(이하 중립노련) 등을 아우르는 공동 투쟁 태세를 갖추고, 여기에 학계·문화계·종교계 인사들을 비롯해 청년 및 부인 단체도 사회당을 지지해 '경찰직무법 개악반대 국민회의'가 결성된다(田村 1984, 331). 이런 원외 대중행동의 절정은 두말할 것도 없이 1959~60년의 안보 투쟁이었다.

　안보 투쟁을 거치면서 사회당은 호헌·반전·평화 정당이라는 이미지를 굳혔다. 그러나 이는 현실주의적 우파를 배제함으로써 가능했다. 〈경찰직무법〉 개정안을 반대할 때는 하나로 뭉쳤던 사회당이지만, 안보 문제와 관련해 처음부터 현실주의적 대응을 주장해 온 니시오파는 좌파와 정면으로 대립했다. 니시오는 "현행 조약을 대체할 새로운 조약에 대한 구체적 대안이 없는 단순한 반대 운동은 안

된다", "'안보개정 저지 국민회의'는 당이 그 주도권을 쥐고 공산당을 배제하며 전노와 신산별을 포함하도록 해야 한다."라는 발언을 공공연히 했다(飯塚·宇治·羽原 1985, 190). 이에 대해 공산당과의 공동 투쟁을 주장한 총평은 니시오를 징계하라고 강하게 요구했다.

당내 주류인 스즈키파는 국민정당론과 대결하고 안보 개정을 저지하기 위해서는 대중운동 차원에서 공산당과 공동 투쟁을 하는 것도 마다하지 않겠다는 입장이었다. 한편 좌파, 와다파, 마쓰모토·노구치·구鹿노농당의 3파 연합 역시, 다소의 차이는 있었지만, 스즈키파에 보조를 맞추었다. 반면 우파의 경우 가와카미파는 반공산주의에서는 니시오파와 입장이 일치했지만, 국민정당론이 당내에서 심각한 오해를 불러일으키고 있다고 곤란해 하면서, 니시오파가 주장하는 "좌파에 대항하는 모든 우파의 연합"에는 애매한 태도를 취했다. 또한 최대 쟁점이었던 안보·재군비에 관한 가와카미파 주류의 태도 역시 스즈키파와 가까웠지, 현실주의적 대응을 주장하는 니시오파와는 거리가 멀었다.

그리고 우파 내의 균열을 틈타, 총평과 당 청년부는 니시오를 배제하고자 행동에 나섰다. 통일 유지파였던 스즈키파와 가와카미파는 여러모로 좌우파의 융화를 도모했지만, 스즈키파는 총평·청년부의 강경 노선에 밀려 니시오 문제를 당기위원회에 회부하는 정도로 겨우 무마했고, 가와카미파도 결국 이에 동의한다. 하지만 이에 불복했던 총평은 1959년도 "운동방침"에서 사회당을 지지 정당에서 빼버렸다. 안이한 타협을 허용할 수 없다는 총평의 명시적인 압력이었다(高橋 1996, 115). 제16회 당대회에서 가와카미는 "[내부적으로는 다툼이 있어도] 외부적으로는 애정과 관용으로 동지들을 안고 가고 싶다."

라고 호소했으나 찬성 344표, 반대 237표로 니시오를 당기위원회에 회부하기로 결정했고, 이를 계기로 니시오파는 탈당 쪽으로 움직이기 시작했다.

사회당 창당의 주역이자 좌파의 눈엣가시였던 니시오파를 시작으로 40명의 우파가 이탈해 민사당을 결성함으로써, 사회민주주의 세력은 민사당과 사회당 잔류파(가와카미파 중심)로 분열되고 그 영향력도 결정적으로 약화된다. 가와카미파 가운데 탈당한 인원이 16명에 그쳐, "모든 우파를 아우르는 신당"이라는 구상이 무너진 것은 니시오파에게 큰 타격이었다. 가와카미파 주류가 니시오 징계 문제에 대해 내세운 기본 입장은 헌법 개정을 저지하는 데 필요한 '3분의 1'을 확보하는 선에서 통합을 유지하는 것이었다. 그러므로 '당내 야당'으로서 니시오파와 공동보조를 취하는 데는 합의가 있었으나, 탈당에 대해서는 대체로 부정적이었다(高橋 1996, 147-148).

니시오가 탈당하면서 발생한 위기에서 사민당을 구한 것은 아사누마 이네지로浅沼稲次郎 암살이라는 비극적 사건이었다.[14] 아사누마에 대한 애도가 전면에 부각된 1960년 총선거에서 당의 결속을 다진 사회당은 145석을 획득한다. 이는 1958년 총선거에서 얻은 166석에는 21석 부족하지만, 니시오 신당으로 40석이 이탈했던 것을 생각하면 선전이었다. 한편 40석으로 창당했던 민사당은 17석으로 크게 후퇴했다.

---

14 역주 : 아사누마는 사회당 서기장을 거쳐 1960년 위원장에 취임했는데, 1960년 연설회 도중 17세의 우익 소년에게 칼에 찔려 암살당했다.

그런데 위원장 직무대행이었던 에다 사부로江田三郎 서기장은 아사누마 추모대회에서 "총선거와 당의 승리와 전진을 위해"라는 제목의 방침을 제기한다. 이 방침은 비상사태 속에서 충분한 토론 없이 만장일치로 가결되었는데, 사실 그 속에는 구조개혁의 사고가 담겨 있었고, 이는 이후 대논쟁을 촉발시킨다. 에다는 자본주의의 틀 내에서 실시될 수 있는 변혁을 구조개혁으로 제시해, 그 첫 번째 축을 "완전고용, 최저임금제, 사회보장, 노동시간 단축"에서 찾고 있었다. 에다는 『월간 사회당』 1961년 1월호에 "금년 우리의 과제"라는 글을 실어 사회주의협회의 궁핍화론과 자본주의 전반적 위기론을 '공황대망론'恐慌待望論으로 규정해 내치는 한편 개량주의(사민주의)는 '점진적 혁명론'이라고 비판해, 구조개혁론의 기치를 선명히 했다.

그 내용이 신문에 보도된 직후인 1960년 12월 20일에 오타 가오루太田薫 총평 의장은 저항 투쟁을 부정하는 구조개혁 노선은 개량주의로 빠질 위험이 크다고 비판했다. 사키사카 사회주의협회 대표 역시 같은 입장에서 구조개혁 노선을 공격하고 나섰다. 에다도 니시오를 배제하는 데 적극적으로 가담했었는데, 그 때문인지 모르나 그는 체제 내 개혁을 지향하는 사민주의 노선을 '점진적 혁명론'이라고 부정하고 있어서,[15] 구조개혁파는 이론적으로 애매함을 벗어날 수

15 에다는 1958년 당 중앙위원회에서 니시오 제명을 제안했다. 니시오 문제를 당기위원회에 회부하는 문제에 대해서도, 스즈키파 내부에서 유연한 대책을 모색하려 했던 사사기 고조佐々木更三와 대립하는 등 가장 강경한 입장을 고수했다. 에다 자신은 이렇게 회고했다. "…… 니시오 씨의 생각은 사회주의를 자본주의사회 틀 내의 복지 정책으로 축소하는, 사실상 사회주의를 포기하는 입장이다. …… 나는 니시오를 징계하는 문제에서 가장 강경한 태도를 취했다"(江田 1979a, 52).

없었다. 사회주의협회는 구조개혁론의 이런 약점을 파고들었다. 즉 '구조개혁론은 자신이 부정하는 사민주의적 개량주의와 무엇이 다른가?', '구조개혁론은 실상 점진적 혁명론과 같은 것이 아닌가?'라며 의문을 제기했다(向坂 1972, 167-224). 구조개혁 노선은 이탈리아 공산당의 자기 변혁 시도였고,[16] 마르크스주의 좌파의 현실주의 노선으로서는 자연스러운 선택이었다고 할 수 있으나, 사회당 내에 사민주의 흐름이 존재하는 이상 양자의 관계가 의문시되는 것은 당연했다.

에다의 일련의 발언들은 이미 구조개혁론을 불신하던 좌파의 거센 반발을 불러일으켰다. 에다는 1962년 7월 27일 닛코日光 시에서 열린 '전국 지역 오르그 회의'의 인사말에서, "미국의 높은 평균적 생활수준, 소련의 철저한 사회보장, 영국의 의회제 민주주의, 일본의 평화 헌법 등 네 가지"를 인류가 이룬 성과로서 높이 평가했다. 좌파로서는 특히 미국에 대한 적극적 평가는 수용하기 힘들었다. 그리고 그는 『이코노미스트』(1962년 10월 9일자) 기고문인 "사회주의의 새로운 비전"에서 소련형·중국형 사회주의를 후진국형이라고 잘라 말하고 새로운 유형의 사회주의가 필요하다고 역설했다. 그 결과 11월에 치러진 당대회는 에다 규탄장이 되고 "에다의 '비전'은 사회주의 이론을 혼란에 빠뜨리는 것"이라는 결의안이 제출되었다.

---

16 역주 : 1940년대 이탈리아 공산당의 팔미로 톨리아티Palmiro Togliatti가 쓴 『이탈리아와 세계의 전환기에 있어서 사회주의를 향한 이탈리아의 길을 위한 투쟁』(사회주의를 향한 이탈리아의 길)이라는 책자에서 주장되었다. 그는 코민테른이 강요하는 소련식 사회주의혁명 노선에서 벗어나 독자적인 개혁 노선을 주장했다.

구조개혁 논쟁은 이론 논쟁에서 파벌 간 대립으로 바뀌어 버렸다. 에다가 사회당의 새로운 스타로 주목받으면서, 그의 출신 파벌인 스즈키파를 승계한 사사키 고조는 그를 한층 더 시기하고 불신하게 되었다. 사사키가 에다를 강하게 불신한 것은 전전부터였다고 한다(佐々木 1979, 208; 田村 1984, 419-425; 塩田 1994, 276-304).

구조개혁 논쟁에 대한 반동으로 사회당의 좌경화, 즉 반反사회민주주의 입장은 더욱 분명해졌다. 구조개혁 논쟁을 수습하고자 설치된 '사회주의이론위원회'(위원장 스즈키)는 1964년 〈일본에서의 사회주의로의 길〉(이하 〈길〉)을 작성한다. 이에 따라 1955년의 당 강령은 종말을 고했다. 그러나 〈길〉은 강령은 아니다. 당대회에 참석한 대의원의 3분의 2가 찬성해야 하는 강령 개정을 무리하게 추진하지 않고, 강령적 문서를 통해 강령을 실질적으로 동결해 버린 것이다(本澤 1989, 43). 〈길〉은 사회주의협회파와 구조개혁파가 타협한 산물이라고도 하는데, 정통 레닌주의에 입각한 폭력혁명론을 채택하지 않았고, 프롤레타리아독재에도 일정한 유보 조건을 달았다. 그럼에도 제1부 "현상의 분석과 인식"에서 보이는 제국주의론·국가독점자본주의론은 분명 마르크스주의를 따른 것이고, 제2부에 서술된 평화혁명론도 의회민주주의의 승인과는 거리가 멀다.

레닌주의의 색채는 1966년에 수정을 거치며 더욱 강해졌다. 프롤레타리아독재가 "일종의 계급 지배"임을 인정하고, 혁명은 당연히 현행 헌법의 틀을 뛰어넘는 과정이라는 인식 아래 사회주의 체제로의 '힘힌적' 이행이라는 표현을 삭제했다. 또한 과도적 정권의 위상을 갖는 사회당 정권이 사회주의 정권으로 이행하는 과정을 처음부터 장기간에 걸친 점진적 이행이라고 생각하는 것은 바람직하지 않다고 판단해 "되도록 신속하게 사회주의 정권을 수립"이라는 표현으로 바꾸었다(日本社会党編 1985, 807-811). 요컨대 평화혁명은 현행 헌법의 틀 안에서 의회정치에 따라 점차적으로 진행되는 것이 아니라, 헌법의 틀을 뛰어넘는 일종의 계급 지배를 인정하고 "되도록 신속하게" 이행한다는 것으로, 이는 설사 '평화적'이라는 수식어를 붙인다 해도 지극히 레닌주의에 근접한 것이라 할 수 있다.

2. 일본사회당의 이데올로기와 조직

1) 저항정당의 두 원칙

일본사회당은 '두 개의' 사회당이라는 말이 있듯이 항상 좌우 대립을 반복해 왔다. 앞 절에서는 그 대립이 좌파의 승리로 귀결된 사실관계를 검토했으나, 여기에서는 대립의 역사를 개념적으로 정리해 보려 한다. 사회당 내에서 일어난 파벌 대립의 축은 복합적이지만, 이론적으로는 다음 두 가지로 집약된다. 첫째, 외교·방위 문제에서 호헌 평화주의(평화 헌법 옹호, 미·일 안보조약 반대, 반자위대, 비무장 중립) 지향을 둘러싼 갈등이다. 둘째, 사회당 조직의 성격을 마르크스(레닌)주의, 과학적 사회주의에 기반을 둔 계급정당으로 규정할지, 사회민주주의적인 국민정당으로 볼지의 대립이다. 이 같은 두 가지 대립 축을 기준으로 〈그림 2-1〉과 같이 분류할 수 있다.

1949년의 모리토·이나무라 논쟁에서 드러난 좌우 대립은 계급

그림 2-1 ｜ 일본사회당 내의 파벌 대립 축

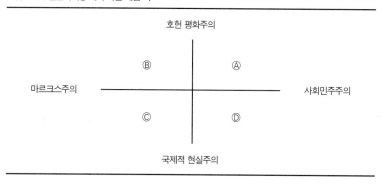

정당인지, 국민정당인지를 둘러싸고 마르크스주의와 사회민주주의 간에 벌어진 이데올로기 투쟁이었다. 그러나 1950년대에 나타난 좌우 대립은 그런 이데올로기 투쟁을 배경으로 하면서도 직접적으로는 호헌 평화주의 문제가 중심에 있었다. 이 두 개의 대립은 논리적으로는 엄밀히 구분되지만 현실에서는 어느 정도 중첩되어 나타난다. 개괄하자면 좌파는 공산주의를 용인하고, 정도의 차이는 있으나 마르크스주의를 수용하며, 호헌 평화주의를 지지하는 입장에 선다. 이에 비해 우파는 공산주의에 반대하고, 사민주의를 취하며, 현실주의적 지향이 강하다.[17]

좌파의 반전사상은 전전에 '반군부·반침략' 기조를 펼친 이래 일

---

17 혁명을 지향하는 마르크스주의와 현행 헌법을 준수하자는 주장은 원칙적으로는 맞지 않는다. 앞서 〈길〉이 헌법의 틀을 넘어 혁명을 지향한다는 점을 명시하고 있음을 살펴보았다. 그러나 좌파가 주장하는 호헌은 주지하듯 평화주의에 국한된바, 헌법 전체를 용인한다는 의미는 아니다.

관된 것이나, 1950년대 냉전이 심화되면서 그런 역사적 유산을 활용할 절호의 기회가 주어졌다(Stockwin 1968). 이에 대해 전후 사회당을 창당한 주역이었던 니시오는 철저한 반공주의자이고, 냉전 구조 속에서 미·일 안보와 자위대 문제에 유연하게 대응하자고 주장했다. 따라서 1950년대의 좌우 대립은 Ⓑ와 Ⓓ의 대립으로 이해할 수 있다. 그렇다고 하더라도 니시오와 함께 우파의 수장으로 꼽히는 가와카미가 전전에 군국주의에 굴복했던 일을 깊이 반성하며 호헌 평화주의를 받아들인 일은 잘 알려져 있다. 또한 좌우 사회당이 분열하던 당시 좌파 사회당에 속했던 와다파는 마르크스주의와 거리를 두고 있었다. 이처럼 Ⓑ와 Ⓓ로 포괄되지 않는 파벌들이 있었던 것은 사실이나, 1950년대에 나타난 좌우 대립은 스즈키파와 니시오파(가와카미파 일부가 포함)의 격돌로 대표되었다는 점에서 Ⓑ와 Ⓓ의 대립이라는 구도는 유효하다.

1960년대에 들어서면 Ⓓ에 속하는 세력이 민사당으로 떨어져 나갔기에 사회당 내에서는 존재감이 없게 된다. 즉 사회당 내에서 호헌 평화주의를 둘러싼 대립은 해소된다. 따라서 1960년대의 대립은 오로지 마르크스주의와 사회민주주의의 갈등이었다. 그런데 사정을 복잡하게 만든 것은 호헌 평화주의 우파인 Ⓐ 입장의 대표자가 원래 Ⓑ에 속했던 에다였다는 점이다. 스즈키파에 속해서 니시오 탄핵을 이끌었던 에다가 1960년대에는 교조적 마르크스주의에 대한 비판자이자 구조개혁론을 주창하는 기수로 등장해 우파의 수장으로 여겨질 정도가 된 것이다. 그러나 구조개혁론은 사회민주주의를 부정적으로 보는 좌파의 전통을 극복하지 못한 나머지 이를 '개량주의'라고 비판했다.

앞서도 말했듯이 구조개혁론의 패배 자체는 이론적이었다기보다는 파벌 대립, 에다와 사사키의 감정 대립으로 말미암은 측면이 컸으나, 구조개혁론이 사회민주주의를 부정한 것의 의미를 전략적으로 무시할 수는 없다. 호헌 평화론을 고수하면서 Ⓑ와 대결하려면 Ⓐ로 결집하는 수밖에 없는데, 구조개혁론은 사민주의를 부정함으로써 자신의 입장을 애매하게 만들었기 때문이다. 실질적으로는 Ⓐ 입장이면서도 이를 부정하는 구조개혁파의 애매함과 기만성을 예리하게 파고든 것이 사회주의협회였다.

에다 자신은 구조개혁론이 패배한 이후 사회민주주의에 대한 적대적 태도를 누그러뜨렸지만,[18] 사회당 내에서는 마르크스·레닌주의가 확산되어 갔다. 사회주의협회는 스즈키파(이후 사사키파)와 손잡고 1950년대에는 니시오파, 1960년대는 에다파를 반대하는 '이론'을 제공했다. 이미 말했듯이 〈길〉은 마르크스·레닌주의 기조를 따른다는 것을 명확히 했고, 사회당은 1960년대에 〈그림 2-1〉의 Ⓑ 유형, 즉 마르크스주의와 호헌 평화주의를 원칙으로 하는 반체제 저항정당으로 자리 잡아 갔다. 교조적 마르크스주의를 채택했다는 것은, 사회당이 사회민주주의를 부정하는 정당임을 뜻한다. 사회당이 복지와 사회보장을 확충하라고 요구해 온 정당이라고 여겨 온 일반인들은 쉽게 이해하기 힘들 것이다. 그러나 사회당이 선거에서나 국회 안에서 아무리 복지를 확충하자고 주장했을지라도, 사회당이 이

---

18 하지만 그가 "사회민주주의도 좋다."라고 한 것은 만년에 이른 1970년대 중반이었다(石川 1997, 141).

념으로서의 복지국가와 사회민주주의를 부정했다는 것은 사실이다.
이 점을 좀 더 살펴보도록 하자.

사회민주주의라고 하면 수정자본주의·의회주의·복지국가 등이
핵심이다. 일본사회당의 실질적 강령이 된 〈길〉을 보면 세 가지 가
운데 어느 것도 제대로 갖추지 않고 있다. 〈길〉은 개량주의(수정자본
주의)를 부정하고, 평화적 사회주의혁명을 내세운다. 그러면서도 국
가독점자본주의에서 나타나는 '풍요 속의 빈곤'을 지적하는데, 이는
1953년 좌파 사회당 강령의 궁핍화론을 다시 끌어들여 사회주의혁
명의 필연성을 말하려는 것이다. 또한 1966년의 수정을 통해 '프롤
레타리아독재'를 부정하기는 했지만, 앞서 지적했듯이 "일종의 계
급 지배를 해야만 한다."는 점을 확인하고 있다(日本社会党編 1985, 777). 평
화혁명이란 노·농 연합이 중심이 되어 반독점 국민전선을 구축하고,
이를 기반으로 의회 안팎에서 민주적 다수파의 지위를 확보해 의회
를 통해 모든 권력을 장악한다는 것이었다(日本社会党編 1985, 779). 따라서
사회주의로의 평화적 이행이란 폭력혁명을 부정한다기보다는, 국민
전선을 통해 저항 의지가 사라질 만큼 반대파(지배계급)를 철저히 억
누름으로써 자연스럽게 평화적으로 혁명을 이루어 간다는 정도의
의미이다. 당연히 복수정당제는 부정된다.

〈길〉에 따르면 이런 국민전선론으로 봤을 때 의회 밖에서 출현하
는 대중행동이 중시된다. 의회에서 다수파가 되는 것은 중요한 일이
지만, 그것은 "비록 형해화되고 있지만 국민의 압도적 다수는 의회
제 민주주의를 지지하고 있고", "민주적·평화적 방법에 의한 혁명이
아니면 국민 대중의 지지를 얻을 수 없는" 것이기 때문이다(日本社会党編
1985, 782). 그러나 평화혁명을 가능케 하는 진정한 생명선은 노동자,

농어민, 중소 상공업자와 지식인 등 광범위한 계층이 결집하는 반독점 국민전선이다. 이런 국민전선을 형성하려면 직장과 지역에서 대중투쟁을 구축해 전국적 투쟁으로 발전시키려는 노력을 계속해야만 한다. "대중투쟁을 통해 민주적 권리를 확대하는 것 자체가 일본 평화혁명에서 중요한 기초 조건이다"(日本社会党編 1985, 792).

물론 교조적 마르크스주의는 복지국가를 인정하지 않는다. 〈길〉은 다음과 같이 말한다. "사회주의 체제와의 평화적 경쟁에서 점점 궁지에 몰리고 있는 자본주의가, 국민들이 사회주의를 선택하지 않게 하기 위해, 사회보장 및 부분적인 소득분배 개선 등 일정한 양보를 제공해 사회적 긴장을 완화하는 것이 복지국가의 사상과 정책이다. 이는 자본주의 체제에 대한 국민의 동의를 계속 유지하려는, 자본의 연명책에 불과하다. 다른 한편, 공황을 회피하고 자본축적을 지속하고자 국가 기능을 활용한다는 점에서, 현대자본주의가 스스로를 유지해 가기 위한 안전장치이기도 하다"(日本社会党編 1985, 776). 따라서 사회당이 사회정책을 확충하자고 요구하는 것은 편의적인 의미 외에는 없다. 〈길〉에 따르면 사회주의정당은 복지국가 이념을 부정할 수밖에 없다.

2) 사회당 '쇠퇴'의 해부

좌파가 주도한 사회당은 쇠퇴했고 국민적 지지 또한 분명 후퇴하고 있었다. 사회당은 1958년에 치러진 총선거에서 166석을 획득한 것을 정점으로, 1969년에는 90석으로 줄었다. 1970년대에는 다소 회복해 1979년과 1980년 총선거에서는 모두 107석으로 1백 석 선

을 겨우 넘겼다. 그사이 사회당의 득표율은 32.9퍼센트에서 19.3퍼
센트로 낮아졌다(升味 1985, 621).

사회당이 쇠퇴한 원인이 좌파 노선에 있다는 지적이 계속되었음
에도 사회당은 마르크스주의와 호헌 평화주의를 견지했다. 사회당
이 보인 이 같은 경직성을 어떻게 이해해야 할까? 그간의 연구들에
서 세 가지 가설을 도출할 수 있다.

첫째, 자민당 내의 반동 세력이 사회당의 선택지를 크게 제약했
다는 가설이다(大嶽 1986).[19] 자민당 내에서 개헌을 외치는 강경파들은
전전의 군국주의로 회귀할 것을 꾀하는 세력이기에 이들과 맞서기
위해서라도 사회당은 호헌 평화주의를 고수할 수밖에 없었다는 것
이다. 예컨대, 1960년의 미·일 안보조약 개정은 그 자체로는 큰 구
조 변화가 아니었음에도,[20] 당시의 기시 총리가 'A급 전범'이고, 그
가 강권적 수법을 펼친 데 대한 불신이 강했기 때문에 사회적 소요
가 커졌다. 말하자면 기시 총리가 '반동 세력'의 수장처럼 보였기 때
문에 안보조약 개정은 상징적 의미를 가지게 된 것이다.

'자민당 내 반동 세력 가설'은 전후 정치에서 평화 세력이 대두한
특수한 역학을 잘 포착하고 있다. 사회당과 그 지지층 사이에 평화
주의가 득세한 현상을, 자민당 내 반동 세력이라는 '적'의 존재를 빼
놓고 설명하기 힘들다. 자민당 내 반동 세력은 얄궂게도 사회당 내

---

19 그의 논의는 여기에 한정되지 않고, 뒤에 말할 세 번째 가설도 받아들이고 있다(大嶽 1996).

20 역주 : 1951년 9월 8일 샌프란시스코 강화조약 조인과 더불어 체결된 미·일 안보조약은 10년 기한
이었는데, 1960년의 '개정'은 내용상 변화는 거의 없고 다만 기한을 10년 더 연장하자는 것이었다.

좌파에게 유리한 환경을 제공했다. 그러나 이 가설은 사회당이 호헌 평화주의로 기운 이유를 설명할 수는 있지만, 왜 마르크스주의에 경도되었는지를 설명할 수는 없다. 앞서 지적했듯이, 평화주의와 마르크스주의는 사회당이 내세운 두 개의 원칙이다. 하나의 선택이 자동적으로 나머지 선택으로 이어지는 것은 아니다.

둘째, 최근 미국 정치학에서 주목받고 있는 '합리적 선택 제도론'이 있다. 고노 마사루河野勝는 중선거구제가 사회당의 합리적 선택, 즉 유연화를 가로막았다고 주장한다. 중선거구제는 소선거구제에 비해 득표율이 낮아도 당선될 수 있다. 따라서 군소 정당도 살아남을 가능성이 있다. 구체적으로 살피면, 이 제도로 말미암아 공산당이 살아남았고, 그 결과 사회당은 이데올로기적으로 좌편향을 보일 수밖에 없었다는 것이다(Kono 1997, 73). 또한 1960년대에 나타난 다당화 현상도 중선거구제의 효과였는데, 이 역시 좌파의 사회당 지배를 도왔다. 다당화 현상으로 말미암아 사회당은 한 선거구에서 복수의 후보자를 내세울 수 없게 되었고, 일단 줄어든 후보자 수를 늘리지도 못했다. 고노는 좌파에게 유리했다고 말한다. 후보자 수가 감소하면서 온건파인 도전자가 좌파 현직 의원과 맞서기는 더욱 어려워졌다는 것이다(Kono 1997, 72).

나중에 말하겠지만, 중선거구 제도가 사회당의 전략과 행동을 규정했던 것은 분명하다. 하지만 고노의 주장에는 받아들이기 힘든 점이 있다. 그는 1949년 선거에서 사회당이 패배하고 공산당이 약진한 것을 사회당이 좌경화한 게기라고 파악한다. 그 자체는 타당한지 모르나, 선거 결과가 곧 선거제도의 효과와 일치하는 것은 아니다. 사실 사회당은 같은 선거제도였던 1947년에는 제1당이 된 바 있었다. 선거 결과가 사회당이 좌경화된 계기일 수는 있지만 선거제도 때문은 아니다.

또한 고노는 사회당이 오른쪽으로 기울면 공산당에 지지자들을 잃을 수 있어서, 장기간에 걸쳐 지지율이 떨어졌음에도 합리적 선택 (정책 전환)을 할 수 없었다고 말한다. 앞서 보았듯이 1950년대를 거치면서 사회당의 좌경화는 고착화되었다. 이를 공산당과의 경쟁 때문이었다고 볼 수 있을까? 사회당 좌파, 특히 사회주의협회가 마르크스주의의 정통성을 두고 공산당과 경쟁을 벌인 것은 사실이지만, 당시의 공산당은 비합법 활동에 따른 피해를 극복하지 못해 중의원 의석이 고작 한 자릿수 초반에 머물러 있었음을 생각하면, 공산당이 사회당의 합리적 선택을 저지할 정도의 존재는 아니었다고 생각된다. 물론 아직 다당화 현상도 없었다. 앞서 말했던 1950년대의 역사적 특수 상황 자체가 당시 사회당의 좌경화를 촉진했고, 이는 선거제도의 효과와는 성격이 다르다.

고노는 사회당의 장기 쇠퇴 경향이 좌파에게 유리한 상황을 만들었다고 주장하면서도 이를 뒷받침할 자료를 제시하지 않고 있다. 사회당이 한 선거구에서 복수의 후보자를 내세우기 어렵게 되면서, 정치 신인이 현직 의원에게 도전할 기회를 제한한 것은 사실이다. 좌파 현직이 우파 신인을 배제한 사례도 당연히 있었을 것이다. 그러나 〈표 2-1〉에서 나타난 좌우 양파의 의석수를 보면, 장기 쇠퇴 경향이 좌파에게 유리했다고는 말하기 힘들다. 좌파를 스즈키파(→ 사사키파), 노구치파(→ 농민동지회), 마쓰모토파(→ 안보체제타파동지회)의 세 개 파로 보고, 우파를 가와카미파와 에다파로 보면, 1963년 이후 확실히 좌파가 우파보다 우위에 있었다. 중간파인 와다파(→ 가쓰마

표 2-1 | 사회당 국회의원의 파벌 분포(1958~79년: 단위 : 석)

	파벌	1958년	1960년	1963년	1967년	1969년	1972년	1976년	1979년
중의원	스즈키파	30	56	4 →사사키파	36	12	26	26	24
	에다파			11	24	12	29	38	28
	와다파	30	27	33	29 →가쓰마타파	16	24	23	21
	노구치파	7	7	5	4 →농민동지회	2	2	2	1
	마쓰모토파	14	13	11	6 →안보체제타파동지회	1	2	1	1
	사회주의협회파						3	4	5
	가와카미파	27	28	26	11	4	-	-	-
	니시오파	31	-	-	-	-	-	-	-
	전체	166	145	144	140	90	118	123	107

	파벌	1965년	1968년	1971년	1974년	1977년
참의원	사사키파	14	7	9	5	7
	에다파	14	15	16	11	10
	와다파	3	-	-	-	-
	니시오파	2	-	-	-	-
	전체	36	28	39	28	27

주 : '전체'는 사회당이 얻은 의석수를 가리킨다.
자료 : 升味(1985, 563).

타파)를 좌파로 분류하면, 좌파의 우세는 더 분명하다. 그러나 우파가 좌파에 압도되어 갔다는 일관된 흐름은 보이지 않는다. 1970년대 이후로는 오히려 에다파의 약진이 두드러진다.

따라서 사회당의 좌경화는 국회의원의 구성으로 설명되지 않는다. 사회당의 정책 방침은 사회당 지지의 기반인 조직 노동에 의해 크게 규정되고 있었기 때문이다. 사회당이 노선을 전환하거나 분열이 생겨난 대목마다, 노동 조직의 강력한 의향이 투영되었다. 앞의 두 가설이 정당정치의 역학(좌우 정당들과의 경쟁)을 강조하고 있음에 비해, 세 번째 가설은 사회당의 지지 기반인 총평의 영향력, 즉 계급 정치의 규정성을 강조한다. 사회당의 당원은 5만 명 수준에 오래 머물러 있었음에도 선거에서는 1천2백만 표 이상을 획득해 왔다. 따라서 당의 조직 규모를 봐서는 짐작할 수 없을 만큼 득표 능력이 엄청났던 셈이다. 취약한 당 조직을 보완한 것이 4백만 노동자의 결집체인 총평이었고, 노조는 사회당의 일상적 선전 활동과 선거 활동을 주체적으로 전개해 왔다. 또한 사회당 당원의 다수가 전체신노동조합(이하 전체全遞), 일교조, 전일본자치단체노동조합협의회(이하 자치노) 등 총평의 중심 노조 출신이었으니, 사회당을 '총평 정치부'라 불렀던 것도 단지 야유의 표현만은 아니었다(田口 1958; 田口編 1969; 渡辺 1991a).

여기서 사회당의 전환기가 되었던 계기들을 살펴보자. 1949년에 열린 제4회 당대회에서는 노동운동의 장에서 공산당 세력과 격렬하게 주도권 쟁탈전을 벌였던 민동좌파가 대거 입당함으로써, 사회당 내에서 좌파로 세력균형이 기울었다. 좌파는 이 대회 이후 완전한 주도권을 확립하고자 젊은 노조원을 대량으로 입당시키고자 했다. 이에 위기감이 커진 우파는 독립청년동맹을 결성해 청년부에서의 대립이 격화된다. 이것이 제5차 임시 당대회에서 사회당 제1차 분열을 낳은 직접적 원인이었다. 또한 1951년 10월, 사회당 제2차 분열이 있었던 제8회 임시 당대회에서는 총평의 주도권을 쥔 민동좌파가 "분열을 두려워하지 말고 투쟁하라. 총평의 조직과 자금을 총동원해 지원할 것이다."라면서 좌파 대의원들을 질타·격려하는 한편, 대회에서 '강화·안보조약 반대'를 승인하지 않으면 새로운 노동자 정당을 결성하겠다며 사회당을 압박했다(飯塚·宇治·羽原 1985, 124-125).

총평은 1952년 7월에 열린 제3회 당대회에서 좌파 사회당을 전

104

면적으로 지지하고, 전 조직적으로 노조 출신 의원을 배출할 것을 결정하며, 총평-사회당 블록을 형성하는 데 박차를 가했다. 총평 내의 민동좌파를 이론적으로 지도하고, 사회당의 반사민주의 노선을 선명히 하는 데 큰 역할을 한 것이 사회주의협회였다. 사회주의협회파(협회파)는 1951년 노농파 계열의 야마카와, 사키사카, 다카하시 마사오高橋正雄 등이 중심이 되어 결성된 당내 최대의 이론가 집단이었는데, 다카노 미노루高野実, 오타, 이와이 아키라岩井章 등 총평의 많은 간부들에게 영향력을 행사하고 있었다. 야마카와는 코민테른의 소련식 혁명 수출에 저항했던 경험이 있어서 소련식의 마르크스·레닌주의와는 선을 긋고 있었다고도 하지만, 협회파의 성격을 결정지은 것은 사키사카의 마르크스·레닌주의와 소련 숭배였다(高橋 1981). 앞서 살펴본 좌파 사회당의 강령은 "사회주의협회의 이론이 처음으로 사회주의정당의 강령으로 구현되었다."라고 할 정도였고, 따라서 1955년의 좌우 사회당 통합에 대해 협회파는 계급정당의 성격이 희석될 것을 우려해 강경하게 반대했다.

그럼에도 통합이 이루어진 배경에는 총평 지도부의 분열과 대립이 있었다. 당시 총평의 최고 실력자였던 다카노 사무국장은 1953년 선거 뒤 개진당改進党[21] 총재 시게미쓰 마모루重光葵를 총리로 내세우자고 주장했는데, 이에 반발한 오타·이와이 등과 마찰을 일으켰

---

21 역주 : 개진당은 1952년 2월 결성된 보수 중도 정당으로 수정자본주의, 협동주의, 자주 외교 노선을 내걸었다. 당시 자유당 요시다 내각에 반대하고 있었으나, 당 내부에 호헌파·개헌파의 대립이 있었다. 시게미쓰는 개헌파였다. 1954년 자유당 이탈 세력과 더불어 일본민주당을 결성했다.

다. 이 균열은 다카노의 '평화 세력론', 그리고 좌파 사회당 강령을 작성하던 당시 일본 혁명의 성격 규정 문제를 거치면서 더욱 커졌는데,[22] 결국 다카노와 그의 심복으로 간주되던 시미즈 신조淸水愼三는 사회주의협회를 탈퇴한다(田村 1984, 271-277).[23] 좌우 사회당 통합에 대해서는 처음에는 오타·이와이 등의 노동자동지회(민동좌파 내의 협회파)와 다카노파 모두 반대했으나, 1954년 들어 다카노파는 기존 입장을 바꿔 통합에 찬성했다. 다카노와 첨예하게 대립한 오타·이와이파에 대항하기 위해서는 스즈키파와 손잡을 필요가 있었기 때문이다(飯塚·宇治·羽原 1985, 144-145). 이 같은 다카노의 변신이 양 사회당이 통합하는 결정적 계기가 되었다(篠藤 1989, 185).

그러나 결국 1955년에 열린 총평 대회에서 이와이가 사무국장으로 선출되고, 1958년에 오타가 총평 의장이 되어, 오타-이와이 연대가 실현되었다. 니시오가 사회당 내 좌파에 맞서 최후의 도전을 시작했을 때, 총평 내에서는 사회주의협회 계열의 노동자동지회가 헤게모니를 쥐고 있었다. 니시오의 국민정당론에 대해 오타·이와이·사키사카 등 협회파 간부들은 곧바로 '사회당 강화 모임'을 발족해 "사회주의혁명의 정당으로서 우리 사회당의 이론을 확립하고, 이를 올곧게 강령에 반영하기 위해 노력할 것"임을 선언했다. 사키사

---

22 역주 : 당시 미소로부터 중립을 지킬 것을 주장하는 '제3 세력론'이 주류였는데, 다카노는 중국과 소련을 평화 세력으로 보고 양국과 연대할 것을 주장했다. 일본 혁명 문제와 관련해 다카노는 일본을 식민지 종속국으로 파악했고, 민족해방·사회주의혁명을 주장했다.

23 다카노가 제기한 일련의 주장들은 공산당의 방침과 부합했으므로 사회당과 총평 양쪽 모두가 강하게 반발했다.

카는 사회주의협회의 이론지인 『사회주의』 1959년 1월호에 "올바른 강령, 올바른 기구"라는 논문을 발표하면서 "좌우 사회당의 통합은 오류였다."고 단정하고, "사회주의의 혼魂"론을 전개해 우파를 공격했다(向坂 1972, 129-143).

총평이 니시오를 공격한 것은, 사실 전노에 대한 공격이기도 했다. 당시 총평은 전노와 치열하게 노조 쟁탈전을 벌이고 있었다. 총평 계열의 노조가 장기 투쟁에 들어가면, 그사이 전노 계열의 제2노조가 설립되는 일이 잦았다. 총평이 '전노의 정치 지부'로 여겨지던 니시오파를 적대시한 가장 큰 이유였다.[24] 따라서 니시오 문제는 사회당 내에서 벌어진 노동운동 주도권 쟁탈전인 셈이었다. 좌파는 니시오 문제에서는 총평의 생각에 따르게 되고, 니시오파는 전노의 전면적 지원을 배경으로 탈당까지 염두에 둔 대담한 행동을 선택한 것이다.[25]

노조 기반이 약한 가와카미파는 선거에서 총평 조직에 의존해야 할 의원들이 많았다. 가와카미와 니시오의 연대가 무너진 데는 이런 사정도 크게 작용했다(高橋 1996, 226). 오타 총평 의장은 1959년 9월 21

---

24 역주 : 1950년 총평이 출범할 당시, 총평 외부에는 우파 총연맹인 동맹同盟이 있었다. 총평은 예상과 달리 1951년부터 좌파가 주도하게 되었고, 이에 반발해 총평에서 탈퇴한 조직들이 1954년에 동맹과 함께 전노를 조직했다.

25 1958년 2월에 열린 사회당 당대회에서 다키타 미노루滝田実 전노회의全労会議 의장은 국철 니가타 투쟁에서 나타난 좌파의 투쟁 지상주의와 비현실적 생산성 운동 반대를 비판하면서, "사회당이 집권하면 생산성 향상에 어떻게 대처할 것인가?"라고 따졌다(飯塚·宇治·羽原 1985, 170). 그러나 좌파는 건설적인 대안을 제시하지 않았다. 전노는 〈최저임금법〉을 계기로 사회당의 내부 개혁을 단념하고, 니시오의 탈당과 신당(민사당) 결성을 적극 지지하게 된다(호井 1993).

일 "파벌을 고려하지 않은 전면적 선거 지원"이라는 내용의 후쿠오카福岡 담화를 발표해 가와카미파가 탈당하지 못하게 막으려 했다(高橋 1996, 162). 니시오파가 탈당하면서 가와카미파의 거취에 관심이 집중된 시점에서, 오타·이와이는 가와카미파 간부들을 만나 선거 지원을 약속한 것이다(太田 1969, 185~186).

구조개혁론 논란에서도 노조가 미친 영향은 컸다. 구조개혁론이 총평과 사회주의협회의 분노를 촉발한 가장 큰 이유는 미이케三池 투쟁에 대한 평가였다고 한다. 에다는 안보 투쟁 속에서 대중운동이 고양된 점은 적극적으로 평가했지만 미이케에서와 같은 저항 투쟁에 대해서는 부정적이었고, 그보다는 정책 전환 투쟁이 구조개혁 전략의 중심이 되어야 한다고 생각했다. 그는 "독점자본의 정책에 반대하는 데 그치지 말고, 적극적으로 권력의 지배를 제한하고 정책 전환을 요구하는 투쟁을 전개해야 한다."고 주장했다(日本社会党編 1996, 448~449). 그러나 (총평이나 협회 측이 보기에) 미이케 투쟁은 총평이 총력을 기울여 조직하고 사키사카가 이론적으로 지도한, 금자탑처럼 '빛나는' 투쟁이었다. 오타 총평 의장이 쓴 "사회당의 구조개혁론에 대한 일곱 가지 의문"(『월간 총평』 1961년 1월호), 뒤이어 총평 장기정책 위원회가 던진 스물세 항목의 공개 질의, 사키사카 사회주의협회 대표가 쓴 "구조개혁론과 사회당의 과제"(『월간 사회당』 1961년 1월호) 등을 관통하고 있는 구조개혁론에 대한 불신감은, 미이케 투쟁 평가에 관한 감정적 반발이 많이 섞인 것이었다(篠藤 1989, 218 이하). 구조개혁파의 중심인물인 기지마 마사미치貴島正道는 당시를 회고하며 "'총평 4백만이 구조개혁 반대편으로 돌아섰는가?'라는 느낌이 들었다."고 회고하고 있다(貴島 1979, 47).

이렇듯 사회당의 좌경화를 촉진한 요인은, 첫째, 1950년대의 역사적 배경이고, 둘째, 당내 갈등에 대한 총평의 직접적 개입이었다. 사회주의협회의 이론적 영향력은 총평의 조직력을 배경으로 했으며, 총평 지도부는 단지 외부의 지원 단체가 아니라 사회당 내의 행위자로서 내부 투쟁에 관여한 것이다.

3) 조직 노동 의존 문제에 대한 제도적 분석

사회당의 총평 의존 문제에 대해서는 마스미 준노스케升味準之輔가 다음과 같이 충분히 지적한 바 있다.

> 당원 5만의 사회당이 총선거에서 1천2백만 표까지 얻은 것은 총평 노조들이 표를 모아 주었기 때문이다. 총평 노조들은 그 노조 출신 후보자는 물론, 지지하겠다고 뜻을 모은 후보자들을 위해 표를 모았다. 노조의 지원 없이는 당선될 수 없었다. 또한 총평은 사회당 정치자금의 대부분을 부담했다. 총평 정치활동위원회가 산하 산별 연맹들로부터 자금을 모아 사회당에 전달했다. 총평 출신 후보의 선거비용은 출신 노조가 돌본다. 따라서 총평은 사회당에 대해 강력한 영향력을 지닌다(升味 1985, 558-559).

덧붙이자면, 사회당 의원 가운데 총평 출신자 비율은 1958~79년 평균 중의원의 43퍼센트, 참의원의 66퍼센트에 이르렀다(升味 1985, 561-562).

이처럼 사회당의 노조 의존 체질이 유지될 수 있게 한 것은 바로 중선거구 제도였다. 고노도 지적했듯이, 중선거구제에서는 당선에 필요한 득표율이 소선거구제에 비해 매우 낮다. 의회정치 구조에서 공산당이 살아남을 수 있던 이유도 마찬가지였지만, 중선거구제는 특히 사회당을 조직 노동에 의존하게 하고 좌경화를 촉진했다. 일본 사회가 대중사회로 변모하면서 노동자들이 사회당을 이탈하고 총평의 표 동원력이 저하되고 있었지만, 중선거구제에서 사회당은 20퍼센트를 득표한 정도로도 1백 석을 넘는 의석을 획득해 제1 야당의 지위를 유지할 수 있었다.

물론 총평에 전면적으로 의존하는 한 집권은 불가능한 것이었고, 이 점에서 사회당의 선택은 합리적이지 않았다. 그러나 1955년 체제하에서 사회당의 최대 목표는 헌법 개정을 저지하는 데 필요한 '3분의 1' 세력을 유지하는 것이었으며, 이는 호헌 평화주의의 기치 아래 결집한 사회당 지지자들이 가장 원했던 것이기도 하다. 이 같은 입장에서는 사회당이 노조에 의존하는 선택을 한 것이 충분히 합리적이었던 셈이다. 반면 집권을 위해 현실정당으로 전환한다는 선택은, 총평의 좌파 노선을 감안할 때, 약속된 제1 야당의 지위를 버리고 확인되지 않은 새로운 권력자원의 동원을 도모한다는 뜻이 된다. 이것이 매우 위험한 길임은 상상하기 어렵지 않다.

다음으로, 좌파에게 유리했던 사회당의 제도적 구조를 들여다보자. 사회당의 문제점을 지적한 문서로는 1964년에 발표된 "나리타成田 3원칙"이 유명한데, 여기서는 ① 일상 활동의 부족, ② 의원당議員党(의원 중심 정당) 체질, ③ 노조 의존성 등이 문제점으로 지적되고 있다.[26] 노조 의존 체질에 대해서는 이미 살펴보았지만, 이를 극복하자는 진지한 논의가 이루어진 것은 사회당의 역사에서는 아마도 1990년대의 신당론이 처음이지 않을까 한다. 뒤에서 말하겠지만, 당시에도 결국 노조로부터의 자립은 이루어지지 않았다. 노조 의존은 사회당의 체질이 된 탓에 당의 해산을 각오하지 않는 한, 노조로부터의 자립을 진정성 있게 추진하기는 힘들었던 셈이다.

그러나 "나리타 3원칙"의 다른 두 문제, 즉 일상 활동의 부족과 의원 중심 정당 체질은 이미 1959년에 당 개혁이 추진되면서 눈에 띄게 개선되고 있었다. 1960년대에는 지방과 중앙의 전임자를 중심으로 한 당 운영이 실현되어, 취약한 당 조직이 충분히 나아진 것은 아니라 해도, 사회당을 의원 정당이라고 치부할 수는 없게 되었다. 1958년 2월에 열린 당대회의 결정에 따라 당대회에만 책임을 지고 타 기관의 어떤 제약도 받지 않는 '기구 개혁 특별 심의회'가 설치되었고, 1959년 9월 '심의회' 보고에서 주요 개혁 사항들이 지적되었다. 예를 들어, 우선 중앙집행위원의 수를 대폭 줄일 것(44명에서 10명으로), 중앙집행위원장과 서기장, 통제(징계)위원장과 각국 위원장을 각각 선출직으로 할 것 등이었다. 이는 국회의원이 중집 직위를 독점한다는 비판을 선거를 통해 해소하고, 소수정예주의로 중집의 권한을 강화해 당의 주체성을 높이려는 것이었다. 또한 의원당 체질에서 벗어나기 위해 국회의원이 자동으로 대의원이 되는 권한을 폐지하자는 안이 제출되었다.

26　역주 : 나리타 도모미成田知已(1912~79). 1947년 사회당 의원으로 처음 당선된 이래 12선 의원이 되었고, 1955년 통합 사회당의 총무국장, 1960년 정책심의회장을 역임했다. 에다의 구조개혁론에 동의했으며, 에다 퇴진 후 1962년 서기장으로 있었다. 이후 에다와는 달리 좌파 쪽으로 기울어 사회주의 협회파와 가까워졌다. 1964년 『사회신보』에 '나리타 3원칙'을 발표했으나 구체적인 대안은 없었다. 1968~77년 사회당 위원장으로 재임한 바 있다.

일상 활동을 강화하기 위해 오르그(조직 활동가) 제도를 확립하자는 안도 제출되었다. 말단 조직인 지부와 분회에 한 명 이상의 지부 오르그를 두고, 나아가 지구-지방-중앙에 이르기까지 일원화된 오르그 제도를 확립해 각급 오르그에게 명확한 권한과 임무를 부여하고, 조직적 훈련과 배치를 꾀한다는 것이다. 이와 더불어 과거에는 없었던 서기 제도를 도입했다. 각급 오르그 자격을 갖춘 사람 중에서 사무 처리를 위해 내근을 명령받은 자를 서기라고 불렀다. 또한 기관지 활동을 강화할 진용을 확충하고 독립채산제를 채택해 『사회신보』를 유료화하며, 일간지를 목표로 할 것도 제기되었다(日本社会党編 1985, 396~406).

이렇듯 의원당 체질을 극복하고 일상 활동을 강화하려는 실천은 민주집중제에 따른 당 조직 개편, 자율성 확립, 선전 활동 강화를 요구하는 것일 수밖에 없고, 이 개혁안은 1959년 10월에 속개된 당대회장에서 중집 인원이 15명으로 바뀐 것을 제외하고는 그대로 승인되었다. 1964년에 "나리타 3원칙"이 발표되었다는 사실은 이 같은 개혁이 불충분했음을 보여 주기는 하지만, 1959년 개혁이 낳은 효과는 결코 적지 않았다. 국회의원에 대한 당 기관의 우위가 확립되어, 1960년대에는 전임자(서기)와 지방 활동가들의 지지를 받는지 여부가 파벌의 세력이 신장되는 데 필수적인 조건이 되고 있었다.

처음부터 당 기구 개혁을 계기로 중앙과 지방의 전임자와 활동가들이 단결해 신분보장을 요구했고, 그 결과 서기 제도가 도입되었다고 할 수 있다. 이 시기의 움직임을 이끈 주체들은 나중에 '구조개혁파 서기국 그룹'으로 불리게 되었고, 당시 조직위원장으로서 당 기구 개혁에 종사했던 에다는 이 그룹의 지지를 받으며 구조개혁론을 제기했던 것이다(貴島 1983; 安東·石川 1995, 22). 따라서 구조개혁론은 서기 국 중심의 당 운영에서 출발했다고 할 수 있다. 덧붙이자면 1965년 에 전임자가 중집 성원이 될 수 있는 제도가 도입되었고, 1980년대 중반에는 이들이 중집의 40퍼센트를 차지했다(슴 1986, 184- 185). 상황 이 여기에 이르자, 사회당 국회의원들이 일상 활동을 담당하는 전임 자와 서기국의 의향을 무시하고 당을 지배할 수는 없게 되었다.

사회당 내에서 사회주의협회가 세력을 키운 과정을 보면 이 당이 의원 정당이 아님을 가장 잘 알 수 있다. 협회파는 국회의원을 지원 하는 일은 거의 하지 않았는데, 이들은 주로 조직 활동과 교육 활동 을 펼치고, 『사회신보』 구독자를 늘리는 활동 등을 하며, 지방 조직 과 서기국에 침투했다. 1960년대 말에 이르면 당대회 대의원의 최 대 다수를 확보한 세력이 된다. 국회의원의 특권을 박탈하고, 원내 활동을 당 기관에 종속시키고, 민주집중제를 실시하는 등 1959년에 실시된 개혁은 협회파가 대두할 조건을 정비한 셈이다. 협회파의 신 장은 1959년 당 개혁의 효과였다고 할 만하다.

1959년 개혁 당시, 니시오파·가와카미파가 "중집의 소수정예화 는 소수독재의 공산당 정치국 색채가 강하다", "국회의원의 대의원 권(당연직 대의원 자격 부여) 제한은 의회주의에 반한다."고 비판했으 나, 에다는 "중앙집행위원이 40명에 이른다면 결의는 되어도 집행 기관 역할을 할 수는 없다", "의원이 당 조직과 밀착해 일상 활동을 한다면, 당연히 하부 조직에서 당대회 대의원이 선출될 수 있는 것 아닌가?"라고 반론했다(江田 1979a, 50; 高橋 1996, 69 71). 특히 논란이 되었 던 대의원 문제를 회상하면서 에다는 "비난받으면서도 끝까지 밀어 붙인 것은 국회의원의 대의원권 문제였다."고 말한 바 있다(江田 1979a,

50). 하지만 바로 이 개혁이 협회파가 대두하는 문을 열어 주면서 에다를 곤혹스럽게 했다. 에다는 말년에 "나중에 골치 아파지긴 했으나, 당시 나는 의원의 대부분은 당연히 대의원으로 선출될 수 있으리라 여겼다. …… 내가 멀리 내다보지 못했다."고 한탄했으나, 뒤늦은 후회였다(內田 1979, 105).

1959년 개혁에서 드러나지 않은 커다란 특징은, 이미 언급했듯이, 노조 의존 체질을 극복한다는 문제가 무마되었다는 점이다. 소수정예의 중앙집행부 책임 체제를 확립하고, 다방면으로 조직 기반을 확대함으로써 노조에 대한 의존에서 벗어나야 한다는 주장이 제기되었지만, 사회당에 대한 총평의 압도적 영향력을 차단하거나 제한하는 조치가 구체적으로 검토된 흔적은 없다. 사회주의협회파가 총평의 지지에 힘입어 당내에서 이론적 지도력을 강화하고 있었던 점을 생각하면, 노조 의존 체질이 진정한 개혁 대상이 되지 못한 것 자체가 협회파에 이로웠다고 말할 수 있다. 1967년 협회파의 분열이 있었으나, 사키사카파가 주도한 사회주의협회는 사사키파·가쓰마타파 내부로 침투해 이 위기를 극복한다.[27]

1970년 스즈키·가쓰마타 양 계파에 기반을 둔 나리타-이시바시 집행부가 탄생하자, 사회주의협회파는 한층 세력을 확대해 최대 파벌이 된다. 나리타-이시바시 집행부는 당 기관 중심의 운영을 주장

---

27 역주 : 1967년의 분열은 이론 지향적이었던 사키사카파와 현장 지향적이었던 오타파가 대립하면서 발생했다. 애초 다수파였던 오타파는 분열을 거듭했고, 사키사카파는 당내 조직 활동을 활발히 전개해 결국 다수파 지위를 회복했다.

하면서 협회파의 활동을 옹호했다. 협회파는 1970년에 이미 당대회 대의원 385명의 20퍼센트에 육박하는 70여 명을 차지하는 당내 최대의 파벌이 되었는데, 1977년에는 대의원 509명 중 131명으로 25퍼센트를 점하게 된다(福永 1996, 271-274). 게다가 기관지 국장, 청소년 국장 등 중집의 요직을 차지하면서, 본부 서기국에서도 세력을 넓힘으로써 나리타-이시바시 집행부는 실질적으로 협회파가 좌지우지하게 된다(升味 1985, 546).

맺음말

사회당의 좌경화는 1950년대 후반의 정치 상황이 좌파에게 유리하게 전개되고, 당내 갈등에 조직 노동이 직접 개입해 이루어졌다. 좌경화의 요체가 담겨 있던 〈길〉을 검토하면, 저항정당으로서의 사회당이 사회민주주의에 반대하는 입장이었음이 선명히 드러난다. 그렇다면 고도 경제성장을 바탕으로 한 대중사회화 현상이 뚜렷해지던 1960~70년대에 사회당은 왜 좌파 노선을 견지하게 되었나? 중선거구제로 말미암아 사회당의 권력자원동원 전략이 총평에 대한 의존으로 구체화된 것, 조직 노동에 더해 사회주의협회파의 영향력이 쉽게 파고들 수 있게 한 사회당의 제도 및 구조 등이 그 주된 요인일 것이다.

그런데 "왜 사회당은 현실정당으로 변하지 못했는가?"라는 문제 설정은 저항정당에서 현실정당으로 변화하는 것이 사회당의 쇠퇴를 극복할 길이었음을 암묵적으로 전제한다. 그렇다면 현실정당화가 실패한 것은 합리적 선택의 실패라는 결론도 가능하다. 그러나 총평의 좌파 노선이 그대로인 한, 사회당이 현실정당화를 목표로 하면 기존 지지 기반인 총평과 결별해야만 한다. 그런 희생을 보완할 새로운 권력자원을 동원할 조건들이 존재하지 않는다면, 앞서 제시한 현실정당화가 위기를 극복할 길이라는 전제는 성립할 수 없다. 과연 그런 조건들이 있었을까? 다음 장에서는 계급정치 수준에서 나타나는 권력자원동원의 특징들을 분석하면서 이 문제를 검토해 보기로 한다.

제3장

계급정치의 관점에서 본 1955년 체제
계급 교차 연합과 기업주의

머리말

사회당이 '쇠퇴'한 원인을 이데올로기적 경직성과 교조주의에 따른 현실정당화 실패에서 찾는 것이 통설적 견해이다. 가령 이시카와 마스미石川真澄와 히로세 미치사다広瀬道貞는 사회당이 쇠퇴한 것이 당 소속 의원들마저 1960년대 이후에는 '혁명'의 현실성을 믿지 않게 되었음에도 안이하게 교조적 마르크스·레닌주의에 기대어 현실적 정책을 제시하지 못했기 때문이라고 단언한다石川·広瀬 1989, 32-34).

이미 언급했듯이, 오타케 히데오大嶽秀夫는 사회당의 이데올로기적 경직성을 단지 사회당 내의 문제가 아니라 정당 대립의 동학으로 파악함으로써 통설로부터 한 걸음 나아가고 있었다大嶽 1986). 그러나 이데올로기가 사회당이 쇠퇴한 원인이라고 본 점에서는, 즉 이데올로기를 독립변수로 본 점에서는 통설의 입장과 다르지 않다. 이 주장을 사회민주주의 모델에 비추어 보면, '사회당이 현실정당·포괄정당의 길로 나아갔다면 과연 권력자원동원의 확대가 실제로 가능했을까?'라는 의문이 생긴다.

과연 사회당이 현실주의로 전환하면 '쇠퇴'를 벗어날 수 있었을까? 와타나베 오사무渡辺治는 아니라고 단언한다. 그는 일본에서 '현실주의화'한 사민주의 정당이라 할 만한 민사당 또한 정체 상태에 있었음을 볼 때, 일본의 사회민주주의 세력이 쇠퇴한 것은 '현실주의화' 여부와 무관함을 알 수 있다고 말한다. 사회당과 민사당의 쇠퇴는 이데올로기와 상관없이 일본의 사회적 지배 구조 자체에서 기인했다는 것이다. 단적으로 말해 고도 경제성장으로 형성된 기업주의적 노사관계가 사회민주주의 세력이 대두하지 못하게 가로막은 것이다.

…… 기업주의적 노동조합은 자신들의 정치적 요구도 오로지 기업의 번영과 일본 경제의 성장을 통해 실현하려 했으므로, 기업이 지지하는 자민당과 분리·대립해 독자적인 노동자 정당을 육성·강화하려는 의욕이 유럽에 비해 희박했다. 기업 활동에 유리한 조건을 강화하기 위해서는 관료 기구와 자치단체를 장악한 자민당에 의지하는 것이 사회당이나 민사당처럼 스스로 노동자 정당을 육성하는 것보다 비용이 적게 든다. 또한 기업 사회에 포획된 노동자들도 경제성장과 기업 성장을 통해 생활 향상을 꾀하겠다는 경향이 강했으므로, 노동자 정당을 떠나 자민당을 지지하는 입장으로 돌아섰다(渡辺 1991a, 277-278).

여기서 와타나베는 자민당 장기 집권을 지탱한 것이 계급 교차 연합이었음을 단적으로 지적하고 있다. 즉 자민당은 보수 세력뿐만 아니라 대개는 대항 세력이 될 가능성이 높은 노동자층 가운데 일부(혹은 다수)의 지지까지 확보할 수 있었으므로 장기 집권을 할 수 있었다. 이런 계급 교차 지지를 가능하게 한 것이 기업주의적 노사관계였다고 생각한다.

이 장에서는 이 같은 계급 교차 연합이 형성된 것이 계급정치에서 1955년 체제가 확립된 것이라 보고, 그것의 성립 과정과 구조를 분석하려 한다. 1955년 체제라고 하면 보통은 정당정치 수준의 개념으로 여긴다. 즉 재통합한 좌우 사회당과 보수 연합 등 양자에 의한 양당 체제(혹은 1.5당 체제), 보수와 혁신의 이데올로기 대립, 국대国対 정치,[1] 자민당 장기 집권과 같은 특징들이 주로 지적된다. 그러나 1955년 체제에 대해 정당정치를 넘어서서 지역개발과 산업 정책, 게다가 재계와 노동운동 등으로까지 논의 대상을 넓힌 사례도 드물지 않다(升味 1969; 1985; 綿貫 1979; 西尾 1979 등). 그러므로 1955년 체제를 정당정치 수준을 넘어서서 생산 현장에서의 권력관계, 계급정치 수준을 포함하는 정치경제 체제로 파악할 수 있을 것이다.

계급정치의 관점에서 본 1955년 체제는 "계급 교차 연합에 의한 기업주의 체제의 확립"으로 파악할 수 있다. 일본생산성본부가 설립되고 춘투春鬪가 시작된 것이 이를 알려 주는 지표이다. 이 제도들은 노동의 체제 내화, 자본주의 경제로의 포섭을 촉진하는 중요한 기능을 수행했다(久米 1992b). 그러나 일본에서 나타난 노자 화해는 생산성 운동을 둘러싸고 좌우 노동운동이 분열하고, 민간 부문에서 경영 측과 우파 노동 진영의 연합(계급 교차 연합)이 실현되면서 고착화되었

---

1 역주 : 국회에서 여야의 '국회대책(국대) 위원장'들이 비공식 논의를 통해 실질적인 국회 운영권을 행사하는 담합 정치를 말한다.

다. 이는 예컨대 스웨덴처럼 계급 교차 연합이 강력한 중앙집권적 노동 조직을 형성시킨 것과는 다르다. 총평과 그 주력인 관공노가 합리화에 반대하는 노선에 서서 생산 제일주의와 맞섰고 사회당은 마르크스주의와 호헌 평화주의 노선을 지지했으므로, 자본·경영 측은 계급 교차 연합을 고착시키고 온건파 노조를 상대방으로 삼아 화해 체제를 형성하는 방향으로 나아갔다.

생산성 운동을 둘러싼 노동 내의 대립은 애초 '총평의 계급주의적 산별화'와 '전노의 사회민주주의적 산별화'가 대립하는 양상이었다. 그러나 일경련을 중심으로 한 경영 측이 국가권력과 결탁해 총평의 핵심 민간 노조들을 강하게 압박하면서 종신 고용, 연공임금[연공서열형 임금], 퇴직금 제도와 재산 형성 지원 등 기업 복지를 통해 기업에 대한 노동자의 충성을 유도한 결과, 민간 부문에서는 기업주의 노조가 사민주의 세력을 흡수해 버렸다. 따라서 이른바 노·노 대립은 한편으로는 '총평(관공노)의 계급주의'와 다른 한편으로는 '국제금속노동조합연합 일본협의회International Metalworkers Federation-Japan Council(이하 IMF-JC)가 대표하는 기업주의'가 대립하는 것으로 그 성격이 바뀌었다. 이런 계급정치의 진행이라는 관점에서 보면, 1955년 체제가 형성되고 발전해 간 과정은 기업주의적 계급 교차 연합이 확립되고 사회민주주의 전략을 배제해 갔음을 의미했다.

1. 계급 교차 연합

1) 노동의 조직화

전후 선진 자본주의 나라들의 번영, 즉 '영광의 30년'이 "대량생산·대량소비의 내포적 축적 체제"에 기초했다고 보는 조절학파regulation school[2]의 견해가 많은 지지를 얻고 있었다. 노동은 대량생산 방식에 의한 합리화를 수용하고, 자본은 생산성 향상에 따른 임금 인상을 통해, 국가는 사회(복지) 정책을 통해 노동을 자본주의적 소비 생활 속으로 포섭한다. 이런 정치경제 체제를 조절학파의 개념에 따라 '포드주의'라 부를 수 있다. 포드주의 체제에서 국가는 다양한 역할을 수행한다. 예컨대 북유럽처럼 경제에 대한 공공적 개입이 매우 큰 제도화된 복지국가부터 미국처럼 [국가의] 경제 개입을 제한하고 자율을 원칙으로 하는 자유주의적 복지국가에 이르기까지 국가 기능의 양상은 다양하다. 하지만 선진국들은 예외 없이 복지국가화 경향을 보였다.

앞서 언급했듯이, 일본에서 '포드주의 체제'가 확립된 계기는 일본생산성본부가 설립되고 춘투가 시작되면서 마련되었다. 일본생산

---

2 역주 : 1970년대 초 프랑스의 미셸 아글리에타Michel Aglietta를 효시로 하여 형성된 정치경제학 학파. 자본주의의 특정한 축적 체제가 어떻게 조절regulate되고 안정화stabilize되는지를, 그것을 둘러싼 제도 장치들의 긴장과 균형의 맥락에서 설명하려 한다. 포드주의·포스트포드주의 등은 이 조절학파에서 유래한 개념들이다.

성본부는 "합리화에 의한 생산성 향상 및 그에 따른 노동조건 개선" 이라는 원칙 아래 노자 간의 계급적 화해와 협조를 실현하고자 재계 (그 중심은 '경제동우회')와 정부(통산성)가 미국의 후원을 받아 함께 설립한 것이다. 또한 춘투를 통해, 그리고 마침 노동시장에 노동력이 부족했던 상황도 유리하게 작용해, 생산성 연계 임금 인상을 일정 수준 이룰 수 있었다. 다시 말해 생산성본부 설립과 춘투의 시작은 노자 화해를 통한 대량생산 시스템과 노동자의 자본주의적 소비생활에 노동이 포섭되는 상징과도 같았다.

일본 포드주의의 특징으로 꼽히는 것들은 다음과 같다. 노동자의 직무가 세분화·균질화되고, 노동력에 대한 관리가 노동력의 [단순] 재생산 이상으로까지 진행되는 것(다기능화 혹은 '다다이모치'),[3] 노동이 좌우로 분열된 상태에서 자본과 우파 노동과의 계급 교차 연합을 기반으로 노자 화해가 실현된 것, 미시적으로는 종신 고용, 연공임금, 기업 복지 등을 통해 기업별 노사협조주의 체제를 갖춘 것, 이와 관련해 공공복지가 기업 복지에 발맞춰 보완적으로 발전한 것 등이다.

우선 거시적 권력관계를 보면, 노동의 좌우 분열이 고착화된 가운데 노자 간의 화해 체제가 불완전한 계급 교차 연합으로 실현되었다. 합리화에 반대하는 입장에서는, 앞으로 불가피하게 다가올 경제 자유화 시대에 경쟁력을 확보할 대책을 제시할 논리가 없었기에 처음부터 성공하기는 힘들었다. 하지만 국제적 경쟁에 덜 노출되고 기

---

3 역주 : 다기능화는 다능공화多能工化라고도 하며, 한 명이 여러 기능을 익혀 수행하게 하는 것이고, 다다이모치多台持ち는 한 사람이 동시에 두 대 이상의 기계를 다루게 하는 작업 방식이다.

업주의적 온정의 혜택이 별로 없는 부문에서는 합리화 반대에 대한 강력한 지지가 있었고 특히 관공노, 그중에서도 공노협公勞協[4] 조직은 파업권 회복을 요구하면서 강력한 전투성을 보이는 좌파의 아성이라 할 만했다. 공기업들은 시장 원리가 관철되지 않는 독점체들이고 경영자의 관리 능력도 미흡했기에 좌파가 합리화에 반대하는 운동의 본거지가 되어 노·노 대립의 장기화를 불러왔다.

주지하듯이, 냉전이 심화되면서 GHQ의 점령 정책이 '역逆코스'로 변화하고 2·1 총파업이 실패로 돌아간 것을 계기로, 공산당이 주도하는 노동운동에 대한 반감이 분출하던 와중에 1950년 17개 조직에 걸쳐 4백만 명이 결집한 총평이 발족했다.[5] 총평은 기본 강령에서 "사회주의사회의 건설"을 꾀한다고 밝히면서도, 정당과 노동조합의 기능의 차이를 강조하면서 "노동조합이 정치권력을 획득하는 행동 부대로 간주되는 이념"을 거부했다. 또한 "경제의 안정과 사회의 번영을 고의로 저해하는 파괴적 극좌 노동운동을 절대 받아

---

4 역주 : '공공기업체 등 노동조합협의회'의 약칭. 1953년 결성된 '3공사 5현업' 협의체로 관공노의 핵심 조직이었다. '3공사 5현업'은 〈공공기업체 등 노동관계법〉의 적용 대상이었던 철도·전매·전신 등 세 개 공사 및 우정·조폐·인쇄·국유림·주류전매 등 다섯 개 공기업으로 구성되었다. 이후 국유림만 제외하고 모두 민영화되었다.

5 역주 : 패전 직후 일본 노동운동은 GHQ에 의해 합법화된 일본공산당 계열의 산별회의가 주도했다. 일본공산당과 산별회의는 초기에는 GHQ와 협조적인 관계를 유지했으나, 냉전 체제가 심화되면서 대립 관계로 전환했다. 1947년 산별회의가 기획한 2·1 총파업이 GHQ(맥아더)의 금지로 실패하면서 대립이 격화되고, 이후 냉전과 한국전쟁의 분위기 속에서 GHQ는 공산당을 불법화하고 노조 운동 내에서 공산당계 활동가들을 대대적으로 축출했다(역코스). 산별회의 내에서 공산당의 산별회의 지배에 반발한 노조들이 대거 이탈해 산별회의는 무력화되고, 산별회의 밖의 노조들과 산별회의 이탈 세력(민동)이 모여 1950년 총평을 결성했다.

들여서는 안 된다."고 하면서, 항구적 세계 평화를 위해 "자유롭고 민주적인 노동조합에 의한 국제적 단결"을 추구한다고 주장했다(総評 1989, 69-70).

총평의 탄생에 대해 GHQ가 강력하게 지지했다는 사실은 당시 관계자들도 인정하고 있으나(高利編 1985, 22-24; 太田 1969, 36), 총평은 1951년의 제2회 정기 대회에서 평화 4원칙(전면강화, 중립 견지, 군사기지 반대, 재군비 반대)을 채택해, 국제자유노련 일괄 가입을 거부[6]하는 등 빠른 속도로 '닭에서 오리로' 변신해 갔다.[7] 총평은 처음에는 노조가 정치의 도구가 되는 것을 경계했으나 1952년의 임금 방침을 보면 그런 경계심은 사라진 듯했다. 총평은 임금 인상은 의식주 등 일상생활의 필요비용을 합산한 실질 생계비market basket 방식을 따라야 하고, 전전의 생활수준을 회복하기 위해 즉각 2만5천 엔 임금을 실현하고, "건강하고 문화적인 생활"을 보장하려면 7만 엔의 임금수준이 요구된다고 주장했으며, 임금 인상을 위해서는 저임금 체제를 고착화하려는 일체의 정치적 억압은 물론 전쟁과 재군비를 단결 투쟁으로 분쇄해야 한다고 주장했다(大河內編 1966, 185).[8]

---

6 역주 : 패전국 일본의 전후 처리 문제를 다룰 샌프란시스코 강화회의를 앞두고, 일본 국내에서 좌파들은 강화조약의 대상이 소련과 중국 등 공산권까지 모두 포함해야 한다고 주장했는데, 이를 전면全面 강화라 했다. 우파와 미국은 공산권을 제외하려 했고 이를 '단독강화'라 했다. 또한 당시 국제 노조 조직은 소련과 공산권 중심의 '세계노련'과 이에 맞서 미국 중심으로 조직된 '국제자유노련'이 대립하고 있었는데, 총평은 국제자유노련 가입 방침을 철회하고 세계노련에 가입했다.

7 '닭에서 오리로'라는 비유는 친미적인 닭이라 생각했던 총평이 반미적인 오리가 되었다는 뜻인데, 왜 닭과 오리라는 비유를 썼는지는 분명하지 않다(ものがたり編 1998, 133).

8 도지 플랜[도지 라인: 이 장의 주 16 참조] 이후 대부분의 노동조합은 임금 인상의 근거를 총리부 통계국

총평이 좌파 노선으로 급선회한 데는 민간 부문의 일본전기산업 노동조합(이하 전산), 그리고 일본탄광노동조합(이하 탄노)의 영향이 컸다. 특히 전산은 횡단적 노동연대와 산별노조 건설을 표방하는 총평에서도 선도적인 노조였다. 1952년의 임금 인상 투쟁에서 전산은 평균임금 7,205엔 인상(2만55엔[임금 총액])을, 탄노는 갱내坑內 노동자 평균 일급을 550엔에서 1,060엔으로 대폭 올린 93퍼센트 인상을 요구했다.[9] 또한 경영 측의 강경한 자세에 맞서서 전산은 1952년 9월부터 두 달 동안 11번에 걸쳐 전력 공급을 차단하는 파업을 벌였고, 탄노는 10월 9일부터 무기한 파업에 돌입했지만, 결국 전산은 20퍼센트, 탄노는 겨우 17퍼센트 인상된 안으로 타결되었다.

전산은 이 쟁의 중에 조직 분열을 일으켜 1956년에는 사실상 해산하게 된다. 산별 단일 노조, 전산형 임금(연공적 평등주의, 생활급·능력급을 특징으로 하는 산업별 횡단임금), '통일교섭·통일협약' 등을 내세운 전산은, 경제 부흥에 필요한 안정적 전력 공급을 목표로 하는 정부로서는 어떻게든 제거하고 싶은 장애물이었다. 이미 1951년 5월 전력 산업 재편성의 일환으로 발송·배전 부문을 통합한 전력 회사가 발족해 전력 노조의 기업별 조직화를 위한 포석을 깔았다.

1952년 쟁의에서는 우선 전산의 통일 교섭 상대인 전기산업경영자회의가 오픈숍 제도와 쟁의행위 예고제를 도입하고 쟁의행위 금

이 작성한 소비자물가 조사에 두게 되었다. 그러나 1951년 가을 투쟁부터는 생필품 가격을 합산한 실질 생계비로 돌아가는 경향을 보였다(ものがたり編 1998, 182-183).

9 역주 : 갱내 노동자 일급이 가장 많았고, 갱외 작업을 하는 선탄부 등은 일급이 상대적으로 낮았다.

지 대상자를 설정하는 한편, 노동조건을 후퇴시키라고까지 요구했다. 이에 대해 전산이 공세를 펴자 [경영자들은] 교섭단체인 전기산업경영자회의를 해산하고 각 전력 회사들의 연락 조직에 불과한 전기사업연합회로 개편하겠다고 대응했다. 기존의 '통일교섭·통일임금'을 거부한 것이다. 장기 파업이 여론과 언론의 비판을 받자, 전산 내부에 '지방교섭[지역별 교섭]·개별임금'을 수용하자는 흐름이 생겨 전력노조의 기업별 노조화가 진행된다(河西 1982; 勞動爭議調査会 1957).

이와 대조적으로 탄노는 1952년 쟁의 후에도 전투성을 높였는데, 특히 전국미쓰이탄광노조연합회는 1953년에는 기업정비 반대 투쟁('영웅적 113일 투쟁'), 1954년 이후에는 직장(현장) 투쟁, 경영 방침 변혁 투쟁(경영참가), 장기 계획 협정 투쟁(퇴직자 자녀 채용, 안전 확보, 복리 후생 개선 등)을 전개해 총평 민간 노조 가운데 가장 강력한 조직으로 떠올랐다. 그러나 탄노의 이런 대립형 단체교섭, 직장투쟁 노선은 산업 자체가 쇠퇴하면서 경영합리화가 진행됨에 따라, 1960년의 미이케 투쟁을 끝으로 무산되어 버렸다(平井 1991; 淸水 1963; 1982).

권력자원동원의 거시적 관점에서 보더라도 1952년 쟁의는 중요하다. 총평의 방침을 둘러싸고 좌우 노동의 대립이 일어나 노동이 다시 분열했기 때문이다. 전국섬유산업노조(이하 전섬), 전일본해원조합(이하 해원), 일본방송노조(일방노), 전국영화연극노동조합(이하 전영연) 등 네 노조 연맹은 1952년 12월 26일 총평이 전개한 가을 투쟁과 전산·탄노 투쟁의 지도 방식을 비판하는 문건을 발표한다. 그에 따르면 총평은 설립 당시의 기본을 잊고 현실을 무시한 채 무모한 쟁의에 조합원을 몰아넣고, 경제투쟁을 넘어서서 조합원의 요구와 유리된 정치투쟁으로 치달았으며, 그 결과 투쟁 방침은 공산당의 비합법 활동과 다를 바 없어졌다는 것이다(全労編 1968, 資料 7-14).

이듬해 2월, 이 네 연맹은 총평이 원래 모습을 되찾을 것을 요구하며 외부 세력과 연대해 '전국 민주주의 노동조합운동 연락협의회'(민노련)를 결성하면서 제2차 민주화 운동을 시작한다.[10] 네 연맹은 1953년 총평 제4회 정기 대회에서 제출된 운동방침 원안을 용공적이라고 비판하면서, 총평의 기본 강령 준수라는 입장에 서서 대안을 제출했으나 부결되었다. 그 결과 민노련은 총평의 내부 민주화 시도를 단념하고 새 조직을 만들어 민주적 노조 운동을 전개할 것을 주장했다. 그리하여 1954년 4월 22일에 총동맹[11]·전섬·해원·전영연이 참여한 전노가 결성된다(全労編 1968, 72-257).

2) 자본의 조직화

자본·경영 측의 권력자원동원을 보면, 전후 민주화가 진행되면서 전쟁 이전 시기의 경영자들이 추방되고, 노동운동이 대두한 상황속에서 경제동우회가 먼저 중심이 되어 나서게 된다. 경제동우회는

---

10 역주 : 제1차 민주화 운동은 일본공산당이 산별회의를 지배하는 데 반발한 세력들이 결성한 민동이었다. 이 장의 주 5 참조.

11 역주 : 일본노동조합총동맹. 종전 후 결성된 우파(노사협조주의) 총연맹으로 결성할 당시 조합원이 약 86만 명이었다. 당시 노동운동을 수도한 공산낭계의 산별회의가 약 140만 명이었으나. 1950년 총뼝을 결성할 당시 참여파가 이탈해 총동맹은 우파 일색인 조직이 되었다. 1954년 총평 이탈 세력과 결합해 전노를 조직했고, 이후 우여곡절을 거쳐 1964년 전일본노동총동맹(동맹)을 결성해 총평과 대립한다.

노동의 경영참가를 통한 경제 부흥을 표방했다. 그러나 경제동우회 좌파가 주도해 결성한 경제부흥회의[12]가 실패로 돌아가면서, 일경련에 의한 '경영권' 확립이 자본의 주도적인 노동 대책 원리가 된다.[13] 설립 직후 일경련의 주요 관심은 급진적인 노동협약을 개정하는 것이었다. 1948년 6월, 설립된 지 불과 2개월 만에 일경련은 '노동협약 개정의 근본 방침'을 채택한다. 일경련은 여기에서 경영권은 경영자에게 귀속되며 노동협약의 해석과 적용 등은 경영협의회[14]와는 별도의 분쟁 처리 기관을 두어 다룰 것, 조합 전임자에 대한 회사의 임금 지급 의무를 없앨 것, 쟁의 중의 임금은 '무노동·무임금' 원칙을 적용할 것 등을 주장했다. 또한 생산관리[15]에 대한 별도 의견서를

---

12 역주 : 전후에 노사 협력을 바탕으로 경제 부흥을 이루자는 취지에서 총동맹과 경제동우회가 중심이 되고, 여기에 산별회의 및 경영자·기술자·조사연구 단체와 지식인 등이 참가해 결성한 국민운동 조직이다. 1947년 2월에 결성되었고, 1948년 4월 사실상 해산했다. 총동맹과 경영자단체는 이를 노사협조 조직으로서 중시했지만, 당시 노동운동을 주도하던 산별회의가 이를 부정하고 단체교섭과 파업, 정치투쟁으로 나아가면서 해산되었다.

13 역주 : 전후 GHQ가 포츠담선언에 의거해 재벌 해체 등 경제민주화를 추진하자, 이에 대한 재계의 입장을 정리하기 위해 개인 가입 체제로 설립된 모임이 경제동우회(1946년 4월 40일 창립)였다. 경제민주화에 적극 협조하고 노사 협동체를 추진할 것 등을 표방했고, '수정자본주의'를 주창해 우파가 반발하기도 했다. 1946년 8월 대기업 중심의 경제단체연합회(경단련)가 창립되고, 경단련이 노동문제에 대응하기 위한 조직으로 1948년 4월 일본경영자단체연맹(일경련)을 별도로 설립했다. 1928년에 설립된 중소기업 연합체인 일본상공회의소와 더불어 경제 4단체로 불렸다. 그러나 현재 일경련은 경단련으로 통합되어, 경단련·경제동우회·상공회의소가 일본의 경제 3단체로 존재한다.

14 역주 : 전전에도 일본에는 노사협의제가 있었으나, 전후 노동 측이 주도해 기업(사업장) 단위로 경영협의회를 설치했다. 1955년 생산성본부가 출범한 이후 경영협의회는 경영자가 주도하는 생산성 향상 기구로 바뀌어 갔다.

15 역주 : 1945년 10월 요미우리 신문사에서 최초로 노동자들이 모든 업무를 통제하는 '생산관리 투

발표해, "단지 계약상의 의무 불이행에 불과한 태업·파업과는 달리, 생산관리는 적극적으로 상대방의 재산권·경영권을 침해하는 행위"라고 비난했다(日経連編 1981, 206-210).

일경련이 경영권을 확립하고 노동협약을 개정하고자 벌인 활동은 1949년 노조법이 개정되면서 일정한 성과를 낳았다. 개정 노조법은 노조 전임자에게 임금 지급을 금지하고 노동협약에 대해서도 절차·효력·기한 등 새로운 규제를 두었다. 노조법 개정, 그리고 '도지 불황'[16]에 따른 기업정비를 배경으로 노동협약을 수정하는 기업이 늘고 무협약 상태도 많이 발생했다(大嶽 1996, 44). 앞서 살펴본 1952년 쟁의에서 경영 측이 단체교섭과 노동협약 그 자체를 문제 삼은 것은, 이 같은 일경련의 지도가 영향을 미쳤다고 볼 수 있다.

그리하여 노동 대책의 주도권은 경제동우회로부터 일경련에 속한 공격적인 경영자들에게 넘어갔다.[17] 전자는 자본·노동의 대등한 관계를 인정하는 수정자본주의 노선을 표방했지만, 후자는 재산권·경영권에 대한 침해 행위에 정면으로 대결하는 경제 자유주의의 입장이었던 셈이다. 하지만 일경련의 대결 노선은 계급주의적 산별화

쟁'이 전개·확산되었다. 그러나 이 투쟁은 자주 관리나 공장위원회 등으로 발전하지 못했고, 단지 파업자들이 공장(사업장)을 점거하고 농성하며 사용자를 압박하는 투쟁 전술을 가리키게 되었다.

16 역주 : 전후 인플레이션이 심각해지자 1949년 3월 7일 경제 안정 목적으로 시행한 재정·금융 긴축 정책을 '도지 라인'이라고 한다. GHQ 경제고문으로 일본에 온 미국 디트로이트 은행장 조지프 도지 Joseph M. Dodge가 제안했는데, 이에 따라 초래된 불황을 '도지 불황'이라 한다.

17 이런 평가는 두 단체의 역할을 기능적으로 추상화해 비교한 데 따른 것이다. 두 단체의 복잡한 움직임을 상세히 검토한 연구로는 中北(1998) 참조.

를 추구하는 노동에 맞서 기업 질서를 회복하고, 경영권을 확립하고 자 하는 데는 유효했지만, 경제를 부흥시킬 성장 전략으로는 한계가 있었다. 기술혁신·합리화를 통한 생산성 향상은 양호한 노사관계 및 노동의 협력이 없이는 불가능하기 때문이다. 따라서 1950년대 중반부터는 경영권 확립을 전제한 가운데 노사협의회를 활용해 노 사협조주의를 추진하게 된다(大嶽 1987, 377). 다시 말해 일경련의 경제 자유주의 노선을 기조로 하면서도, 과거 경제동우회가 추구했던 노 자 화해(노사협조주의) 노선이 다시 부상한 것이다. 1955년에 설립된 일본생산성본부는 이 두 원칙이 통합되었다는 상징이었다.

일본생산성본부는 1953년 주일 미국 대사관의 해럴드슨 상무관 이 경단련에 생산성향상운동을 제안한 것이 발단이 되어 설립되었 다. 경단련은 이 제안에 신중한 태도를 보였으나, 경제동우회가 나 서서 재계의 의견을 모은 끝에 1954년 3월 '미·일 생산성증강위원 회'를 설치한다. 경영자만 회원이 되고 운영 경비는 미국의 원조 자 금으로 충당했다. 그 뒤 6월 15일에는 위원委員제를 이사理事제로, 명 칭도 '일본생산성협의회'로 바꾸었다. 여기에 통산성이 호응해 미· 일 정부와 재계 사이에 협의가 진행되고, 생산성협의회는 생산성본 부의 준비 기관이 된다. 1954년 9월 통산성은 일본생산성본부를 설 립하기로 결정하고 곧바로 각료회의의 승인을 받았다.

통산성의 방침을 보면, 기존의 합리화가 설비를 현대화하는 데 그쳤음을 반성하고, 이제는 "생산기술, 원료, 노동, 경영 기술, 유통 조직 등을 모두 포함한 종합 생산성 향상"을 통해 수출을 진흥하고 국민소득을 증대해야 한다는 인식 아래, '정부·경영자·노동자' 모두 를 포함한 '국민적 운동'으로서 '생산성향상운동'을 추진할 필요가 있다고 밝혔다. 운동의 중심인 일본생산성본부는 비록 민간단체이지만 "'정부의 생산성 향상 대책'에 호응해 민간에서도 국민적 규모로 활발히 활동해 산업 생산성의 비약적 향상을 꾀하자는 것이다"(生産性本部編 1985, 101-102).

1955년 2월 14일 일본생산성본부가 창립되었다. 창립 취지문을 보면 이런 통산성의 방침에 따라 국민운동으로서 생산성향상운동을 추진할 핵심으로 '재단법인 일본생산성본부'를 설립한다고 말한다. 생산성향상운동을 국민운동으로 실현하기 위해 5월 20일 "생산성 향상운동에 관한 원칙"을 공표해 노동의 참여를 호소했다. 이는 일반적으로 '생산성 3원칙'이라 불린다(生産性本部編 1985, 128-129).

① 생산성 향상은 궁극적으로 고용을 늘리는 것이나, 과도기적으로 발생하는 잉여 인력에 대해서는 국민경제적 관점에서 배치전환 등을 통해 최대한 실업을 방지하도록 관민이 협력해 조치해야 한다.

② 생산성 향상을 위한 구체적인 방법은 각 기업의 실정에 따라 노사가 함께 연구·협의한다.

③ 생산성 향상의 성과는 경영자·노동자·실업자에게 국민경제의 실정에 따라 공정하게 분배한다.

경제동우회가 주도적으로 움직여 생산성본부를 발족시킴에 따라 경제부흥회의가 실패한 이후 침체 상태에 있던 경제동우회가 이를 계기로 경제 단체 중에서 다시 존재감을 높였다. 1952년 경단련에서 상공회의소가 분리·독립하면서 재계는 4단체 체제가 되었는데, 당시 경제동우회는 조직이 매우 침체되어 이를 경단련에 흡수시키자는 목소리가 커지던 상황이었다(山下 1992, 96-101; 永野 1982, 240-241). 경제동우회는 설립 이래로 쌓은 경험과 특히 고시 고헤이[18]의 리더십 덕분에 노자 화해 체제의 확립을 주도할 수 있었다. 그는 유럽을 시찰하다가 특히 영국의 성공적인 생산성 운동에 감명받아 귀국한 뒤 일본생산성협의회를 설립해야 한다고 역설했다고 한다(山下 1992, 62-64; 岡崎他 1996, 96-107).

그런데 동우회가 내세운 수정자본주의는 언뜻 보기에 일경련의 경제 자유주의와는 어울리지 않는데, 어떻게 양자가 공존할 수 있었을까? 알고 보면 생각만큼 차이가 크지 않았다. 당시 동우회에서 가장 좌파적 입장을 가지고 있었던 오쓰카 반조大塚萬丈 일본특수강관 사장과 노다 노부오野田信夫 미쓰비시중공업 조사역의 경우를 보자. 간토關東경영자협회의 기관지 『경영자』에 실린 "경제민주화와 그 구체적 방책"에서 오쓰카는 경영과 자본의 분리를 전제하고, "기업의 집행기관을 경영 전문가에게 맡길 것", 경영협의회는 "노동자가 경영자와 같은 표결권을 가지는 의결기관"이어야 함을 주장하고 있다. 그러나 오쓰카 자신이 주최한 '경제민주화연구회'에서는 경영협의회가 '집행 보조 기관'으로 격하되고, 게다가 동우회 내에서도 "노사관계에서 '경영'의 주도성이 명확히 의식되고 있는 단계에 있다."라고 한 것을 볼 때, 결국 '기업형태의 민주화' 안은 동우회가 제출한 것이 아니라 단지 한 연구 모임의 시안으로 발표된 것에 불과했다(同

---

18 역주 : 고시 고헤이鄕司浩平(1900~89). 동우회 설립을 주도하고 생산성본부 설립에 앞장섰으며, 생산성 본부 간부를 거쳐 3대 회장(1972~86년)을 지냈다.

友会編 1976, 35-37). 즉 오쓰카의 급진적 생각은 무르익기도 전에 동우회 내에서 브레이크가 걸리고 있었던 것이다.

다음으로 『아사히 평론』에 발표된 글에서 노다는 "경영자는 노동자의 기본적 인권을 존중하고 단결권·단체교섭권·파업권 등을 인정하는 동시에, 노동자는 경영자의 경영권을 인정해, 쌍방이 대등한 입장에서 경영의 민주화, 산업의 부흥, 생산 애로의 타개 등에 서로 협력"해야 한다고 주장하고 있다. 구체적으로 그는 노동조건에 관해서는 경영협의회에서 심의·결정하고, 경영과 관리, 경리 및 인사에 관해서는 경영자가 결정권을 가져야 한다고 보았다(山下 1992, 41). 이렇듯 동우회에서도 경영권의 중요성은 일찍부터 확인되고 있었고, 이 점에서 일경련과 동우회는 원칙적으로 대립 관계에 있지 않았다.

GHQ가 전국적 경영자단체의 설립을 허가하지 않았으므로 일경련의 주요 인사들도 처음에는 동우회에서 활동을 시작했던 것이고 (예컨대 모로이 간이치諸井貫一, 사쿠라다 다케시桜田武, 나가노 시게오永野重雄), 두 단체의 성격 차이는 이념과 원칙이 달랐다기보다는 시대 상황이 달랐다는 데서 기인한 바 크다(中島 1982). 민주화와 노동의 공세를 배경으로 동우회가 '노사 동등'을 주장한 것은 말하자면 시대적 요구였고, 일경련이 경영권의 확립을 내세워 대결 노선을 취한 것 역시 노사협조주의 노선의 실패, 쟁의의 과격화, '역코스'라는 상황이 규정한 것이었다. 이렇듯 시대 상황에 따라 서로 다른 성격을 지녔던 두 단체는 1950년대 중반에 시작된 생산성 운동에서 서로 보완적인 관계를 맺는다. 자본가 단체 중 진보적 입장이었던 동우회는 생산성본부 설립을 주도하고 노자 화해 체제를 연출했다. 이에 비해 일경련은 총평과 대결하며 기업 수준의 생산성 운동을 확산하고 노동의 기업주의화를 촉진하게 된다.

3) 노자 화해 체제(계급 교차 연합)의 확립

(1) 전노의 사회민주주의 노동운동

생산성본부가 제창한 세 가지 원칙에 대해 노동은 크게 두 입장으로 나뉜다. 전노 계열의 노조들은 일경련의 동향을 경계하면서도 원칙적으로 협력한다는 입장이었다. 우선 총동맹이 1955년 6월 23일과 24일의 중앙위원회에서 "생산성 운동은 국민 생활의 향상을 위한 운동일 것, 노동조건의 향상, 실질임금의 인상, 고용 증대를 동반할 것, 자본의 집중이 아니라 중소기업의 안정과 노동자의 생활 향상으로 이어져야 하며 산업민주주의를 철저히 할 것" 등 여덟 가지 원칙을 조건으로 생산성 운동에 적극 참가하기로 결정했다(総同盟編 1968, 1,055-1,061).

전노는 1955년 7월 26~27일에 열린 제2회 정기 대회에서 생산성 향상의 다섯 개 조건을 제시한다. 생산성 운동은 ① 국민경제의 기반 위에서 국가 산업을 발전시키고 자립 경제를 목표로 하여 종합적으로 추진되는 운동이고, ② 고용 증대, 국민 생활수준 향상, 노동조건 개선과 실질임금 향상을 목표로 하고, ③ 부분적으로 발생할 실업과 기업 재편에 따른 직장 변동에 대비해 정부와 경영자가 종합적인 고용 안정 조치를 취하고, ④ 중소기업 경영 기반을 확립하려고 노력하며, ⑤ 노동조합의 발언을 적극적으로 수용한다(全労編 1968, 405-410).

당시 전노 산하의 전국섬유는 면방업 조업단축, 해고, 임금 인하, 노동강도 강화 등을 반대하며 경영 측과 대치하고 있었기에, 생산성 향상운동에 원칙적으로 찬성하면서도 곧바로 생산성본부에 협력할 상황은 아니었다. 따라서 전노 전체가 협력할 체제를 구축하지는 못했지만, 다섯 가지 조건에 따라 전노 소속 노조들은 차례로 생산성 향상운동에 참여하게 된다. 1955년 9월 16일에는 총동맹의 가네마사 요네키치金正米吉 회장이 생산성본부의 나가노 회장대리와 확인서를 교환한다. 확인서에 조인한 뒤 가네마사 회장은 "국내 정세와 세계 환경을 생각할 때, 이 작은 일본에서 노자가 무리하게 대립만 일삼아 모든 문제를 계급투쟁으로 해결한다는 것은 나라를 망치는 일이다."라고 기염을 토했다(総同盟編 1968, 1,056-1,061). 해원조합은 총동맹보다 조금 늦은 10월 전국대회에서, 생산성본부의 활동 및 생산성 향상을 목적으로 하는 여러 운동에 전면적으로 협력할 것과, 조합장인 가게야마 히사시陰山寿를 생산성본부 이사로 추천할 것을 결정했다. 고가 아쓰시古賀専 총동맹 사무장과 가게야마 해원조합장이 생산성본부 노동 이사로 함께 참여했다(生産性本部編 1985, 163-169; 日本経営史研究所編 1986, 184-188).

　이렇듯 전노는 노사협조에 의한 생산성 향상을 지향했으나, 이 조직은 나중에 살펴볼 IMF-JC와 달리 계급적 연대와 산별화를 내걸었음에 주의할 필요가 있다. 전노는 총평의 현실을 무시한 임금 인상 요구와 정치주의적 투쟁을 비판하고, 노동조합의 임무를 경제투쟁에 한정하며, 정치적 요구는 의회를 통한다는 입장을 취했다. 하지만 비록 온건하다고는 해도 노동조합의 "산업별 혹은 업종별 정리·통합"을 목표로 하고, "경영자의 사적 이윤 추구, 독점적 경제력에 의한 지배와 착취, 일부 소수[소수 지배층]에게만 봉사하는 정치"
에 대한 계급적 경계심까지 잃지는 않았다. 사회정의는 "자본주의에
서는 그 이상을 실현할 수 없다."라면서, "민주적 사회주의사회의
실현이 요구된다."라고 그 헌장에 명기하고 있었다(全労編 1968, 215-216).

(2) 총평의 계급적 노동운동

총평은 생산성본부가 발족한 직후인 1955년 3월 14일 간사회幹事
会의 결정으로, 노동생산성이 향상되는 것은 바람직한 면이 있지만
일본 경제의 현실은 군사 부문의 소수 대자본이 임금과 원자재 모두
를 독점해 "대자본가는 노동생산성 향상에 힘입어 생산을 증대하고
가격을 인하해 국민 생활을 풍요롭게 할 생각은 없고, 오히려 카르
텔과 독점을 강화해 생산제한, 조업단축으로 물가하락을 막거나 적
극적으로 물가를 올려 손쉽게 이윤을 유지하는 길을 선택할 것"이라
고 비판했다(総評編 1989, 199).

총평이 이처럼 생산성 운동을 부정적으로 평가한 것은 세계노련
이 마셜플랜을 비판한 것과 일맥상통한다. 이 문제를 둘러싸고 온건
파 노조들이 세계노련을 탈퇴·독립해 국제자유노련을 설립했는데,
총평은 창립할 당시 여기에 가입하겠다고 공언했지만 샌프란시스코
강화조약 문제로 좌경화해 세계노련에 가입한다. 총평은 마셜플랜
에 따른 "가혹한 노동강화로 말미암아 노동재해와 질병, 직업병이
증가"했다고 평가했는데, 이는 세계노련이 내세운 입장과 동일했다
(総評編 1989, 199).

총평은 이듬해인 1956년 정기 대회에서 "생산성향상운동과 대

결한다는 입장"을 강조하고 생산성향상운동은 ① 새로운 기계의 도입과 자동화, '과학적' 노무관리의 도입, 체계적인 인원 감축, 임금체계 개악, 안전 경쟁[19]과 능률 향상 운동의 전개, 노동시간의 연장, 복리 후생비의 절감 등 노동 착취를 강화할 모든 방법을 동원해 자본의 이윤을 극한으로 확대하려는 것이고, ② 국민운동으로 사상 공세를 전개해 노동자의 계급의식을 마비시키고 노동조합을 어용화해 사실상 해체하려는 계급 협조 캠페인이라고 규정했다(生産性本部編 1985, 171-172).

1957년 총평은 직장을 기초로 생산성 향상과 싸운다는 방침을 채택한다. 이런 방침의 구체적 내용을 1959년의 "운동방침"에서 살펴보면, "해고 반대 투쟁의 중심을 생산 현장에서의 대결(직장투쟁과 거주지 투쟁)에 두고, 대중의 투쟁 의욕과 행동을 강화하며, 대중투쟁을 기반으로 산업별 통일 투쟁 및 전 노동자의 통일 투쟁으로 발전시킨다. …… 기계화와 자동화, 그에 따른 기존 설비의 폐기, 배치전환 등 일체의 합리화 시도에 대해서는 조합의 사전 승인을 받아야 한다는 협약을 확보한다. 해고 없는 고용 안정 협약을 체결한다."는 것이었다(国労編 1981, 185).

---

19 역주 : 현장에서 안전에 위협이 될 요소가 발견되면 이를 게시해 협력 업체나 직원들 간에 서로 경쟁적으로 안전을 꾀하게 하는 관리 방식.

(3) 총평 민간 노조의 온건화

전노를 압도하는 조직력을 지닌 총평이 전면 대결하겠다는 자세를 보이는 이상, 전노의 생산성 운동 참여만으로는 노자 화해 체제가 성립되리라고 기대할 수 없었다. 여기에서 중요한 점은 총평의 이런 자세가 산하 민간 부문 노조들의 전면적 지지를 받지 못하고 있었다는 사실이다.

1958년 생산성본부의 조사 보고서는, 총평의 반대는 조직의 3분의 2를 차지하는 관공노가 주도하는 사상적·관념적 반대이고, 민간 부문 단위 노조들에서는 그런 방침은 사문화되어 생산성 운동을 위한 노사 협력 체제가 생겨나고 있다고 지적하고 있다. 이어 이 보고서는 탄노·합화合化노련·화학동맹·사철私鐵총련 등의 움직임을 살펴본 뒤, "이렇듯 총평의 민간 부문 단위 노조들은 대부분 생산성 운동에 대해 '자본주의하에서 이런 운동에는 절대 반대한다.'는 듯한 총평의 지도 방침을 비판하고, 조건부 투쟁의 입장을 취해 가는 상황이다."라고 단언한다(生産性本部編 1985, 173-174).

민간 부문 노조들은 관공노처럼 합리화 및 생산성 향상을 그저 부정만 할 수 없었고, 특히 1960년 미이케 쟁의에서 노조의 직장(현장) 통제라는 좌파의 지침이 최종적으로 패배한 뒤에는 총평 민간 노조 사이에서 합리화 및 생산성 향상에 정면으로 반대하는 강경파는 거의 사라졌다. 1950년대 후반 민간 부문에서 진행된 합리화 공세의 실태에 대해서는 뒤에서 살펴보기로 하고, 여기에서는 총평계 민간 노조들이 실제로는 합리화 반대 노선에서 이탈해 오히려 전노 조직의 사민주의 노선에 접근하고 있었음을 지적하고자 한다.

총평계 민간 노조 중 가장 전투적이었던 탄노는 미이케 쟁의가 끝난 뒤 정책 전환 투쟁을 제창한다. 탄노에 따르면 이는 기존의 합리화 반대 투쟁이 기업 내 투쟁 중심이었던 한계를 벗어나서, 경영 측의 배후에 있는 정부의 석탄 정책을 통일된 요구와 행동으로 바꾸자는 것이다(大河内編 1966, 425; 日本労働協会編 1962, 66). 따라서 "정책 전환 투쟁은 저 미이케의 장기 저항 투쟁 속에서 생겨나 발전한 것으로, 탄광 노동자의 통일 투쟁을 꾀하자는 것"이었다고 말한다(大河内編 1966, 426). 그러나 현실을 보면, 미이케 쟁의에서 패배한 뒤 탄노는 합리화와 해고를 저지할 힘을 잃고 결국 경영 측과 협력해 사양산업을 합리화하는 데 따른 충격을 경감하는 정책(이직자 대책 등)을 정부에 요구했고, 결국 이것이 정책 전환 투쟁의 목적이었다(久米 1992a, 175-180). 이를 미이케 투쟁이 남긴 교훈이라고 할 수 있을지라도, 이를 계승해 발전시켰다고 보기는 어렵다.

총평 의장인 오타의 출신 노조인 합화노련조차 총평 방침을 따라서는 합리화가 자행되는 현실에 대응할 수 없다는 점을 인정하고 있었다. 1962년 1월 일본노동협회가 주최한 "합리화 문제에 대한 노동조합 간부 전문 강좌"에 강사로 나선 오카모토 아키야스岡本明保 합화노련 부위원장은 합리화에 절대 반대한다고 나설 수 없는 민간 노조의 고충을 다음과 같이 말했다.

예컨대 닛산日産화학이 1955년 규슈의 구마모토 유리 공장을 폐쇄했을 때, 이 유리 공장은 후지 산에 있던 닛산화학의 과인산석회 공장에 비해 생산성이 5분의 1 수준이었습니다. '그런 공장을 없앤다는 데 우리가 반대할 수 있나.' 이런 겁니다. 합화노련은 처음에는 절대 반대였지만, 어느 시점이 되자 유리 공장의 폐쇄를 인정할 수밖에 없다고 해버렸습니다. '생산성이 다섯 배나 낮다면 이를 인정하지 않을 수 없다. 대신에 노동자는 어떻게 하나.' 이렇게 될 수밖에 없어요. 탄노라고 해도 다 파먹은 탄광의 폐쇄에 수만 명이 반대한다는 것은 당찮은 일입니다. 마찬가지로, '10억 엔 규모의 공장에서 보통 1백 명이 일한다고 하면, 새 기계를 도입해 두 명만 있으면 충분하게 되었을 때 나머지 98명을 어떻게 할 것인가?' 이런 문제입니다. 이는 자본주의사회에서의 경영인 한 인정하지 않을 수 없습니다(日本労働協会編 1962, 50-51).

오카모토의 발언이 총평의 계급주의적 방침에서 이탈한 것은 분명하다. 그에 따르면 생산성을 높이지 않고는 살아남을 수 없는 자본주의적 경영하에서는 합리화에 따른 잉여 인력의 발생은 불가피하고, 이에 반대하기란 노조로서도 현실적인 선택이 아니다. 합리화가 불가피한 상황이라면 당면한 문제는 잉여 노동력을 재훈련·재배치하는 것이다. 이는 탄노의 정책 전환 투쟁의 의의이기도 하다. 그러나 당시의 탄노는 실질적으로는 그런 노선으로 전환하면서도 합리화 반대를 철회하는 데까지 나아갈 수는 없었다.

그런데 오카모토는 사전 협의제에 대해 "우리는 계획을 수립하거나 새로운 회사를 설립하는 것 등의 기본적 경영 방침까지 협의·결정한다면 문제가 된다고 생각한다. 협의·결정하게 되면 절반의 책임을 조합이 져야 하므로, 배치전환이나 노동조건은 협의 및 결정을 하더라도 기본적인 경영 방침은 협의하는 선에서 그치는 것이 좋겠다."라고 하면서, 경영권에는 간섭하지 않는다고 판단하고 있었다(日本労働協会編 1962, 47). 이를 노동권과 경영권의 상호 승인이라고 하는 노사 화해 체제를 시사하는 발언이었다고 볼 수 있다.

이렇듯 총평의 주요 민간 노조들도 실제로는 전노와 다르지 않은 전략을 따를 수밖에 없었다. 즉 계급 교차 연합은 전노·총평을 불문하고 민간 노조들 내부로 확산되고 있었다. 이는 특히 1960년 3월의 미이케 쟁의에서 패배한 뒤 두드러진 현상이었다. 그런 의미에서는 계급정치에서도 1955년 체제가 아닌 1960년 체제를 말할 수 있다. 1955년은 어디까지나 상징적인 의미에 불과한 것이다.

그런데 총평도 민간 노조들 사이에서 전노와 다름없는 합리화 대응 방침이 세워져 있었다고 볼 때, 계급 교차 연합은 사회민주주의 세력이 대두하게 촉진했다고 볼 수 있을까? 실제로 1960년대에 들어서면 총평 조직은 한계에 도달했고 전일본노동총동맹(이하 동맹)[20]은 50퍼센트 가까운 신장세를 보여, 민간 부문 조직에서는 동맹이 총평을 능가하게 된다(兵藤 1997a, 255-256). 그러나 1960년대에는 전노(동맹) 세열의 노조들이 사회민주주의가 아니라 기업주의를 표방할 정도로 변질되어 버린다. 1950년대 총평과 일경련 및 경영 측의 '계급투쟁' 과정에서 사회민주주의라는 선택지는 소멸한 것이다.

총평은 1950년대에 임금 인상 투쟁과 직장투쟁을 묶어 계급주의적 산별화를 목표로 했으나, 이에 대항해 일경련, 즉 경영 측은 노동을 기업 내부로 포섭하고자 했다. 이 대립이 전노의 세력 확대에 유리한 지형을 만들었다. 노자(노사)의 대립 격화는 제2 노조의 출현으

---

20 역주 : 전노 소속 노조들이 1962년에 결성한 전일본노동총동맹회의(동맹회의)를 재편해 1964년 결성된 단체. 이 장의 주 5, 주 11 참조.

로 이어지기 일쑤였고, 이 온건파 노조들은 전노에 가입하는 경우가 많았기 때문이다. 예컨대 1952년 쟁의에서 조직 분열을 일으킨 전산의 경우, 제2 노조가 전국전력노동조합연합회를 결성(1954년 5월)해, 1956년에는 사실상 전산을 흡수하고, 1959년에는 13만 전력 노동자들을 이끌고 전노에 가입한다.

그러나, 뒤에 살펴보겠지만, 자동차산업노조 등의 제2 노조는 전노가 내세우는 사회민주주의를 지지하지 않고 오히려 기업과 노동자를 이해관계 동일체로 보는 기업주의적 입장을 취한 경우가 많았다. 따라서 전노(동맹)의 조직 확대는 사민주의가 아니라 기업주의가 확산되었다는 의미이다. 1960년대 후반 IMF-JC가 대두했다는 사실이야말로 민간 노조의 주류 세력이 사민주의 노조가 아니라 기업주의 노조들임을 분명히 알게 한다. 총평과 일경련(경영) 측의 대립 속에서 민간 노조의 기업주의화가 진행됨에 따라, 전노의 온건한 산업별 조직화 노선마저도 파산을 피할 수 없게 되었다.

2. IMF-JC와 춘투

1952년 쟁의에서 이미 노동의 기업주의화 경향이 나타나고 있었다. 이 시기에 일경련은 '경영권 확립'을 위해 노동으로부터 경영권을 지킨다는 방어적 전략에서 벗어나 노동의 기업주의화라는 공세적 전략으로 전환해 갔다. 전후 일본에서 노동을 조직화하는 것은 운동의 급진성을 키우면서도 어디까지나 기업을 기반으로 할 수밖에 없었으나, 총평은 1950년대 초부터 산업별 조직화를 목표로 하면서 자본·경영 측과 첨예하게 맞섰다. 이에 대해 일경련과 경영 측은 기업 단위의 노조 조직을 의식적으로 기업 내부에 묶어 두려고 애썼다. 이 두 가지 전략이 1952년 전산 쟁의에서 격돌한 것이다.

그런데 전후 노동의 조직화가 기업에 기초한 공·직(생산직·사무관리직) 혼합 조직으로 진행된 이유는 무엇인가? 오랫동안 일경련 회장을 지낸 사쿠라다 다케시는 총동맹의 마쓰오카 고마키치, 가미조 아이이치上条愛- 등과 "고용주가 하나라면 당연히 하나의 조합을 만들고자 하지 않겠습니까?"라고 의견을 모아, 방직업에서 처음으로 기업별 노조가 생기게 되었다고 말했다(日経連編 1981, 703-704). 그러나 마쓰오카는 기업별 노조는 어용화되기 쉬울 것이라며 강한 우려를 표명했다고 한다(ものがたり編 1997a, 94). 누구 말이 맞든, 전국에 걸쳐 일제히 진행된 기업별 조직화가 방직업의 예를 좇아 진행되었다고 받아들이기는 어렵다. 사쿠라다와는 달리 시카나이 노부타카鹿内信隆는 전시체제하에서 전국의 공장에 걸쳐 조직되었던 산업보국회産業報国会[21]가 기업별 노조의 기원이 되었다고 보고 있다(日経連編 1981, 706).

역사적 유산으로 말하자면, 더 거슬러 올라가, 전전 시기의 공장

21 역주 : 1938년 일본 정부가 산업보국연맹을 조직해 모든 공장과 회사에 산업보국회를 결성하게 했다. 기업(사업장) 단위로 사용자·종업원 동일체 조직으로 만들어, 전시체제를 뒷받침하는 기둥으로 활용했다. 1940년에는 노동조합 조직인 전국노동조합동맹과 일본노동총동맹을 해산해 산업보국회로 편입시키고, 전국 중앙 조직을 대일본산업보국회로 개편했고, 1945년 9월 해산되었다. 산업보국회는 중앙과 지방의 경찰 조직이 나서서 조직했으며, 지역 지부장을 지역 경찰서장이 맡았다(도쿄의 경우 경시총감이 지부장이었다).

위원회[22]의 설치와 이를 뒷받침한 공장 단위의 노조 혹은 종업원 조직의 경험도 기업별 노조의 조직을 촉진한 요인이었을 것이다. 또한 조직 형태가 공·직 혼합으로 이루어진 배경으로는, "전시부터 인플레이션이 이어져 공원과 직원의 보수 차이가 별 의미가 없게 되고, 양자 모두 공통의 이해관계가 있다는 느낌이 있었던 것", "점령 정책에 의해 뒷받침된 '민주화' 이데올로기가 종업원들 사이에 '신분 차별 철폐' 요구를 낳아, 직원과 공원의 공동 행동을 촉진한 전후의 이데올로기 상황" 등이 지적된다(兵藤 1997a, 44).

역사적 유산과 민주화가 규정한 공·직 혼합 기업별 노조의 모습으로 조직화가 진행된 것에 대해, 당시 노동운동 지도자들은 어떻게 대응했을까? 마쓰오카가 이를 우려했음은 앞에서도 보았지만, 산별 회의도 기업 노조는 극복 대상으로 파악하고 있었다고 한다(兵藤 1997a, 42-43). 하지만 산별회의든 총동맹이든 "현장의 조직 담당자(오르그)가 밤낮을 가리지 않고 지도해 조직하고 있는 것은 모두 기업 노조 혹은 사업장 노조"였다(ものがたり編 1997a, 94). 오타 총평 의장은 이렇게 말했다. "…… 공산당 계열의 산별회의는 산업별 조직이었으나, 공산당 활동가를 통해 기업 노조를 장악할 수 있었기 때문에 산업별 조직을 강화하는 데는 그다지 관심이 없었고, 사회당 계열의 총동맹

---

22 역주 : 공장위원회는 원래 전시 생산 협력 체제를 구축하기 위해 제1차 세계대전 말기 영국에서 시작되어 미국·일본 등으로 파급되었다. 일본에서는 내무성이 주도해 노사정이 참여하는 공동위원회 형식으로 추진되었다. 그러나 이후 단체교섭권을 확보하기 위해 노조가 사업장에서 단체교섭을 요구하고, 노조 없는 사업장에는 공장위원회 설치를 요구하는 등 이를 활용하려는 움직임도 보였다.

쪽은 노동조합을 선거 조직으로 여겨 기업별 노조라도 사회당을 지지하면 좋다는 정도로, 입으로만 산별 조직의 강화를 말했을 뿐 실제로는 실천하지 않았다"(太田 1969, 31).

그러나 총평이 계급적 관점에서 기업 횡단적 산별 조직을 강화하려는 움직임을 보이자, 경영 측은 경단련의 지도를 받거나 때로는 정부의 지원을 받아, 의식적으로 노동조합을 기업 내에 묶어 두고자 했다. 양자의 싸움은 1952년에 일어난 전산 쟁의를 계기로 1950년대 내내 반복되었다. 예컨대 전일본자동차산업노동조합(이하 자동차노조)의 사례를 보자. 이 조직은 1948년 3월에 결성되었다. 처음에 자동차노조는 총평에 가입하지 않았는데, 마스다 데쓰오[23] 조합장의 지도로 1949년의 닛산 분회 해고 반대 투쟁, 도요타의 '1950년 대투쟁'을 거치면서 전투성을 키웠다. 도요타 대투쟁 당시에는 도요타·닛산·이스즈ISUZU 등 세 분회가 '공동 투쟁 위원회'를 결성해 '3사 공투' 체제를 갖추었다. 1950년 4월의 정기 대회에서 자동차노조는 직장 현장에서 노조가 주도권을 확립하기 위해 일상적으로 직장투쟁을 강화할 것, '3사 공투'를 축으로 기업의 틀을 뛰어넘는 산업별 통일 투쟁을 강화할 것을 방침으로 결정했다(黑田 1991, 68).

이에 대한 경영 측의 반응을 보면, 도요타는 1951년 7월에 회사의 경영권 고수, 경영협의회의 폐지, 정치활동 금지 등을 내용으로

---

23 역주 : 마스다 데쓰오益田哲夫(1913~64). 닛산 분회의 전신인 닛산중공업 조합장(1947년), 자동차노조 위원장(1950~53년) 등을 역임했고, 위원장을 사퇴한 뒤 다시 닛산 분회 조합장으로 취임해 닛산 쟁의를 현장에서 지휘하다가 구속·해고되었다.

하는 새 협약을 노조에 제안한다. 또한 닛산은 작업 중의 조합 활동을 금지할 목적으로 "조합의 모집과 동원에 관한 각서"를 제안했고, 1952년 2월에는 조합이 '경영권'에 개입하는 연결 고리가 되어 온 과장課長직을 조합원 범위에서 제외하자고 제안한다. 자동차노조는 이런 움직임에 맞서 산별화를 한층 강화하기 위해 1952년 10월 19일 가을 "임투 기본방침"을 발표한다. 여기에서 최저 보장의 원칙, '동일노동·동일임금'의 원칙, (기업 간 임금체계의) 통일이라는 '임금 3원칙'이 제기된다. 자동차노조의 도요타·닛산·이스즈 등 3사 분회는 공투 체제를 배경으로 임금 3원칙에 입각한 임투에 돌입한다.

그러나 경영 측은 이를 무시하며, 오히려 직장투쟁을 억제하고자 작업 시간 내 조합 활동을 하는 경우 임금을 삭감(무노동 무임금)하겠다고 주장했다. 일경련은 1953년 초에 노동협약 기준안을 발표해, 작업 시간 중 조합 활동 규제, 정치활동을 위한 회사 시설 사용 금지, 직장 질서의 유지 등의 방침을 밝혔고, 경영 측은 일경련의 방침을 공유했다(大河內 1966, 225). 한편 자동차노조 측의 임금 요구도 총평의 생계비 방식을 따랐기에 1953년의 자동차 산업 쟁의는 '일경련 대 총평'의 양상을 보이고 있었다. 마스다 조합장의 출신 조직으로서, 직장[현장] 투쟁이 조직되고 있던 닛산 분회는 8월 초순 도요타·이스즈 분회가 이탈한 뒤에도 쟁의를 계속했으나, 점차 분회 내에서 집행부에 대한 비판이 고조되었고, 8월 30일에는 제2 노조인 닛산 자동차노동조합이 생겨났다. 닛산 '1백 일 쟁의'에서 완패한 자동차노조는 1954년 12월 해산하고 말았다(全労編 1968, 105-123; 熊谷·嵯峨 1983; 黒田 1991, 72-78).

닛산자동차노조 창립 대회에는 "경영협의회를 강화하고 직능인을 활용하자", "생산성 향상을 임금 인상의 원천으로" 등 생산성향상운동에 앞장서자는 구호가 난무했다. 더욱 주목할 것은 "회사 사랑이 곧 노조 사랑"과 같이 기업주의 입장이 반영된 구호도 등장했다는 점이다. 또한 생산성향상운동 속에서 경영협의회는 새로운 위상을 부여받았는데, 닛산은 가장 앞서서 생산성 향상을 담당하는 조직으로서 경영협의회를 발족시켰다(全労編 1968, 25-29). 1955년 1월 23일에는 닛산 노조를 중심으로 관련 부품 공장과 판매점에서 일하는 노동자들을 포함해 일본자동차산업노동조합연합회(이하 자동차노련)를 결성했으며, 자동차노련은 "합리적인 생산성 향상과 생산력 증대를 위해 건설적으로 노력한다."고 주창하며 앞장서서 생산성본부를 발족하는 데 참여하고, 1956년 6월에는 전노에 가입한다(全労編 1968, 360-373).[24]

닛산에서 노사협조가 일군 성과를 보면, 자본금은 1953년 14억 엔에서 1956년에는 21억 엔으로 급증했고, 순이익은 1955년 11억 8천만 엔에서 1956년 28억 엔으로 1년 만에 두 배 이상으로 늘어났

---

[24] 오타케는 닛산 쟁의가 "사회민주주의 이데올로기를 표방하는 노조의 지원으로 경제 자유주의적 노무관리 정책이 실현되었다."라고 말한다(大嶽 1996, 65). 그에 따르면 "사회민주주의(적 대응)"란, "자발적 결사체인 노동조합의 요구를 받아들여 노동조건을 향상할 채널을 보장함으로써 노사관계를 안정시키고, 나아가 경영참가를 통해 생산성 향상에 적극 동참하고 사회와의 일체감을 배양"하는 것이다(大嶽 1996, 57-58). 그러나 기업 수준에 한정된 노사협조, 닛산노조에서 발견되는 기업과의 일체감은 분명 노동자들이 기업을 가로질러 단결하거나 노동 사회를 형성하지 못하게 가로막는다. 기업의 틀을 넘어서는 노동자의 단결과 그에 따른 이익을 승인하는 것이야말로 제1장에서 말한 사회민주주의 전략(수정자본주의·의회주의·복지국가 노선)의 전제이고, 기업 틀에 갇힌 노사협조·경영참가를 사회민주주의라고 부른다면, 이는 사회민주주의와 기업주의의 차이를 인식하지 못하는 셈이다.

다. 이와 같은 경이적인 성과를 낼 수 있었던 것은 노동생산성이 급증했기 때문이었다. 닛산의 1인당 연간 자동차 생산 대수는 1954년 2.4대, 1955년 3.4대, 1956년 5.6대, 1957년 7.3대 등 비약적으로 신장했다(熊谷·嵯峨 1983, 306-307).

1953년 쟁의에서 닛산보다 먼저 투쟁을 접었던 도요타는 닛산처럼 조직이 분열되지는 않았고, 1954년 2월의 분회 임원 개선改選에서 노사협조파인 '재건동지회'가 집행부를 장악해, 자동차노조 닛산분회에 대한 '대여금 문제'를 추궁했고, 이는 12월 자동차노조가 붕괴하는 계기가 되었다. 그리고 1955년 3월에는 자동차노련에 대항해 '자동차산업노동조합 도카이東海지방연합회'를 결성한다. 설립 선언문을 보면, "노동조건의 개선을 꾀하는 가운데 기업의 번영을 도모하고, 생산성 향상에 전면 협력해 기업 간 경쟁에서 승리하기 위해 모든 노력을 다한다. 노사협조, 상호 신뢰를 기조로" 노조 운동을 추진하자고 제창하고 있다(熊谷·嵯峨 1983, 310-311). 이렇듯 자동차 산업에서는 자동차노조가 붕괴하면서 기업주의적 노조 운동이 한층 빠르게 전면적으로 개화하게 된다.

총평의 산별화 전략을 실현하던 대표적인 민간 노조들이 1950년대 후반에서 1960년대 초에 걸쳐 차례로 무너졌다. 앞서 말했던 탄광의 경우를 보면, 1955년의 8단산(산별연맹) 공동 투쟁 이래 탄광은 합화노련·사철총련과 함께 춘투의 중심 부대였다. 1957년 춘투에서는 국철노조와 함께 닷새 동안 '고원高原 투쟁'[25]을 이끌었고, 1958년 춘투에서도 전체全遞와 함께 '관민' 일체 투쟁을 주도했다(上妻 1976, 33-41; 総評編 1989, 174-184). 탄노는 총평의 주력부대로서 춘투의 선두에서는 한편 직장투쟁에서도 착실하게 성과를 내고 있었다. 특히 미이케 쟁의에서는 현장 관리자 '윤번제'를 도입해 사용자에 의한 차별적 승진을 저지했고, 현장 관리자의 작업 지시를 무시하고 생산제한을 실행할 정도로 직장투쟁을 진전시키는 등, 합리화·생산성향상운동에 정면으로 맞섰다. 이것이 1960년 미쓰이·미이케 투쟁이 국가와 자본을 끌어들인 '계급투쟁'으로까지 확대된 원인이었다(平井 1991; 淸水 1963; 1982).

일본철강산업노동조합연합회(이하 철강노련)는 1957년까지 춘투에는 참가하지 않았으나 전조선全造船과 함께 가을 임투에 나섰다. 대기업으로서 3천 엔의 인상 요구는 예년과 차이가 없었지만, 10월 8일부터 11월 30일까지 11차에 걸쳐 19일간 감행된 파업에도 불구하고 경영 측은 임금동결을 고수했다. 이듬해 3월에 열린 철강노련 정기 대회에서는 [가을 임투에서] 패배한 원인으로 "현장 관리자의 지배 체제가 강화된 것, 구체적으로는 성과급 점수 매기기, 배치전환, 표준작업량, 시간 측정 등의 권한을 관리자가 제도적으로 장악하고 능률급 개정, 직무급으로의 전환 등으로 적이 노리는 임금 기능이 발휘된 것" 등이 지적되었다. 노동을 기업 내에 가두어 두려는 의도가 엿보여 흥미롭다(上妻 1976, 39).

1957년에 벌어진 철강 쟁의를 상세히 검토한 마쓰자키 다다시松崎義는 당시 경영 측이 임금 인상 여력이 충분했음에도 동결하겠다고

---

25 역주 : 총평이 지도한 스케줄 투쟁의 한 형태. 투쟁을 단기간에 집중시키지 않고 장기간에 걸쳐 지속시키는 방식이다. 산별마다 조건에 따라 1차, 2차, 3차 등 연이어 투쟁을 배치한다. 1957년 3월 내내 이 방법으로 '고원의 물결처럼' 파업을 이어갔고, 그 결과 임금 인상률도 높았다.

주장한 이유를, "막대한 투자로 공장 관리 조직의 근대화·고능률화를 추진하던 경영 측에게는 인상액 자체보다 임금 결정의 주도권을 쥐려는 조합의 방침이 향후 노자 관계 전반의 주도권과 관련해 장기적으로 더 중요했다."라고 지적했다(松崎 1991, 193). 철강노련은 1953년 "당면한 합리화 반대 투쟁의 기본방침"을 채택한 이후, 산업 수준에서 단일 조직을 세우고 현장 수준에서 기초 조직을 확립하며, 이 양자의 결합을 기초로 경영 측과 대결한다는 전략을 추진했다. 이는 당시 철강 산업의 생산성향상운동 및 제2차 합리화 투자 계획 등을 추진하던 업계 입장에서 받아들이기 힘든 주장이었다(松崎 1991, 194).

철강노련은 전조선과 더불어 1959년 춘투에 참가해, 강경하게 맞서는 경영 측의 대응을 산업별 통일 임금 투쟁으로 돌파하고자 했다. 그러나 철강노련 대회에서 채택된 투쟁 방침이 스미토모住友, 고베神戸에서 거부되었고 야하타八幡 노조는 2차 파업에만 참가해, 결국 후지강관富士鋼管과 닛산강관日産鋼管, 그리고 일부 중소 노조들만 장기 투쟁에 참여하게 되었다. 결국 1959년 철강 쟁의는 중도에 무너졌고, 산별 조직과 직장 조직을 동시에 강화해 경영 측과 대등한 교섭력을 확보한다는 전략은 실패로 돌아갔다. 그 뒤 야하타 제철소를 중심으로 노동조합주의·경제주의를 기조로 하는 '맹우盟友회'가 철강노련 내부에서 순조롭게 세를 늘려 간다. 맹우회의 중심인물이었던 미야타 요시지宮田義二는 1959년 철강노련 본부의 서기국 차장, 이후 서기장(1960~68년), 위원장(1968~78년)을 역임한다. 미야타가 철강노련에서 얼마나 위세를 떨쳤는지는, 그의 퇴임 이후를 위해 새로 회장직을 만든 데서도 미루어 짐작할 수 있다(安井 1991, 98-102).

미야타가 철강노련 내에서 부동의 지위를 굳혀 가던 1964년, 그는 전기노련의 다케하나 유키치竹花勇吉, 조선총련의 고가 센古賀専 등과 함께 IMF-JC를 발족시킨다. 미야타의 조직인 철강노련에서는 중립노련 및 총평 소속 산별 조직들이 추진하는 금속공투와 IMF-JC의 관계를 둘러싸고 갈등이 벌어졌고, 이에 미야타 등은 "IMF-JC는 국제 연대의 창구이지 국내의 운동 조직은 아니다."라고 계속 버틴 끝에, 1966년 일괄 가입을 이끌어 낸다. 그러나 이는 그 자신도 밝혔듯이 '속임수'였다. IMF-JC 발족을 추진한 의도는 총평의 영향 아래 있었던 금속공투를 대신해 IMF-JC가 노동운동의 주도권을 장악하기 위해서였다(兵藤 1997a, 238-239). IMF-JC는 수출산업 노조들이 무역 자유화에 대응하고자 결성했는데, 얼마 안 있어 춘투의 임금 인상률을 실질적으로 결정하는 역할을 하게 된다.

춘투는 1955년 봄에 합화노련, 탄노, 사철총련, 전산, 종이·펄프 노련, 전국금속, 화학동맹, 전기노련 등 여덟 개 산별 조직들이 일경련의 '임금동결 노선'에 대항하는 전선을 구축하면서 시작되었다. 이 '8단산 공투'는 합화노련 위원장이었던 오타가 당시 총평 사무국장이었던 다카노의 정치주의(경제투쟁을 정치투쟁에 종속시키는 노선)에 반발해 발족시켰고, 따라서 1955년의 '춘계 임금 인상 공투회의'의 사무국은 총평 본부가 아니라 합화노련 내에 두었다. 그러나 다카노 체제는 곧 무너졌고, 이듬해부터 춘투는 말 그대로 총평의 간판 투쟁이 되었다.

오타는 "모든 산별이 참여하는 강력한 파업이 아니고서는 큰 폭의 임금 인상을 쟁취하기란 불가능하다."라는 신념의 소유자로, 그는 "춘투는 기업 노조가 주축인 일본의 노동조합을 일정한 시기에

전 산업 규모로 집중시켜 임금 인상의 사회적 기준을 만들고, 임금 수준을 향상하기 위해 미조직된 2천만 노동자들까지 포함해 3천만 전체 노동자에게 적용되도록 확대·파급시키자는 것"으로 정의하고, 춘투 임금 교섭의 의의는 기업별·산업별 임금격차를 '표준화'하는 데 있다고 말한다(太田 1975, 92-93).

춘투는 자본·경영 측에 대결 자세를 취한 총평이 주도했다고 하지만, 실제로는 포드주의적인 노자 화해에 기초한 생산성 연계 임금을 일정하게 실현한 것이기도 하다. 구메 이쿠오久米郁男가 자세히 검토했듯이, 춘투에서의 임금 인상은 생산성 향상을 전제하고 그 틀 안에서 진행되었다 해도 틀린 말은 아니다(久米 1992b). 이와 관련해 야마모토 기요시山本潔가 계산한 바에 따르면, 1955~59년의 실질임금 인상률은 4.5퍼센트, 1960~64년은 3.7퍼센트, 1965~69년은 8.7퍼센트였고, 같은 시기 노동생산성 증가율은 각각 9.6퍼센트, 7.1퍼센트, 13.6퍼센트였다(山本 1982, 66, 75).

춘투를 통한 임금 인상은 고도성장기의 노동력 부족을 배경으로 중소기업까지 파급되면서 임금격차를 줄였다(新川 1993, 92). 또한 1957년 춘투에서는 기시 총리와 사회당의 스즈키 위원장이 한밤중에 나눈 회담에서 정부가 관공 노동자에 대한 임금동결 방침을 바꾸어 중재 결과를 존중하기로 했고, 1964년 춘투에서는 이케다 총리와 오타 총평 의장이 회담을 열어 공기업체와 민간 업체의 임금격차를 줄이기 위해 정부가 공노위公労委의 결정을 존중하기로 약속하기도 했다. 이렇듯 춘투에서의 임금 인상은 공공 부문의 임금 인상에 관해서도 일정한 구속력을 지니게 되었다(総評編 1989, 177, 192; 公労協編 1978, 489).

총평이 춘투를 조직했음에도 노자 화해 체제의 기둥이 되었다 함은, 첫째, 총평이 산별 조직을 강화할 돌파구로서 춘투를 자리매김한다는 전략이 1960년대를 지나면서 완전히 실패하고, 실제로는 임금 인상 투쟁 차원에만 국한되었기 때문이다. 이에 따라 춘투는 자본·경영 측이 허용하는 범위 내에서의 투쟁이 되었다. 경영 측이 추진한 생산성 운동으로 말미암아 이제 생산성 연계 임금 인상은 거부할 수 없는 것이 되었다. 요컨대 오타 의장이 말한 "어두운 밤에 서로 손을 잡고 나가자."라는 발상이 기업별 노조를 전제하고 그 취약성을 보완하겠다는 의미에 그치는 한, 경영 측도 지불 능력이 있는 고도 경제성장기에는 이를 충분히 받아들일 수 있었다.

둘째, 앞의 이유와 직접 연관되지만, 1950년대 후반 총평에 속했던 전투적 민간 노조들이 차례로 자본의 공세에 당한 결과, 공노협의 일견 화려한 활약에도 불구하고, 총평의 방침을 따르지 않는 조합들이 임금 인상률을 결정하게 되었다는 점이다. 온건파 세력이 실질적으로 춘투를 주도하게 되어, 생산성 증가와 임금 인상의 연계는 한층 강화되었다.

특히 공공연히 기업주의를 표방한 IMF-JC가 대두해 춘투를 이끌게 된 것은 의미가 크다. IMF-JC는 1964년 5월 다섯 개 산별 조직 아래 13개 노조의 54만 명으로 시작해 1968년에는 1백만 명을 돌파했고, 1970년에는 120만 명, 1974년에는 185만 명이 되는 등 눈덩이처럼 확대되었다. 특히 1966년 철강노련이 가입하고, 1967년 임투가 시작되자마자 'IMF-JC 춘투'라는 말이 생길 정도로 임금 인상 국면에 미치는 영향력이 컸다. 1973년에는 미야타가 의장에 취임하면서 "내셔널센터를 포함해서 IMF-JC가 헤게모니를 쥐고 일본의 노동운동을 만들어 간다."고 하는 등, IMF-JC가 출범한 뒤부터 품어 온 야망을 드러냈다. 1975년 정부·재계와 협력해 '일본형 소득정책'을 구현한 이후 IMF-JC는 춘투뿐만 아니라 노동 전선 통일 운동의 주력으로도 활약해, 미야타가 구상한 대로 일본 노동운동의 주도권을 장악하기에 이른다(金属労協編 1984, 13-31, 105-124; 新川 1993; 2005).

생산성본부가 설립된 직후에는 생산성 운동을 둘러싼 노·노 대립이 전노와 총평, 사회민주주의와 계급주의를 축으로 전개되었으나, 1960년대에 들어서는 기업주의가 사회민주주의의 자리를 대신했다. 그리고 계급주의와 기업주의의 대립 축은 관공노와 민간 노조의 대립 축과 거의 일치했다. 왜냐하면 민간 부문의 중화학공업에서는 계급주의적 산별 건설을 지향하는 직장투쟁이 모습을 감추었고, 총평 노조들도 일부를 제외하고는 생산성 운동에 실질적으로 협력하게 되었기 때문이다.

3. 민간 조직 노동의 기업주의화

거시적 수준에서 기업주의 세력이 대두한 것은, 당연히 기업 수준에서 노조의 기업주의화가 진행됨을 전제한다. 그러나 이는 단지 현장 활동가를 탄압한 결과로 이루어진 일은 아니다. 어떤 계기가 있어서 기업에 대한 노동자의 자발적인 충성이 촉진되지 않는 한 기업주의는 자리 잡을 수 없다. 이와 관련해 우선 주목되는 것은 '경영권' 확립기에는 부정적으로 평가되던 노사협의제가 생산성 3원칙에서 "생산성 향상을 위한 구체적인 방법은 각 기업의 실정에 따라 노사가 함께 연구·협의한다."고 강조됨에 따라 재평가되었다는 것이다. 1960년대 후반 노사협의제가 설치된 현황을 보면 5천 명 이상 기업에서는 응답한 115개 중 109개 기업이 '있다'고 답했다. 전체 응답 기업 545개 중 79.4퍼센트인 433개 기업이 노사협의제를 실시하고 있었다(生産性本部編 1969, 154).

흥미로운 것은 단체교섭과 노사협의제 사이의 관계이다. 1972년 8월에 실시한 조사에 따르면 노사협의 기관이 있는 568개 기업 중 노사협의와 단체교섭을 명확히 구분하는 곳이 48퍼센트로 절반에 못 미쳤다. 대기업일수록 구분하는 기업이 많았는데, 5천 명 이상 기업에서는 60퍼센트, 1천~4,999명에서는 53퍼센트이지만, 5백~999명은 42퍼센트, 3백~499명은 32퍼센트, 3백 명 미만에서는 13퍼센트에 불과했다(中村 1992, 264). 하지만 명확히 구분하고 있다고 답한 경우에도 단체교섭과 노사협의제 모두 기업별로 이루어지므로 실제로는 구분이 애매한 경우가 많았던 듯하다.

예컨대 닛산에서는 "생산은 경영협의회, 분배는 단체교섭"이라는 구분이 있어서, "경영협의회는 회사와 노조가 부畐의 '생산'에서 '생산성 향상'을 꾀하기 위해 노동조건 이외의 경영·생산 사항들을 '의논하는 장'"이라고 규정되어 있었다. 그러나 닛산노조는 "기업 기반의 강화와 발전"에 공헌해야 할 경영협의회에 적극적으로 몰입했다. 특히 1962년 시오지 이치로[26]가 자동차노련 회장이 된 이후,

---

26 역주 : 시오지 이치로塩路一郎(1927~2013). 메이지 대학을 졸업해 1953년 닛산자동차에 입사하고부터 노조 활동을 했다. 1961년 닛산 조합장, 1962년 자동차노련 회장, 1964년 동맹 부회장, 1972년

공장 수준에서는 단체교섭 사항까지 경영협의회에서 합의하게 되었다. 또한 인사에 관해서는 노조가 실질적으로 거부권을 지녔다고 한다. 즉 규약상 단체교섭과 경영협의회는 구별되는데, 그 구분이 실질적으로 소멸해 버린 것이다.

시오지는 닛산에서 노조가 경영에 과잉 개입한 것이 빌미가 되어 물러나야 했다. 그러나 이를 단순히 노동의 패배라고 볼 수는 없다. 시오지 체제하에서 닛산노조가 행사했던 영향력은 일반 노동자들의 대표로서가 아니라, 경영 편에 서서 노무관리 대책을 시행함으로써 확보된 것이기 때문이다. 예컨대 닛산노조와 경영진의 교섭에서 현장 노동자는 참여하지 않았고, 오히려 노조가 노동자의 불만을 억누르고 '생산성 향상'을 위해 그들을 동원하는 역할을 했다고 한다(山本·上井·嵯峨 1981, 5-160; 山本 1981). 닛산노조가 회사 경영에 미친 영향력은 "노조 집행부가 엄격하게 조합원을 통제"했기에 가능한 것이었다(大嶽 1996, 55). 따라서 시오지의 사임은 보스 지배에서 벗어나 노조를 민주화하는 첫걸음이었다고도 할 수 있다.

히타치日立제작소의 경우, 노사협의제를 '경영심의회'라고 불렀는데, 여기서는 경영 측이 주도권을 쥐고 있었다. 노조는 '생산의 협력자'로서 모든 경영계획을 전달받았지만, 형식적으로 동의하는 것 이상의 권한은 없었다. 현장에서 노조는 단체교섭 기능을 상실하고 경영합리화와 노동강화로 말미암은 고충을 '흡수'하는 데 그쳤다. 노

자동차총련 회장, 1982년 전민노협 의장 등의 이력을 가진 노동운동가로서, '닛산의 천황'이라고 불릴 만큼 닛산자동차에서 군림하며 화려한 생활을 즐겼다.

동조합의 현장 조직은 직제(현장 관리자)의 노무관리에 포섭되어 있었다(河西 1981, 161-166). 이런 노사협의제 아래서는, 기업별 노조 가운데 상대적으로 힘 있는 노조조차 산업민주주의를 촉진하지 못하고 단체교섭을 부정하며 '제2의 노무관리 부서'가 되어 버리는 경향을 보였다(山本 1991).

노동조합의 기업주의화는 주로 노사협의제를 통해 진행되었다고 할 수 있으나, 그런 기업주의화가 이루어진 배경에는 개별 노동자들의 기업주의화가 자리 잡고 있었다. 일반적으로 종신 고용제라고 하는 장기 고용제, 나이와 근속 연수에 따라 임금이 오르는 연공임금제, 기업 복지 등이 이 같은 현상을 촉진했다. 개별 노동자들의 기업 귀속 의식은 능력주의 관리를 통해 직장에서의 경쟁을 부채질함으로써 한층 강화되었다.

연공임금은 장기 고용과 기업 내 숙련을 전제하는 일본의 노동시장에서는 합리적인 측면이 있으나, 기술혁신·경영합리화가 진행될수록 근속에 따른 계층적 서열과 기능 수준의 괴리가 생긴다. 게다가 엄격한 연공임금이 직장 내에서 경쟁 원리를 허용하지 않음은 물론이다. 또한 고도성장기에는 노동력 부족에 따른 임금 상승, 특히 신규 졸업자의 초임이 급등했고, 이것이 장기 고용 관행과 충돌해 연공임금을 수정하려는 움직임을 가속화했다(白井 1982, 191-199).

당초 연공임금의 수정은 직무급(직무 자체에 따라 지급되는 임금)을 가미하려는 것이었지만, 얼마 안 있어 직무급은 종신 고용 관행과 어울리지 않는다는 인식이 경영자들 사이에 확산되자 능력주의 관리가 대두했다(兵藤 1997a, 163-196). 능력주의 관리는 종신 고용 관행을 전제하면서도 획일적 연공제에서 벗어나 소수정예주의를 추구하는 인사·노무관리 방식인데, 직능급(직무 수행 능력에 따라 지급되는 임금)으로 연공임금을 보완하는 것이 그 핵심이었다. 단순한 직무가 아니라 직무 수행 능력을 평가하게 되면, 승급 및 승진에서 인사고과가 차지하는 비중이 커지기 때문에 현장 관리자의 권위는 커지고 통제는 강화된다.

인사고과에서는 "직무 능력이 업적뿐만 아니라 잠재적 능력과 협조성·책임감·충성심 등의 태도 또한 중시하는 전인격적 평가가 이루어진다. …… 승진과 승급은 연공·능력·태도·업적 등을 종합해 결정되고, 개인별 [대우의] 차이는 단기적으로는 적으나 장기적으로는 …… 서서히 커지게 된다"(石田 1985, 8). 1988년 당시 도시바東芝의 사례를 보면, 사정 대상은 사원 3급부터 주사主事 1급까지 일곱 개 직급이고, 사정의 폭은 상하 10퍼센트에서 40퍼센트까지 비례적으로 확대된다(熊沢 1989, 90). 철강 업체들이 작업장作業長 제도를 도입한 데서 전형적으로 나타났지만, 인사고과가 시행되면 말단 관리자로 승진할 기회를 놓고 생산직 노동자들이 자발적으로 경쟁하는 경향이 한층 강화된다(渡辺 1990; 1991b; 安井 1991).

앞서 살펴봤듯이 닛산에서 생산성 운동이 성공한 이면에도 임금 체계 개편이 있었다. 1954년 이래 닛산은 기존에 7퍼센트였던 정기 승급을 '평균 3퍼센트'로 낮추고, 고기능자에게는 특별히 승급액을 가산하는 '특별 승급 풀pool제'가 도입되었다(熊谷·嵯峨 1983, 307-308). 직장에서 노동자들이 서로 경쟁하면 연대 의식이 약화되므로 노동 사회가 형성되기 어렵고, 노동자들은 개별화된 채 기업에 충성하게 된다. 능력주의 관리 아래 진행된 소집단 활동마저 상호 감시와 경쟁을 통해 노동자들이 노동과정에 적극적으로 참여하도록 만들었다.

이제 바야흐로 기업 사회가 완성된다. 노동은 기업별로 분단되고, 나아가 기업 내에서도 분단된다. 덧붙이자면 노동의 기업주의화는 노동조합의 기업 내 고착과 노동자 개인의 기업 내 흡수라는 양면성을 지니는 것이다. 따라서 기업이 노동자의 모든 생활을 전담하는 수직적 관계에서는 집단주의가 확인되지만, 노동자들 사이의 수평적 관계에서는 집단적인 '연대감, 동료 의식'이 약해지므로, 노동 사회가 형성되지 못한다(熊沢 1993a; 1993b).

4. 자민당 정권과 권력자원동원

1) 노동정책

스웨덴의 경우, 장기간에 걸친 사민당 정권과 그 정책이 LO의 권력을 더욱 강화했다. 이에 비해 일본의 자민당 장기 집권은 계급 교차 연합, 즉 노동의 기업주의화를 정착시키는 데 결정적인 역할을 했다.

자민당은 1955년 11월에 탄생했는데, 초대 노동대신[현재 후생노동대신]이 구라이시 타다오倉石忠雄이다. 구라이시는 이미 그해 2월 설립된 일본생산성본부의 노선에 따라 노동정책을 펼친다. 1956년 정식으로 춘투가 시작되자 노조의 위법 활동, 특히 관공노가 피케팅하거나 직장 이탈을 시도할 때 경찰력을 동원해 단호하게 대처하는 모습을 보였다. 한편 그는 "대국적 견지에서 보면, 노사는 원래 서로 이해관계가 상충하는 존재가 아니라 그와 반대로 공통의 기반 위에 있다."는 전제에서 대화를 통해 문제를 합리적으로 풀 수 있음을 강력히 시사했다(戰後勞働行政編 1984, 155).

구라이시에 따르면 건전한 노사관계를 맺기 위해서는 경제의 자립 발전과 고용 확대, 노동조건과 국민 생활수준의 향상이 중요하다. 노동정책은 단독 정책이 아니라 종합적 경제정책의 일환으로 추진되어야 한다(戰後勞働行政編 1984, 155-156). 또한 그는 "임금 소득자는 최대의 소비자이기에, 임금·고용 문제, 더 나아가 노동문제는 국내시장의 유효수요 문제이다."라며, 노동정책을 생산관계뿐만 아니라 소비 관계의 관점에서도 봐야 한다는 것을 이미 제기하고 있었다(戰後勞働行政編 1984, 148).

구라이시가 확립한 노선을 더욱 철저히 추진해 계급 교차 연합을 고착화하는 데 크게 공헌한 인물이 이시다 히로히데石田博英였다. 그는 1957년 춘투 당시 기시 정부의 관방장관이었으나, 노동대신 마쓰우라 슈타로松浦周太郎의 존재가 희미할 정도로 전면에 나서서 총평에 대한 강경 노선을 지휘했다. 총평의 스케줄 투쟁을 '혁명의 예행연습'이라고 규정한 이가 바로 이시다였다(戰後勞働行政編 1984, 181). 기시 총리는 이시다의 활약을 높이 평가하며 1957년 내각을 개편할 때 그를 노동대신으로 임명했다. 그 뒤에도 이시다는 1960년 7월에서 이듬해 7월, 1964년 7월에서 이듬해 6월, 1976년 12월에서 이듬해 11월 등에 걸쳐 노동대신을 맡아 자민당 정권의 노동 행정을 만들었다.

노동정책에 대한 이시다의 관점은 '자민당 조직조사회'에서 그가 중심이 되어 정리한 "자민당 노동헌장 초안"에 잘 나타나 있다. 이 초안은 "경영자와 노동자는 본질적인 대립 관계가 아니다. 경영자와 노동자가 자발적으로 창의를 발휘하고 협력하지 않는 한 자유로운 경제사회로 발전할 수 없다."는 인식 아래, 노동정책의 목표는 ① 완전고용 실현, ② 노동조건 향상, ③ 사회보장 확충이라고 지적한다. 이시다는 이런 노동정책을 시행해 노동자를 자민당의 지지 기반으로 삼겠다는 계획을 세웠다(戰後勞働行政編 1984, 190-191). 이시다의 전략은 근대화에 따른 산업구조·취업구조 변화에 대응해 자민당이 노동자를 지지 기반으로 확보하지 못하면 머지않아 자민당과 사회당의 득표율이 역전될지 모른다는 위기감의 발로에서 수립되었다(石田 1963).

그는 건전한 노사관계를 확립할 구체적인 방안으로, 불법행위를 동반한 투쟁은 엄벌주의에 입각해 다스리는 한편, 고용정책과 최저임금제 등을 활용해 협조적 노조를 체제 내화(자민당의 지지 기반화)하고자 했다. 전자의 예를 보면, 1957년 국철 니가타 투쟁에서 탄노 미이케 투쟁에 이르기까지 총평의 스케줄 투쟁과 직장투쟁에 대해 경찰력 동원까지 불사하는 대결 노선을 취했던 것을 들 수 있다. 후자의 예로는 최저임금 법안을 둘러싼 총평과 전노의 의견 차이('전 산업 일률 방식' 대 '업체·직업·지역별 최저임금')를 배경으로, 전노의 의견에 양보하는 형식으로 정부안을 마련한 것을 들 수 있다. '이시다 노동정책'은 노동조합이 사회질서를 존중하고, 사회적 책임을 분담하고, 공공의 이익에 공헌하는 '건전한' 존재이기를 요구하며, 노사협조야말로 경제사회 발전의 축이라고 주장해 생산성 운동을 지원하는 것이었다.

2) 공사 혼합 복지 체제

필자는 예전에 1960년대 일본 복지국가를 '잔여殘餘적 복지국가'라 부른 바 있다(新川 1993; 2005). 보편주의 원칙에 입각한 제도적 복지국가인지 여부를 가리는 이분법으로 보면 그런 규정은 타당하다고 생각한다. 그러나 이는 일본이 제도적 복지국가가 아님을 지적하기 위해서라고는 해도, 일본 복지 체제의 특징을 파악할 수 있는 호칭은 아니다. 사회보장을 중심으로 볼 때, 일본의 복지 체제는 기업 복지가 우선이고 여기에 공적 부조와 세제 우대 조치, 그리고 기업 복지를 저해하지 않는 한에서 공적 복지가 가미되어 발전해 왔다. 즉 복지 체제 역시 기업주의를 뒷받침하는 구조이다(伊藤 1988, 65 참조).

이 점을 간단히 살펴보자. 퇴직일시금과 적격適格 연금, '조정 연금'(후생 연금 기금) 등은 세제상의 우대 조치로 뒷받침되며 발전했다.[27] 앞의 둘은 순수하게 기업 복지를 지원하는 제도였으나, 조정 연금은 여기서 더 나아가 공적 연금제도의 일부를 일정한 조건 아래 기업연금으로 대체하는 제도였다. 일본에서는 공적 연금의 재분배

---

27 역주 : ① 적격(퇴직) 연금(기업이 퇴직 적립금의 전부 혹은 일부를 보험·신탁 등 금융회사에 맡긴 뒤 퇴직 일시금 대신 연금으로 지급하는 제도로서 한국의 퇴직연금 제도와 유사)은 국세청 승인 아래 기업이 퇴직금을 보험회사·신탁은행 등 금융기관에 적립한다. 이 납입금은 세제 우대 대상이 된다. 운용 수익이 크면 적립액도 증가하고 퇴직금 재원도 안정되지만, 그렇지 못해 적립금이 부족해지는 경우도 많다. 이 제도는 2012년에 폐지되었다. ② 조정 연금은 재계가 요구해 1966년 도입된 기업연금의 일종이다. 공적 연금인 후생 연금의 납입액 중 일부를 자체 납입액에 더해 운용하는 '대행代行 부분'을 두어, 노령 후생 연금을 지급할 때 '보수報酬 비례 부문'을 여기에서 대신 지급(대행 급부)한다. 기금 수익이 더해져 수령액이 더 많으나, 2012년 적립 부족액이 1조1천억 엔에 달한다는 사실이 밝혀졌다.

표 3-1 । 일본의 공적 연금제도

1. 국민연금 : 국내 거주 20~60세 미만
① 제1호 피보험자 : 농업 종사자, 학생, 프리터, 무직.
② 제2호 피보험자 : 후생 연금보험 적용 대상자(65세 이상으로 노령연금 수급자는 제외).
③ 제3호 피보험자 : 2호 대상자의 배우자(20~60세 미만; 연수 130만 엔 이상이면 1호가 된다).
2. 후생 연금 : 민간 기업의 모든 근무자가 국민연금에 추가해 가입
(보험료 일부가 자동으로 국민연금으로 납부되고, 수급자가 되면 '국민연금 + 후생 연금'이 지급된다)
3. 공제 연금 : 공무원, 사립학교 교직원 등이 국민연금에 추가해 가입
(보험료 일부가 자동으로 국민연금으로 납부되고, 수급자가 되면 국민연금 + 공제 연금이 지급된다)
① 국가공무원 등 공제조합 : 상근직 국가공무원 등. 지방공공단체 공제조합.
② 지방공무원 등 공제조합 : 상근직 지방공무원 등.
③ 사립학교 교직원 공제조합 : 사립학교 교직원. 일본 사립학교 진흥·공제사업단.
* 공제 연금의 장기 수급 종류: 퇴직 공제 연금, 장애 공제 연금, 유족 공제 연금.

주 : 원서에는 없는 것으로 옮긴이가 추가했다.

정책 기능이 극히 약한, 즉 연금이 기업을 통해 제공되는 시스템이 확립된 것이다.

게다가 공적 연금 자체가 직종별로 나뉘어 있다. 다만 이것이 의도적인 결과는 아니고, 후생 연금의 급여 수준이 낮아서 나타난 부차적 결과였다. 전전부터 이어진 일본의 2대 연금은 후생 연금과 국가공무원 공제 연금(1958년 통합 이전에 각각 은급恩給과 공제共済라고 불렸다)인데, 양자의 격차가 심해져서 국가공무원에 준하는 자(지자체 및 공기업체 직원)에 대해 각각 별개의 공제 제도가 도입되었다.[28] 그 결과 그들과 동등한 직무에 취업한 사람들도 같은 제도를 적용하라고

---

28 1960년 시점에서 후생 연금의 급부 수준은 국가공무원과 공기업체 등 공제 연금의 2분의 1, 사학 공제의 3분의 1 정도에 그쳤다(田多 1991, 145).

요구하게 되었다. 예컨대 후생 연금에 가입하기로 했던 사립학교 교직원들은 공립학교 교직원과 균형을 맞추기 위해 따로 공제 제도를 도입했다. 또한 농림·어업조합 등의 직원들은 후생 연금 가입자였으나 1954년에 지자체 직원들이 공제조합을 설치한 것을 계기로 "지자체 직원과 동일한 연금을!"이라는 운동이 일어나 '농림·어업 단체 직원공제조합'이 생겼다(田多 1991, 147-153).

후생 연금의 급부는 왜 낮은가? 퇴직일시금·기업연금이 이미 도입되었는데 공적 연금까지 개선하면 기업을 경영하는 데 과중한 부담이 된다며 사용자들과 일경련이 강력히 반대했기 때문이다. 이 문제는 '조정 연금'을 도입해 어느 정도 해결되었다. 후생 연금의 급부를 개선하기는 계속 어려워졌고, 후생성[현재 후생노동성]도 급부 인상에는 소극적이었다. 일경련은 적격 연금 도입에 대한 정부세제조사회의 답신을 목전에 둔 1961년 11월, "퇴직금 제도와 후생 연금 제도의 조정에 관한 시안"을 발표한다. 여기서 일경련은 후생 연금보험 중 노령연금[29]의 보수 비례 부분과 같거나 높은 기업연금에 대해서는 후생 연금보험의 적용을 일부 제외하는 방식을 제안한다(厚生省編 1988, 1,416-1,417). 이에 따라 일경련과 후생성이 타협한 끝에 적격 연금, 조정 연금이 1960년대에 차례로 도입된 것이다(新川 1997).

조정 연금은 후생 연금의 기금 운영 수익을 폭넓게 배분해야 함에도 이를 특정 기업의 피고용자들에게 배분할 수 있게 한 것으로,

---

29 역주 : 수급 형태에 따라 분류하면 ① 연금 가입자가 65세 이후 받는 노령연금, ② 사망 후 배우자가 받는 유족연금, ③ 재직 중 산재 등으로 퇴직해 받는 장애 연금 등 세 가지가 있다.

달리 말해 공적 연금을 기업 연금화해 노동자들의 기업 의존을 강화하는 제도였다. 게다가 적격(퇴직) 연금 이상으로 세제상의 혜택을 받았다. 적격 연금의 경우 적립금 전액이 특별 법인세 과세 대상이 되지만, 조정 연금에서는 대행 급부에 상당하는 액수의 2.7배를 초과하는 부분에 관해 특별 법인세가 징수될 뿐이다(1993년 특별 조치 세법으로 '특례 적용 퇴직연금 제도' 창설이 허용되어, 일정 요건을 갖춘 적격 퇴직연금에 관해서는, 대행분의 1.7배를 초과하는 부분에 대해서만 특별 법인세가 부과되었다).

1959년 4월 〈국민연금법〉이 제정되어 일본은 1961년부터 전 국민 의무 연금제를 시행하게 되었다. 그러나 이는 보편주의 원칙에 입각한 포괄적 제도가 아니라, 기존의 분립 제도를 전제하고 여기에서 누락된 계층, 즉 기존 제도의 대상이 아닌 자영업자와 영세기업 종업원을 대상으로 하는 제도였다. 이렇듯 일본의 공적 연금은 기본저으로 시장 지위의 격차를 반영한 사회보험(비스마르크) 모델을 채용하고 있으면서, 후생 연금 기금에서 보듯 공적 연금을 기업화한 연금(시장복지화), 그리고 주변 노동력에 대한 최저한의 일률 급부(베버리지 모델의 영향)를 갖춘 복잡한 제도 아래 운용되었다.

노동시장에서의 지위 격차를 반영한 제도라는 점에서는 건강보험도 마찬가지다. 1958년 12월에 도입된 〈국민건강보험법〉은 기초 지방자치단체[市·町·村]가 1961년 4월까지 국민건강보험을 의무적으로 실시하게 했으나, 이는 피고용자 의료보험을 전제하고, 거기에 가입할 자격이 없는 사람들을 대상으로 한 안전망 제도였다. 피고용자 의료보험의 중심은 건강보험이지만, 1차 산업과 서비스업 중 일부는 제외되고 있었다. 또한 상시 고용 다섯 명 이하 사업장은 임의 가입이어서 사실상 제외되고 있었다. 국민건강보험은 이런 사람들을 대상으로 했다. 다음으로, 건강보험 가입이 의무화된 사업장 가운데 규모에 따라 건강보험조합의 설립이 인정되고, 그 외의 사업장은 정부가 관장하는 건강보험에 가입하게 했다. 또한 선원, 사립학교 교직원, 국가공무원, 공공기업체 직원, 지방공무원 등이 독자적으로 공제조합을 설립해 직종별로 나뉘었다(橫山 1991, 134-136; 中条 1993).

1950년부터 법정 외 복리 후생비, 즉 기업 복지 가운데 최대의 지출 항목은 주택 관련 비용이었다. 기업에 의한 주택 공급도 정부가 지원해 기업 복지의 핵심으로 발전했다. 여기에서 정부의 주택정책을 다 살펴볼 수는 없으나, 기업 주택에 대한 지원책 가운데 중요한 것만을 살펴보면, 1953년에는 〈산업 노동자 주택자금 융자법〉이 도입되어 기업 주택에 공공 융자가 이루어졌다. 또한 1954년의 법 개정으로 토지를 개발·분양하거나 주택을 건설·분양하는 법인과 지방공공단체에 대한 직접 융자, 그리고 다층多層 주택 건설 지원을 위한 대출 조건이 정비되었다. 또한 1952년부터 시작된 후생 연금 환원 융자,[30] 1955년부터 시행된 일본주택공단의 특별 분양 주택 등도 공적 자금에 의한 기업 주택 건설의 지원책으로 널리 이용되었다. 1955~65년 사이 공단 주택 건설 물량 중에서 특별 분양 주택의 비중이 30~40퍼센트였고, 그중 60퍼센트가 기업 주택이었다. 이런 기업 주택 공급과 함께 자기 주택을 마련하도록 장려하고자 사내 융

---

30 역주 : 연금복지사업단을 두어 주택 사업자나 주택을 구입하려는 수급자에게 후생 연금 기금에서 대출해 주는 제도.

자 및 사내 적립 제도가 1960년대까지 널리 보급되었다(大本 1985, 353 이하; 樋渡 1993, 141, 149).

　기업의 주택정책을 대상으로 한 세제상 혜택도 컸다. 기업 주택 (사택 및 관사)을 건설하는 경우, 토지 구입과 건축에 필요한 차입금 의 이자를 손비 처리하고, 건물의 감가상각비와 관리 운영비도 비용 으로 인정되었다. 기업 주택을 사원들에게 임대할 때, 시가보다 크 게 낮은 고정자산세 평가액을 기준으로 임대료를 계산하고, 그 액수 의 절반 이상을 사원들로부터 징수하면 징수액만큼에 대해 소득세 를 공제해 준다. 게다가 기업의 주택 구입 자금 융자와 주택 차입금 의 이자 비용 지출에 대해서는 연 3퍼센트까지는 비과세였다. 이렇 듯 고도 경제성장기에는 면세로 임대료가 낮은 사택을 제공받고, 그 사이에 저축을 늘리거나 기업에서 무이자나 저리로 융자받아 자기 집을 구입하는 사이클이 대기업을 중심으로 자리 잡은 결과 노동자 의 기업 의존도가 높아졌다(金子 1991, 139-141).

　고도성장기에 일본의 정책은 생산 제일주의를 기조로 했고, 정부 의 사회 통합 기능은 제한적이었다. 정부를 대신해 이 기능을 주로 담당한 것이 바로 기업이었다. 고용자와 그 가족들은 기업에 귀속됨 으로써 사회에 통합되고 있었다. 따라서 일본에서는 스웨덴의 렌· 마이드너 모델과는 전혀 다른 경로로 자본축적과 사회 통합을 조정 하는 시스템이 형성되었다. 기업 복지에는 재분배 기능이 없음을 감 안할 때, 이런 시스템은 고도성장기의 만성적 노동력 부족을 배경으 로 춘투가 임금 평준화 효과를 만듦으로써 정부에 의한 재분배 정책 의 필요성이 최소 수준에 머물렀다는 사정이 있었기에 가능했다(埋橋 1997, 79).

맺음말

1955년 체제, 즉 일본적 노자 화해 체제는 당초에는 전노와 동우회, 생산성본부가 주도해 사민주의적 노사협조 체제로 성립될 듯도 했다. 하지만 기업 수준에서 시행된 생산성 운동은 실제로는, 합리화를 둘러싸고 일경련과 총평이 대결한 끝에, 산업별 조직화 자체가 부정되고 기업주의에 포섭되는 결과로 이어졌다. 노동이 처음부터 창구를 단일화하지 못하고 분열된 상태였던 것과 달리, 자본·경영 측은 국가의 후원을 받으며 동우회·생산성본부·일경련이 '당근과 채찍'을 섞어 사용하면서 노사협조 노선을 기업이라는 틀 안에 엮어냈다. IMF-JC가 등장한 사실은 거시적 권력자원동원 체제, 즉 계급 교차 연합에서도 사민주의 세력이 아니라 기업주의적 대기업 노조들이 주도권을 지녔음을 말해 준다.

고도 경제성장기에 노동의 기업주의화에 따른 한계는 드러나지 않았다. 이 시기 기업 내에서 노동에 대한 분배가 높아지던 중에도 기업별 생산성의 차이는 부각되지 않았고, 오히려 노동시장의 이중성은 축소되는 경향이었기 때문이다. 그러나 이는 기업주의적 노동운동이 사회적 평등을 요구해서가 아니라, 노동시장의 상황(노동력 부족) 때문에 춘투의 임금 인상률이 중소기업까지 파급되어서였다. 고도성장기에도 복지의 기업별 격차는 그다지 해소되지 않고 있었으나 정부가, 기업을 통해 제공하는 기업 복지의 기능을 저해하지 않는 수준에서, 국민적 최저 수준national minimum[31]을 정비·개선함으로써 기업 사회의 양극 분해를 막았다.

이처럼 기업 중심의 사회 통합이 실현된 일본 사회에서, 노동시장의 중심 부분이 사민주의 전략을 추구할 유인은 거의 없었다. 민사당에 대한 노동자의 지지는 1960년 7.4퍼센트에서 1971년에는 2.7퍼센트까지 떨어졌고, 사회당 지지 또한 57.6퍼센트에서 37.5퍼센트까지 떨어졌다(升味 1985, 616). 이처럼 노동자 지지율이 민사당·사회당 모두에서 떨어졌다면, 사회당의 사민주의화 혹은 현실주의화가 사회당 쇠퇴를 막을 방도라고 생각할 수는 없다. 노동자 정당의 쇠퇴는 자민당 정권이 후원한 기업들이 노동을 포섭한 데 따른 효과이고, 노동 사회와 노동 문화가 결여된 가운데 주어진 물질적 풍요는 노동자의 대중화를 촉진했다.

이렇게 보면, 고도 경제성장기에 사회당이 순수한 저항정당으로서 반자민당의 상징이 되어, 포괄정당이 된 자민당에 의해서는 전혀 수렴될 수 없는 이해관계(예컨대 반전 평화, 개발 반대)를 대표하는 길을 선택한 데는 합리적 근거가 있었던 셈이다. 공허한 현실정당화는 당의 붕괴를 재촉할 뿐이었을 것이다.

---

31 역주 : 국가(정부)가 국민에게 보장해야 할 최저 생활 조건. 일본의 경우 헌법 제25조가 근거 조항이다. 지방자치단체가 주민들에 대해 그런 기준을 정할 경우 'civil minimum'이라고 부르는데, 일본에서는 1960년대 '혁신 지자체 운동'에서 크게 부각된 바 있다.

제4장

계급적 노동운동의 성쇠와 1955년 체제의 변화
국철노동조합의 사례

머리말

1955년 체제를 계급정치의 관점에서 보면 계급 교차 연합이라는 특징이 두드러진다. 조직 노동 중 기업주의(민간 대기업) 노조와 계급주의(관공 부문) 노조의 대립과 분열이 노동의 계급적 단결을 가로막았다. 민간 부문의 계급 교차 연합은 보수 지배 체제를 지지하는 기반이 되었고, 계급주의 노조들은 저항정당으로서의 사회당을 지탱하는 기반이 되었다. 요컨대 사회당은 노동자 정당이라고는 하나 결코 노동자계급의 전면적 지지를 받았다고 볼 수 없었기에 그 기반은 취약했다.

노동자 정당으로서 핵심 기반이 확실하지 않은 상태에서 현실주의 정당으로 전환해 사회민주주의 전략을 취한다는 것은 매우 큰 모험이다. 보수 지배 체제에 갇혀 기업을 통해 성과를 배분받는 기업주의 노조 입장에서 보편주의적 사회정책, 복지국가를 통한 재분배는 그다지 매력적인 선택이 아니다. 무엇보다 사회당 지지의 모체인 계급주의 노조조차 사민주의 전략을 반대할 것이 뻔했다. 따라서 문제는 사회당이 왜 현실주의 정당으로 전환하지 못했는지가 아니라, 총평과 관공노가 민간 노조와 정반대로 '계급주의화'된 이유와 그 조건이다. 샌프란시스코 강화조약을 계기로 총평이 좌선회한 것은 주지의 사실이나, 그 뒤 총평 산하 주요 민간 기업들에서는 사용자의 합리화 공세를 통해 계급적 노동운동이 사라져 버렸다. 하지만 공공 부문에서는 살아남아, 1960년대를 거쳐 1970년대 중반까지 총평의 계급주의 노선을 지탱하는 강력한 교두보가 되었다.

그 배경을 탐색해 보면, 첫째, 공공 부문은 민간 부문에 비해 고용 보장, 노동조건이 유리해서 조직률이 높았다. 또한 시장 경쟁에 따른 생산성 향상 압력도 없어서, 민간 부문처럼 능력주의 관리가 도입되지도 않았다. 따라서 노동자 사이에 계급적 연대 의식("그놈들과 우리")이 형성되기 쉬웠다(稲上 1981 참조).

둘째, 일본의 관공 노동자는 1948년 맥아더의 지시에 따라 정령 政令 201호가 공포되면서 파업권을 박탈당했는데, 이에 대한 불만이 계기가 되어 계급주의가 강화되었다고 할 수 있다.

셋째, 파업권 대신 도입된 중재 제도는 두 가지 점에서 관공노 좌경화의 계기가 되었다. 우선 중재 제도가 실시되고도 장기간(1949~57년)에 걸쳐 정부는 중재판정을 존중하지 않았고, 이는 노조의 반발을 초래해 계급투쟁 노선이 강화될 계기를 주었다. 더욱이 1960년대 중재 제도는 계급투쟁 노선을 부추기는 중요한 결정을 내렸다.

이 장에서는 총평·관공노의 계급주의 노선을 대표했던 국철노동조합(이하 국철노조)을 살펴본다. 국철노조는 총평이 결성된 이래 좌파의 중심 노조였을 뿐만 아니라, 민간 노조가 직장투쟁에서 패배하고 능력주의 관리를 받아들여 자본 주도의 생산성 운동에 흡수되던 시기에, 현장 협의제를 확립하고 당국의 생산성향상운동을 타파하는 빼어난 '성과'를 올렸다. 또한 국철노조는 1970년대 후반부터 서서히 온건화되던 총평 내에서 좌파 노동운동의 전통을 고수하는 등 "원칙을 지키다 죽은" 노조로서 전후 좌파 노동운동의 역사 그 자체라 할 만했다.[1]

국철노조는 공공 부문에서 가장 열심히 계급투쟁 노선을 추구한 노조였을뿐더러 최후까지 그 노선을 고집했다. 그 결과 분할·민영화 과정에서 고립되었고 결정적 쇠퇴를 피할 수 없었다는 의미에서, 일본 좌파 노동운동의 비극을 가장 잘 보여 주는 조직이다. 덧붙여 말하자면, 총평이 계급투쟁 노선을 선명히 내건 시대인 1955~70년에 사무국장으로서 총평을 이끌었던 이와이가 국철노조 출신이었고, 당시 국철노조는 총평의 방침을 가장 충실히 따른 노조였다.

1. 국철노조의 좌경화

1949년 GHQ하에서 국철은 공기업체로 재출발했으나, 그 뒤 오랫동안 국철노조는 중재판정을 완전히 실행하라고 요구하는 투쟁을

---

1 동노動勞(기관사노조)는 국철노조 못지않게 계급적 연대 의식이 강했다고 생각되지만 규모가 작을뿐더러 총평을 주도하던 노조가 아니었다. 또한 민영화 과정에서 동노는 우파 노선으로 전환을 감행해 좌파 노선과 결별한다.

전개했다.[2] 1949년 말의 첫 판정부터 정부는 재정난을 이유로 완전 실시를 거부했다. 이에 대해 국철노조는 '합법 투쟁'(공노법公勞法[3]을 준수하는 범위 내의 투쟁)을 전개하고 단식투쟁으로 여론을 환기하는 한편 야당을 통해 국회에서 정부를 추궁하고 법정투쟁에도 나섰다. 당시 투쟁이 '합법'의 틀에 갇히게 된 상황은 다음과 같다.

1947년 10월 국철노조 내에 국철반공연맹(이후 국철민주화동맹이 되었다)이 결성되어 공산당파와 반공산당파가 주도권을 놓고 다툼을 벌였으나, 승패는 당국의 지명 해고가 결정해 버렸다. 1949년 7월 15일 밤, 미타카三鷹 역에서 무인 전차가 폭주해 6명이 사망하고 20명이 부상을 입는 사고가 났다. 17일 요시다 총리는 이 사고를 "공산주의자들의 선동에 의한 것"이라고 단정했고, 그에 따라 국철 당국은 국철노조 중앙투쟁위원 35명 가운데 공산당계 12명과 혁동파革同派[4] 5명, 중앙위원 130명 가운데 공산당계 36명, 혁동파 6명, 중립파 3명을 해고했다(労働省編 1949, 221-222).

---

2 국철이 공기업체가 되면서 국철노조총연합회(국철노조의 전신)와 당국 사이에 체결된 노동협약이 무효가 된다. 이는 유니온숍 제도, 남녀 동일노동·동일임금, 인사 협의제, 조합과의 경영 기본 계획 협의 등을 담은 '진보적' 협약이었다(国労編 1981, 520-533). 당시 사정을 잘 아는 아루가 무네요시有賀宗志는 다음과 같이 회상한다. "조합 측은 [당시의 노동협약이] '일본에서 가장 완전한 것'이라고 자만했다. 중노위 회장인 스에히로 이즈타로末弘嚴太郎도 '일반적 기준이 될 수 있다.'며 크게 만족했다. 하지만 국철 당국이 받아들이기는 어려운 협약이었다. 한 간부는 '2·1 파업 와중의 교섭이었으니까. …… 그렇다 해도 스에히로 선생에게 졌다는 기분이 들었다.'고 말했다(有賀 1970a, 134).

3 역주: 〈공공기업체 등 노동관계법〉(현재 〈특정 독립행정법인 등의 노동관계에 관한 법률〉)의 약칭.

4 역주: '혁신동지회' 그룹으로 친공산당 중립파. 1950년대에 공산당의 영향을 크게 받고, 1960년대가 되면 사실상 공산당계가 된다.

이 사태에 대해 민동(국철민주화동맹)파 중앙투쟁위원회는 해고된 간부들은 국철 직원도 조합원도 아니라고 주장하면서 '0호 지침'[5]을 내려 중앙위원회를 소집(8월 15~16일)하게 한다. 지침의 내용은 당국의 뜻에 따르고, 해고된 중앙위원들의 보궐선거를 앞당겨 중앙위원회를 열 수 있게 하라는 것이었다. 이 중앙위원회에서 민동파는 주류의 위치를 확고하게 구축한다(労働省編 1949, 222-230; ものがたり編 1997b, 232-235; 有賀 1978a, 304-309).

이렇듯 당국의 탄압에 편승해 주류가 된 민동파는 중재판정을 완전히 실시하라고 요구하는 투쟁은 "공노법의 틀 내에서" 이루어져야 한다며 제동을 걸었다. 그러나 투쟁의 성과가 충분하지 않았으므로 국철노조의 방침은 점차 강경해졌다. 1950년, 국철노조는 초과근무를 거부하는 등 "합법적 실력 행사"를 계속했으나, '합법'의 틀을 돌파하는 계기는 1951년 샌프란시스코 강화조약을 둘러싸고 민동파가 분열하면서 마련되었다. 민동좌파는 '합법 투쟁'에 대한 불만이 쌓인 조합원들의 지지를 모아 1952년 10월 "합법의 틀을 확대하는 투쟁"을 방침으로 정하고, 12월에는 '준법투쟁'[6]으로 투쟁 방침을 급진화시켰다.[7]

이 시기 국철노조의 준법투쟁과 더불어 큰 축이었던 것이 직장투쟁이었다. 1949년 5월 〈행정기관 직원 정원법〉(정원법)이 도입되어

---

5 역주 : '0호'는 단 한 번뿐. 다시 소집하지 않는다는 의미였다고 한다.

6 역주 : 원서에서는 '순법투쟁'順法鬪爭. 곧이곧대로 규정을 지켜 업무를 지체시키는 쟁의 전략.

7 국철노조의 좌경화를 조직 내부 정치에 초점을 맞추어 분석한 주요 연구로는 鈴木(1999) 참조.

국철 당국은 엄격하게 인원을 관리했다. 이에 대해 국철노조는 인원 확보, 정원 증가를 요구하면서 직장투쟁을 조직한다. 1950년대 내내 이어진 국철노조 투쟁에서 정점이 된 것은 1957년 춘투였다. 그해 국철노조는 중재판정을 둘러싸고 준법투쟁과 대규모 실력 투쟁(근무시간을 잠식하는 현장 집회 등)을 감행해, 기시 총리가 "중재판정을 성의 있게 존중한다."는 성명을 발표하게 만들었다. 이에 따라 중재판정을 둘러싼 갈등은 거의 해결되었다. 한편 국철 당국은 실력 투쟁에 대해 해고 17명을 포함해 609명을 징계하는 등 단호하게 처리했고, 국철노조는 이에 반발해 징계 철회 투쟁을 펼쳤으나 재징계, 철회 투쟁, 다시 3차 징계라는 진흙탕 싸움이 된다(国労編 1981, 102-106; 労働争議調査会編 1959, 165-241).

징계 철회 투쟁은 특히 니가타 지방 본부에서 격렬했다. 니가타 지방 본부는 3차 징계로 두 명이 해고되자 이를 철회하라고 요구하며, 7월 10일 완강한 실력 투쟁에 돌입했다. 니가타 지역 본부는 히로시마 지역 본부와 더불어 '혁동 왕국'으로 불린 급진적 조직으로, 국철노조 본부의 방침을 거스르면서까지 세계노련에 가입한다고 결정하는 등 돌출적인 모습도 보인 바 있다. 관리국장인 가와무라 가쓰[8]는 이런 니가타 지역 본부의 체질을 바꾸러 왔다는 인물이었는데, 니가타 투쟁은 처음부터 험난했다. 니가타 투쟁은 [국철 당국의]

---

8 역주 : 가와무라 가쓰河村勝(1915~2001). 도쿄 대학 법학부를 졸업한 철도청의 엘리트 직원. 1957년 니가타 투쟁 당시 관리국장으로 교섭의 전면에 나서는 등, 국철 노무관리에 전념했다. 1967년 민사당 후보로 중의원 선거에서 당선되었고 이후 7선 의원이 되었다.

징계와 [노조의] 실력 투쟁이 반복되면서 경찰력이 투입될 만큼 격화되었고 전국적인 관심을 받았다.

사태가 심각하다고 본 자민당 정부는 본보기를 보이기 위해서라도 니가타 관리국이 안이하게 타협하는 것을 허용하지 않았다. 7월 14일 국철노조 호소이 소이치細井宗- 중앙투쟁위원과 가와무라 국장이 논의를 시작해 사태 수습에 진전이 있었음에도, 15일 이른 아침, 니가타 현 경찰이 국철노조 나가오카長岡 지부의 공동 투쟁부장 다섯 명을 체포하면서 타협에 도달할 실마리는 사라졌다. 이시다 노동대신과 나카무라 산노조中村三之丞 운수대신[현재 국토교통대신]은 국철 당국에 강경 자세를 고수할 것을 요청했고, 본사의 가네마쓰 마나부兼松学 직원국장의 지시를 받은 가와무라 국장은 다시 강경 자세로 돌아섰다. 같은 날 이시다 노동대신은 "니가타 투쟁은 노동운동[의 범위]을 일탈하고 있어서 치안 문제로 대처한다."고 말했고, 이에 따라 다음 날인 16일 경찰청의 야마구치山口 경찰부장이 니가타 경찰서에 '엄중 단속'을 지시했으며, 17일 도쿄 고등검찰청의 야기八木 검사가 니가타 지검 현지 지도에 나선다.

이런 상황에서 국철노조 본부는 "니가타 지방 본부에는 투쟁력이 있지만 전국적 조직 상황은 아직 그렇지 않다."는 판단 아래 투쟁을 중단하자고 주장하는 목소리와, "니가타를 고립시키지 않으려면 니가타를 필두로 전국적으로 밀고 나가야 한다."는 목소리로 나뉘었는데, 결국 투쟁 중단파가 다수가 된다. 그 결과 7월 16일 니가타 투쟁 중지 명령이 내려진다. 처음에는 니가타 지역 본부가 이에 반발해 한동안 사태가 복잡해졌지만, 얼마 안 있어 투쟁은 잠잠해진다.[9]

본부가 내린 결정에는 총평의 생각이 반영되어 있었다. 총평은 처음부터 니가타 투쟁에 소극적이어서 격려 전보 한 장도 보내지 않았다고 한다. 투쟁 중지를 결정한 중앙집행위원회에서 "…… 총평의 여러 단산(산별연맹)들이 '국철과 전산, 두 개의 전선은 무리'라는 입장이었다."는 발언도 있었는데, 이는 당시 총평의 분위기를 대변하는 말이었다(国労新潟地本篇 1979, 704-705). 1958년 8월 3일에 열린 총평 정기 대회에서 이와이 사무국장은 "우리의 역량을 최대한 발휘하려면 모든 노동자의 힘을 발휘할 필요가 있고, 이를 위해 일부의 강한 노조가 독주하는 것은 좋지 않다. …… 다른 노조들이 투쟁 체제를 갖추지 못한 때에는 이를 모아 내기 위해 자세를 낮추어 투쟁해야 한다고 생각한다."라면서 니가타 지방 본부의 독주에 경고를 보냈다(国労新潟地本篇 1979, 756).

니가타 투쟁은 국철노조에 큰 상처를 남겼다. 예컨대 투쟁 와중에 화물 수송이 정체되는 데 분노한 농민들이 항의 깃발을 치켜들고 니가타 시방 본부에 난입한 사건이 발생했다. 당시 신문 보도는 다음과 같다.

> 국철 쟁의로 화물 수송이 정체되어 수박이나 여름 야채가 썩어 가는 것을 어찌하느냐며 (7월) 16일 오전 11시가 지난 시각에 니가타 시 간바라蒲原 군의 농민 대표 350여 명이 항의 깃발을 들고 니가타 철도국에 난입해 국철노조 니가타 지방 본부의 아이다 가즈오相田一男 위원장을 규탄하는 한편,

---

9 니가타 국철 투쟁에 관한 기록으로는 본문의 관련 내용 외에 有賀(1978b), 塩田(1963) 참조.

조합 측과 두 시간 동안이나 면담한 뒤, 대표인 사토佐藤 농협위원장, 야마타山田 신협 전무이사가 결의문을 들이댔다. …… 농민들은 화물 수송이 정체되어 운송 중이던 수박과 여름 야채 1만여 톤이 썩어 발생한 손해가 1억엔, 축산 연료 1만2천 톤가량이 적체되어 돼지들이 역 앞에 방치되어 죽는 등의 사태로 발생한 손해가 2억 엔, 그 외에도 비료와 농약 등 농업 자재 수송 불능이 약 8천 톤에다가, 비료 부족으로 인한 쌀 수확 감소와 병충해 다발의 피해 규모는 정확히 헤아릴 수도 없다고 호소했다. [농민 대표들은] 조합 측의 답변에 만족하지 못하고 연좌 농성을 시작했으나 공안원이 출동해 오후 1시 끌어냈다(鉄労新潟地本篇 1971, 28).

『니가타 일보』는 사설에서, 니가타에서는 쌀값 투쟁을 필두로 농업 소득세 중과세 반대 투쟁, 니가타 비행장 확장에 대한 농지 보호 운동 등에 국철노조가 농민들과 연대해 왔기에 일본에서 노농 연대가 진정한 결실을 맺을 장소는 니가타일 것이라는 기대도 있었다고 설명한 뒤, "이번 투쟁에서는 국철노조가 농업 부문을 충분히 배려하지 못한 게 아닌가?"라며 니가타 지역 본부가 반성할 것을 촉구했다(『니가타 일보』 1957/07/17).

그러나 니가타 지역 본부는 "사실은 자민당원으로 보이는 남자가 이들을 사무소 앞 식당으로 데려가 술을 마시게 한 뒤 몰려온 것이다."라면서 대수롭지 않게 여기고 있었다(国労新潟地本篇 1979, 689). 니가타 지방 본부의 이런 독선적 태도에 대해서는 "국민의 비판을 받는 투쟁은 안 된다", "좀 더 농민과 다른 노동자의 이해와 협력을 얻는 투쟁이 되어야 한다."라는 비판이 일면서 탈퇴자가 속출했다(鉄労新潟地本篇 1971, 38).

1957년에 발생한 국철 파업 투쟁은 1952년에 시작된 준법투쟁 이후 가장 수위가 높은 실력 투쟁이었다. 그리고 중재판정 투쟁에 일정한 매듭을 지었다는 점에서 국철노조에도 결실이 있었다. 그러나 그 뒤에 펼쳐진 징계 철회 투쟁을 통해, 공노법의 틀을 전제한 실력 투쟁만으로 정부의 강경한 대응을 돌파할 수 없다는 결론에 이르렀기에, 국철노조로서는 공노법의 구조를 바꾸는 투쟁(파업권 탈환)이 간절해졌다. 이 목표를 이루려면 급진적 방침에 입각해 당국과 대결해야 한다는 것은 당연했다. 또한 니가타 투쟁을 계기로 각지에서 제2 노조가 결성되어 현장에서는 우파 노조와의 대립이 불거졌는데, 이는 국철노조가 급진화되는 원인이 되기도 했다. 특히 1960년 니시오파가 사회당을 탈당해 민사당을 결성하자, 국철노조 민동우파는 조직 분리의 뜻을 굳혀, 1962년에는 1957년 이래 생겨난 온건파 노조들을 묶어 '신국철노조' 결성을 추진한다. 혁동은 이에 반대하는 세력들을 규합하면서 계급주의 노선의 고삐를 더욱 조인다.

　　그러나 국철노조는 1957년 투쟁 이후 1960년까지 '저자세' 방침을 채택한다. 이른바 '제4조 3항' 때문이었다. 국철노조는 1952년 처음으로 실력 행사에 들어갔는데, 이에 대해 당국은 중앙본부 위원장, 부위원장, 서기장을 해고하고 단체교섭을 거부한다. 당시의 공노법 제4조 3항에 따르면, 공기업체 직원이 아닌 사람은 조합원이나 조합 임원이 될 수 없었다. 게다가 국철노조 역시 노조 규정 제5조에서 조합원의 자격을 국철 직원으로 한정하고 있었다. 이는 합법의 틀을 돌파한다는 방침으로 전환한 국철노조를 가로막는 큰 족쇄였고, 결국 1953년 6월 대회에서 이 조항을 삭제한다.

　　1952년에 당국이 주도한 단체교섭 거부 문제는 국철노조가 해고자 세 명의 직무 대행을 선출해 1953년 6월 대회에서 임원을 교체하면서 자연적으로 해소되었다. 하지만 1953년 말 중재판정의 완전 수용을 요구하는 실력 행사에서 3역을 포함한 18명의 임원이 해고되자 같은 문제가 다시 발생했다. 노사 간에 화해가 되었으나("조합 3역의 교섭 참가에 대해서는 자주적으로 고려한다."를 비롯한 다섯 개 항목), 이는 '제4조 3항'이 그대로 남은 상황에서 미봉책에 불과했다.

1957년 춘투에서 대량 해고가 발생해 문제가 재연되었다. 국철노조는 5월 9일의 1차 징계만으로 해고 19명, 정직 72명, 기타 감봉·경고 등 모두 583명에 이르는 대량 징계를 받았다. 2차 징계에서 해고는 1명에 그쳤으나 정직·경고 등 징계자는 1,847명, 엄중 주의가 2만4천 명에 이르렀다. 게다가 3차 징계에서는 해고 43명, 정직 149명, 감봉과 경고 등이 2,905명, 엄중 주의가 4만 명을 넘었다(労働省編 1957, 266, 302-303, 320-321). 징계를 단행한 국철 당국은 예상대로 해고된 임원과의 교섭을 거부했다. 국철노조는 이에 강하게 반발했으나 결국 10월 공노위의 후지바야시 케조藤林敬三 회장이 제안한 중재안을 받아들인다. 이는 '제4조 3항'에 따라 국철노조가 새 임원을 선출하라는 것이었으며 전면 패배를 뜻하는 것이었다.

'제4조 3항'을 둘러싼 투쟁 자체는 총평의 ILO 조약 제87조("결사의 자유와 단결권 확보에 관한 조약") 비준 투쟁에 따른 것이었다. 이에 따라 총평과 기관사노조, 전체全逓가 'ILO 결사의 자유 위원회'에 [공노법 제4조 3항이 ILO 조약에 위배된다고] 제소했고, 1959년 2월에는 "제87조를 비준하고 '제4조 3항'을 폐지한다."는 내각의 결정을 이끌어 냈다(자민당 내에도 반대가 많아 실제로는 1965년에 가서야 폐지된다). 그러나 후지바야시 회장의 중재안을 받아들여 '저자세'로 전환한 국철노조는 공식 무대에서 사라졌다.

국철노조가 취한 '저자세'의 배경에는 1957년 투쟁 이후 진행된 조직 분열 위기가 있었다. 1957년 춘투에 따른 징계에 대해 국철노조는 현장집회투쟁[職場大会] 지침을 내렸다. 하지만 오사카[大阪] 등 네 개 분회가 이를 거부했고 센다이[仙台] 지역 본부에서는 징계 철회 투쟁의 전술을 전환하라고 요구하는 목소리가 나왔다. 1957년 6월 7일 센다이의 비현업[非現業]협의회는 결국 새 노조를 결성하겠다는 방침을 밝히고, 14일에는 "비현업 관련 노조 결성 취지문"을 발표한다. 이에 호응해 9월 말까지 전국에서 11개 조합이 결성되고, 11월 21일 조합원 6천 명을 대표하는 국철직능별노동조합연합(직능노련)이 설립된다. 니가타에서는 혁동의 지도에 대한 비판이 높아, 1957년 9월 1일 국철 니가타지방노동조합이 생겼다.

더욱이 대량 징계 탓에 승급하지 못한 조합원들이 크게 동요하면서 탈퇴자가 늘었다. 시태가 심가하다고 판단한 민동좌파 집행부는 조직을 보호하고자 [후지바야시 중재안을 받아들이는] '저자세'로 전환하기로 한 것이다. 혁동파가 이에 반대했으므로, 민동좌파는 일시적으로 민동우파와 손잡고 '저자세' 방침을 결정했다.

이렇듯 1957년 투쟁에서 국철노조는 공노법 틀 내에서 실력 투쟁을 펼치기 어려운 한계를 절감하고, 파업권 탈환 방침으로 급선회한다. 동시에 조직력 저하를 감안해 한동안 '저자세' 노선을 취할 수밖에 없었다. 그러나 이는 어디까지나 조직을 지키기 위한 긴급조치와 같았다. '파업권 탈환'이 목표가 된 이상, 주체 역량을 회복해 공노법의 틀을 돌파하기 위한 투쟁은 필연적 과제가 되었다.

2. 국철 합리화안

국철의 합리화는 1957년 제1차 5개년 계획에서 시작했다고 보통 말하지만, 5개년 계획은 고도성장에 따른 수송 수요 증가에 대비해 수송 능력을 증가(간선 수송 및 통근 수송 능력의 강화, 전철·전차화, 디젤화 등)시키려는 것이었다. 하지만 1~2차 5개년 계획 모두 수송 능력 확대 성과가 미흡했다고 판단되자, 한층 더 큰 규모로 추진하기 위해 이 계획은 중도에 폐기했다.

1차 계획의 기본 방침을 설정한 국철경영조사회(1955년 설치된 운수대신 자문기관)는 1956년 1월의 보고서에서 경영 재건을 위한 피나는 합리화를 시행하라고 요구했다. "이후 인원 증가는 없게 할 것"이 제1의 목표였다. 1~2차 계획 사이에 인력은 1만7천 명 삭감되었다. 그런데 1957년부터 경영이 호전되면서, 경영 재건은 뒷전이 되고 수송 능력 확대가 전면에 내세워졌다.

그런데 이 같은 계획 변화는 국철 당국의 경영상 판단이 아니라 정치적인 판단에 따른 것이었다. 국철은 겉으로는 독립채산제를 내세웠지만, 운임 법정주의로 말미암아 재정을 건전화할 독자적 방안을 낼 수 없었고 필연적으로 국고보조에 의존하는 체질이 정착되었다. 게다가 국철 당국이 반대했음에도 자민당의 강한 입김이 반영되어 '철도건설공단'이 설립(1964년 3월)되면서 국철의 자율성은 줄고 정치의 영향력은 커졌다.

철도의 신규 건설은 과거에는 〈철도부지설정법〉에 따라 철도건설심의회에서 심의하고 운수대신의 허가를 받아, 국철이 자기 부담으로 건설·경영하는 방식이었다. 그러나 철도를 경제성장의 추진력

(즉 이권)으로 보는 자민당 내 세력은 심의회의 방침이 너무 보수적이고 신중하다고 보았다. 철도건설공단을 설치하는 데 적극적이었던 다나카 가쿠에이[10]는 제3회 철도건설심의회(1962년 3월 28일)에서 이렇게 말한다.

> 나는 철도 건설에 대해 지금처럼 생각해서는 안 된다고 봅니다. 매년 2천억 엔 규모의 신규 건설로는 도저히 안 되고, 적어도 국철이 건설·조사·개량 비용을 포함해 매년 두 배인 4천억 엔 정도를 10년간 투입할 필요가 있지 않을까 생각합니다. …… 수익이 나지 않을 곳에 투자해서는 안 된다는 생각은 옳지 않아요. …… 인구를 분산하고, 대도시로 과잉 집중되지 않게 막을 방안을 진지하게 강구해야 한다고 생각합니다(中西 1985, 193-194).

'일본 열도 개조론'을 방불케 하는 발언이지만, 이런 대규모 투자 계획은 자동차가 보급되면서 도로 교통과의 경쟁이 격화될 것을 전혀 염두에 두지 않았다는 점에서 치명적인 결함을 안고 있었다.

그런데 국철 합리화의 첫째 목표가 '인력 감축'이 아니었다는 이유가 있어서인지, 합리화에 대한 국철노조의 인식은 처음에는 온건해 보일 정도였다. 1960년 국철노조 제20회 전국대회에서는 "'합리

---

10 역주 : 다나카 가쿠에이田中角榮(1918~93). 건축가 출신의 자민당 거물 정치가. 중의원 의원을 16회, 우정대신·대장대신·통상산업대신을 거쳐 총리(1972~74년)를 역임했다. 『일본 열도 개조론』(1972)은 사실상 그의 선거 공약집으로, 산업을 재배치하고 교통·정보·통신의 전국 네트워크를 형성해 사람과 돈의 흐름을 거대 도시에서 지방으로 역류시키는 '지방 분산 정책'이었는데, 일본 전역에서 건설 경기를 크게 일으킨 계기가 되었다.

화'가 자본 투입으로 기계화, 근대화, 설비 개선을 추진하는 경우에는 원칙적으로 반대하지 않는다. '합리화'가 해고와 노동강화, 임금 인하로 이어진다면 반대한다."는 입장을 표명했다(国労編 1981, 189).

그러나 1964년 다시 적자로 돌아선 뒤 전혀 호전될 기미가 없었고, 이에 국철이 1967년 전 부문에 걸친 '인원 감축' 안을 발표하면서 사태가 급변한다. 국철노조는 당국이 지시한 '합리화 항목'에 따라 예상 [감축] 인원을 계산하니 모두 5만 명이라 하여 이를 '5만 명 합리화' 계획이라고 불렀다. 따라서 그해 전국대회에서는 어떤 합리화에도 반대한다는 강경한 방침을 채택한다.

반합리화 투쟁의 기본방침(요약)

① 어떤 '합리화'도 자본주의적 '합리화'인 한 필히 착취와 수탈의 강화를 수반하므로, 기본적으로 절대 반대를 관철하는 것이 올바르다. ……

④ 자본주의가 존속하는 한 '합리화'는 계속된다. 그러므로 진정한 반'합리화' 투쟁은 자본주의 자체를 타도하는 것과 결합·발전하는 것이고, 이런 계급적 자각과 단결의 강화 자체는 운동을 평가하는 중요한 기준이다. 따라서 투쟁을 종합 평가할 때, 투쟁을 통해 노동조건 개선 등 물질적 이익을 얼마나 확보했는지와 더불어, 노동자의 계급적 각성이 얼마나 높아졌는지의 측면까지 통일적으로 파악할 필요가 있다.

⑤ 반'합리화' 투쟁은 계급적 투쟁이다. 이를 단지 "도둑질 투쟁"으로 국한해[이 책 203쪽 '계급적 도둑주의' 관련 내용 참조] 노동자들에게 패배감을 주지 않도록 배려하는 동시에 투쟁을 기업 안에 머물지 않게 하여, 항상 정치적 과제와 결합시켜야 한다.

⑥ 지금의 '합리화'는 자본주의 위기가 심화되는 가운데 체제를 유지하고

자 진행되는 것으로, 착취와 수탈을 강화하는 동시에 노동자의 권리를 박탈하고, 노동조합을 약화시키기 위한 사상 공세와 더불어 진행되고 있음을 올바로 이해해야 한다(国労編 1986, 101-102).

여기에서 국철노조는 자본주의에서 진행되는 합리화란 착취를 강화하는 것과 다름없으므로 어떤 경우에도 반대하며, 더 나아가 자본주의를 타도해야 한다는 사회주의혁명 노선을 공공연히 주장하고 있다. 이 같은 좌경화는 고도성장과 무역자유화에 민감하게 대응해 기업주의적 노사협조 노선을 확립하고 있던 IMF-JC와 대조를 이룬다. 물론 합리화에 대한 국철노조의 태도 변화는 당국의 합리화 방침이 수송 능력을 강화하려는 데서 인력 감축으로 초점이 바뀐 것이 직접적인 계기였다. 그러나 그런 계급주의적 급진화를 가능하게 한 구조적 요인으로서, 국철이 국제 경쟁과는 무관하게 국내시장을 지향하는 산업인 동시에 독점체였다는 사실을 지적해야만 한다. 시장 메커니즘이 작동하지 않고, 게다가 국철 당국의 자율적 관리 능력이 취약해 국철 사업이 정치화되고 있었으므로, 국철노조는 경제적 합리성을 외면하고 급진적 노선을 취할 수 있었다고 말할 수 있다.

구체적으로 보면, 1960년 민사당의 결성과 더불어 민동우파가 결집한 것도 국철노조가 급진화된 계기였다. 1960년에만 호쿠리쿠北陸·가나자와金沢지방노조, 전全국철지방노조연합회 오미야大宮공장노조, 국철 오카야마岡山지방노조, 신국철 모리오카盛岡지방노조, 신국철 오사카·교토京都지방노조 등이 계속 생겼다. 민동우파는 1957년 쟁의가 발생한 뒤 나타난 새 노조 결성 움직임에 대해 '시기상조'라며 신중한 자세를 고수했으나, 1960년 안보 투쟁과 민사당 탄생을 계기로 반反좌파 총결집을 추진하면서, 각지의 우파 노조들을 모아 1962년 신국철노조연합(이하 신국노新国労)을 결성한다. 연합체였던 신국노는 1968년 단일 조직인 철도노동조합(이하 철노鉄労)으로 개편된다. 4만3천 명이었던 신국노 조합원은 철노를 결성할 즈음에 7만4천 명으로 늘어나 있었다(国労編 1981, 349-356).

이런 온건파 노조의 대두에 대해 국철노조는 "직장에서 노동운동을!"이라는 슬로건을 내걸고 직장(현장)투쟁 강화를 시도한다(이는 1950년대의 '간부幹員 중심' 직장투쟁이 아니라 직장에서의 단체교섭권, 즉 현장교섭을 요구하는 것이었다). 직장투쟁은 직장에서 신국노와 경쟁해 주도권을 장악하고 직장 지배력을 확립하려는 것이었다. 이 투쟁의 제1단계가 '36협정'(노동기준법에 따른 초과근무 협정)을 둘러싼 쟁의였다. 국철노조는 국철 당국이 신국노에 유리하게 36협정의 체결 단위를 조작한다고 비판했다. 국철노조의 주장에 따르면, "국철노조 조합원이 소수인 지역에서는 신국노에 36협정 체결권을 주고, 국철노조 조합원이 다수인 지역에서는 신국노가 과반수가 되는 역과 구区에 체결권을 주려고 시도했다"(国労編 1981, 213). 그 결과 36협정의 이중 체결 현상이 발생한 도쿄에서는(도쿄 국철관리국은 신국노가 과반수인 역·구를 별도의 체결 단위로 하고, 국철노조 도쿄 지역 본부와도 협정을 체결했다) 국철노조 도쿄 지역 본부가 '36협정의 체결 단위'에 대해 도쿄 조정위원회에 조정을 신청했다(1964년 3월 1일). 국철노조의 기본자세는 "직장의 문제는 직장에서 다루고, 직장에서 교섭하고, 직장에서 해결한다."는 것이고, 36협정은 사업장 단위로 일원화해 체결하자는 것이었다.

이에 대해 11월 30일 "36협정의 체결은 현업[11] 기관 단위로 할 것", "체결권자는 노사가 각각 사업의 공익성을 고려해 협의해 정할 것"이라는 조정안이 나왔다. 체결 단위를 현업 기관(사업장)까지 내리는 데는 국철 당국도 동의했으나, 체결권자를 현장 책임자로까지 낮추는 것에 대해서는 노사의 견해가 대립해, 국철노조는 1966년 6월 20일 공노위에 중재를 신청한다(国労編 1981, 218-219). 중재위원장인 가네코 요시오金子美雄의 중재안은 "기존의 36협정에 해당하는 내용의 기본 협정을 관리국장과 지역 본부 위원장이 체결하고, 현장 책임자와 분회장이 이를 기준으로 36협정을 체결한다."고 하여, 실질적으로는 국철노조가 주장하는 현장 책임자의 체결권을 인정하면서도 국철 당국의 체면까지 살려 주는 내용이었다(国労編 1981, 221-222).

이로써 36협정을 둘러싼 갈등은 사실상 국철노조의 승리로 끝나고, 국철노조가 내걸었던 "직장에서 노동운동을!" 투쟁은 제2단계로 넘어간다. 즉 '단체교섭에 관한 협정'을 개정해 직장에서 단체교섭권을 확립하려는 투쟁에 들어갔다. 이에 대해 국철 당국은 ① 국철노조 분회는 교섭 단위가 아니고, ② 국철의 현장 책임자에게 '교섭권과 처분권'은 없으며, ③ 조합의 요구에는 '관리 운영 사항'에 저촉되는 점이 있다고 반박하는 등 전면적으로 대결하는 자세를 보였다. 결국 이 문제를 둘러싸고 대화가 이루어지지 못해 국철노조는

---

11 역주 : 현업·비현업은 공무원과 공공 기관에서 일하는 사람들의 '업무' 분류에 대한 것으로, 현업이 현장에서 직접 일하거나(운전·정비 등) 창구에서 고객을 직접 대하는 등의 업무라면, 비현업은 사무·관리·자재 등 지원 업무를 가리킨다. 그런데 공공 부문에서는 후자가 권력을 행사할 수 있는 지위에 있다고 여겨 전자와 달리 노동권을 제한하는 등의 차이가 있다.

조정 신청을 하기로 한다.

조정 신청은 후쿠오카(1967년 6월 8일), 센다이(6월 30일), 히로시마(6월 30일) 지방조정위원회에 제출되었고 조성안은 10월에 나왔는데, 모두 국철노조의 요구를 인정하는 내용이어서 국철 당국은 이를 거부했다. 그러자 국철노조는 11월에 중재 신청을 제기했고 다음 달 공노위 중재위원회의 '권고'안이 나온다. 이에 따르면 현장에서 발생하는 분쟁은 "되도록 그 현장에 근접한 곳에서 신속하게 실정에 맞게 해결되는 것이 바람직하다."며 "역·구와 자동차 영업소의 노사 분쟁을 원활하고 평화적으로 해결하기 위해 조합의 분회 수준에 노사의 현장 협의회를 설치할 것"을 요구했다.

이 '권고'는 국철노조의 주장을 거의 전면적으로 인정한 내용이었기에, 국철 당국은 난색을 표했으나, 국철노조는 연말 '합리화' 반대 투쟁에서 '현장 협의제'를 협약화하라고 요구했고 결국 12월 15일 당국은 권고를 받아들인다. "직장에서 노동운동을!"이라는 국철노조의 운동방침은 거의 전면적인 승리를 거둔 셈이었다(国労編 1981, 224-237; 国労編 1986, 102-112; 兵藤 1982).[12]

---

12 1960년대의 정치 상황은 대체로 관공노에 유리했다. 정부는 1959년 ILO 제87조를 비준하겠다는 뜻을 밝혔지만, 추진은 지지부진해 ILO 결사의 자유 위원회는 1963년 11월의 보고에서 일본 문제를 다룰 위원회 설치를 요구했다. 이듬해 2월 ILO 이사회는 세 명의 위원으로 구성된 '사실조사조정위원회'([위원장의 이름인 드라이어E. Dreyer를 따서] 이른바 '드라이어' 위원회)가 설치된다. 1965년 1월 이 위원회가 일본으로 오면서 제87조 비준이 앞당겨졌다. 위원회는 1965년 8월 방대한 분량의 보고서를 발표해 공공 부문의 쟁의행위를 일률적으로 규제하는 정책을 비판한다. 이 보고서는 그 이후 한동안 일본에서 노사 분쟁이 처리되는 데 큰 영향을 미친 것으로 보인다. 1966년 10월 전체全逓의 도쿄 중앙우체국 사건 판결에서, 최고재판소는 공무원은 물론 공사公社의 직원도 헌법 제28조에 의한 '근로

국철노조는 1968년 7월에 열린 정기 대회에서 이 승리를 평가하며 "잘 싸웠다", "훌륭한 투쟁이라는 말이 과언이 아니다."라고 자화자찬하면서, 이는 "운동 노선이 올바르다는 것을 입증"한 것이기에 "앞으로 자부심을 갖고 운동을 한층 강화·발전시켜야 한다."고 총괄하면서, "이미 다수의 민간 노조들이 노사협조주의로 변해 관공노에까지 그 영향이 가중되는 시기에, 국철노조는 전투적 노동조합운동의 기치를 더 높이 내걸고 나아가야 한다."고 천명했다(国労編 1986, 113).

3. 반'마루세' 투쟁

현장 협의제가 생긴 것은 1968년이지만, 이 제도가 국철노조의 현상 시배 수단으로 지리 잡은 것은 이른바 '마루세 반대 투쟁' 이후라고 이야기된다.[13] 이 투쟁에서 승리해 계급주의 노선에 대해 확신하게 된 국철노조는 공노협 및 총평의 핵심 조직이 되어 1975년의 '파업권 파업'으로 돌입하게 된다.

이미 지적했듯이, 1968년에 국철재정재건추진회의가 발표한 의

자'이고, 노동기본권을 제한할 때는 필요한 최소한의 범위에 국한되어야 하며, 공노법 제17조를 위반한 쟁의행위는 형사 면책을 인정하는 것이 옳다고 판결했다(国労編 1981, 142~152).

[13] '마루세'는 생산성 운동을 지도한 능력개발과가 발행한 『능력 개발 정보』에서 생산성 운동의 약자로 한자 '生'에 원을 그린 기호를 쓴 데 기인했다['원'은 '마루'로, '生'은 '세~'로 발음].

견서에는 기존의 근대화 계획과는 달리, 국철의 파산과 처분이 최대 과제가 되고, 경영 효율화를 전면에 내세운 '재건 합리화' 안이 제기되었다. 1964~67년의 누적 적자는 1,447억 엔에 이르렀다. 재정을 재건할 기반을 강화한다는 관점에서 자금과 재정 문제를 주로 검토한 제3부회部会의 "심의경과보고"를 보면, 재정이 악화된 원인을 "수송 구조 변화가 야기한 국철의 수송 지위 저하 및 그에 따른 운수 수입 증가 부진[증가율 하락]"과 "인건비와 자본 경비의 증가"에서 찾고, 이제는 국철 독점 구조 아래 채산성이 없는 공공 운수를 유지할 필요가 없을뿐더러 가능하지도 않으니 공공성과 기업성을 조정하려는 고민을 해야 한다고 지적하고 있다(国労編 1979, 20-21). 수송 시장에서 경쟁이 격화될수록 독점이 전제된 '철도 공공성론'은 근거를 잃어 갔으며, 국철도 하나의 기업으로 현대화되어야 한다는 압박이 커지고 있었다.

재정이 악화된 원인으로는 국철이 독립채산제를 표방하면서도 실제로는 경영의 자유를 심각하게 제약당했다는 점이 지적되었다. 따라서 재정의 건전화를 위해 조만간 경영형태를 바꾸어야 한다는 결론이었으나, 자민당 내 일각에서 산업 개발의 기반으로 철도망을 확충해야 한다는 목소리가 강한 상황에서 국철이 독자적으로 할 수 있는 일에는 한계가 있었다. 그 와중에 노사관계 개선은 특히 중시되었다. 1969년 5월, 이소자키 사토시[14]가 총재로 부임하는데, 그는

---

14 역주 : 이소자키 사토시磯崎叡(1912~97). 제6대 일본국유철도 총재(1969~73년)로 있었다.

직장 규율을 확립하고 현장 책임자의 사기를 북돋는 것이야말로 국철의 시급한 과제라고 판단했다.[15] 이소자키 총재는 취임하자마자 "직장에서 인간성을 회복"하기 위한 "사람 만들기 교육"을 목표로 전국을 순회했다. 이소자키는 1969년 7월부터 11월 말까지 3천 명 이상의 현장 책임자들과 가진 간담회에서 꽤 호응을 얻은 듯하다. 그 기록을 보면, "총재는 열심히 공부하고 자신감을 가지라고 하셨습니다. 현장의 제1선에 있는 우리가 그저 시키는 일뿐만 아니라 전진적 자세로 공부하면서 경영의 일단을 책임져야 한다고 말할 때 매우 감명받았습니다", "지금까지 우리 현장 관리자들은 전력을 다해 현장을 관리해 왔는데, 올바른 일을 했다고 격려받았습니다", "총재의 포용력에 놀랐습니다."라며 이구동성으로 그를 극찬하고, "결국은 애사 정신", "자신의 일에 대한 자부심"이 중요하다는 등 정신적 고양을 보이고 있다(国労編 1979, 54-56).

선국 순회를 하는 동안 공로장功労章이 생겨났다. 이는 "국철의 각 직장에서 늘 왕성한 책임감을 가지고 꾸준히 직책을 다하고 있는 많은 직원들의 노력에 보답하고자" 설계된 것으로, "항상 성실히 근무하고 왕성한 책임감과 부단한 주의력으로 직책을 완수하는" 사람을

---

15 당시 이소자키 총재는 "1960~61년까지는 지금처럼 직장의 기강이 해이하거나 관리 체제가 약화되지 않았었다. 7~8년 전부터 무너졌는데, 이는 조합이 현장 관리자를 마비시킨 것이 주효했기 때문이다", "최근에는 파업이 일상사가 되어 버렸다. …… 기업에 대한 애정도, 이용자에 대한 성의도 없는 자들은 한시라도 빨리 국철을 떠나길 바란다", "관리자가 물러 터졌다. 현장 책임자가 직장 관리를 잊고 있다", "관리국은 적극 변호해 현장 관리자를 뒷받침하라."라면서 현장의 분위기를 고무했다(大野 1989, 95).

표창하는 제도였다(国労編 1979, 56-57). 다음으로, "현장과 관리 부문이 서로 원활하게 소통해 현장 직원이 무엇을 생각하고 원하는지를 파악해, 다 함께 직장을 개선하고 직원의 사기를 진작하는 데 기여하고자", "국철이라는 기업을 인식하고, 국철 직원으로서의 자각을" 환기하기 위해, 직원국에 직원관리실을 신설했다(国労編 1979, 61).

특히 직원국 양성과養成課를 능력개발과로 개편한 것은 중요한 개혁이었다.

능력개발과는 기존의 기능 양성 교육보다 한층 적극적으로 능력을 개발하고, 종합적인 인재를 양성함으로써 발전하겠다는 것을 목적으로 한다. 다시 말해 직원의 능력을 개발하고 활용하는 데 필요한 기본 시설을 수립하는 것은 물론이고, 철도 학원과 직장 교육 등에서 강력하고 종합적인 시책을 추진해야 하기에, 이런 정신에 따라 양성과에서 능력개발과로 발전한 것이다(国労編 1967, 62).

능력개발과는 이소자키 총재와 오노 미쓰모토大野光基 능력개발과장 라인이 중심이 되어 생산성 운동의 전초기지가 된다.

오노 과장은 『운수와 경제』 1971년 6월호에 "1971년 국철 경영 계획과 생산성 운동"이라는 논문을 실었는데, 여기에서 1944년의 ILO 필라델피아 선언[16]을 인용해 "노동은 상품이 아니다."라며 인간

---

16 역주 : 1944년 5월 10일 미국 필라델피아에서 개최된 제26회 ILO 총회에서 채택된 선언문이다. 원래 제목은 "ILO의 목적과 목표에 관한 선언"이며, ① 사회정책의 핵심은 인간의 권리(인권)이며, ②

존중의 경영을, "생산성 향상은 수단이지 목적이 아니다", "궁극의 목표는 지구상에서 빈곤과 질병을 추방하는 것"이라면서 생산성 운동의 이념을 밝혔고, 노사가 일체화되어 국철을 재건하는 데 몰두해야 하며 "노사의 상호 신뢰에 기초해 노사 협력 관계를 힘차게 만들어 가는 것"이 급선무라고 결론지었다(国労編 1979, 66-72).

일본생산성본부가 이런 노사협조 정신을 일관되게 추구해 왔다는 사실은 분명하다. 이소자키·오노는 일본생산성본부의 노동부장 후카자와 도시로深沢敏郎에게 국철의 정신교육에 대한 협조를 요청해, 시험적으로 1969년 11월 19일부터 운전 지도자 연수를 도입했다. 그리고 생산성본부 회장인 고시 고헤이가 "국철의 교육은 나라를 위한 것"이라고 결단하면서 1970년 4월 1일부터 본격적으로 생산성 연수 계획이 시작된다. 우선 전국의 220개 동력차 구역에서 "나쁘기로 소문난 구역" 23곳을 뽑아 연수를 실시하고, 5월에는 관리국을 대상으로 생산성 지도자 연수회를 열었다(大野 1986, 127).[17]

그러면 일본생산성본부가 국철을 대상으로 생산성 교육을 실시한 맥락을 확인하기 위해 "국철과 생산성 운동"이라는 문서를 살펴

국제적 수준에서의 경제계획이 필요하다는 점 등을 주요 내용으로 한다. 이 선언문의 첫 장 제목이 "노동은 상품이 아니다"이다. 이 선언문은 1919년 제정된 ILO 헌장을 개정한 1946년 헌장의 부속 문건으로 결정되어, ILO 헌장의 영구적인 부분이 되었다. 미국·유럽의 노동조합들과 ILO사무국이 합작한 결과물이다.

17 오노에 따르면, 국철 생산성 운동에 일본생산성본부가 개입한 데는 고시 회장의 이 같은 결단이 크게 작용했다. 하지만 그것이 실패했기 때문인지, 일본생산성본부가 펴낸 『생산성 운동 30년사』에서는 전체 1천5백 쪽 분량 가운데 불과 10쪽만, 그것도 제3자적 관점에서 이를 서술하고 있을 뿐이다 (生産性本部編 1985, 820-830).

보자. 이 문서는 생산성 운동이 성공하려면 산업민주주의가 필요하다고 말하면서, 이를 위해 경영의 관료주의 타파와 직장의 민주화, 노사협의제가 중요하다고 지적한다. 국철의 노동운동을 지배하는 계급투쟁주의야말로 직장을 어둡게 하고 있다는 것이다.

> 계급투쟁주의는 사회구조를 착취하는 자본가와 착취당하는 노동자로 나누고, 자본가는 노동자의 적이며 자본가를 타도하지 않고는 노동자가 행복해질 수 없다고 생각한다. 현장의 역장驛長은 자본가의 앞잡이이고 관리자는 적이라고 보기에, 현장 수준에서도 현장 책임자를 공격하거나 전단을 살포하는 등 본래의 노동조합운동과는 무관하게 참혹하고 무의미한 투쟁이 난무한다(国労編 1979, 95).

이렇듯 생산성 운동을 저해하는 원인이 마르크스·레닌주의에 따른 노동조합운동이라고 보는 이상, 생산성 운동이 전개될수록 국철노조·동노 조직을 향한 공세로 이어질 것은 시간문제였다.[18] 생산성 운동의 효과가 커짐에 따라 국철노조(그리고 동노)의 조합원은 감소했다. 처음에는 사태를 지켜보기만 하던 국철노조 집행부는 1970년 11월부터 12월에 걸쳐 조합원의 집단 탈퇴가 이어지고서야 사안의 중대함을 인식하고, 신년 휴가를 반납한 뒤 '마루세'에 대한 대책을

---

18 생산성 운동이 본격화되기 직전인 1970년 3월, 마나베 히로시眞鍋洋 국장은 경영 재건을 위해서는 합리화를 통해 생산성이 향상되어야 하는 만큼, 이에 반대하는 노동조합운동은 국철을 도산 기업으로 만들 것이라며 국철노조를 견제했다(国労編 1979, 57-61).

토론한다(国労編 1981, 258).

한편 철노는 생산성 운동으로 세를 불렸다. 생산성 운동에 적극 협력하는 자세를 보인 철노는 "노동생산성을 높이지 않고 어떻게 임금을 인상할 수 있는가?"라며 국철노조를 비판하면서 "생산성 운동은 곧 철노의 약진"이라며 기세를 높였다(国労編 1979, 302, 306). 마루세 운동 기간에 국철노조 탈퇴자는 3만 명을 상회해 20만 조직을 유지하지 못할 만큼 위태로웠으나, 그사이 철노는 10만 명을 돌파해 "10만 달성을 발판으로 15만이 될 기회가 생겼으니 국철노조를 따라잡아 주력 노조로 약진할 조직적 전망이 크게 열렸다."며 자신감을 보였다(国労編 1979, 318-321).

철노의 이런 약진은 철노 자신이 "한때 정체해 크게 전진하지 못했던 우리 조직은 **관리 체제를 정상화함으로써** 하나의 장애를 넘고, 모두의 힘과 노력과 행동으로 지난 1년 반 동안 커다란 약진을 이룰 수 있었다."(강조는 필자)고 인정하고 있듯이, 국철 당국의 후원에 힘입은 바가 컸다(国労編 1979, 312). 일본생산성본부가 발표한 "국철과 생산성 운동" 가운데 특히 "국철 내에도 조합민주주의를 내걸고 경제주의적 운동을 지향하는 노동조합도 있다."라는 구절에서 알 수 있듯이, 철노는 처음부터 생산성 운동의 주체로 기대를 받고 있었다.

국철에서 생산성 운동을 담당한 현장 책임자들은 각지에서 국철노조와 치열하게 맞섰다. 비열한 폭행과 협박을 자행해 직장을 황폐화시키는 부당노동행위가 대규모로 진행되었고, 이는 노조의 조직 와해를 목표로 한 것이었다고 국철노조와 동노는 비판했다. 이에 대해 당시 능력개발과장이었던 오노는 "말도 안 되는 트집이다. …… 물론 수많은 관리자들 가운데 부당노동행위를 저지른 사람이 전혀 없지는 않을 것이다. 그러나 이들의 수는 미미했고, 대부분의 조합원은 자기 양심에 따라 탈퇴했다."라고 반박했다(大野 1985, 237-238).

그러나 오노가 말하듯이 부당노동행위가 우발적이었다고 믿기는 어렵다. 애초 생산성 교육에 국철노조를 적대시하는 이데올로기가 포함되었을 가능성을 부정할 수 없기 때문이다. 생산성 교육에는 정의情意적 기법이 동원되고 있어서, 국철 간부들 사이에서는 '신들렸다'는 말이 무성할 정도였다(大野 1985, 237-238).

중앙철도학원의 『교육관계 업무연구발표회 개요』에 실린 글을 보면, "정의적 기법(심정적 전개)이란 …… 건설적인 비전을 수행하려면 정동情動 행위(공감을 바탕으로 한 협동)가 불가결함을 분명히 인식해, '알아주는 마음에 감동해서 일한다.'는 교육 효과를 확립하는 것이다. 이성은 감성을 제어하지만, 즐거움을 동반하는 힘은 없다. 쾌감을 얻고 즐거움이 용솟는 힘은 정동 가운데 생겨나기 때문이다." 또한 이 문서에는 "생산성 운동에 마르크스주의를 내세우겠다고 선언하는 상대방이 존재하는 한, 이는 **사상전, 세계관의 전쟁**임을 명기할 것"(강조는 필자)이라고 말하고 있다(国労編 1979, 207-208). 이렇듯 생산성 운동을 정서적인 '사상전', '세계관의 전쟁'이라고 선동한 것이, 현장 책임자들로 하여금 국철노조를 필요 이상으로 적대시하고 부당노동행위를 유발한 원인 가운데 하나가 아니었을까? '세계관의 전쟁'이라 하면 이성적 설득에 의한 타협 및 합의에 이를 길은 차단된다. 적을 타도하는 전쟁인 이상 어떤 수단도 허용된다는 생각은 자연스러운 것이다.

이런 '마루세' 운동에 대해, 『아사히 신문』은 1971년 5월에 이미 '신들린 세뇌 운동'이라고 비판하고 있었지만, 다른 신문들도 9월 이후에는 하나같이 비판 기사들을 실었다. 이 싸움의 한 축인 국철 노조는 8월 말 전국대회에서 사활을 건 반격을 결의해 지침 1호를 발령한다. 그 뒤 9월 8일에는 시즈오카静岡 지역 본부가, 부당노동행위가 자행되었음을 뒷받침하는 녹음테이프를 공노위에 증거로 제출한다. 이를 계기로 각지에서 증거 녹취록이 공개되고 언론에 대대적으로 보도되었다.

1971년 9월 30일에는 일본생산성본부가 긴급 이사간담회를 열어 "생산성 운동이라는 명목으로 노동강화와 부당노동행위가 있었던 것은 지극히 유감"이라고 입장을 정리한다. 10월 8일에는 시즈오카 국철 관리국이 저지른 부당노동행위 두 건이 공노위에서 인정된다. 이소자키 국철 총재는 그 직후 마련된 기자회견에서 "궤도를 수정할 생각은 전혀 없다."고 강변했으나, 같은 날 관리국 능력개발과장 미토水戸가 "지능적으로 부당노동행위를 해갈 것"이라고 말한 내용이 담긴 녹음테이프가 공개되자 공염불이 되었다. 10월 11일 이소자키 총재는 중의원 사회노동위원회에서 부당노동행위에 대해 사죄했고, 그 뒤 생산성대회 개최를 포기하는 지역이 늘고 11월 16일에는 12월로 예정된 전국생산성대회의 중단이 결정되면서 국철의 생산성 운동은 막을 내린다.

4. 비극의 탄생

국철노조는 1972년 7월의 전국대회에서 숙원 목표인 '파업권 탈

환' 투쟁을 결의했다. 국철노조를 중심으로 하는 공노협은 1973년
과 1974년 춘투에서 파업권 문제를 전면에 내걸고 통일 파업을 전
개했고, 마침내 정부는 관계각료협의회를 설치해 1975년 가을까지
이 문제에 대한 결론을 내리겠다고 약속한다. 공노협의 공세는 시대
의 바람을 타고 순항했다. 1970년대 전반은 공해와 도시 과밀화, 노
인 문제 등이 심각해지면서 생산 제일주의, 국민총생산GNP 지상주의
에 대한 비판이 거셌다. 1960년대 동맹同盟과 IMF-JC의 대두에 밀려
크게 쇠퇴했던 총평은 이 같은 시대 분위기에 편승해, 자민당 정부
와의 대립을 강화해 춘투 참여의 폭을 크게 넓히고자 했다. 임금 인
상 요구를 넘어 국민 생활에 관한 제도·정책을 실현하기 위한 '국민
춘투' 노선을 내건 이상, 노사 교섭의 틀을 넘어 필연적으로 정치투
쟁으로 이어지기 마련이었다(新川 1993; 2005; 兵藤 1997b, 305-314).

1975년 춘투가 분수령이었다. 스태그플레이션을 배경으로 동맹
과 IMF-JC는 일찍부터 사회적 합의를 도출한다는 입장을 제시해,
정부 및 재계와 마찬가지로 임금 억제 노선을 따랐다. 총평이 요구
한 대폭적인 임금 인상안은 이 포위망에 갇혀 단번에 무너졌다. '국
민 춘투' 노선은 임금 인상을 뛰어넘는 목표를 내건 것이지만, 어디
까지나 임금 인상이 제1의 목표였기에, 여기에서 일단 패배한 이상
'국민 춘투'를 새로이 전개할 수는 없었다. 국철노조와 공노협은 국
민 춘투 노선이 와해되면서 궁지에 몰린 총평의 상황을 대수롭지 않
게 받아들인 채 파업권을 탈환할 가능성만 모색했다. 1974년 춘투
에서 정부와 [파업권 문제와 관련한] "다섯 가지 양해 사항"[19]에 합의한
바 있었고, 자민당 내에서 가장 좌파인 미키 다케오三木武夫 총리[20]가
'파업·징계의 악순환'을 단절하겠다며 의욕을 보였기 때문이기도

했다. 하세가와 다카시長谷川峻 노동대신, 후지이 마쓰다로藤井松太郎 국
철 총재 역시 파업권 문제에 전향적인 입장을 취하고 있었다(公労協編
1978, 832 이하; 熊沢 1982; 高木 1991 참조).

1975년 11월 26일, 공노협은 미키 총리의 결단을 촉구하며 '파
업권 파업'에 돌입한다. 그러나 8일 동안 파업했음에도 정부는 전혀
양보하지 않았고, 투쟁은 무위로 돌아갔다(公労協編 1978, 832 이하; 熊沢 1982;
高木 1991). '파업권 파업'이 패배로 돌아가자 총평의 중추인 공노협의
위신과 영향력은 크게 약화되었다. 동맹을 위시한 다른 총연합조직
산하 노조들이 비판한 것은 물론이고, 총평 민간 노조들도 '파업권
파업'을 전면 지지했다고 말할 수는 없다. 심각한 불황의 여파로 일
시해고를 포함한 감량경영에 시달리던 민간 노조들의 입장에서 공
노협의 행동은 '방만한 공공 부문'의 어리광으로 비쳤다. 언론도 가
혹하게 비판했다. 게다가 당국의 대량 징계, 손해배상 청구가 뒤이
었다.

그러나 공노협 자체의 구심력이 저하되었다는 사실이야말로 심
각한 문제였다. '파업권 파업' 이후 전국전기통신노동조합(이하 전전
통)은 서서히 현실주의 노선으로 돌아섰다. 애초 전전통은 1965년
투쟁의 발단이 되었던 징계 철회 투쟁(이른바 '게릴라 투쟁')[21]을 노사

---

19 역주 : 정부가 관계각료협의회를 설치해 3공사와 5현업의 파업권 문제를 최종 매듭짓겠다는 내용을
담은 정부·자민당 사이의 합의이다.

20 역주 : 금전 및 여성 스캔들로 다나카 내각이 붕괴한 1974년 말, 자민당 내 소수파이면서 가장 강하
게 정당 개혁과 정치 개혁을 주장해 온 미키가 자민당 총재로 추대되어 총리(1974년 12월 9일~1976년
12월 24일 재임)가 되었다. 취임 이후 그는 공직 선거 및 정치자금 개혁 법안을 강하게 추진했다.

가 서로 양보해 해결한 이래 양호한 노사관계를 구축했다는 이유로 공노협 안에서 이단자로 알려져 있었다. 그리고 '파업권 파업'을 계기로 계급주의와 완전히 결별하고 독자적인 노사협조 노선을 걷게 된다(山岸 1992, 188-189; 大嶽 1994, 120-122). 1977년 5월 4일 나고야 중앙우체국 사건에 대한 최고재판소 판결 역시 공노협의 구심력을 한층 약화시켰다. 이 사건은 1958년 춘투 당시 벌어진 것이었는데, 1966년 최고재판소 판결이 있었던 도쿄 중앙우체국 사건과 완전히 동일한 성격이었으나, 판결 내용은 정반대였다. 판결은 공노법으로 금지된 쟁의행위에 대해서는 노조법 제1조 2항의 형사 면책권이 적용되지 않는다는 내용이었다(도쿄 중앙우체국 사건 판결에 대해서는 이 장의 주 12 참조).

전체全遞는 1978년 춘투에서는 공노협의 3단계 파업에 참가했지만, 경찰이 이 판결을 빌미 삼아 강제 수사에 나설까 우려해 '결전 파업'을 앞두고 이탈했다. 그러나 이로 말미암아 공노협 노조들뿐만 아니라 전체 내부에서도 강한 비판이 일어나, 집행부는 7월 대회에서 당국의 노무 정책에 맞설 것을 약속한다(勞働省編 1978, 732-750). 전체는 1969년 스기나미杉並 지부의 관리 강화 반대 투쟁을 시작으로 매년 말 진행하던 '노무 정책 변경 투쟁'을 1978년 말에는 대규모의

---

21 역주 : 전전통은 1965년 춘투에서 4월 20·23일 양일간 운동 사상 처음인 '자택 대기' 방식으로 조합원 전원 반일半日 파업을 실시한다. 이에 대한 보복으로 회사는 6월 5일 해고 32명을 포함해 참가 인원 15만5천 명 전원에 대한 승급 연기 등 징계 조치를 취했다. 전전통은 이에 맞서 각 직장에서 다양한 창의적 방식으로 '게릴라 투쟁'을 전개하라고 지시한 동시에 개인 소송, 대규모 집단소송 등 집요한 투쟁을 전개한다. 회사 측은 1966년 노조에 화해안을 제시했다.

마루세 반대 투쟁으로 조직했는데, 연하 엽서 배달을 지연시키는 방침 등이 국민적 비판에 직면했다. 우편 업무의 경우, 국철의 경우와 마찬가지로 당국의 명확한 '마루세'(생산성향상운동) 방침이 있었던 것은 아니고, 언론의 반응도 곱지 않았다(内藤 1979). 마루세 반대 투쟁이 시들해진 뒤, 전체는 노사관계를 개선하고자 1983년 8월에 열린 제37차 대회에서 기업·산업의 정책 결정에 참가하기 위한 '제도 정책 투쟁'을 내세우기에 이른다(兵藤 1997b, 472-473; 公労協編 1978, 742-753; 国労編 1986, 413-414).

반면에 국철노조 집행부는 1960년대 이후 계급주의 노선이 승리한 데 따른 유산에 사로잡혀 있었다. 마루세 운동이 실패로 돌아가자 현장 관리자의 사기와 위신이 심각하게 추락하고, 생산성 운동을 지휘했던 마나베 직원국장과 오노 능력개발과장이 경질되었다. 국철노조가 작성한 '부당노동행위자' 명단에 따라 현장 관리자들이 징계되기에 이르면서, '무사안일'주의가 현장에 만연했다고 한다. 국철노조는 사실상의 인사권을 획득했고, 결국 현장 협의제는 노조 활동가들이 현장 관리자를 몰아붙이는 장소이자 뒷거래와 온갖 나쁜 관행이 판치는 온상이 되었다.

마루세 반대 투쟁이 승리하면서 직장 내 현장 활동가들이 전횡을 일삼자, 국철노조 본부를 통해 현장을 통제할 필요성이 제기될 정도였다. 국철노조의 민동좌파는 사회주의협회의 영향을 강하게 받고 있었고, 직장투쟁 노선 또한 미쓰이·미이케 투쟁에서 사회주의협회파가 취했던 전술의 영향을 받았다고 한다. 국철노조가 현장 협의제를 도입한 것과 때를 같이해, 협회파도 더욱 속도를 내 국철 조합원을 조직했다. "국철노조 간부의 지지 아래 '협회 및 협회의 교육기관인 노동대학에서 하는 강좌에 대해 국철노조의 분회와 지부들은 수 강생 모집과 장소 제공 등 적극 협조'하게 되어 젊은 현장 활동가 다 수가 협회에 가입했다."고 한다(大嶽 1994, 109). 마루세 반대 투쟁의 주 역이 되어 현장을 장악한 사람들이 바로 이 협회파 활동가들이고, 이들의 존재로 말미암아 1970년대 후반부터 진행된 민영화 과정에 서 국철노조가 유연성을 발휘하지 못했다.

1977년 8월에 열린 전국대회에서 국철노조 집행부는 "국민의 교 통, 국민의 국철"을 위한 '민주적 규제'를 새 운동방침으로 제기했 다. 이는 노조가 경영을 통제해 국철 노동자와 국민의 요구를 관철 해 가자는 뜻이었다. 하지만 협회파 활동가들은 이것이 합리화 반대 투쟁의 포기이자 동맹 노조들의 경영참가 노선과 다를 바 없다면서 강력히 반발해 이 안은 사실상 폐기되었다(兵藤 1997b, 424-429). '민주적 규제' 노선은 사실은 직장 규율의 난맥상을 자각한 집행부가 "노동 자의 자주적 직장 규율 확립"을 호소한 것이었다. 하지만 결국 이 노 선은 좌절하고, 노동 규율의 문란과 도덕적 해이를 충분히 견제하지 못한 가운데, 1982년 1월 하순 『아사히 신문』이 국철의 불법 수당 문제를 고발하기에 이른다. 이를 계기로 근무시간 중의 음주와 목욕 탕 출입, 가짜 출장과 불법 수당, 뒷거래 협정, 꾀병 결근 등이 속속 보도되어 국철의 노사 모두에 대한 비판이 높아지고 민영화 여론이 대세가 되기에 이른다(屋山 1982; 加藤 1982; 加藤·大野·屋山 1983).

이에 대해 직장 규율의 난맥상은 사실무근이라며 국철노조를 정 면으로 옹호한 논자들도 있었다(下田 1982; 八丁 1982; 小田 1986; 鎌倉 1986 등). 하 지만 좌파 중에도 문제의 뿌리를 파헤친 주목할 만한 논자도 있었 다. 예컨대 직장 규율의 난맥상은 단지 마루세 이후의 기강 해이뿐만 아니라 국철노조 운동에 내재한 문제라는 지적이 있다. "꾀병 결근 등을 개인 문제로 간주할 수 있지만, 삶의 태도 속에 깊이 스며드는 운동을 만들어 내지 못한 국철노조 운동의 체질과 관련된 문제임을 자각해야 할 것이다"(兵藤 1984, 76). 계급적 노동운동에는 자본주의에서 노동은 모두 착취의 대상이므로 되도록 이를 피하려는 경향, 합리화는 모두 착취를 강화하려는 시도이니 절대 반대한다는 경향 등이 있다. 이런 생각은 노동을 노동자에게 의미 있는 것으로 만들지 못하게 하며, 자신의 노동을 스스로 통제할 가능성마저 차단한다(兵藤 1984, 28-34).

구마자와 마코토熊沢誠는 "마르크스주의의 체제 인식과 '더 적은 노동, 더 많은 임금'의 지향이 '착취의 경감'을 매개로 결합"한 것을 "계급적 도둑주의"라고 불렀다(熊沢 1984, 211). 다카기 이쿠로高木郁郎는 그런 '계급적 도둑주의'가 실은 총평 계급투쟁의 본질이었다고 말하고, 이를 '사이비 계급투쟁'이라고 불렀다(高木 1989). 1967년 국철노조가 채택한 합리화 반대 투쟁 기본 방침에는 "합리화 반대 투쟁은 계급적 투쟁이며, 이를 '도둑질 투쟁'에 그치게 해서는 안 된다"(国労編 1986, 102)라고 스스로 경계하고 있었음에도, 직장투쟁의 역사적 승리라고 할 수 있는 현장 협의제가 직장 규율의 난맥상으로 말미암아 '도둑질'의 장으로 전락했다고 비판받게 되었다(兵藤 1984, 32).

더 나아가 직장(현장) 투쟁론 자체가 과연 노동조합 조직론으로 타당한지를 의문시하는 경우도 있다. 현장 협의제가 국철노조 본부의 통제력을 약화시켜, 마루세 이후 현장에서 노사가 야합하고 규율이 희미해져도 중앙의 견제는 무력해졌으며, 그 결과 현장을 균일하게 규제할 방법이 없어졌기 때문이다.[22] 다카나시 아키라高梨昌는 국철노조의 직장투쟁 노선을 "조합론으로 성립할 수 없다", "단추를 잘못 채웠다."고 단언했다(高梨他 1982, 56).

국철노조의 계급주의는 노동의 단결을 어렵게 만들었다. 1973년 유류파동 이후 경영합리화에 철저히 협력해 노사협조를 한층 강화하고 있던 민간 노조들에게 총평·공노협·국철노조의 계급투쟁주의와 정치주의는 불신을 샀을 뿐 노동 전선을 통일하는 기치가 될 수 없었다. 결국 총평의 국민 춘투 노선, 파업권 탈환 투쟁은 1960년대 이래 생겨난 민간 노조와 관공노의 간극을 결정적으로 벌렸다. 민간 부문 노사의 계급 교차 연합을 더 강화한 것이다. 1975년 춘투 및 '파업권 파업'에서 총평이 패배한 결과, 민간 주도의 노동 전선 통일 움직임이 생겼고 총평의 온건화를 촉진했지만, 마루세 반대 투쟁의 승리에 도취된 국철노조만이 계급투쟁 노선을 견지하면서 고립을 심화시키고 있었다.

그리고 '파업권 파업'은 경영형태의 변화라는 쟁점을 부각시켰는데, 이것이 국철노조의 목을 조였다. 처음에는 국철노조를 견제하는 데 그쳤지만, 국철의 자력에 의한 재정 재건이 절망적이라고 간주되

---

22 "마루세 분쟁 이후 관리자는 현장에서 노조와의 분쟁을 회피하면서, 현장 책임자의 재량으로 최대한 조합의 요구를 수용하고, 직장에서 해결할 수 없는 사항은 조합의 의견을 당국에 전달하겠다는 태도를 보였다. 그런 태도는 현장 문제를 좀 빨리 해결할 수 있을지 모르지만, 한편으로는 직장마다 노동조건 규제의 수준 차이가 확대되는 경향이 있고, 다른 한편 분회·지부의 간부들이 청부업자처럼 되어 간다. 이렇게, 선진적 직장에서는 노조에 대한 강한 규제가 유지되지 못하고, 직장 간의 규제 수준의 격차는 방치되는 경향이 자리 잡는다. 또한 노동조합이 규제의 주체가 되므로 그 운동은 정체되는 경향이 커진다(兵藤外 1981, 469-470).

면서 이 문제는 현실적 쟁점이 되었다. 민영화가 부각되면 파업권 문제는 자연히 해소되어 버리고, 국철노조가 그토록 비판해 온 철도 행정에 대한 정치적 개입에도 제동이 걸릴 것이었다. 그야말로 일석이조가 아닐 수 없다. 그러나 국철노조의 계급적 운동은 국철이 공기업이기에 가능했다. 공공 부문에서 시장 원리를 언제까지고 배제할 수는 없다 해도, 공기업에 속한 국철노조가 파업권을 박탈당하고 있었고, 노사관계가 '외부화'되어 있었다는 것, 그로 말미암아 국철노조가 좌경화·계급주의화되었다는 사실을 다시 강조할 필요가 있다(稲上 1985, 165). 실력 투쟁을 펼치며 중재판정의 완전 이행을 요구하는 과정에서 국철노조는 계급투쟁 노선을 확립했다. 또한 그 뒤 36협정, 현장 협의제, 마루세 등 국철노조가 계급적 노동운동을 관철해 갔던 투쟁들을 보면, 국철노조의 승리에는 무엇보다도 공노위 판결이 미친 영향이 컸다. 따라서 파업권을 박탈당한 대신에 주어진 소정·중재 제도 자체가 1960년대 국철노조의 계급적 노동운동에 유리하게 움직였던 것이다.

그리고 공노위의 판정을 국철 당국이 마지못해 받아들인 것은 국철이 노사관계의 당사자 능력을 충분히 갖추지 못했기 때문이다. 국철노조는 "철도 정책이 정치적으로 이용되고 있다."고 비난했지만, 정작 국철 당국은 경영자로서 권리를 충분히 부여받지 못했는데, 경영상의 효율과 합리성에 반한다고 생각하면서도 공노위의 판단을 '정치적으로' 존중한 것도 바로 그 때문이었다. 만일 국철 당국이 경영의 최종 책임자였다면, 현장 협의제 같은 현장 교섭의 상에 잠식하는 일은 끝까지 거부했을 것이고, 가령 마루세가 실패했더라도 직장 규율의 난맥상을 그대로 방치하는 일 또한 없었을 것이다.

결국 국철노조의 계급투쟁 노선의 승리는 국철의 경영형태와 제도적 특징에 기인한 바가 크고, 국철노조의 힘은 환경적 요인들의 영향을 크게 받은 것이었다. 특히 마루세 반대 투쟁의 경우, 언론이 강력하게 지지했다는 점에서 특수한 경우였다. 투쟁 당시 국철노조 중앙집행위원이었고 1973~77년 서기장을 지냈던 총평 사무국장 도미즈카 미쓰오富塚三夫는 1979년에 이렇게 말했다. "나는 이소자키 씨를 중심으로 한 관료 지배 체제의 가장 큰 약점이 무엇인지 계속 생각했다. '언론이 제일 약점이다.' 나는 그런 식으로 관료 체질의 약점을 찾아내서, 신문기자들에게 달려가 여러 가지 내용을 모두 사회적으로 고발하고 폭로했다"(国労編 1979, 1,303). 또한 호소이 소이치(혁동파로서 도미즈카와 짝을 이뤄 민동좌파·혁동파의 밀월 시대를 구축) 중앙집행위원은 이렇게 말했다.

…… (『마이니치 신문』의 나이토 구니오内藤国夫 기자는) 지금도 그렇듯이 정의감이 남달리 강해서 이 문제를 매일 써주었다. 『마이니치 신문』이 기사를 내면 『아사히 신문』도 쓸 수밖에 없다. 오히라 데루아키大平輝明 씨가 중심이 되어 써주었다. 그러면 『요미우리 신문』도 가만히 있지 못하게 된다. …… 이것이 국철 노동자들을 크게 격려했고, 사회문제로 다뤄지는 데 호소력이 있었다고 생각한다. 정말 큰 힘이 되었다(国労編 1979, 1,320-1,321).

이렇듯 언론의 힘이 결정적이었다. 그러나 분회에 속해 있던 활동가들은 마루세 반대 투쟁의 승리에 도취된 채 본부의 중앙 통제를 거부하고 직장 지배에 매진한다. 결국 차마 눈뜨고 볼 수 없을 만큼 직장 규율이 문란해졌고, 1982년에는 언론마저 가혹하게 비판했다.

국철노조가 직장을 지배하게 한 것도, 이 지배를 무너뜨린 것도 모두 언론이었다고 할 수 있다.

요약하면 다음과 같다. 국철노조는 제도적 조건과 시대적 배경의 도움을 받아 현장 협의제를 확립했고, 마루세 반대 투쟁에서 승리를 거둔다. 이는 계급 교차 연합이 확립되고 고착화되던 흐름과 병행해 진행된 것이다. 그러나 노동의 통일을 희생하면서까지 몰아붙인 계급적 노동운동은 1975년에 추진한 '파업권 파업'에서 사실상 파산한다. 좌파를 돕는 '순풍'은 이미 그쳤다. 사회적으로는 불황이 가져온 충격으로 '생활 보수'라는 풍조가 지배적이 되고, 총평은 유연화되어 동맹·IMF-JC가 주도하는 노동 전선 통일에 순응하게 된다.

국철노조는 이런 흐름에 반발하며 끝까지 계급주의를 고집한다. 국철노조가 다른 노조들을 뒤따르지 않고 계급적 노동운동의 보루를 지킨 것은, 국철노조의 주류파인 민동좌파가 주체적으로 선택했다기보다는 미루세 반대 투쟁 승리의 유산에 사로잡혔기 때문이었다. 1970년대에 이 투쟁을 이끈 사회주의협회파 활동가들이 장악한 분회의 힘이 커진 나머지, 국철노조 본부는 이를 효과적으로 통제할 수 없게 되었다. 결과적으로 현장 협의제는 직장 규율을 문란하게 한 원흉이 되고, 얄궂게도 과거 마루세 반대 투쟁을 승리로 이끄는 데 일조한 언론 매체들마저 국철노조를 가혹하게 비판했다.

선진 자본주의 나라의 주류 노동운동으로서 총평·국철노조가 내세운 계급투쟁 노선은 매우 특이했다. 선진국들 가운데 노동의 조직력이 가장 높은 스웨덴의 경우를 보면, 노농의 중앙 조직인 LO는 일찍부터 경영합리화를 수용하고, 노동의 조직화 및 중앙 집중화가 경영전략의 일환으로 효과적이라는 점을 자본이 인식하게 했다. 이에 비해 [일본의] 총평·국철노조는 계급투쟁주의를 고수하고 합리화에 절대 반대하면서, 자본이 주도하는 계급 교차 연합을 허용했다. 또한 국철노조는 중앙 본부의 직장 통제를 약화시키는 현장 협의제를 도입해 현장의 규율이 황폐화되는 것을 자초했다.

5. 1955년 체제의 변화

1) 계급 교차 연합의 해소

총평의 계급적 노동운동이 쇠퇴한 동시에, 동맹과 IMF-JC를 중심으로 노동 전선 통일 운동이 일어난다. 1976년에는 IMF-JC가 주도한 춘투에서 기존의 총연맹 조직들이 참가하는 정책추진노조회의가 결성되어, 정책·제도 요구에서 시작해 노동 전선 통일로 나아간다는 전망을 행동으로 구체화하기 시작했다. 1978년 11월에 열린 동맹 정기 대회에서는 통일 3원칙(민간 선행, 노동조합주의, 국제자유노련 가입)이 명확히 제시되었고, 1979년에는 중립노련과 신산별이 노동 전선을 통일하는 촉매로서 총연합을 결성했다.

그리고 1980년에는 노동전선통일추진회가 발족해, 1982년 민간 41개 단산(산별연맹)의 총 425만 명이 결집한 전일본민간노동조합협의회(이하 전민노협)가 결성되었고, 1987년에는 55개 단산의 총 539만 명을 포괄하는 전일본민간노동조합연합회(이하 민간연합)가 결성되었다. 그리고 불과 2년 뒤에는 관공노 19개 단산을 포함한 연합連合

208

이 결성되어 마침내 8백만 명이 결집했다. 계급적 노동운동이 쇠퇴하면서, 특히 [노선별로 쪼개어 진행된] 분할·민영화에 따라 국철노조가 약소 노조로 전락해 노자 화해(노사협조주의) 노동운동에 대항할 세력이 소멸하자, 민간이 주도해 노동 전선을 통일하려는 시도가 급진전된다. 총평은 이미 민영화 반대 운동을 효과적으로 조직할 힘을 잃었고, 오히려 동맹 및 IMF-JC와 공동보조를 취함으로써 활로를 찾으려 했다. 민영화에 직면한 공노협의 주요 노조들(전전통·국철노조·동노) 역시 생각의 차이가 커서 공동보조를 취할 수 없었다.[23]

예컨대 전전통은 애초에 민영화를 단호하게 반대했으나 조직을 지키려면 분할 반대를 조건으로 내걸고 민영화를 받아들이는 것이 낫다고 판단해 유연한 노선으로 전환한다(全電通編 1988; 大嶽 1994, 117-142; 山岸 1992, 188-192). 과거부터 전전통은 합리화에 협력해 왔으며, 또한 전신 사업이 순조롭게 성장하고 있음에도 우정郵政·국철과 같은 수준으로 인금이 억제되고 있어서 노동자들 사이에 불만이 많았기에 민영화를 수용할 가능성이 있었다(大嶽 1994, 125-129). 총평 노조들이 통상적으로 사회당을 통해 정치적 영향력을 행사하려 한 방식과는 달리, 전전통은 회사와 공동전선을 구축해 정부 및 자민당 지도부와 스스로 교섭하면서, '민영화 찬성, 분할 반대'의 입장을 관철했다.

전전통이 임기응변적으로 대응한 것과 대조적으로 계급주의적 입장을 고수했던 국철은 결국 분할·민영화의 과정을 밟고 [국철]노

---

23 노동 전선 통일에 대해서는 労働運動研究会編(1988), 兵藤(1997b, 9장) 참조.

조는 [여러 철도 노조들 가운데] 소수파로 전락한다. 1980년에는 25만 명의 조합원을 과시했던 국철노조가 1987년 민영화 당시에는 6만 명, 1989년 연합이 탄생할 당시에는 3만 명으로 격감한다. 국철노조가 이렇듯 급격히 쇠퇴한 것은 정부 당국이 국철노조를 고립화하고 내부 분열을 유도하겠다는 전략을 주도면밀하게 펼쳤기 때문이었다.

1981년 4월 국철노조·동노·전시노全施労·전동노 등 네 개 노조는 국철 재건을 위한 합리화와 정원 삭감의 본격화에 맞서 '공동 테이블'을 구성하고, 국철 노사 관계에 대한 언론의 비판이 전개되던 와중인 1982년 3월 9일 '국철 재건 문제 4조합 공동 회의'를 발족시킨다. "4조합 공동 5항목 합의"를 보면, "분할과 민영화, 35만 명 체제 책동에 반대"라는 주요 목표 외에도 계급적 노동운동의 특징을 담은 "안전을 무시한 합리화 반대", "반핵·반전·평화 투쟁의 강화" 등의 슬로건이 병기되어 있었다(国労編 1986, 638-640).

그러나 4조합 공투는 정부 당국이 공세를 펼치자 속절없이 무너졌다. 1982년 4월 자민당 소속인 국철기본문제조사회의 '국철 재건에 관한 소위원회'(이른바 미쓰즈카三塚 위원회)는 "관리 경영권 및 직장 규율 확립에 관한 제언"에서 관리자의 '노예적 상태'를 해결하고 '인민 관리'를 타파함으로써 직장 규율을 확립하고, 현장 협의제를 개정하며, 뒷거래 협정 및 나쁜 관행들을 폐지할 것을 요구했다. 국철 당국은 이를 받아들여 1982년 7월 '현장 협의제에 관한 협약'의 개정을 제안하고, 1983년 6월에는 마루세 종결 당시 교환한 '각서'에 따라 작성된 기존의 승급 협정을 개정할 것을 제안했으며, 1984년 7월에는 잉여 인력 대책(권고 퇴직, 휴직 제도의 개정·확충, 파견 제도 확충)

을 제안하고, 이것이 원활하게 시행된다면 고용 안정 협약을 다시 체결할 수 있음을 시사했다.[24]

장기간에 걸친 직장투쟁을 통해 쌓아 올린 유산이 이렇게 파괴될 위험에 처하자, 국철노조가 강력하게 반발한 것은 당연했다. 하지만 철노는 물론이고 동노와 전시노까지 정부가 제시한 안에 동조하게 된다. 국철노조에 예상치 못한 타격이 된 것은 과거 국철노조보다 급진적이었던 동노의 변화였다. 동노는 1982년 제38회 정기 대회에서 방향을 전환해, 현장 협의제의 개정을 받아들이기로 결정한다. 동노는 분할·민영화가 동노·국철노조의 조직을 파괴하려는 목표를 띤 공격임을 알면서도, 노동운동의 총체적 역량과 혁신 정치 세력이 후퇴하는 국면에서는 투쟁 전술이 맞지 않다고 판단해 유연한 대응을 결정한 것이다. 이후 동노는 철노 및 전시노와의 공동보조를 강화해, 당국의 방침에 전향적으로 대응한다. 그리하여 1985년 6월 민영화는 부득이하다는 입장을 밝히기에 이른다.

1985년 12월 나카소네 야스히로中曽根康弘 총리가 미쓰즈카 히로시三塚博를 운수대신에 임명하면서 국철의 분할·민영화는 최종 국면을 맞는다. 그리고 이는 1982년 이후 추진된 노사관계 정상화가 대단원의 막을 내렸다는 의미이기도 했다. 1986년 1월 3일, 미쓰즈카 운수대신과 국철 관계 노조들이 가진 회담, 그에 따라 이루어진 국철 총재와 각 노조 지도부들의 개별 교섭에서 당국은 '노사공동선언

---

24 고용 안정 협약은 '기계화·근대화·합리화'에 직면해 직원의 고용 안정과 노동조건의 유지·개선을 꾀할 목적으로 1971년 3월에 체결되고, 그 뒤로 갱신되어 왔다(国労 1986, 694).

(안)'을 제시한다. 여기에는 국철노조에서 해오던 직장투쟁 전술(리본과 구호 띠 착용, 조회 방해 등)을 금지하고, 노사협조를 바탕으로 자구책을 마련하고 합리화를 추진하고자 노력한다는 내용이 담겼는데, 국철노조는 이를 정면 거부한 반면, 철노·동노·전시노는 수용했다.

'노사공동선언'은 거부했지만, 국철노조 집행부(민동좌파)는 1985년 11월 고용 안정 협약이 효력을 잃게 되면서 조합원이 동요하는 것을 무마하고자 유연한 자세를 취한다. 1986년 2월 28일 정부는 국철의 분할·민영화 관련 법안을 국회에 상정했고, 사회당은 분할 없는 민영화 안을 제시했다. 국철노조는 분할과 민영화 모두에 반대했으나, 3월 17~18일에 열린 중앙위원회에서 사회당의 안을 지지하기로 결정했다. 또한 5월 12일에는 [국철] 당국과 더불어 '경영·고용 문제에 관한 간담회'를 설치하고 29일에는 희망퇴직 모집을 사실상 용인하는 고용정책을 제시한다. 그사이 국철노조의 조합원 수는 18만4천 명(1월)에서 15만7천 명(7월)으로 줄었다. 4월 13일에는 탈퇴자들이 진국철노동조합真国鉄労働組合(이하 진국노)을 결성했고, 7월에 진국노·국철노조·동노·전시노 등 네 개 조합들은 국철개혁노동조합협의회(이하 개혁협)를 발족시킨다.

궁지에 몰려 있던 국철노조 집행부에 최종 결단을 압박한 것이 1986년 7월에 치러진 중의원·참의원 동시선거였다. 자민당이 압승(중의원 304석)하고 사회당은 대패(중의원 86석으로 33석 감소)해 모든 것이 끝났다. 7월 22~25일에 열린 제49회 전국대회에서 집행부는 총평의 방침에 따라 '고용 안정과 조직 지키기'를 우선 과제로 하고 전략상의 문제들은 중투위에 일임하라고 요구해, 대담한 타협도 가능함을 시사한다. 이에 대해 반주류파(혁동·협회파)가 반발했고, 결국

"사전 또는 사후에 기관(노조 기구)에 자문한다."는 단서 조항을 추가했다.

이 와중에도 탈퇴자는 계속 늘어나 1986년 7~8월 두 달 동안 2만5천 명 이상에 달했다. 국철노조 주류파는 총평 및 사회당의 협력을 받아 국철 당국과 정부, 자민당과 절충해 "노사공동선언과 고용 안정 협약을 묶어서 체결한다", "노사관계 정상화를 위해 국철노조는 (노사공동선언에 대한) 대회 방침을 수정하고, 제소한 사안들은 취하한다."는 내용들에 합의했다. 그리고 10월 9~10일 슈젠지修善寺에서 열린 대회에서 "당면 현안에 대한 긴급 방침"을 제안한다. 그러나 이 안은 부결되어, 야마자키 슌이치山崎峻- 집행부는 총사퇴하고 협동·협회파가 중심이 된 새 집행부가 구성된다(롯폰기 사토시六本木敏 위원장, 이나타 요시아키稲田芳朗 서기장). 이렇듯 민동좌파가 막바지에 추진한 유연화 노선도 혁동·협회파에 가로막혔다.

집행부에서 밀려난 민동좌파는 1986년 10월 16일 '총평·사회당을 지지하는 국철노조 전국연락협의체'를 결성했고, 1987년 2월에는 일본철도산업노동조합총연합(철산노련)을 발족시킨다. 그에 앞서 국철차량노동조합(1986년 7월 21일), 공사工事노동조합연합회(1986년 7월 30일), 전국철도협의회연합회(1986년 8월 21일), 공무公務노동조합연합회(1986년 9월 29일), 국철자동차협의회연합회(1986년 10월 1일) 등이 결성되어 있었는데, 이들은 하나같이 개혁협에 가입했다. 그 결과 1986년 11월에 개혁협 산하 조합원은 11만6,734명으로 국철노조의 10만6,504명을 앞질렀다.[25]

'연합'이 결성되면서 일본 노동운동은 1954년 전노가 결성된 이래 고착화된 좌우의 분열 상황을 해소했다. 계급정치 이념으로 보면

1955년 체제는 노자 화해(노사협조) 체제를 확립했다. 그렇다면 이 체제는 결국 '연합'의 형성으로 완성되었다고 말할 수 있다. 그러나 노자 화해가 완성되었다는 것은 현실로서의 1955년 체제가 종언했음을 뜻했다. 왜냐하면 현실로서의 1955년 체제는 좌파 노동과 우파 노동이 갈등하는 '노·노 대립'을 전제로 계급 교차 연합이 형성되고, 이 연합이 거시적으로는 노동의 기업주의화로 실현된 것이었기 때문이다. 노자 화해(노사협조) 체제가 완성됨으로써 계급 교차 연합을 해소했고, 따라서 현실의 1955년 체제를 무너뜨렸다.

1955년 체제의 또 다른 특징이었던 춘투의 기능은 1975년을 지나면서 결정적으로 변했다. 고도성장기일 때만 해도, 춘투는 충분하지는 못해도 생산성 향상과 연계된 임금 인상 및 규모별 임금격차를 해소하는 데 기여했다. 그러나 1975년 춘투에서 임금 인상이 자제되기 시작한 이래 실질임금은 낮아졌고, 생산성 향상과의 연계도 전혀 이루어지지 않았다. 이는 춘투의 기능이 기준임금 인상base-up보다는 상한선을 설정하는 것으로 바뀌어 임금 인상을 억제하는 효과를 낳았기 때문이다. 그 결과 경영 실적이 양호한 기업은 춘투에 따른 임금 인상분 외에 일시금(보너스)이나 수당을 올려 임금 추가 인상을 실시했다. 따라서 기준임금 인상을 통한 임금 평준화라는 춘투의 기능은 1975년 이후 무력화되었다(篠田 1989, 29-34).

그리하여 고도성장이 끝남에 따라 거시적 축적 체제로서의 일본

---

25 국철 민영화에 대해서는 **勞働省編**(1985, 743-805), **勞働省編**(1986, 556-649), 정치학자의 분석으로는 土居·早川·山口(1985), 草野(1989), 早川(1992), 大嶽(1994) 등이 있다.

적 포드주의는 변질하기 시작했고, 1980년대 말 계급 교차 연합이 해소되면서 일단락되었다고 말할 수 있다. 이 과정이 미시적 수준에서의 노사관계 변화와 연동되었다는 점은 두말할 나위가 없다.

2) 기업주의의 고도화

1973년 유류파동을 계기로 일본 경제는 심각한 불황에 빠졌고, 철강, 비철금속, 일반 기계, 고무, 석유화학, 전기 부문 등의 제조업 대기업들은 생산 축소, 시설 폐기, 조업단축을 피할 수 없었다. 감량 경영은 필연적으로 고용조정을 동반해, 잔업 규제, [경력자] 중도 채용의 삭감과 중단, 인원 보충 중지, 신규 채용 축소와 중단, 나아가 계절공·임시직·일용공·파트타임의 해고에서부터 정규직의 일시 휴가나 파견·전직[出向]에까지 이르렀다.

긴급피난 성격의 이런 조치들 외에도 고도성장의 종언은 노무관리의 구조적 변화도 강제했다. 능력주의 관리의 일환으로 도입된 소집단 활동(품질관리Quality Control, QC, 무결점 운동Zero Defect, ZD)은 먼저 생산 현장에서 시작되어 사무·영업·관리 부문으로 확대되고, 하청 등 관련 기업들로도 퍼져 기업집단(그룹) 전체의 활동으로 되어 갔다. 소집단 활동이 보편화되자, 당초에는 아래로부터의 자발성을 강조했던 운동 성격도 바뀌어 하향식이 되고, 주제도 품질관리, 공정 감소, 비용 절감으로 확대되었다(兵藤 1997b, 359-360; 小越 1992).

1980년에는 일경련이 '신직능자격제도'를 제창한다. 이는 기존의 직능 자격제도의 기준이 애매한 탓에 결국 연공年功적 운영으로 흘러가 버린 것을 반성하면서, 직위 체계와 처우 체계(직능 자격)를 분리해 직위가 아닌 자격 중심의 관리로 나아가자는 것이었다. 즉 인사고과를 통해 개별적 관리를 한층 강화하자는 것이었다. 1989년 일경련의 조사에 따르면, 3천 명 이상 기업 가운데 자격제도를 도입하고 있는 기업은 105개 중 99개, 그중 1980년대 들어 자격제도를 수정한 곳이 55개사였다. 그들 모두가 일경련의 방침을 따랐다고는 말할 수 없지만, 대체로 연공급을 제한하고 직능 평가의 공평성·객관성을 확보하는 것이 목적이었다(兵藤 1997b, 361-379).

소집단 활동을 확산하고 능력주의 관리를 강화하려는 것은 정규직의 소수정예화를 노린 시도이지만, 이는 주변 노동력의 확대, 즉 하청·파트타임·파견직의 이용 확대와 함께 진행된 것이었다. 이중구조의 확대를 동반한 고용조정은 1980년대의 일본에서는 사회적 긴장을 조금도 높이지 않고, 다시 말해 노동의 기업주의화를 해치는 일 없이 오히려 이를 강화하는 형태로 진행되었다. 고용조정을 원활하게 진행시킨 역할을 한 것이 노사협의제라는 점에 주목할 필요가 있다.

제1차 유류파동을 겪으며 노사협의제의 성격이 바뀌었다는 지적이 많다. 즉 기존의 노사협의제는 경영 측이 제안하면 이를 협의한다는 식의 소극적·수동적인 제도였으나, 유류파동을 겪은 뒤에는 노조들이 인사·복지를 중심으로 경영에 적극 참여하려는 의욕이 생겼다는 것이다. 1981년 현재 경영대책부를 설치한 노조는 전체(조합원이 1백 명 이상인 682개 민간 노조)의 26.7퍼센트에 머물렀지만, 3천 명 이상 노조에서는 47.7퍼센트, 1천~3천 명 미만에서는 41.4퍼센트에 달했고, 게다가 과반수가 1975년 이후 설치한 것으로 나타났다(生産性本部編 1985, 151). 노동조합은 노사협의제를 통해 경영자의 시각을 공유함으로써, 적극적으로 고용조정에 협력해 가게 된다.

고용조정은 종신 고용 관행을 (해고 및 외부노동시장 활용을 통해) 결정적으로 파괴하지는 않았고, 기업 내의 배치전환, 관련 회사나 계열기업 및 하청으로의 파견과 전직 등을 통해 진행되었다. 대기업의 분사分社화, 사업 전환, 신규 사업 설립은 상투적인 '구조조정' 수단이지만, 이 같은 경영합리화는 잉여 노동력을 담는 그릇으로서 중요한 의미를 지닌다. 관련 회사로의 파견·전직은 잉여 노동력을 대기업 내부노동시장에서 실질적으로 배제하는 것이지만, 되도록 외부 노동시장이 아니라 기업 네트워크를 최대한 활용해 노동력을 재배치하고자 하는 것이다. 고용 보장을 지상 목표로 하는 노동조합은 이런 노력에 협력함으로써 한층 더 기업에 헌신하게 되었다.

내부노동시장을 유연화하기 위해 기업 복지 차원에서도 중요한 개혁이 몇 가지 있었다. 퇴직금 비용이 급등하지 않게 막기 위해 이미 1960년대 후반부터 기업들은 기본급의 퇴직금 산정 반영 비율을 억제하려 했는데, 이 같은 시도는 1970년대 후반 급속히 확산된다. 1974년의 경우, 기본급의 1백 퍼센트를 반영해 퇴직금을 산정한 기업이 70.3퍼센트였으나, 1981년에는 58.1퍼센트, 1989년에는 42퍼센트로 낮아졌다. 1천 명 이상 대기업에서는 그 비율이 더 낮았는데, 1974년 51.6퍼센트, 1981년 38.1퍼센트, 1989년에는 27.7퍼센트였다(山崎 1988, 113; 新井·五島 1991, 19). 대기업에서 장기 고용이 더 일반적이고 퇴직금 절대액도 크다는 점을 생각할 때, 이는 당연한 현상이다. 1989년 당시 33년 근속한 내끌 사원이 55세에 퇴직해 받는 퇴직금은 대기업이 2,035만 엔, 중소기업이 1,362만 엔(1990년)이었다(新井·五島 1991, 22).

퇴직일시금 제도는 퇴직 연령의 수정과 더불어 수정된 경우가 많다. 예컨대 철강 대기업에서는 1979년 가을 노사가 정년을 55세에서 60세로 단계적으로 연장하는 데 합의하고, 동시에 퇴직금의 상승률을 낮추기로 했다. 따라서 고용 연장을 조건으로 퇴직금 억제가 이루어진 것이다. 그러나 정년 연장은 흔히 조기 퇴직 우대 제도, 특별 가산금 제도와 함께 이루어졌음에 주의할 필요가 있다. 이는 정년 전에 퇴직하면 할증금을 주는 제도로, 정년 연장에 따른 내부노동시장 경직화를 막기 위해 시행되었다고 생각된다. 1990년에는 그런 제도가 있는 기업이 5천 명 이상에서 59.3퍼센트, 1천~5천 명 미만에서 40.4퍼센트에 달하고 있었다(新井·五島 1991, 38-50).

이처럼 노동력 신진대사를 원활하게 하는 데 퇴직금을 활용하려는 움직임과 더불어, 기업 복지 전반을 수정하려는 움직임도 있었다. 그 성과 가운데 하나가 '생애 종합 복지 플랜'이었다. 이는 노동자의 고용·임금에서 노동·생활환경, 노후 생활 보장과 인간관계, 능력 개발에서 인사에 이르기까지 종합적으로 계획한다는 것으로, 기업의 장기 경영계획과 긴밀히 연계된 것이다. 종합 복지는 생산성 향상의 장기적 성과를 배분한다는 의미를 지니는 것으로, 저성장하에서 생산성 향상의 대가를 임금 인상이 아니라 이것으로 대신하겠다는 뜻이다(新川 1993, 244-245; 2005).

결론적으로 저성장기에 들어선 1970년대 중반부터 1980년대 말까지 노동의 기업주의화는 노동조합이 노무관리 조직이 되고 능력주의 개별 관리가 확산됨으로써 한층 강화되었다고 말할 수 있다. 고용이 자연히 증가하리라고 기대할 수 있었던 고도성장기와 달리, 저성장기에서 고용 보장은 소집단 활동을 통한 능력 개발, 노조의 제2 노무부로서의 기능 강화를 거쳐, 상용(정규)직이 정예화되고 주변직이 확대됨으로써 달성될 수 있었다.

또한 저성장기에 고용조정을 하려면 정부의 지원이 반드시 필요했고, 따라서 기업주의 노조들은 기존의 경제주의 일변도에서 벗어나 정치 참여에 대한 관심이 높아졌다(久米 1998, 181-186). '연합'을 결성하기에 이른 노동 전선 통일 운동이 '정책추진노조회의'를 기반으로 했던 것은 우연이 아니다. 정치의 장에서도 총평의 대결주의는 기업주의 노조들의 정책 참여로 대체되어 버렸다.[26]

3) 국가정책

계급정치의 관점에서 본 1955년 체제의 변화는 정부와 기업주의 노조의 관계 강화로 나타났다. 여기에서 노자(노사)관계 재편에 있어서 국가의 역할에 대해 확인해 보기로 하자. 거시적 계급정치 수준에서 권력자원동원에 영향을 미친 정책으로는, 우선 1975년 춘투 당시 임금 인상 자제 노선을 연출해 낸 총수요 억제 정책이 있다. 당시 정부는 '과잉 살육'over-kill[필요 이상의 과잉 구조조정 혹은 긴축정책]이라는 말을 들을 만큼 가혹하게 인플레이션 억제 정책을 시행해 불황에 대한 우려를 확산시킴으로써 '대폭 임금 인상' 의욕에 찬물을 끼얹었다(新川 1984, 191-194). 또한 '파업권 파업'에서는 "건전한 노사관계

---

26 기업주의 노조들의 이 같은 움직임을 코포라티즘으로 보는 이들도 있으나, 그것이 스웨덴의 코포라티즘과 전혀 다르다는 점에 대해서는 新川(1993, 7장: 2005, 1편 7장)에서 자세히 논의하고 있다.

의 확립"을 방패로 공노협에 대해 일체의 양보를 거부함으로써, 총평의 대결주의 노선을 변경하라고 압박했다. 게다가 국철노조의 몰락을 야기한 민영화 정책의 중요성에 대해서는 재론할 필요가 없을 것이다.

미시적 수준에서 기업 노사관계를 살펴보면 우선 고용조정이 있다. 정부는 1974년 기존의 실업보험 제도를 전면 개정해 고용 대책 사업과 일체화된 〈고용보험법〉을 제정하고 '고용조정 보조금' 제도를 만들었다. 이는 일시 휴업을 실시하는 기업주에게 휴업수당의 일부를 지급하는 제도이다. 또한 1980년 4월에는 파견·전직[出向] 보조금 제도를 도입해, 이 두 제도를 1981년 6월 고용조정 지원금으로 통합했다. 경영합리화에 따른 사업의 외부화(아웃소싱)가 민간 파견 사업을 필요로 하는 수준에 이르렀다고 판단해, 1985년에는 〈노동자 파견 사업의 적정 운영과 파견 노동자 취업조건 정비에 관한 법률〉(노동자 파견 사업법)을 제정한다. 전해에 경제동우회는 "극소전자화ME 적극 추진과 노사관계: '중간 노동시장의 제안'"을 발표해, 관련 기업과 기업집단의 틀을 넘어서는 중간 노동시장을 형성하려면 잉여 노동력을 일시적으로 수용해 다른 기업에 공급하는 '인재 중개 조직'이 필요하다고 주장했었다(永山 1992, 22). 이런 노동시장 정책은 한편으로 정규직 중 핵심 부문 노동자(중핵 노동자)의 정예화로 기업주의를 강화하면서, 다른 한편으로 노동의 외연적 확장을 꾀하는 기업들을 지원하자는 것이었다. 1986년 제정된 〈고령자 고용안정법〉도 입법 취지가 같았다.

공적 복지의 경우를 보면, 공적 복지로 기업 복지를 보완해 국민적 최저 수준을 제공한다는 입장에서 정부가 벗어나려던 시기가 있었다. 1970년대 초, 생산 제일주의에 대한 여론의 비판을 피하기 위해 국가·자본은 공적 복지를 확충하고자 했다. 그러나 공적 복지를 확충하면 기업 복지가 수행하는 사회 통합 역할이 약화되고, 공공 재정이 팽창한 탓에 민간투자가 위축될 위험이 있다. 공적 복지를 확충한다는 것은 곧 시장주의 정책을 추구한 기존의 보수 정치에서 벗어난다는 것을 의미한다. 따라서 1970년대 중반 저성장기에 들어서자, 정부·자민당·재계 모두 [공적 복지 확충 정책을] 재검토해야 한다는 분위기가 커졌던 것이다.

정부와 생산성본부는 행정개혁을 전제로 '활력 있는 복지사회'를 건설한다는 '일본형 복지'를 내세웠으나, 그 목표는 공적 복지를 '적정 수준'으로 수정한다는 것이었다. 1980년대에 들어 무료 노인 의료를 폐지한 것을 시작으로 건강보험 본인 부담제가 도입된다. 또한 연금 지급 수준이 높아지지 않게 억제하고 보험료율을 인상하기로 결정했다.[27] 이 같은 일련의 움직임은 복지 대국을 향한 길을 일단 거부하고, 앞으로 장기적으로 국민적 최저 수준을 보장한다는 뜻이기도 했다. 장기적인 제도 안정을 위한 개혁이 재정 조정이다.

노인 의료를 무료로 제공하자는 것과 관련해 대장성[현재 재무성]은 물론 후생성[28]도 처음부터 재정 압박을 우려했다. 특히 일본의 건강보험 제도는 [통합형이 아니라] 분립형이어서 제도별로 가입자 연령

---

27 1970년대 전반에 나타난 공적 복지의 발전에서 일본형 복지가 등장하기까지의 과정에 대해서는 新 川(1993, 3·4장: 2005, 1편 3·4장) 참조.

28 역주 : 각각 한국의 재정경제부, 보건복지부에 해당한다.

구성이 다르고 노인 의료 부담도 크게 차이가 난다. 구체적으로 보면, '피용자 보험' 가입자와 그 가족은 퇴직 후에는 '국민건강보험'에 가입하는 경우가 많다. 게다가 국민건강보험에는 고령의 자영업자가 많으므로 본인 부담액이 높아진다. 1980년 기준으로 노인 의료비 지급 대상자 가입률은 정부가 관장하는 보험과 조합組合보험, 일고日雇보험[일용노동자들을 위한 보험], 선원보험, 공제보험, 국민보험의 전체 평균이 5.2퍼센트였는데, 국민건강보험은 8.9퍼센트에 달했다. 또한 노인 의료비의 비율은 평균 20퍼센트인데 국민건강보험은 30.5퍼센트였다. 노인 의료비 관련 공적 부담액은 의료비 총액의 약 20퍼센트였는데, 그중 60퍼센트 이상을 국민건강보험이 부담하는 상황이었다(地主 1958, 336, 345).

1983년 2월에 시행된 〈노인보험법〉은 노인들에게 일부 부담을 지우면서, 보험료 지급액의 30퍼센트는 공적 부담으로 처리하고 70퍼센트는 각종 보험 제도들에 분산해 부담시키는 내용이었다. 얼마씩 부담할지는 따로 조정(재정 조정)하기로 했다. 그리고 1984년 〈국민건강보험법〉을 개정해 피용자 보험의 본인 부담제를 도입하고, 새롭게 퇴직자 의료 제도를 도입했다. 이는 퇴직과 더불어 피용자 보험에서 국민건강보험으로 옮기게 된 60~70세 미만 가입자는 입원·통원 모두 급부율을 70퍼센트에서 80퍼센트로 올리고, 그 비용을 가입자의 보험료와 피용자 보험 부담액에서 충당하기로 했다(土田 1991, 284).

연금에 대해서도 1980년대 전반에 각 제도 사이의 재정 조정이 큰 문제가 되었다. 당시만 해도 일본은 고령화 걱정이 없었고, 선진국 중 젊은 나라에 속했다(1980년 65세 이상 고령자 비율은 9.1퍼센트).

하지만 분립형 제도에서는 각 제도마다 재정 규모가 천차만별이고, 가입자 연령 구성도 달랐는데 이 같은 차이를 해소할 방법이 없었다. 결국 고령자 비율이 높은 '국철 공제'와 '국민연금'의 재정 문제가 표면화되었다. 국철 공제는 1983년에 연금 수급자가 현직자를 초과할 만큼 고령화가 진행되었다. 게다가 오래된 제도가 아니었음에도 국민연금 역시 농업인구의 감소와 고령화, 보험료 징수 효율의 저하 등으로 말미암아 1983년도에 이미 적자로 돌아섰다.

이런 문제들에 직면해 각 제도의 틀을 넘는 자금 풀pool을 마련해야 한다는 주장이 제기되었다. 1984년 〈공공기업체 직원 등 공제조합법〉이 〈국가공무원 공제조합법〉에 통합되면서 공기업체 직원의 수급액이 인하되어 공무원과 같아졌다. 1985년에는 국철 공제 문제를 위한 재정 조정이 시작된다. 그리고 국민연금 문제에 대해서는 공제 연금, 후생 연금의 정액定額 부분과 통합해 장기적으로 안정된 재성 기반을 만들고자 했다(淸水 1991; 新川 1997).

이처럼 1980년대 일본은 '스웨덴형의 고복지·고부담 복지 대국'과는 다른 길을 걸었다. 이는 기업 복지를 제공해 노동 의욕을 고취하는 방식을 존중하면서, 기업 복지에서 배제된 주변부에 대해서는 국민적 최저 수준이 안정적으로 보장되게 하려는 개혁(급부 수준의 억제와 제도들 간의 재정 조정)을 시행한 데서 확인할 수 있다(樋渡 1995).

맺음말

국철노조 및 계급적 노동운동의 권력자원동원을 규정한 역사적·제도적 조건을 다시 살펴볼 필요는 없을 듯하다. 여기서는 '1955년 체제의 변화'를 요약하고자 한다. 고도성장이 끝나면서 기업주의가 갖는 의의와 한계가 분명해졌다. 1973년 유류파동의 여파에서 일본 경제가 비교적 빨리 회복된 것은 감량경영, 정규직의 소수정예화, 배치전환, 파견·전직[出向] 등을 통한 고용조정과 노동시장 탄력성 확보를 위해 어렵게나마 노사가 한 덩어리가 된 상태를 만들어 냈기 때문이다. 또한 복지 정책의 방향을 수정하는 데서도, 정부·생산성본부·일경련이 기업 복지의 중요성을 다시 확인하고, 1980년대에 노사 공동으로 '생애 종합 복지' 계획을 차례로 발표한다. 1970년대 전반의 공적 복지 개선은 잘못된 과거로 청산하는 한편, 기업 복지를 전제로 하는 제도로 재편해 재정 기반을 안정화하고자 했다.

그러나 고용조정, 산업구조의 변화에 따른 노동시장의 탄력성 제고 등은 이중구조를 심화시켰고, 이에 대해 기업주의적 노동운동은 효과적인 대응책을 보여 주지 못하고 있다. 조직률이 가장 높은 제조업 대기업에서 정규직 수가 줄어들면서 그 자리에 주변 노동력을 활용하고, 서비스업에서는 여성 파트타임 노동을 주로 쓰다 보니 노동시장 이중구조가 확대되고 노조 조직률은 계속 줄었다. 기업주의적 노동운동은 국가·자본과 손잡고 1980년대에는 드디어 좌파 노동운동을 매장해 버린 채 연합[連合]이라고 하는 통일 조직을 건설하는 데 성공했다. 그러나 이는 자신의 조직 기반을 무너뜨리는, 즉 노동시장 이중구조가 확대되는 것을 대가로 했다.

일본의 기업주의는 미래 경제에 대해 불안해할수록 더욱 강해져서, 1980년대 말에 이르자 노자 화해 체제를 완성시킴으로써 계급 교차 연합인 1955년 체제에 종지부를 찍었다. 이제 과거의 이데올로기 대립이나 체제 선택의 문제는 정치적 수사修辭로서도 의미를 잃었고, 사회당의 존재 의미도 크게 퇴색했다. 이 점은 다음 장에서 살펴보기로 한다.

제5장

사회당의 현실정당으로의 전환과 그 함정

머리말

1980년대에 우파가 주도했던 노동 전선 통일 시도는 당연히 사회당의 노선에 영향을 미쳤다. 이 시기 사회당은 총평의 요구에 따라 사회당·공명당·민사당(이하 사·공·민) 결집 노선을 추구하게 되고, 이를 위해 저항정당으로서 두 개의 원칙(마르크스주의와 호헌 평화주의)을 수정한다. 이 장에서는 사회당이 마르크스주의와 호헌 평화주의를 수정하면서 현실정당으로 변화한 과정을 밝히고, 마르크스주의를 대신해 사회민주주의를 선택한 것, 호헌 평화주의 원칙을 저버린 것이 어떻게 가능했는지를 살핀다. 끝으로, 현실정당으로 변화한 사회당이 약진하지 못한 이유를, 권력자원동원 전략의 관점에서 분석해 본다.

1. 사회민주주의로의 길

1) 사회주의협회의 성쇠

1962년 당대회에서 에다는 자신의 비전이 실패하자 서기장에서 물러났다. 그 자리를 대신한 나리타 도모미는 그의 의형제라 불리던 인물이었는데, 구조개혁파는 그를 '최후의 요새'라고 불렀다. 그러나 나리타가 다섯 번에 걸쳐 서기장을 연임하고 1969년 10월부터 1977년 12월까지 장기간에 걸쳐 위원장을 맡았음에도 그사이 사회당의 현실정당화는 더 어려워졌을 뿐이다. 왜냐하면 나리타가 좌파쪽으로 입장을 바꾸어 지위를 확보했기 때문이다. 나리타 집행부를 지탱해 준 것은 아직 당내에 남아 있던 구조개혁파인 에다파가 아니라 좌파인 사사키파, 사회주의협회파와 중간파인 가쓰마타 세이치勝間田淸-파였다. 과거의 동지들은 나리타가 친좌파적인 행보를 보이자 "절충적 자세를 취해 실제로는 구조개혁론을 억제하고 협회파를 도움으로써, 당을 협회파의 틀에 가두어 혁신을 가로막았다."라고 단죄한다(貴島 1979, 69; 松井 1972, 168, 174-175 참조).

구조개혁 논쟁 이후, 특히 〈길〉 이후의 사회당은 호헌 평화주의와 마르크스주의를 원칙으로 하는 순수한 저항정당으로 변했다. 제2장의 유형으로 보자면, 사회당은 ⑧ 유형으로 자리 잡게 된 것이다 [〈그림 2-1〉 참조]. 그렇다고 당내 대립이 사라진 것은 아니다. 호헌 평화주의에 대해서는 당내 합의가 확립되어 있었지만, 당에 남은 구조개혁파라 할 수 있는 세력(에다파)이 당내 주류였던 교조적 마르크스주의에 계속 도전했다. 하지만 좌파 가운데 주류인 사사키파와 사

회주의협회파가 연합한 전선 앞에서 에다의 도전은 계속 패배할 수밖에 없는 운명이었다.[1]

제2장에서 살폈듯이 사회주의협회파에 속한 의원은 거의 없었지만, 1970년에 이미 당대회 전체 대의원 385명 중 70명을 넘어, 사사키파와 (구)가와카미파를 합한 60여 명을 넘어서기 시작했다. 한편, 당시 중의원 수가 가장 많았던 가쓰마타파의 대의원 수는 20명에 불과했다. 게다가 중간파와 우파는 당대회에서 행동을 통일하지 못해, 사사키파와 협회파의 연합이 항상 우위를 지켰다(福永 1996, 271).

나리타가 위원장이 된 직후, 사회당은 1970년 1월 말 기준으로 당원은 약 3만 명(이 중 75퍼센트가 노조원)까지 줄었고 기관지인 『사회신보』의 발행 부수도 11만5천 부에 그쳤다. 나리타 집행부는 이런 사태를 극복하고자 다시 기관 중심주의를 내세웠다. 나리타는 특히 기관지를 강화하는 데 주력했다. 『사회신보』 경영 체제를 합리화하고 15만 부를 발행한다는 목표를 내걸었다. 사회주의협회는 나리타 집행부의 방침을 지지하면서 세를 키워 갔다. 1973년부터 1974년 당대회 사이에 『사회신보』 구독자는 60퍼센트 늘었고 사회주의청년동맹 가입자는 50퍼센트 늘었다. 협회파가 열심히 활동한 결과였다. 사회주의협회파의 힘은 1977년 절정에 이르렀는데, 당시 회원은 1만 명을 넘어섰고 일간지 『사회주의』는 6만2천 부가 발행되

---

1 사키사카는 좌우 사회당 통합을 단호하게 반대했으므로 1950년대 후반에는 사회주의협회와 스즈키·사사키파의 사이가 좋을 리 없었다. 그러나 구조개혁 논쟁을 계기로 긴밀히 협력하는 관계로 바뀌었다. 1961년 여름 사사키와 사키사카가 만나 대립 관계를 청산하기로 했다고 한다(五+ 1998, 166).

었다. 당대회 대의원은 509명 중 131명으로 25퍼센트를 넘었다(福永 1996, 271-274).

그러나 이처럼 협회파가 세력을 키워 갈수록 당내 반발 또한 커졌다. 협회파가 약진할수록 사사키파의 경계심이 커져 갔고, 중소대립을 계기로 두 계파의 대립이 표면화된다. 사사키파는 중국과 가까웠는데, 협회파는 소련을 노동자의 모국이라고 찬미하는 사키사카를 대표로 내세워 친소 노선을 취한다. 1974년에 열린 당대회에서 두 계파는 운동방침 수정을 둘러싸고 격렬하게 대립한다.

사사키는 협회파를 고립시키려는 일념으로 오랫동안 숙적이었던 에다에게 접근한다. 1974년 7월의 참의원 선거를 겨냥해 원로 의원들이 '7인 위원회'를 결성하고, 전국 유세를 시작한다. 여기에서 에다와 사사키가 함께했다. 에다는 9월 에다파 연수회에서 사사키와 협력해 당을 개혁하는 데 전력을 다하겠다고 밝혔고, 사사키파도 이시바시 서기장의 친소 노선에 반발하면서, 주류파에서 이탈해 '비주류, 시시비비' 노선으로 전환할 것을 분명히 했다. 그러나 에다와 사사키는 1976년 선거에서 모두 낙선했다(가쓰마타 전 위원장, 아카마쓰 이사무赤松勇·야마모토 고이치山本幸一 전 부위원장도 낙선). 이에 고무된 협회파는 1977년 2월에 열린 당대회에서 에다와 사사키를 비판하고 나선다. 특히 사사키 료사쿠佐々木良作 민사당 부위원장, 야노 준야矢野絢也 공명당 서기장과 함께 '새로운 일본을 생각하는 모임'을 만들어 활발하게 당 외 활동을 해온 에다에게 비판이 집중되자, 그는 변명할 기회조차 얻지 못한 채 탈당을 결심한다.[2]

그러나 에다는 새 출발을 앞두고 갑자기 죽었다. 비록 살아생전 사회당을 현실정당으로 바꾸지는 못했지만, 그의 탈당과 죽음은 당

개혁을 촉구하는 큰 물결을 만들었다. 중앙집행위원 다수가 에다 탈당의 책임은 협회파에 있다면서, 반협회파로 결집했다. 반협회파 그룹들은 7월에 '사회당 개혁추진그룹 준비모임'[3]을 결성해, 당과 협회의 관계를 '청산'할 것을 주창한다. 결국 9월 들어 협회파는 총평과 합의해 사회주의협회는 '마르크스·레닌주의자 집단'이 아닌 '마르크스·레닌주의 연구 모임'이며, 이론 연구에 몰두하겠다고 약속하고 이에 맞게 협회의 강령도 개정했다.

1978년 5월에는 아스카타 이치오飛鳥田一雄 신임 집행부가 '사회주의이론센터'를 설치하면서, 〈길〉을 재검토하기 시작한다. 협회파가 거세게 저항했음에도 1982년 2월에는 센터가 제기한 "1980년대의 내외 정세 전망과 사회당의 노선"을 승인하고, 12월에는 "우리가 추구하는 사회주의 구상"을 채택했다. 이 과정에서 사회당은 궁핍화혁명론을 부정하고 서구형 사민주의를 지향하는 중도 노선으로 전환할 것을 천명한다. 〈길〉 노선을 수정한 결정판은 이시바시 위원장 당시에 채택된 〈신선언〉이었다.

〈신선언〉이 채택되는 과정 또한 결코 순탄하지 않았다. 1985년 6월 17~18일에 열린 전국서기장회의에서는 국민정당론, 그리고 소

---

2 에다는 2월 당대회를 회상하며, "예컨대 집권 구상을 제출하고 싶다고 했을 때 '네가 설명하는 것은 듣지 않겠다.'라고 다수결로 결정하면 무슨 할 말이 있겠는가? 그래서 다른 문제에 대해 이야기하면 결국 비난과 매도만 돌아온다. 육체적 폭력은 아니지만, 이 또한 일종의 폭력이 아닌가?"라고 말했다 (江田 1979b, 442).

3 야마모토 고이치, 야스이 요시노리安井良典, 시모다이라 쇼이치下平正一, 아오이타 다다시八百板正, 이시노 히사오石野久男, 호리 마사오堀昌雄 등이 발기인이었다.

련형 공산주의를 부정적으로 평가한 데 대한 불만이 속출하면서, 12월 당대회에서는 〈신선언〉 채택이 무산되었다. 1986년 1월 속개된 대회에서 "신선언에 관한 결의"(이하 "결의")를 조건으로 〈신선언〉이 간신히 채택된다. 좌파와 타협한 결과, 〈신선언〉에서는 사회민주주의를 명확히 주장하지 않는 대신에 '기존 사회주의'에 대한 부정적 견해를 밝히거나 '국민의 당'을 선언하는 데 힘입어 사회민주주의 지향을 시사하는 정도에 그쳤다.[4] 또한 〈신선언〉에서는 호헌 평화주의에 대해 전혀 손대지 않았다.

〈신선언〉과 함께 채택된 "결의"에는 좌파에 대한 양보가 엿보인다. 예를 들면, "역사와 전통 위에서 평화와 민주주의, 사회주의의 발전과 새로운 시대의 창조를 향해 궐기한다"(계속성의 강조), "사회당을 중심으로 한 연합 정권을 수립하는 데 전력을 다한다"(사·공·민 노선 견제), "이후 새로운 시대에 정확히 대응하도록 당의 각 기관에서 조사 연구와 검토를 진행하고, 그 성과를 〈신선언〉에 반영해 간다"(〈신선언〉 수정을 시사), "사회주의는 이념·운동·정책을 포함하나, 특히 운동을 중시한다"(운동론의 강조) 등의 표현은 분명 좌파의 반격이었다(日本社会党編 1996, 982).

그렇지만 좌파의 생각과는 달리 〈신선언〉 추진파로서는 이런 주장들은 일반론으로서 아무 문제가 없는 표현이고,[5] 일단 이것이 채

---

4 '국민의 당'이라는 표현 자체가 타협의 산물이었다. 협회파가 '국민정당'은 우경화 느낌이 강하다며 곤혹스러워 하자 당시 서기장이었던 다나베 마코토가 그렇게 제안한 것이다(다나베 인터뷰 1998/11/09).

5 사회당이 그 역사를 계승한다거나 시대의 변화에 따라 〈신선언〉을 수정할 수 있다거나 하는 말들은.

택된다면 '시대의 흐름'을 거스를 수 없게 되리라는 판단이 있었다.[6] 이 같은 인식은 마르크스주의에서 사회민주주의로 이행한다는 관점에서는 올바른 것이었다. 이후 사회당은 '민주집중제'를 버리고 '사회민주주의의 선택'을 분명히 하는 〈1995년 선언〉에 이르렀기 때문이다. 즉 사회당은 1980년대에 분명히 Ⓑ(마르크스주의＋호헌 평화주의)에서 우측으로 이행했다. 이 경우 Ⓐ(사회민주주의＋호헌 평화주의)와 Ⓓ(사회민주주의＋국제적 현실주의)라는 두 개의 선택지가 있으나, 사회당의 현실정당화는 Ⓐ에 머무르지 않고 Ⓓ까지 이르는 길이었다[〈그림 2-1〉 참조]. 이는 이념적으로는 사회당이 과거 니시오의 탈당과 더불어 매장해 버렸던 노선과 다를 바 없었다.

2) 사·공·민 노선

니시무라 에이이치西村栄 민사당 위원장이 1970년 '연합 정권'론을 제창했는데, 사회당 내에서는 에다가 재빨리 호응해 사·공·민[7] 노선을 추구하게 된다. 이에 대해 나리타이시바시 집행부는 [공산당도 포함하는] '모든 야당 세력에 의한 국민연합 정권'을 추진한다는 입장을 취했다. 1970년대 전반 일시적으로 공명당이 공산당과 가까

모두 일반론으로는 당연한 것이었기 때문이다.

6 구보 와타루 인터뷰(1997/05/27).

7 사회당이 아니라 에다江田가 공명당公明党·민사당民社党과 제휴했다는 의미를 살려, 사·공·민社·公·民 대신에 에·공·민江·公·民으로 부르기도 한다.

위 보인 적도 있었지만, 민사당과 공명당은 기본적으로 반공주의 정당이고 1970년대 후반에는 공산당을 더 강하게 비판하던 상황이었기에, 집행부가 제시한 안이 실현될 가능성은 없었다. 그러나 사·공·민 노선을 막는 역할은 했다. 사회주의협회에 반대한다는 점에서는 에다와 협조해 왔던 사사키조차 사·공·민 노선에 참여할 기미를 보이지 않았기에 에다의 움직임은 사회당 내에서 돌출적인 것이 되었다.

그러나 당 개혁 운동에 따라 협회파의 움직임이 어느 정도 견제되자 사·공·민 노선으로 기우는 경향이 나타났다. 1980년 1월 사회당은 공명당과 연합 정권을 수립하는 구상에 합의한다. 다만 민사당은 당시 이미 자민당과 연립하는 쪽으로 기울어 있었다. 그리고 사회당은 공명당과 민사당의 반대를 무릅쓰고 내각불신임안을 제출했는데, 그에 따라 이루어진 중의원·참의원 동시선거에서 자민당이 압승해 공명·민사당과 사회당의 관계가 악화되면서 사·공·민 노선도 중단되었다. 사회당과 민사당은 선거 중에 안보·방위·정권구상을 둘러싸고 서로를 격렬하게 비난했었다. 1984년 '뉴 사회당'을 제창한 이시바시 집행부가 탄생한 뒤에야 사·공·민 노선이 다시 부상하는 계기가 만들어졌다(前田 1995; 竹入 1998).

사·공·민 노선의 장애물은 "안보, 자위대, 한반도 정책, 원자력발전"에 대해 사회당이 취한 입장이었다. 이와 관련해 1985년 1월 사회당의 다나베 마코토田邊誠, 공명당의 야노 두 서기장이 만나 작성한 합의 메모에 주목할 만하다. 여기에서 사회당은 "호헌, 반핵, 군축, 민주주의 옹호"를 기본으로 하면서도, "미·일 안보조약, 자위대, 원자력발전, 한반도 정책 등에 대해서는 1980년대 후반의 시대 인식과 내외 정세에 입각한 현실적 대처"를 취하겠다며 의욕적으로 나서고 있었다.

그 직후에 열린 제49회 사회당 정기 대회에서는 '합의 메모'에 따라 가동 중인 원자력발전을 인정하고, 가동 정지 및 재점검의 기준도 완화하려 했다. 그러나 반대가 거세어 결국 원자력을 절대로 수용하지 않는다는 방향으로 수정된다. 하지만 강령 문제에서는 "창당 40년의 역사를 딛고 새 시대에 대응한다. 국민들이 알기 쉬운 〈신선언〉을 결정하며, 그 결정에 따라 강령과 〈길〉은 역사적 문서로 남기기로 한다."는 것, 한반도 정책과 관련해서는 "한국의 민주 세력과 연대한다."는 것이 승인되었다. 또한 1985년 7월 9일 우파에서 중간파까지 참여한 '사회당정권구상연구회'의 간사회가 민사당 의원들과 비공식적 교류를 모색한다는 방침을 결정했고, 같은 달 28일에는 가와마타 겐지로川俣健二郎, 사토 간주佐藤観樹 등 사회당 국회의원들이 민사당의 요시다 유키히사吉田之久, 나카노 간세이中野寛成 등과 회담을 갖고 양당의 역사적 화해를 목표로 삼자고 의견을 모았다.

2. 호헌 평화주의의 수정

1) 호헌 평화주의의 재부상 : 도이 사회당

이시바시 위원장이 1986년 중의원·참의원 동시선거에서 패배한 책임을 지고 퇴진하자, 〈신선언〉을 채택한 뒤의 현실정당화 노선을

추진하는 과제는 도이 다카코土井たか子 신임 위원장의 몫이 되었다. 도이 체제 아래서 주목할 만한 움직임으로는 1987년 8월 20일 야마구치 쓰루오山口鶴男 서기장이 발표한 "당의 기본 정책에 관하여"("야마구치 견해"로 불린다)가 있다. 이 제언의 주요 내용은 다음과 같다. ① 미·일 안보조약에 대해서는 중립·비동맹·비무장 등의 정치 이념을 견지하면서, 20세기 말까지 미·일 안보조약을 미·일 우호조약으로 바꾼다는 원칙을 세우고 이에 맞게 정책 목표를 설정한 뒤, 이 같은 프로그램에 따른 정책을 만들 것을 제안하고, ② 자위대에 대해서는 우선 '전수 방위'專守防衛[8]의 범주로 하고, ③ 한반도 정책은 자주적 평화통일이라는 큰 목표에 기여하는 것을 기본으로, 한국에서 개정 헌법[1987년 10월 공포되어 이듬해 2월 시행]이 실시될 전망이 보이면, 당 기관의 대표가 언제든 방한할 용의가 있으며, ④ 원전에 대해서는 이미 원전 에너지 공급이 진행 중인 현실을 직시하면서 '안락사'시키는 정책을 모색한다(日本社会党編 1996, 1,010).

"야마구치 견해"는 1980년의 '사·공 합의'[9]에서 지적된 문제점들에 본격적으로 대처한다는 자세를 보인 획기적인 것이었으나, 좌파

---

8 역주 : 일본 헌법 제9조에 따른 자위대 군사전략으로, 방위상 필요가 있더라도 상대국에 선제공격을 해서는 안 되며 침공해 온 적을 일본 영토에서만 군사력으로 격퇴한다는 원칙이다. 이에 따라 적의 공격을 받은 뒤에 무력을 사용하며, 이 또한 방위를 위해 필요한 최소한에 그쳐야 할 뿐만 아니라 일본 영토나 주변을 넘어 적의 근거지를 공격해서는 안 된다.

9 역주 : 1980년 1월 10일 사회당과 공명당이 연립 정권 수립에 합의하고, 기본 정강과 정책을 공표했다. 안보·외교·에너지 문제 등에서 사회당의 현실정당화 경향(혹은 과제들)이 구체적으로 드러났다. 이 합의는 이후 공명당이 자민당과 연합을 추구하는 쪽으로 방향을 바꿔 실행되지 않았다.

의 격렬한 비판에 직면했다. 1987년 9월 2일에 열린 의원 모임에서 우에다 데쓰上田哲는 "야마구치 견해"는 비무장 중립을 보류하자는 제안이라며 반발했고, 결국 이 제안은 '기본 정책 프로젝트 팀'의 검토에 맡기기로 결정했다. 11월 20일 발표된 조정안을 보면, ① 미·일 안보조약을 일단 유지하자는 내용을 삭제하고, ② '전수 방위'는 '양과 질 모두 계획적으로 축소할 것을 모색'한다고 바꾸고, ③ 한반도 정책에서는 전처럼 '북한'과의 교류를 확대하는 동시에 한국과의 교류 자유화를 단행하며, ④ 원자력 개발은 원전과 방사능 폐기물 시설의 신규 건설을 금지하고, 되도록 서둘러 원전에 의존하지 않는 에너지 구상을 실현하는 방향으로 수정하기로 했다. 따라서 한반도에 대한 정책에서는 "야마구치 견해"가 제시한 방향을 승인했으나, 그 밖의 사항들은 "야마구치 견해"를 부정하는 내용이었다.

결국 도이 위원장 시대에 '민주집중제'와 '사회주의혁명'론을 포기하는 등 〈신선언〉에 입각해 사회민주주의를 향한 항해를 이어갔지만, 그 밖의 영역, 특히 호헌 평화주의[를 지속한다는 점]에 관해서는 전혀 변화가 없었다. 그러나 이는 집행부가 리더십이 없어서가 아니라, 도이 위원장의 리더십에 따른 것이었다.

도이 위원장은 당내 이데올로기 대립과는 무관한 존재였으나 확고한 호헌파로 알려져 있다. 도이의 호헌주의는 도시샤同志社 대학의 은사 다바타 이노부田畑忍에게서 물려받은 것이었고, 다바타는 위원장이 된 도이에게 '비무장 중립' 노선을 견지하라고 조언했다 한다. 도이는 1987년에 열린 제52회 당대회에서 평화 헌법을 준수하고, 나카소네 총리의 '전후 정치 총결산' 노선과는 대결해 가겠다는 점을 분명히 했다(上住 1992, 552-553).

1988년 신년사에서도 도이는 "올해는 핵 폐기 원년이다. 당은 전후 일관되게 비무장 중립을 내걸고 안보조약 존속에 반대해 왔으나, 이 같은 기존 정책 방향을 견지할 필요는 더욱 커지고 있다."고 말하고, 또한 2월에 열린 제53회 당대회의 인사말에서는 "평화 헌법과 그 원칙의 고수", "자연과 녹색을 중시하는 부드러운 마음의 정치"를 호소하며, 안보·자위대·원전 정책을 변경하려는 시도를 정면으로 부정했다. 당수가 이렇게까지 발언한 이상, 야마구치 서기장도 "당의 기본 정책은 견지한다."고 하는 등 기존 입장에서 후퇴할 수밖에 없었다(日本社会党編 1996, 1,021~1,022).

도이는 자민당과 대결하는 과정에서 사회당의 약진을 이끌었다. 1989년 7월 23일 참의원 선거에서는 지역구 26명과 비례 20명 등 총 46명을 당선시켜 36석에 그친 자민당을 크게 앞섰다. 자민당은 소비세 신설, 리쿠르트 의혹,[10] 우노 소스케宇野宗佑 총리의 여성 문제 등으로 고전을 면치 못했던 반면, "아닌 것은 아닌 것"이라고 잘라 말하는 도이의 자세는 여성이 중심이 된 새로운 시민 정치의 흐름과 잘 어우러졌다. 사회당은 비례대표로 구보타 마나에久保田真苗 여성국장과 새로운 여성 후보들을 상위 명부에 올려 여성 표의 결집을 꾀했는데, 지역구와 비례를 통틀어 여성 당선자는 15명에 이르렀다.

참의원에서 비자민당 세력이 확대되어, 8월 9일에 열린 참의원 의장 선거에서 도이 위원장이 가이후 도시키海部俊樹 자민당 총재를

---

10 역주 : 1988년 일본의 대기업 리쿠르트가 자회사인 부동산 회사 '리쿠르트 코스모스'의 비상장 주식을 정치계·관료·언론계의 주요 인물들에게 뇌물로 바친 사실이 드러난 사건.

앞섰다. 이런 상황에서 야마구치 서기장은 사·공·민 노선의 실현을 위해 다시 움직인다. 8월 21일 그는 "연합 정권 정책의 기본" 구상을 발표했고, 여기에는 "시장경제의 구조를 기본"으로 "미·일 기축基軸의 현실에서 출발해, 미·일 경제 관계를 중시"하고, "미·일 안보조약은 외교의 계속성 위에서 유지"하며, "자위대는 방위비의 국민총생산 1퍼센트 기준을 엄수하면서 문민 통제를 확립"한다는 등, 한마디로 현실을 인정하면서 정권 획득을 모색한다는 입장을 보였다. 9월 10~12일에 있었던 '전국정책연구집회'에서 도이 위원장은 이 기본 노선에 따라 "새로운 정치를 위한 도전"(도이 비전)을 제안했다. 그러나 이와 동시에 그는 "우리는 헌법의 자식들이다. 사회당은 헌법의 당임을 다시금 선언하고, 나아가 헌법의 창조적 전개를 도모하고 싶다."고 발언하면서, 호헌 평화주의의 신념을 관철한다는 결의를 표명했다(日本社会党編 1996, 1,058).

  1990년 2월로 예정된 선거를 앞두고 사회당·공명당·민사당·사민련(사회민주연합)[11] 등 4당 당수 회담이 열려 여소야대를 목표로 한다는 합의에 이르렀다. 이 선거에서는 연합, 총평센터, 우애회의[12]와 사·공·민 및 사민련 사이에 '총선거연락협의회'가 구성되었는데, 특

11 역주 : 1977년 사회당을 탈당한 에다 등 국회의원들이 '사회시민연합'을 결성했는데, 에다가 사망한 뒤 1978년 '사회 클럽'과 연합해 사회민주연합을 창당했다. 1994년 일본신당, 신당사키가케에 흡수되어 해산했다.

12 역주 : '연합'은 1989년 해산한 총평 조직의 대부분을 흡수한 최대 규모의 총연합 조직이고, 총평센터는 연합에 참여하기를 거부한 소수 좌파 정치조직이다. 우애회의는 연합에 참여하지 않은 소수의 중도 우파 노조 조직이다. 총평센터는 1999년에, 우애회의는 2007년에 최종 해산했다.

히 연합은 총평-사회당, 우애회의-민사당의 구도를 넘어서서 협력해 간다. 그 결과 사회당은 136석을 차지하며 대승을 거두었지만, 공명당(45석)과 민사당(14석)이 크게 패배했으며, 결국 두 당은 사회당의 독주에 반발해 연립 의지가 약화된다. 1990년 8월 2일, 정부는 걸프전 발발을 계기로 UN평화협력법안을 제출한다. 사회당은 경제 지원만 인정하겠다는 입장을 취하며, 인력 지원까지 수용하겠다는 민사당·공명당과 갈라섰다. 이후 사회당은 자신의 원칙을 더 강화했다. 1991년 1월 30일부터 2월 1일까지 열린 제56회 당대회에서는 "소비세 폐지", "기존의 공해 문제를 해결하고, 새로운 환경 문제에 강력하게 대응하며, '원전 없는 일본'을 지향한다", "방위비 삭감 및 안보조약 폐지를 위해 노력한다."는 방침들을 내걸면서, 그 전까지 서서히 우경화하던 당의 방향을 다시 왼쪽으로 이끄는 모습을 보였다.

이 운동방침에 대해서는 전전통·전체全遞 등 노동 5조직이 "연합 정권 협의 중단과 제119회 임시국회 등에서의 소비세·UN평화협력법안에 대한 당의 대응은, 〈신선언〉에 기초해 집권당이 될 것을 목표로 현실적 연합 정권 수립 등 국민의 신뢰 회복을 위해 노력함으로써 중의원·참의원 동시선거의 승리를 낳았다고 한 제55회 당대회의 총괄 평가와 결정을 짓밟은 것이기에, 일보 후퇴의 느낌을 부인할 수 없으며 강한 실망감을 금할 수 없다."라고 비판했다(日本社会党編 1996, 1,091–1,092).

도이 사회당의 운명은 1991년 통일지방선거[13]에서 종지부를 찍었다. 광역지방자치단체[都·道·府·県] 의원 선거에서 사회당은 직전 선거(480명)보다 많은 562명의 후보를 내세웠으나, 당선자는 443명에서 345명으로 줄었다. 후반 선거에서는 다소 만회해 대부분의 시장 선거에서 상승세를 보였으나, 시의원 선거에서는 47석이 줄어들어 1,116석에 머물렀다. 결정적으로 도쿄 도지사 선거에서 사회당 지지 후보가 참패한 것이 사회당 패배의 상징이 되어 버렸다. 이 선거에서 전전통을 중심으로 한 현실주의파는 자민당에 협조해 이소무라 히사노리磯村尚德 NHK 특별주간을 지지했고, 좌파와 시민운동, 지식인 그룹들은 오하라 미쓰노리大原光憲 주오中央 대학 교수를 지지했다. 사회당은 결국 오하라 후보를 지지했으나 득표율이 6.3퍼센트에 불과해 공산당이 지지한 후보에도 뒤지는 대패를 맛보았다. 결국 7월 30일에 열린 제57회 임시 당대회에서 도이 집행부는 퇴진한다.

도이 사회당의 공과를 어떻게 평가할 수 있을까? 여성을 내세워 '도이 붐'을 일으켜 사회당의 부상을 이끈 그의 공적은 크다. 그러나 선거 승리 및 현실정당화(사·공·민 노선)의 관점에서는 부정적인 효과가 컸다. 1989년 참의원 선거와 1990년 중의원 선거에서 사회당이 '나 홀로 승리'를 거두게 되면서 공명당과 민사당은 사·공·민 노선에 대한 관심을 접고 자민당과 제휴하는 방향으로 돌아섰기 때문이다. 그럼에도 도이 사회당 위원장은 폭넓은 지지에 힘입은 지도력과 위신을 당을 개혁하는 대신에 호헌 평화주의를 옹호하는 데 사용했고, 걸프 전쟁에 대응하는 과정에서 다시 사회당을 '절대 반대의 당'이라는 이미지로 되돌려 버렸다.

---

13 역주 : 제12회 지방선거. 지방자치단체장과 지방의회 의원을 일제히 다시 선출하기 위해 1991년 4월 7일(전반 선거)과 21일(후반 선거) 등 두 차례에 걸쳐 시행되었다.

2) 사·공·민 노선의 파산

도쿄 도지사 선거에서 패배한 뒤 현실주의파가 다시 득세한다. 왜냐하면 이 참패는 전전통 등 현실주의 노조들의 이탈이 결정적인 원인이었음이 분명하고, 사회당도 패배 성명에서 노동계의 변화에 대응하지 못한 것을 패인의 하나로 인정할 수밖에 없었기 때문이다. 그 뒤 1991년 5월 다나베 부위원장을 책임자로 하여 사회당 개혁위원회를 설치했는데, 이 위원회는 '연합'의 기대에 부응해 수권 정당으로 거듭날 것을 목표로 했다. 위원회는 6월 10일 『정치 개혁과 사회당의 책임』이라는 보고서를 중앙집행위원회에 제출한다. 여기에서 '연합'과 긴밀한 관계를 수립하고, 사회민주주의 세력을 총결집시키고, 미·일 안보조약과 자위대의 존재를 직시하며, 에너지 정책에서도 현실을 직시할 것 등을 주장한다.

1991년 7월 말에 열린 제57차 임시 당대회에서는 우파의 희망을 한 몸에 받은 다나베가 위원장으로 선출된다. 다나베는 (구)에다파가 중심인 '수요회'를 이끌면서 이시바시 집행부에서는 서기장으로 〈신선언〉 채택을 주도('강령 등 기본문제 검토위원회'의 '작업소위원회' 위원장을 지내며 실무를 담당)한 바 있다. 또한 도이 위원장 시대 말기에는 당 개혁위원장으로서 구보 부위원장, 야마하나 사다오山花貞夫 사무국장과 협력해 노선 변경 작업에 주력하는 등 현실정당화(사·공·민 노선)를 이끌었다. 다나베는 에다 전 위원장(대행)의 사진을 위원장실에 걸어 놓고 그의 명예회복을 꾀했으며, 에다 사망 15주기 기념 심포지엄에서는 민사당을 시작으로 과거 사회당과 결별했던 조직 및 사람들에게 화해를 청하고 대연합을 호소한다.

그러나 이 같은 상징적인 행동과 발언을 제외하면, 다나베 시기에 실질적인 사·민 결집이 이루어지지는 않았다. 다나베 집행부는 처음부터 비틀거렸다. 위원장 선거에서 '연합'이 전면적으로 지지했기에 압승할 것으로 내다봤으나 좌파인 전국노동조합연락협의회(이하 전노협)가 추천한 우에다에게 예상외로 고전했다. 총 12만 표 중 다나베가 4만6천 표(39퍼센트)를 얻은 데 반해, 우에다도 3만6천 표(30퍼센트)를 얻어 선전했다. 이는 사회당 내에서 원칙주의의 뿌리가 깊다는 사실을 보여 주는 한편, 조합원은 50만 명에 불과하지만 원칙주의 세력의 지지를 받는 전노협이 8백만 조합원의 연합을 위협하는 저력을 보여 준 사건이었다.[14] 그리고 이는 다나베 집행부의 지도력이 크게 제약된 이유이기도 하다(上住 1992, 429).

또한 다나베가 앞장서서 정리한 당 개혁안이 당대회에서 대폭 수정된 것도 다나베의 기를 꺾었다. 지방 대의원들의 현장 발의를 거치면서, 예컨대 "미·일 안보조약의 존재를 직시해"가 "존재를 근거로"라고 수정되었고, "현재 자위대의 실태는 위헌"에서 '현재'가 삭제된다거나 유엔 평화 유지 활동(이하 PKO)의 경우 "자위대의 국토경비대(가칭)로의 개편" 부분은 "개별 조직을 창설"로 바뀌었으며, 원전에 대해서는 신규 건설을 인정하지 않는다는 취지를 원안에 삽입하는 식의 변경이 가해졌다. 이는 부분 수정이라기보다는 개혁을

---

14 역주 : 1989년 연합이 출범할 당시 이를 거부한 공산당계 조직은 전국노동조합총연합(전노련)을, 비공산당계 좌파는 전노협을 결성했다. 전노련은 출범 당시 조합원 140만 명, 전노협은 50만 명 정도였다. 연합·전노련·전노협은 지금도 일본을 대표하는 3대 전국 조직(총연맹)이다.

부정하는 것과 다름없었다.

이 밖에도 다나베의 지도력을 제약한 주요 요인 중 하나는 당시의 정치 상황이었다. 1950년대 좌파의 승리를 결정지은 것은 외교·방위 문제였는데, 1990년대에도 걸프전을 계기로 당내의 좌익 '스프링'[15]이 작동한다. 1992년 4월 2일 사회당은 다나베 위원장을 본부장으로 하는 '정치 부패 근절, 자위대 해외파병 저지 투쟁본부'를 설치해, 전국 집회와 가두선전 활동을 펼치는 등 PKO 협력 법안 폐기 운동을 적극적으로 전개한다. 정부가 제시한 안과의 타협점을 찾던 민사당과 공명당이 [이 같은 사회당의 처신에] 반발하면서, 도이 위원장 때 발생한 사회당과 민·공의 균열이 회복되리라고 기대할 수는 없게 되었다.

이런 사태를 우려한 것이 '연합'이다. 연합은 1989년 장기간에 걸친 노·노 대립을 해소했고, 게다가 참의원 선거에서 사·민 공조(농맹계와 총녕세의 신거 협력)로 연합이 내세운 후보자 11명이 당선되기도 했다. 사·공·민 노선의 해체, 특히 사회당과 민사당의 결렬은 어렵게 실현한 노동 전선 통일에 악영향을 미칠 수도 있었다. 연합의 회장 야마기시 아키라山岸章는 5월 13일 사회당의 다나베, 민사당의 오우치 게이고大內敬伍 두 위원장과 개별 회담을 가졌고, 5월 15~16일에는 연합의 3역(위원장·부위원장·사무장) 회의를 열어, PKO에

---

15 역주 : '좌익 스프링'은 당이 정세에 따라 오른쪽으로 움직일 때마다 당내에서 반발하는 세력이 있어 다시 왼쪽으로 돌려놓는다는 뜻으로, 사회당이 정세와 여론 변화에 따라 유연하게 정책 방향을 조정하지 못한 이유로 지적된다.

대해서는 국회의 사전 승인, 유엔 평화 유지군(이하 PKF) 참가는 동결, 파견 활동 수정 조항의 명시 등 법안 수정을 요구하는 "국가 기본 시책에 관한 연합의 입장"을 정리한다. 여기에서 [자위대의 PKO 파견이] 헌법에 부합하는지 여부는 계속 협의한다고 하고 있으나, 사회당은 자위대를 전수 방위의 틀에 두고 자위대원의 PKO 파견은 '휴직·파견'[出向]에 준해 인정하고 있었으므로, 이는 내용상 분명 사회당의 방침 전환을 요구하는 것이었다.[16]

야마기시 회장은 5월 20일 다나베와 오우치 두 위원장을 불러 최후 조정을 시도했지만 다나베는 "PKF는 동결이 아니라 제외해야 한다."는 입장을 고수했고, 오우치는 "각 당의 입장대로 진행한다."고 주장해 조정 시도는 결렬되었다. 사회당 내에서는 [호헌파가] 연합의 움직임을 더욱 경계하면서 '헌법을 살리는 모임'[17]이 "자위대의 해외파병은 위헌"이라는 입장을 취하라고 요구하는 등 다나베가 수뇌회담에서 타협할 수 있는 상황이 아니었다. 야마기시의 조정 노력은

---

16 역주 : PKO에는 군인·경찰·민간인이 참여한다. 이 중 군인이 참여하면 PKF(활동 중 방어 목적을 전제로 최소한의 무력 사용이 가능)로 불린다. 자민당 등은 자위대의 PKO 파병, 이후 PKF 정식 참가도 가능하게 하려 했고, 사회당은 PKF는 아예 금지하고 PKO 참가도 현직 자위대 자격으로는 '위헌'이므로 안 되고 휴직 처리하여 별도 단위로 PKO에 파견하는 정도로만 가능하다는 입장이었다. 총평은 사회당에 입장을 완화해 'PKO는 가능, PKF는 동결(잠정 금지 혹은 상황 변화에 따라 허용)'로 하자고 설득하려 했는데, 결과적으로 일본은 자위대의 PKO·PKF 파견을 관철시켰다. 참고로 당시 한국군은 PKF로 참가했다. 유엔 다국적군은 공격적 군사 활동을 할 수 있는 부대인데, 일본과 한국 모두 이에 참여한 적은 없다.

17 당 상근자인 이가라시 고조五十嵐広三, 이와타레 스키오岩垂寿喜男, 구니히로 마사오国弘正雄, 사사키 히데노리佐々木秀典, 덴 히데오田秀夫, 바바 노보루馬場昇, 야타베 오사무矢田部理 등으로 구성되었다.

물거품이 되고, 오히려 호헌파의 태도만 강고해졌다.

결국 5월 29일 자민·공명·민사 3당이 "PKF 본대 참가는 동결, PKF 참가 시 자위대 파견은 국회의 사전 승인을 요구한다는 내용을 법률에 명기한다."는 수정을 반영한 합의안을 참의원에 상정한다. 사회당은 의결 투표에서 철저하게 지연전술을 취했고, 중의원에서는 당 소속 의원들의 사직서를 작성해 사쿠라우치 요시오櫻內義雄 중의원 의장에게 제출한다. 그러나 이 같은 철저한 저항 전술을 보는 여론은 싸늘했고, 이후 시행된 첫 참의원 선거에서 사회당은 비례대표 10명이 당선되는 데 그쳤다. 지역구 당선자를 포함하면 22석이었는데, 이는 그 직전 회기보다 24석 감소한 것이었다. '도이 붐'으로 의석이 늘었던 것을 감안해도 참패라고 할 만한 결과였다.

애초 현실주의파로 보였던 다나베가 왜 1960년 안보 투쟁 당시에도 망설였던 의원직 총사퇴 전술까지 쓰게 되었을까? 〈신선언〉을 삭성할 당시 다나베를 보좌하며 다나베 체제 그림자 내각shadow cabinet의 대장대신[현재 재무대신] 위치에 있었던 구보 와타루久保亘는, "헌법을 둘러싼 정치 쟁점에서 사회당은 좌우파 모두 단결하고 있어서, 의원직 총사퇴 결정은 국회 투쟁의 흐름이었다. 만일 다나베가 이를 막았다면 그 즉시 사퇴 압박에 시달렸을 것이다."라고 말했다(구보 인터뷰 1997/05/27). 혹은 "누군가가 [총사퇴 전술을] 말릴 것이라고 생각했던 것은 아닐까?"라는 날카로운 지적도 있다(山岸 1995, 143). 어찌 되었든 '자위대 파견'을 전제로 국회의 사전 승인 여부를 놓고 자민·공명·민사 3당의 합의가 진행되던 상황에서, "자위대와는 별개의 조직 창설"이라는 방침에 묶여 있는 다나베 사회당이 자·공·민의 틈을 뚫기란 불가능했다.

참의원 선거에서 패배한 뒤 다나베를 기다리고 있었던 것은 친구 가네마루 신金丸信의 사가와큐빈佐川急便 스캔들[18]이었다. 다나베에게는 자민당의 실력자인 가네마루와의 채널은 소중한 정치적 자산이었다. 1990년 9월, 그 당시 자민당의 최고 실력자였던 가네마루 부총리가 북한을 방문해 공동선언을 발표했는데, 이를 주선한 사람이 바로 다나베였다. 그러나 두 사람의 긴밀한 관계는 가네마루의 금전 스캔들이 터지면서 다나베에게는 족쇄가 되었다. 가네마루와의 '유착'이 언론에 오르내리자 다나베는 궁지에 몰렸고, 임기를 1년 남긴 1992년 12월 마침내 사임한다. 결국 다나베는 현실정당화의 길을 갈 수 없었고, 시대의 물결에 휩쓸린 채 도이 시대의 호헌 평화주의를 계승·강화하게 된 것이다.

3) 호헌 평화주의의 포기

다나베의 후계자가 된 것은 서기장으로서 그를 지원했던 야마하나였다. 당 개혁위원회에서도 다나베와 행동을 함께했던 그는, 임기 중에 퇴임하는 다나베가 이루지 못한 당 개혁 임무를 떠맡은 형국이 되었다. 야마하나는 다나베가 사임하기 직전인 12월 당대회에서 "변화·개혁·단행: 수권 정당으로"라는 안건을 제출했다. 그는 사회당과 민사당뿐만 아니라 광범위한 개혁·자유주의 층까지 (연립)정권

---

18 역주 : 교토에 본사를 둔 운수 업체인 사가와큐빈이 자민당의 실력자 가네마루에게 5억 엔의 불법 정치자금을 공여한 것이 발각되었고, 1992년 10월 가네마루는 의원직을 사직한다.

협의의 대상을 넓혀 '긴급 개혁 정권'을 추진하자고 주장했다. 사회당·민사당에 자유주의(사·민 자유주의) 세력으로까지 날개를 넓히기 위해서라면 〈신선언〉을 수정할 의향이 있다고 밝혔다. 또한 1993년 1월 4일 위원장 선거 후보 연설에서 '창헌'創憲론을 제기했다. 그는 창헌을 '적극적으로 현상 변혁을 시도하는 호헌'이라고 정의했다.

1993년 3월 7일 전국서기장회의 인사말에서 그는 다음과 같이 거듭 창헌론을 강조한다. "'환경기본법'과 '안전보장기본법' 제정을 시작으로, 헌법과 현실의 모순을 해결해 가는 정책론과 운동론이 필요하고, 이를 구축해 가자는 것이 나의 창헌론이다." 아카마쓰 서기장은 이를 받아들여 〈1993년 선언〉 작성에 착수하겠다고 밝혔다. 〈1993년 선언〉은 순조롭게 작성되어, 6월 7일 작성위원회는 〈집권 도전: 1993년 선언〉 최종안을 확정했다. 그러나 이 작업은 자민당이 물러나고 호소카와 연립 정권이 등장하는 등 사태가 급변하면서 중단되었다. 결국 야당인 사회당의 현실정당화 노선은 10년 넘게 허송세월했을 뿐, ⓓ(사회민주주의+국제적 현실주의)에는 이르지 못하고 Ⓐ(사회민주주의+호헌 평화주의)에 멈추게 되었다.

그랬던 것이 연립 정권에 참여하게 됨으로써 사태가 돌변했다. 1993년 7월 29일 교환한 "연립 정권 수립에 관한 합의 사항" 중에는 "일본 헌법의 이념과 정신을 존중하며, 외교와 방위 등 국가의 기본 시책은 지금까지의 정책을 계승"한다는 내용이 담겼고, 또한 〈8당 각서〉에는 "미·일 관계의 기축인 미·일 안전보장 조약을 계승"하고 "원자력발전에 대해서는 안전성 확보와 더불어 신에너지를 개발하려고 노력한다"(기존 원전은 인정한다)고 되어 있었다.

연립 합의와 〈8당 각서〉는 분명 사회당의 방침이 바뀌었음을 의미하는 것이었으나, 정치 개혁 담당 장관으로 입각한 야마하나 전 위원장은 10월 4일에 열린 중의원 예산위원회에서 "사회당 입장에 서는 지금의 자위대가 위헌이라고 생각한다. 그러나 내각의 일원으로서 연립 정권 기본 합의에서 지금까지의 국가정책을 승계할 것을 분명히 했다."고 답변했고, 사회당 출신 다른 각료들도 같은 대답을 했다.

그러나 사회당 당수가 총리가 된 자민당·사회당 연립내각에서는 정부와 당의 방침이 달라서는 곤란하다고 판단해, 결국 1994년 7월 18일에 열린 제130회 임시국회에서 무라야마 도미이치 총리가 "안보조약을 견지하고, 최소한의 필요 방위력을 정비한다."는 입장을 밝혔다. 7월 28일 사회당 중앙집행위원회는 무라야마의 입장을 추인하면서, 비무장은 당은 물론 인류가 꿈꾸는 이상이지만, '중립·비동맹'은 동서 대립이 소멸함으로써 그 역사적 역할을 끝냈고, 자위를 위해 필요한 최소한의 실력 조직인 자위대를 인정하며, 지금의 자위대는 헌법의 틀 내에 있고, 미·일 안보조약을 견지해 유엔의 평화 유지 활동에 헌법의 틀 내에서 적극적으로 참가한다는 것을 승인했다. 그 외에도 '히노마루'日の丸를 일본의 국기, '기미가요'君が代를 일본의 국가로 인정하고, 가동 중인 원전은 대체 에너지를 확보할 때까지 과도적으로 인정하기로 했다. 이리하여 사회당의 기존 방침은 모조리 부정되었다.

1993년 선거가 끝난 지 불과 1년 만에 사회당이 오랫동안 내걸어 온 호헌 평화주의는 연립 정권의 물결 속으로 사라졌다.

3. 현실정당화의 조건

1) 총평 노조들의 영향력

〈신선언〉에 따라 마르크스주의 및 호헌 평화주의를 포기하기에 이르렀을 때, 사회당은 마침내 현실정당으로 전환되었다고 말할 수 있다. 여기에서 사회당의 현실정당화를 가능하게 한 조건들을 검토해 보자.

제2장에서 살펴본 가설들을 돌이켜 보면, 먼저 환경적 요인으로서 자민당 내의 반동적 경향 감소설이 있었다. 시대가 변화해 가면서 전전 체제에 대한 애착을 가진 세력이 자민당 내에서도 감소한 것은 분명하지만, 역사 인식과 관련해 문제 발언을 계속하는 이들이 사라지지는 않았다. 자민당·사회당 연립내각의 '전후 50년'에 관한 결의, 집회 등에 대해 자민당 내에서 반발이 드셌음을 볼 때, 자민당 내 반동 세력의 강한 뿌리를 무시할 수 없다. 따라서 자민당 내의 반동 세력이라는 요인이 소멸해서 사회당의 현실정당화가 진행되었다고 말할 수는 없다.

다음으로, 중선거구제하에서 사회당과 공산당이 펼친 경쟁이 사회당의 현실정당화를 가로막았다는 가설을 통해 1980년대 이후 사회당의 변화를 이해할 수 있을까? 선거제도가 바뀐 시점은 1994년이고, 공산당은 1980년대 이후 급격히 쇠퇴했다는 점에서, 이 가설은 〈신선언〉이 채택된 데 대해 아무런 실명력도 없다. 돌이켜 보면 1994년에 추진되었던 선거제도 개혁이 사회당 내의 '신당론'에 큰 영향을 미쳤다고 생각되지만, 무라야마 위원장이 호헌 평화주의를 포기한 것 자체는 선거제도와 무관하게 우연히 그가 내각 수반이 됨으로써 결단한 것이었다(村山 1996, 63; 1998, 109-112).

사회당의 현실정당화를 가장 잘 설명해 주는 것은 역시 '노조 의존 모델' 가설이다. 이미 지적했듯이, 총평의 방침 전환과 유연화는 1975년 춘투의 패배, 그해 가을에 있었던 '파업권 파업'에서 총평과 공노협이 패배한 것이 원인이었다. 1976년 7월에 열린 제53회 대회에서 총평 집행부[의장·사무국장]는 이치카와 마코토市川誠-오키 쇼고大木正吾 체제에서 마키에다 모토후미槙枝元文-도미즈카 미쓰오 체제로 바뀌고, 새 집행부는 서서히 계급적 운동에서 현실주의 노선으로 전환하면서, 동맹 및 IMF-JC와의 연대를 모색하게 된다. 1977년 8월에 열린 총평 제55회 대회에서는 연립 정권 시대를 열어 가고자 반反자민당 세력을 결집하는 폭넓은 통일전선을 형성할 것을 주창했는데, 이때 '반독점'이나 '반안보(조약)' 등의 표현이 없었던 데서 노선 전환의 기미가 엿보였다. 총평의 변신을 선명히 드러낸 것은 1979년 7월 대회였다. 이때 총평은 '열린 총평'을 구축하겠다면서 노동 전선 통일을 위해 "대담하게 나아갈 것"을 밝혔다(総評編 1989, 560-573).

1979년 총선에서 전체全逓와 전전통 등 단산(산별연맹)들이 공명당과 협력 관계를 구축했으나, 선거가 끝난 뒤 총평 자체가 사회당·공명당 연합을 주축으로 하는 노선을 제기하게 된다. 야당 전체의 연합 노선을 주장했던 사회당 나리타 위원장의 후계자이자 자칭 '마르크스 보이'였던 아스카타 위원장 아래서 사·공·민 노선을 향한 항해가 진행된 데는 이 같은 총평의 요청이 있었다(飛鳥田 1987, 241; 前田 1995, 170-173). 아스카타는 1980년 1월 10일의 사·공 합의, 16일 공명당 다케이리 요시카쓰竹入義勝 위원장과의 회담을 거쳐 사·공·민 노선을 본격화하기 시작했고, 이에 따라 1월 31일에는 가쓰마타 전 위원장을 소장으로 한 사회주의이론센터가 〈길〉의 수정에 착수하게 된다. 뒷날 아스카타는 이 같은 좌파 노선의 수정이 본의는 아니었다고 고백했다(飛鳥田 1987, 238-240).

〈신선언〉 작성 과정에서는 1985년 6월 26~27일 전국정책연구집회에 나란히 얼굴을 보인 노동단체 지도자들[19]이 〈신선언〉을 채택하겠다는 이시바시 집행부의 방침을 지지한다. 〈신선언〉을 채택한 이후, 1987년 1월 7일 야마기시 아키라 전전통 위원장, 와라시나 미쓰하루虆科滿 전기노련 위원장 등 11명의 노조 간부가 '뉴 사회당 추진 간담회'라는 현실정당화 추진 응원단(압력단체)을 발족시킨다. 같은 해 『사회노동평론』 9월호에서 이 노조 간부들은 반자민·비공산 정권을 수립하겠다는 목표 아래 사회당과 민사당의 역사적 화해를 요구한다. 이듬해 5월에는 사회당의 관련 부서들과 자치노·전체·전기노련 등 이홉 개 산별연맹 출신의 국회의원들을 간사로 한 '노동 전선 대책 특별위원회'(위원장 다나베 마코토)가 "당면의 행동 지침에 대해"를 작성한다.

이런 흐름 속에서, 당시 노동 전선 통일을 담당해 온 노조 간부들 모두가 사회당의 현실정당으로의 전환과 사·공·민 노선 추진을 지지하고 있었다. 특히 주목되는 것은 1989년 연합 회장이 된 야마기시이다. 1975년 '파업권 파업' 이후 독자노선을 취해 온 전전통은

---

19 이들은 마가라 에이키치眞柄栄吉 총평 사무국장, 우사미 다다노부宇佐美忠信 동맹 회장, 와라시나 미쓰하루虆科滿治 중립노련 의장, 다테야마 도시후미竪山利文 전민노협 의장 등이었다.

민영화에 대해서도 경영 측과 협조해 자민당과 직접 교섭한 끝에 [기업] 분할을 막고 [노조] 조직을 유지하는 데도 성공했었다. 당시 야마기시가 바로 이를 이끌었다.

야마기시는 1980년대 후반 노동계에서 사·공·민 노선을 추진했던 인물로, 1987년 1월 취임한 뒤 첫 당대회를 앞둔 도이 위원장에게 〈신선언〉에 근거해 안보·자위대·에너지·한반도 문제 등을 수정하라고 못을 박았다. 당대회에서 채택된 방침에 그의 의견이 충분히 반영되었다고 말하기는 힘들지만, 같은 해 8월 20일에 발표된 "야마구치 견해"에는 분명 그의 뜻에 따른 내용이 담겼다. 그러나 "야마구치 견해"는 결국 파산했다. 따라서 이듬해 제53회 당대회를 앞두고 이번에는 기시모토 코지梶本幸治 전전통 정치부장이 야마기시가 전해에 제출한 의견서에 따라 사·공·민 연합 정권 수립을 내걸 것을 요청했다. 그러나 이 대회에서도 도이 위원장의 '호헌' 나팔이 울려 퍼졌다.

여기서 '노조 의존 모델' 가설은 곤경에 처한다. 〈신선언〉을 채택하기까지 사회당의 현실주의화는 분명 노동계의 압력을 받은 것이었다. 그러나 그 뒤 사회당이 호헌 평화주의를 고집한 것은 어떻게 봐도 사회당과 공명당의 연합을 주장한 노동계 지도부들의 의향에 반하는 것이었다. 노·노 대립이 해소되어 노동 전선 통일이 진행되고 있었음에도 사회당은 노동 조직의 뜻을 거스르는 방향으로 나아갔다. 게다가 이미 살펴보았듯이 PKO 법안에 대해서도 8백만 노동 조직의 총수인 야마기시 연합 회장의 조정안도 거부했다. 이 같은 사회당의 저항을 '노조 의존 모델'로 설명할 수는 없다. 그러나 권력 자원동원 문제를 좀 더 자세히 살펴보면 이해할 수 있는 일이었다.

2) 조직 노동 내부의 긴장과 대립

사회당의 저항을 이해하려면, 첫째, 호헌 평화주의가 당내에 깊고 넓게 확산되어 있었다는 사정을 고려해야 한다. 마르크스주의가 당내 파벌 투쟁의 산물이자 내부용에 불과했던 데 비해, 호헌 평화주의는 유권자 동원을 위한 중요한 명분이었다. 따라서 이를 수정하면 훨씬 더 광범위한 저항이 일어날 위험이 있다. 여기에서 사회당에 영향력을 행사하려는 조직 노동의 자원동원 상황, 그리고 이를 가능하게 하는(혹은 억제·배제하는) 사회당의 메커니즘을 구분해 분석해 보기로 하자.

우선 1980년대 조직 노동의 권력자원 상황을 보자. 1975년부터 조직률은 계속해서 하락했지만 노동 전선이 통일되어 적어도 단기적으로는 조직이 강화되었다. 그렇지만 연합은 옛 총연맹 조직인 총평이나 동맹 산하 노조들의 느슨한 연합체이고, 특히 정치 방침과 정당 지지 문제는 조직 내에서도 이견이 컸다. 연합의 균열을 피하려면 사회당과 민사당의 결집이 필요하다는 데는 총평계(총평센터)뿐만 아니라 동맹계 노조(우애회)도 이견이 없었다. 그러나 구체적 방침, 특히 행정개혁 문제와 원자력 에너지 문제를 둘러싸고 양자의 차이는 컸고, 그중에서도 총평계 노조들의 정치주의에 대한 우애회 측의 불신은 그 뿌리가 깊었다(고토 모리시케後藤森重 자치노 위원장 인터뷰 1997/03/07; 사사모리 기요시笠森清 전력총련 회장 인터뷰 1997/03/08).

또한 연합 내에는 '사·민 결집' 자체에 회의적인 세력도 있었으며, 이들을 결코 무시할 수 없었다. 1970년대부터 노동 전선 통일의 주도권을 쥔 것은 IMF-JC였는데, 이들은 특정 정당과 결합하려 하는 대신에 오히려 집권당에 접근해 제도 및 정책 요구를 관철하려는 경향을 보였다. 당시 미야타 IMF-JC 의장은 비공식적 통로를 통해 정부·여당의 정책 결정에 적극적으로 관여하려 했다. 노동 전선 통일의 흐름을 코포라티즘으로 파악하기도 하는데, 그런 경향은 특히 IMF-JC에서 강하게 나타나고 있었다.

IMF-JC 지도자들은 야마기시 등과 같이 사회·민사 결집에는 관심이 없었고, 노조의 정책 요구를 실현할 정당정치의 틀을 바랄 뿐이었다. 소선거구제 도입을 통해 양당제를 실현하자고 주장한 것이 이를 단적으로 보여 준다. 1988년 9월 6일 자민당 '정책연구 포럼'에서 미야타가, 다음 날 자동차총련 제17회 정기 대회에서 도쿠모토 데루히토得本輝人 자동차총련 회장이 소선거구제를 도입해 양당제를 실현하자고 주장했다. 사회당이 중심이 된 사·민 결집을 내세우는 입장에서는 사회당이 존속하기 어려워질 소선거구제에 동의하기 어렵다. 예컨대 야마기시는 원래부터 소선거구제에 단호히 반대했다. 그러나 정당과 거리를 두고 서로 교섭하는 관계를 가지려 한다면, 정권을 획득할 전망이 보이지 않는 사·민 결집에 매달리기보다는 양당제 실현을 꾀하는 것이 상책일 수 있다. 따라서 미야타와 도쿠모토의 '양당제론'은 당시 야당들의 정책 능력이나 조직 역량이 노동의 기대에 부응할 수 없다는 판단에서 나온 것이었다. 정권을 담당할 능력을 갖춘 양당 구조로 가고(그중 하나가 사·민인지는 중요하지 않다), 조직 노동이 그 속에서 정책에 영향력을 행사하는 구조를 만드는 합리적 선택이었다고 할 수 있다(渡辺 1994, 444-447).

'사·민 결집론'은 다테야마 도시후미堅山利文 민간연합 회장의 후원 아래 야마기시 당시 전전통 위원장이 중심이 되어 제창했고, 뒤이어야마기시가 연합 회장이 되었기에 연합의 '공식' 노선처럼 여겨지기 쉽다. 하지만 연합 내에 이렇듯 명확히 다른 흐름들이 있었고, 사실 그들이 바로 본래 노동 전선 통일을 주도해 온 세력이었다. 당시 연합 사무국장이었던 와시오 에쓰야鷲尾悅也는 이렇게 말한다.

> 정치적인 측면에서 보면, 기존의 블록 방식으로 하는 것 자체가 노동조합의 힘을 약화시킨다고, 따라서 과거 방식대로 정치적 대응을 하는 것에 비판해 연합이 생겼다는 식으로 이해해도 좋다고 생각합니다. 다만 야마기시 씨의 개성 때문에, 일반적으로는 거꾸로 보였던 것입니다. …… 정책을 중심으로 해서, 노동자의 정책을 널리 실현할 수 있는 정치 세력을 상대로 정책을 중심에 놓고 시시비비를 따지는 것이 연합의 기본 노선이었습니다(本澤 1997, 245).[20]

이 같은 내부의 이견은 물론이고, 연합 밖에서 사회당을 지지했던 노조들 중에는 과거 총평의 계급적 노동운동을 고수하면서 사회당의 '현실정당화'를 철저히 반대하는 원칙주의 집단들도 존재했다. 1981년 6월 노동전선통일추진회가 "민간 선행에 의한 노동 전선 통일의 기본 구상"을 발표하자, 같은 해 8월 하순 총평에서는 이와이·

---

[20] 와시오는 1997년 연합 회장으로 선출된 뒤부터 사·민 결집을 주장하게 된다. 이는 오랜 불황 속에서 적극적 노동시장 정책이 필요함에도 자민·사회·사키가케 연립 정권이 수립된 이후 연합에 속한 노조들이 지지하는 정치 세력이 다시 분열된 탓에, 연합의 정치적 영향력이 떨어지고 있었기 때문으로 보인다. 다만 그것이 그의 기존 입장과 어떻게 어울릴 수 있는지는 애매하다.

오타·이치가와 등 세 명의 고문이 연명해 "노자 협조 체제를 더욱 강화하려는 것"이라고 공개적으로 비판했다. 이듬해 6월에는 '노동 전선의 우익적 재편에 반대하고, 투쟁하는 총평의 재생을 위한 6·24 대집회'를 개최한다. 또한 1983년 3월에는 '노동연구센터'를 설립하고, 계급주의 노선의 기치를 견지할 것을 천명한다. 1989년 결국 세 사람은 총평 고문직에서 해임되지만, 노동연구센터는 이와이 중심으로 활동을 계속했고, 1989년 12월에는 "연합에 가지 않거나, 갈 수 없는" 노조들을 규합해 전노협을 설립한다. 이들 이와이 그룹이 도이 위원장의 최측근이라고 불리던 이와타레 스키오와 강하게 연계해 도이 사회당이 내건 호헌 평화주의를 지지하는 세력이 된 것이다.

전노협은 연합에 참가하지 않은 비공산당계 좌파 노조들의 결집체였다. 산하 조합원 50만 명(30만 명이라고도 함)은 공산당계인 전국노동조합총연합(이하 전노련)의 140만 명보다 적고, 연합의 8백만 명에는 훨씬 못 미치는 규모였다. 그럼에도 이와이 그룹의 원칙주의에 공감하는 사회당원이 전체의 3분의 1에 달했다고 한다上住 1992, 294, 330). 앞서 언급했듯이, 도이가 퇴진한 뒤에 전노협이 지지한 우에다가 연합이 지지한 다나베와 대결해서 선전했다. 물론 우에다가 얻은 모든 표가 전노협의 조직표는 아니었지만, 사회당 내에서 호헌 평화주의에 대한 평당원들의 지지가 전노협의 힘을 지탱하고 있음이 드러났다.

이상과 같이, 권력자원동원의 관점에서 보면, 연합은 반석 같은 조직이 아니라 내부에 [입장이 서로 다른] 여러 갈래의 세력이 있었고, 조직 외적으로도 원칙주의 세력이 무시할 수 없는 존재감을 보이고 있었다. 이것이 사회당의 저항력을 키운, 다시 말해 사·민 결집 추진파 노조 간부들이 사회당에 미치는 영향력을 감소시킨 요인이었다.

3) 기관 중심주의

원칙주의 세력이 영향력을 유지할 수 있게 한 사회당 내부의 요인은 당의 제도에 있었다. 제2장에서 보았듯이 기관 중심주의는 국회의원의 힘을 약하게 하는 대신, 서기국과 지역 지부의 힘을 강화한다. 이 같은 제도적 구조가 좌파, 특히 사회주의협회파의 세력이 커질 수 있도록 촉진했기에, 이제까지 열심히 구축해 온 기관 중심주의를 어떻게 무너뜨릴지가 현실정당화의 관건이 된 것은 참으로 역설적이다. 1977년 에다가 탈당하면서 추진된 당 개혁 운동에서는 전체 대의원 수의 최대 3분의 1까지 국회의원에게 대의원 자격을 준다는 합의가 있었는데, 이는 지역대의원의 힘을 견제해 기관 중심주의를 약화시키려는 첫 시도였다. 1977년 당시 대의원 총수는 509명이었다.

1980년대 들어 협회파가 분열하기 시작했다. 1984년 협회 기관지인 『사회주의』의 편집장 겸 사무국 차장이었던 후쿠다 도요福田豊를 필두로 마르크스·레닌주의에 비판적인 학자 그룹이 '현대사회연구회'를 결성하면서 사회주의협회가 분열되었다. 이듬해 5월, 사회주의협회를 이끌었던 사키사카가 사망하자 구심력은 더 떨어졌다. 그리고 1987년 협회파 중에서 사회당 본부의 직원이었던 50여 명가운데 40명가량이 협회를 탈퇴한다(椎橋 1989, 82).

이처럼 협회파가 쇠퇴함으로써 〈신선언〉이 채택될 수 있었지만,

지역에서는 여전히 협회파 활동가들이 깊게 영향력을 행사했기에, 앞서 말했듯이 마르크스주의를 폐기한다는 안건은 속개된 당대회에서 가까스로 채택되었다.[21] 하물며 호헌 평화주의란 사회당의 정체성이라고 할 법한 원칙이었기에 이를 수정하기는 지극히 어렵기 마련이었다. 호헌 평화주의를 수정하라는 연합의 압력을 물리친 사회당의 저항력은 지방 대의원들을 중심으로 한 평당원들의 호헌 평화주의 옹호, 그리고 이 같은 움직임이 영향력을 발휘할 수 있게 한 기관 중심주의라는 두 요소에 기인했다.

그렇다면 1993년 이후의 급선회를 어떻게 이해해야 할까? 당시 계급정치 수준에서 자원동원에 큰 변화는 없었고, 또한 당내에서 호헌파 세력이 눈에 띄게 쇠퇴한 것도 아니다. 제도적인 측면에서 보면 1990년대 들어 분명 의원 중심의 당 운영 체제를 도입하려는 개혁이 있었다. 예컨대 "전국대회를 2년마다 연다", "그림자 내각으로서 의회 내에 위원회를 설치한다", "오르그 제도를 폐지한다", "중의원·참의원 양원 의원총회는 국회의원의 의사 결정 기관임을 명기한다." 등과 같은 규약 개정은 분명히 당을 기관 중심에서 의원 중심으로 바꾸어 운영하려는 목적을 지녔다. 그러나 이 같은 규약 개정의 실질적인 의미는 없었다고 할 수 있다. 그럼에도 기관 중심주의가 무너지면서 당 집행부의 재량권이 확대된 것은, 갑자기 연립 정권 시대가 시작되었기 때문이었다.

---

21 이시바시 전 위원장의 회고에 따르면, 속개된 대회에서 만장일치가 가능했던 것은 협회파 간부였던 야마모토 마사히로山本政弘 전 부위원장의 노력 때문이었다고 한다(石橋 1998).

1993년 총선 결과, 자민당은 과반수 확보에 실패해 연립 정권을 수립해야 했다. 이때 주도권을 쥔 것이 일본신당이었다. 이들은 '소선거구 250석과 비례대표 250석'으로 선거구 제도를 개편할 것을 연립 참여의 조건으로 제시한다. 7월 24일 자민당을 제외한 일곱 개 정당이 모인 회의에서 사회당의 야마하나-아카마쓰 히로타카赤松広隆 집행부는 이 제안을 수락했고, 이후 국회의원 간담회, 임시중앙집행위원회의 승인을 얻는다. 선거구제 변경이라는, 당의 명운이 달린 중요 사항에 대해 집행부가 독단적으로 결정한 것은 기관 중심주의를 심각하게 일탈한 행위였지만, 연립 정권 성사 여부가 달린 긴급 상황이었으므로 집행부에 대한 공개적 비판은 없었다. 또한 27일에 열린 전국서기장회의에서는 연립 정권에 대한 결정을 중앙집행위원회에 일임하기로 결정한다. 9월에 열린 당대회에서 무라야마가 위원장으로 선출되고, 이 모든 사안이 추인되었다.

이렇듯 연립 정권 실현을 위해 정국이 기박하게 변화하는 가운데 기존의 기관 중심주의를 넘어서서 하향식 결정 방식, 국회의원 중심, 특히 위원장-서기장 라인이 주도하는 결정 방식이 생겨났다. 사회당 당수를 총리로 하는 연립내각이 탄생한다는 상황 속에서 집행부는 자유재량권을 발휘해 호헌 평화주의를 포기하게 만들기에 이르렀다. 무라야마 자신은 이렇게 말한다.

당내에서 결론을 본 뒤에 정책을 바꾸는 것이 납득할 만한 일이나, 사회당 위원장인 나도 예상치 못한 상태에서 총리가 되어 버려, 당대회에서 추인 받지 못하면 총리를 사임하겠다는 각오로 내가 결단했다(村山 1996, 63).

예상대로 1994년에 열린 제61회 당대회에서는 자위대 합헌, 미·일 안보조약 유지를 비판하는 의견이 개진되었으나, 구보 서기장은 "총리가 곧 당의 위원장인데, [총리와 당의] 정책이 다를 수는 없다", "자위대의 위헌을 주장하는 것만으로는 정당의 역할을 다하지 못한다."고 반격한 끝에 결국 원안이 채택되었다. 구보는 호헌 평화주의를 포기하는 안이 승인된 배경에 대해 이렇게 말했다. "무라야마 위원장이 총리였으니 추인되었지, 다른 사람이 위원장이었다면 오히려 그의 목이 날아갔을 것이다"(구보 인터뷰 1997/05/27).

요약하면 다음과 같다. 호헌 평화주의는 사회당의 핵심적 중추이고 이를 부정한다는 것은 존재근거를 없애는 것과 같다. 일상적 결정 과정에서는 거의 불가능한 일이었다. 그런데 1993년 자민당 정권이 붕괴하면서 연립내각 시대가 열리는 유동적인 정국이 되자, 뜻하지 않게 당 집행부에 비정상적으로 결정권이 부여된 것이다. 이 권한이 극대화된 계기가 무라야마 위원장의 총리 취임이었다. 당수가 총리가 된다고 하는 '비상사태'가 호헌 평화주의 원칙마저 포기할 수 있게 만들었다.

4. 현실정당화와 권력자원동원

여기에서는 사회당의 현실정당화가 권력자원동원 전략으로서 합리적이었는지 여부를 검토한다. 호헌 평화주의를 포기한 뒤 사회당은 어떤 권력자원을 동원해 정권을 획득하려 했는가? 사·민 결집론,

신당론, 연립 정권 내 사회당의 역할을 검토해 이 문제를 생각해 보려 한다.

1) 사·민 결집론

현실정당화의 첫 단계는 마르크스주의를 포기하고 사회민주주의 원칙을 채택하는 것이었다. 그러나 보수 지배 체제 아래에서 생산성 향상에 따른 임금 인상, 시장에서의 지위 격차를 반영한 규모별·직능별 사회보장 시스템이 공적 제도와 기업 제도의 결합으로 완성된 상황에서, 사·민 결집 전략이 노동자를 중심으로 한 광범위한 사회 계층에 호소력을 가질 수 있었을까? 기업주의에 의해 노동자의 체제 내화가 실현된 일본에서 이 전략은 유효하지 않았다는 사실을, 민사당이 겪은 고난의 역사가 말해 주는 것이 아닐까?

또한 사회민주주의는 노동자가 소비자로서 축적 체제에 포섭된 '대량생산·대량소비' 시스템을 전제로 국가가 소득재분배 및 사회적 공정성을 추구하는 정치·경제 전략이다. 그러나 1980년대에는 그런 축적 체제가 제대로 작동하지 않아서 서구 사민주의조차 변화를 모색하던 시기였다. 그러니 일본의 좌파가 단순히 사회민주주의를 수입해 세력을 키울 가능성은 거의 없었을 것이다. 1990년 당대회에서 사회당은 "사회민주주의는 이제 21세기를 앞둔 국제사회를 이끌 힘이 되고 있다."라는 인식을 드러냈으나, 당시 상황을 고려하면 지나칠 만큼 낙관적인 평가였다.

만년의 시미즈 신조는 사회당의 사·민 결집론을 다음과 같이 통렬하게 비판했다.

야마기시 씨가 여러 해에 걸쳐 말해 온 사민주의는 비非자민, 반反공산 사민일 뿐이었다. 그가 말하는 사민은 '소거법消去法 사민'으로, 이 둘을 제외한 나머지 모두가 사민주의의 기반이라는 것이었다. 사민주의의 정체성을 보여 주지 않고, 기본적인 정책 제시도 의심스러웠다. 요컨대 적극적으로 사민주의의 경로를 호소하면서 사민주의의 간판을 내건 것이 아니라, 소거형 사민에 불과했다. 따라서 쉽사리 다른 것으로 변해 버릴 수 있다는 것도 당연했다(淸水 1995, 388).

시미즈는 여기에서 개인의 이름을 들어 비판하고 있으나, 이는 사회당의 사민론 자체에 대한 비판이었다고 간주해야 할 것이다(福田·田中 1988; 大內他 1989).

2) 비자민 결집에서 신당론으로

1980년대에 공명당을 고리로 한 사·민 결집론은 우여곡절 끝에 사회당의 전략이 되었다. 하지만 소선거구·비례대표 병립제를 받아들여 자민당을 제외한 야당의 결집을 추구한다는 사회당의 결단에는 어떤 전략이 있었던 것일까? PKO 협력 법안을 둘러싸고 사·공·민 노선이 최종 파산에 이른 뒤, 야당 세력 결집을 주도적으로 추진한 것은 야마기시 연합 회장이다. 그는 자민당을 이탈한 오자와 이치로 세력과 결탁해 비자민 연립 정권을 추진한다. 그러나 비자민 세력 결집을 통해 집권한다는 오자와 정권 구상은 보수 양당제론이었기에, 사·공·민 노선과 맞지 않았다. 노동계에서는 IMF-JC 지도부가 양당제론과 유사한 입장을 취한 바 있다. 사실 오자와는 야마기시의 등 뒤에서 자동차총련의 도쿠모토, 철강노련의 와시오와 접촉해 야마기시의 예민한 부분을 건드리고 있었다(山岸 1995a, 21-22). 사·공·민 노선의 파산을 본 야마기시가 비자민 결집론으로 재빨리 변신해서, 자기가 반대해 온 노선의 선두 주자가 된 것은 연합 내에서 지도력을 유지하기 위해서였던 듯하다.

야마기시는 소선거구·비례대표 병립제가 사회당에 독약이 되리라고 생각했다(山岸 1995a, 76; 1995b, 13). 그럼에도 이를 받아들인 것은, 자민당 장기 집권이 모든 악의 근원이며 비자민 연립 정권의 실현이 최우선이라고 생각했기 때문이라고 짐작된다. 야마기시는 연립 여당들이 후보자를 조정하는 것이 소선거구제라는 독약의 해독제가 되리라 생각한 동시에, 오자와와의 연대는 '일시적인 것'으로 상정했다고도 말한다(야마기시 인터뷰 1997/07/01). 그렇다면 그 해독제 또한 기껏해야 운이 좋아야만 손에 넣을 수 있는 불확실한 것에 불과했다.

그렇다면 야마기시의 비자민 세력 결집론에 동조한 사회당 집행부는 과연 어떤 승산이 있었던 것일까? 1994년 1월 당대회에서 발표된 "무라야마 비전"에는, "온건한 다당제 속에서 사회적 공정公正과 연대를 존중하는 연립·연합 정권을 추구할 것, 시민형 정당으로 자기 변혁을 추진할 것" 등이 제기되어 있었다. 중의원 총수 5백 석에서 250석(최종적으로는 3백 석)을 단순 소선거구제로 선출하는 데 동의하면서 온건한 다당제를 목표로 한다는 것은, 단적으로 말해 소선거구제 싸움은 포기하고 비례대표 중심으로 당의 존속을 꾀한다는 선언과 다름없다. 이는 집권당을 목표로 현실정당화를 추진해 온 당의 전략이라기에는 소극적인 것이 아닌가? 비례구에서 살아남은 여러 정당들이 연립 정권을 목표로 한다고 해도, 소선거구에서 상당한 의석을 얻지 못하면 '소선거구 3백 석, 비례 2백 석'으로 구성된 선거구제에서 정권을 획득할 수는 없다. 그러나 소선거구에서 이길 전략이 '온건한 다당제'론[22] 속에 보이지는 않는다.

뒤늦게나마 새 선거구제에 대한 대응으로 제기된 것이 신당 결성론이다. 비자민 호소카와 연립내각을 지지했지만 자민당·사회당·사키가케 3당 연합에는 반발한 사회당 내 그룹들이 야마하나 전 위원장을 중심으로 신민주연합(이하 신민련)을 결성(1994년 8월 30일)했다. 또한 구보 서기장은 10월 1일 삿포로札幌에서 당의 발전적 해소를 전망하면서 자민당의 자유주의자도 포함한 '사민주의 + 자유주의 세력'으로 신당을 결성하자는 구상을 제시했다. 12월 18일 사회당 광역지방자치단체 본부 대표자 회의에서는 "되도록 빨리 당대회를 열어 〈1995년 선언〉과 신당 결성 방침을 결정하고 구체화하자."는 구보 서기장의 보고가 승인되었다.

해가 바뀌자 신민련의 움직임이 활발해졌다. 1월 5일 전전통의 신년회에서 야마하나 회장은 인사말을 통해 "적극적 그룹이 당을 떠나 신당 창당에 나설" 것임을 밝혔다. 그러나 신민련 국회의원(중의원 17명, 참의원 7명)의 탈당계가 제출된 1월 17일에 한신·아와지 대지진阪神淡路大震災[23]이 발생했고, 집권당으로서 지진 대책에 전력을 다

---

22 역주 : 온건 다당제moderate pluralism는 이탈리아 정치학자 조반니 사르토리Giovanni Sartori가 제시한 개념으로, 정당들 간에 이데올로기적 차이, 정책적 차이가 크지 않은 다당제를 지칭한다.

23 역주 : 1995년 1월 17일 오전 5시 46분 52초에 일본 고베 시 아와지시마淡路島 북쪽에서 발생한 진

해야 한다는 집행부의 요청으로 신당 결성 움직임은 중지된다.

야마하나의 신당 운동은 '2단계 로켓 방식'으로 구상되었는데, 우선 야마하나 그룹이 신당을 먼저 결성하고 뒤이어 구보 서기장 등이 합류한다는 계획이었다(구보 인터뷰 1997/05/27). 그러나 야마하나 신당 운동이 일단 중단되고 나서는, 비자민 연립파를 대신해 무라야마 총리를 중심으로 한 자민·사회·사키가케 연립파가 신당론을 주도하게 된다. 구보 서기장은 집행부의 일원인 입장에서 무라야마 총리의 뜻에 따라 신당 창당에 나선다. 자민·사회·사키가케 연립 정권에 대항한 신당 운동을 이끌 것으로 기대되던 구보가, 오히려 사회당을 '통째로' 이끌어 신당으로 가자는 자민·사회·사키가케 연립파의 구상에 동조함으로써 비자민 연립파의 신당 운동은 좌절된다. 결국 3월 29일 야마하나 등의 '민주·리버럴 신당' 결성 운동을 지원해 온 전체全進가 사회당 집행부의 신당 작업 지지를 표명하면서 야마하나 신당의 희망은 시러졌다.

1995년 5월 27일 사회당은 제62회 임시 전국대회에서 〈1995년 선언〉을 채택한다. 여기에는 무라야마 정권의 방침에 따라 미·일 안보조약을 유지하면서 군사 부문은 축소할 것, 냉전 후의 국제 관계에 대처할 미·일 관계를 구축할 것, 무력행사를 배제한다는 전제하에 PKO에 적극 참가할 것 등이 명기되어 있었다. 또한 〈신선언〉이

도 7.3의 대지진. 효고兵庫 현을 중심으로 오사카·교토 일대에 큰 피해를 주었으며 특히 고베 시의 피해가 막대했다. 사망 6,434명, 실종 3명, 부상자 4만3,792명으로 2011년 동일본 대지진에 이어 전후 두 번째로 큰 피해를 기록했다.

후 10년이 지난 사회민주주의의 기본 가치가 '공정·공생·평화·창조' 임을 높이 평가하고 있었다. 그러나 〈1995년 선언〉은 마르크스주의에 대한 사회민주주의의 승리를 선언한 동시에 그 묘비명이기도 했다. 당대회에서 제기된 1호 제안이 자민당과 신진당이라는 양대 보수정당에 맞설 제3의 정치 세력을 만들기 위해 사회당은 해산하고 민주·리버럴 세력의 결집을 꾀한다는 것이었기 때문이다.

사회민주주의를 채택하고, 민주·리버럴 세력이 결집하며, [사회당은] 해산하는 동시에 새로운 당으로 이행한다는 집행부의 방침은 조심스럽게 말해도 받아들여지기 힘들고, 유권자들을 끌어들일 만한 제안도 아니었다. 1995년 6월 홋카이도 전 지사 요코미치 다카히로橫路孝弘, 신당사키가케 대표간사 하토야마, '도쿄 시민 21명' 대표 가이에다 반리海江田万里 등을 중심으로 자민·신진당에 대항하는 제3 세력 운동이 시작되고, 7월 25일 정책 연구 그룹인 '리버럴 포럼'이 결성되었으나 새로운 바람을 일으키기에는 힘에 부쳤다.

7월 23일에 치러진 참의원 선거에서 사회당이 패배하자 신당 운동이 다시 부각되었다. 사회당은 비례구에서 직전 선거보다 1석, 그 전 선거보다는 11석이 줄어 9석을 얻었고, 소선거구 7석을 얻어 총 16석에 머물렀다. 비非교체 의석[24]을 합쳐 37석이었는데, 이는 신진당의 56석에도 크게 못 미치는 수준이었다. 선거 결과가 드러나자마자, 전전통은 사회당 지지를 철회하기로 결정한다. 1995년 8월 1

---

24 역주 : 일본의 참의원(임기 6년) 선거는 3년마다 정원의 절반을 교체한다.

일에는 자치노의 고토 위원장이, 신당을 결성할 수 없다면 사회당에 대한 배타적 지지를 수정할 수도 있다는 의견을 밝혔다. 또한 8월 28일에는 자치노·전전통·전기연합 등 121개 단산(산별연맹)들이 '민주·리버럴 신당 결성추진 노조회의'를 결성해, '초청인 회의'와 '리버럴 포럼'과 연대해 신당을 결성할 움직임을 보였다. 참의원 선거 후 [사회당의 변화를] 기다리다 지친 노조들이 이렇듯 사회당의 신당 운동에 공개적으로 압력을 가하게 되었고, 따라서 사회당 전체가 새로 만드는 신당이, 노조에 의존하던 과거의 사회당과 무엇이 다른지가 점점 애매해졌다.

그 뒤 사회당 집행부는 12월 6일에는 "새 정당의 기본 이념과 정책", 14일에는 "새 정당의 당규" 등의 초안을 확정한다. 조직의 성격으로는 "여성과 사회적 약자를 위한 할당제"와 "시민 입법, 정책 활동을 위해 각 단체와 네트워크 협력 관계"를 제안하는 등 주목할 만한 아이디어도 있었으니, 지지 여론은 반등하지 않았다. 결국 12월 14일의 중앙집행위원회, 이듬해 1월 19일의 당대회에서 신당을 결성하지는 않고 당명 변경, 강령과 규약의 개정만 하는 것으로 결정했다.

신당 운동은 처음에는 비자민 연립 정권 재건을 목표로 했으나 구보 사무국장을 앞세운 자민·사회·사키가케 연립파에 의해 '당 전체의 신당 이행론'으로 목표가 바뀌었다. 애초 야마하나의 신당론 역시 비자민이라는, 이제는 [권력자원]동원 효과가 있을지도 불투명해진, 명분 이상의 것은 없었다. 그러나 '전체 이행'론은 당의 분열을 방지한다는 의도에서 제기된, 말하자면 '신당 부수기 신당론'이라서 새로운 권력자원을 결합시킬 가능성은 전혀 없었다.

3) 연립 정권 내에서의 사회당

연립 정권에 참가해 당의 정책을 차례로 바꾼 사회당에 대해 여론은 싸늘했고, 때로 비판적 눈길을 보내기도 했다.[25] 특히 자민·사회·사키가케 연립에 동조한 무라야마 내각에 대해 '야합', '1955년 체제 그 자체'라는 가혹한 비판이 쏟아졌다. 그러나 다른 한편, 현안이었던 중요 법안들을 차례로 통과시킨 효율적 내각이었다는 평가도 있다(石原 1995, 186-187). 관료들의 입장에서 보면 확실히 자민당과 사회당의 대★연립 정권은 안정감이 있고 믿음직했다고 할 수 있다.

이 연립 정권에 대해 비교적 여론의 지지가 높았던 것은 1955년 체제의 '잔무 처리'라고 불렸던 정책들이다. 이는 '자민당 대 사회당'이라는 대립 구도가 해소됨으로써 가능했거나 더욱 촉진된 일이었다. 예컨대 미나마타병 소송의 화해, 원폭 피폭자 원호법, 전후 50년 결의[26] 등이 지적되고 있다. 여기에서 연립 정권의 정책을 다 살펴볼 수는 없으므로, 사회당이 제기한 사회민주주의 관련 정책들과 관련해 사회당이 호헌 평화주의를 대체할 새로운 결집 축을 보여 주었는지에 국한해 짚어 보고자 한다.

---

25 소선거구를 인정하고 호헌 평화주의를 폐기하는 것 외에 우루과이라운드에서의 쌀 수입 자유화, 소비세 인상, 자위대 해외 파견 등의 문제에서도 사회당은 야당 시절에 취한 정책 방향을 정반대로 뒤집었다.

26 역주 : "역사를 교훈 삼아 새롭게 평화를 다짐하는 결의". 연립정부하에서 사회당의 주도로 1995년 6월 9일 중의원 본회의에서 통과된 국회 결의. '부전不戰 결의'라고도 불린다. 중의원 의원 502명 중 251명이 참석해 230명의 찬성으로 통과됐다. 이 결의는 이후 '무라야마 담화'로 이어진다.

(1) 복지국가 정책

사회민주주의의 홈그라운드라고 할 수 있는 정책 분야인 복지·사회보장을 보면, 1994년 5월 26일 이케하타 세이치池端淸- 중의원 의원을 회장으로 한 '고령사회 프로그램 특별조사회'는 "복지 프로그램: 전후 복지사회에서 21세기 복지사회로"(이하 "중간보고")라는 주목할 만한 문서를 발표했다. 이는 신자유주의에 대항하는 사회당의 복지사회론이라고 함 직했다. 첫째, "본인의 자유로운 선택과 자립·지속성의 존중"을 주장했는데, 이는 "보편적 사회 서비스를 본인이 자유롭게 선택해 자립적으로 지속 가능한 생활을 할 수 있는 시스템"을 말하는 것이다. 그리고 이 시스템은 공조(공적 사회보장)를 중심축으로 하여 공조·자조自助의 중층적 조합으로 구성된다. 새로운 복지 시스템은 기존과 달리 가구가 아니라 개인을 단위로 하며, 복지 서비스의 제공은 기초지방자치단체를 중심으로 하는 '분권형' 시스템으로 이루어져, 국가의 역할은 연금과 생활보호 등 소득재분배를 실행하고 시민적 최저 수준을 확보하는 데 한정된다.

노인 요양 보호와 육아, 여성의 사회참여 문제를 생각하면, 신자유주의적인 자조적 개인 부담으로 이행할 때 오히려 사회적 부담은 늘어난다. 사회보장과 경제성장이 충돌한다거나, 혹은 복지를 성장의 부속물로 보는 생각에 대해 "중간보고"는 정면으로 반대한다. 연금 및 생활보호 급부는 고령자와 저소득자의 구매력을 높이며, 사회보장 지출은 의료, 요양 보호, 유아 등의 관련 산업을 육성해 많은 고용을 창출하고, 사회보장의 정비는 안심하고 노동할 환경을 만든다는 점을 지적해, "사회보장 관련 부담은 새로운 질적 경제성장을 촉진하는 것이며 '수지 타산'의 잣대를 들이밀어서는 안 된다."라고 주장하고 있다.

사회당의 복지 플랜은 복지를 경제의 부담으로 보는 신자유주의적 사고를 대체하는 이론을 전개해 갔음이 주목된다. 구체적으로는 기초 연금을 조세 방식으로 이행하고, 신新 '골드 플랜'gold plan[27]을 수립하고, 요양 보호 시스템을 확립하고, 〈간호·요양 보호 휴가법〉을 제정하며, '엔젤 플랜'angel plan[28]을 도입하는 등 여러 제안들이 있었다. 무라야마 내각에서는 그중 신 골드 플랜, 엔젤 플랜이 도입되고 요양 보호 휴가제가 법제화되었다. 특히 요양 보호 휴가제와 관련해 호소카와 내각에서는 나가이 다카노부永井孝信 노동정무차관, 무라야마 내각에서는 하마모토 만소浜本万三 노동대신 등을 비롯한 사회당 의원들이 큰 역할을 했다.

그러나 고령 사회 대응 정책 자체는 1989년 후생성이 골드 플랜을 수립한 이래 일관된 흐름이었다. 사회당이 후생성의 기존 방침에 얼마나 새로운 것을 추가했는지는 명확하지 않다. 호소카와 정권 당시 사회당은 후생성의 연금 개정 방침을 거의 전적으로 수용해 당의 기존 방침을 바꾼 바 있었다. 후생 연금을 65세부터 지급하자는 안은 1980년의 연금 개정 당시부터 제기되었는데 사회당은 일관되게

---

27 역주 : 1989년 일본의 후생성은 골드 플랜(고령자보건복지추진 10개년 계획)을 제시했는데, 1994년 사회당이 이를 새롭게 수정했다.

28 역주 : 1994년에 도입되고 1995년부터 실시된 '자녀양육지원 종합계획'. 일하는 여성의 양육을 돕기 위해 보육원을 증설하고 보육 시간을 연장하며, 휴일 보육제를 도입하는 내용이 담겼다.

이를 반대해 왔다. 그러나 1994년 연금 재정 재정산을 앞둔 1993년 10월 25일, 사회당은 호소카와 내각이 발족시킨 '연금 개혁 프로젝트 팀'[29]에서 기존 방침을 철회해 불과 2개월 만에 14번의 심의를 거쳐 '65세 안'을 확정했다.

이에 대해 사회당 연금특별위원회 사무국은 1994년 1월의 "연립 여당 연금 개정 보고안 해설"에서, "고용[즉 퇴직 연령]과 연금 지급 연령과의 조정이 불가피"하다는 기존 주장에 따라 "60대 전반前半의 고용은 지금 같은 불황 아래서는 극히 어렵다."라고 말하면서도, 60세 지급을 유지하면 장래 세대의 부담이 매우 커질 것이라는 후생성의 추계를 소개하고, "이런 사정을 종합적으로 고려하고, 연립 여당의 합의 형성을 소중히 하는 여당의 책임을 다한다는 입장에서 개정안을 마무리하고자 노력했다."라고 변명하고 있다. 장래 세대의 부담 증가는 후생성 쪽에서 '65세 안'의 근거로 거듭 말해 왔던 것이다. 이와 달리 사회당은 퇴직 연령과 연금 지급 연령을 맞추자고 계속 주장해 왔는데, 불황이라 이를 실현할 가능성이 없다고 판단해 방침을 바꾸었다는 것은 설득력이 없었다. 그 이면에 있는 진짜 이유는 연립 정권을 유지하기 위함이었다고 봐야 할 것이다.

그러나 오랜 주장을 접으면서까지 지키려 했던 비자민 연립 정권은 1년을 넘기지 못한 채 와해되고 사회당은 자민당과 손잡는다. 연금 개정 법안은 1994년 11월 무라야마 내각 아래서 별다른 장애 없

---

29 사회당, 신생당, 공명당, 사키가케·일본신당, 민사당 각 두 명씩 10명으로 구성되었다.

이 통과된다. 연금 정책에 비춰 보면, 과거 자민당 정권이 시행하지 못했던 후생 연금 65세 지급이 이로써 실현된 것이다. 후생성 입장에서는 사회당·자민당 연립 정권이 크게 도움이 된 셈이다. 이 법안이 비자민 연립 정권하에서 합의되어 자민·사회·사키가케 연립내각에서 국회에 제출된 이상, 여야 어디에도 이 법안을 위협할 세력은 없었다. 이전의 갈등이 허망할 만큼 '65세 안'은 순조롭게 국회를 통과한다. 사회당의 전략적 치졸함만이 두드러질 뿐이었다. 비자민 연립을 유지하고자 이 안에 타협했으면서도 결국 비자민 연립으로부터 이탈했다는 점에서, 사회당의 타협은 어떤 정치적 의미도 갖지 못한 것이 되었다.

(2) 탈산업주의 정치

오늘날 사회민주주의가 전개되는 과정에서 시민사회의 성숙에 따라 제기되고 있는 쟁점들에 주목할 필요가 있다. 예컨대 환경문제, 페미니즘, 소수민족 문제를 비롯한 인권 문제, 소비자 보호, 지방분권, 정보 공개, NPO(비영리단체) 활동 등이 그것이다.

그중에서 지방분권, NPO 활동, 환경문제가 특히 주목받고 있다. 우선 지방분권을 보면, 1992년 가을 사회당 그림자 내각의 자치위원장(자치대신) 이가라시 고조가 학자들 및 자치성[현재 총무성]의 젊은 관료들의 협력을 얻어 지방분권 추진 법안과 시행 계획을 작성했다. 그는 이를 전국의 자치단체에 배포해 지방의회들이 지방분권 결의 운동에 나서도록 자극했다. 또한 1993년 6월 3~4일, 사회당 중심으로 '지방분권 추진에 관한 결의'를 중의원과 참의원에서 모두

가결시켰다. 호소카와 연립내각의 합의 사항에는 "지방분권의 추진과 본격적 지방자치의 확립"이 포함되어 있었고, 무라야마 내각에서는 〈지방분권 추진법〉이 통과되었다. 이가라시의 말에 따르면, 이는 과거 사회당이 작성한 실행 계획과 내용상 거의 같은 것이었다(이가라시 인터뷰 1997/02/01).

이렇듯 사회당이 지방분권을 위해 기울인 노력은 평가할 만하나, 사실 지방분권은 무라야마 내각에서 정치적으로 대립각을 세울 쟁점은 아니었다. 지방분권 추진을 위해, 무라야마 내각에서 야마구치 쓰루오 총무청장관[현재 총무대신], 이가라시 관방장관 등 사회당 각료뿐만 아니라 다케무라 마사요시武村正義 대장대신, 노나카 히로무野中広務 자치대신[현재 총무대신], 고노 요헤이河野洋平 부총리 등 자민당 의원들까지 적극적으로 나섰기에, 정식 의제는 아니었지만 긴급 결정 사항이었다고 한다(이시하라 노부오石原信雄 인터뷰 1997/02/15). 야당인 신신당의 경우, 오자와나 호소카와 모두 지방분권 추진파였다. 요컨대 분권과 규제 완화라는 정책 목표 자체에서 보수와 혁신 혹은 여와 야(공산당 제외) 사이에 큰 차이는 없었다. 그렇더라도 시장 원리와 경제 효율을 중시하느냐, 시민과 주민의 보호 및 정치 참가를 중시하느냐의 차이가 있는데, 무라야마 내각에서는 그런 대립이 선명하게 드러나지 않은 상태에서 정책이 추진되었다.

시민 참가형 정치와 관련해, 무라야마 내각에서 제출한 NPO 법안(시민 활동 촉진 법안)이 주목된다. 이와 관련해서는 1994년 11월에 시민 활동 지원 제도를 만드는 모임인 C's 등의 시민 단체들이 이미 활동하고 있었다. 한신·아와지 대지진을 계기로 정당들도 이 문제에 대한 관심이 급격히 높아졌다. 1995년 2월 15일 여당은 'NPO

프로젝트 팀'의 결성을 검토했다. 6월에는 자민당 정무조사회장, 사회당 정책심의회장, 신당사키가케 정책조사회장 등 세 사람 명의로 "3당 합의의 검증 아래 새로이 추가할 당면한 중점 정책"을 발표했고, "NGO(비정부조직)·NPO의 법인화 법을 조속히 제정하는 등 시민 활동 단체를 지원해 건전한 발전을 촉진한다."고 주창하면서 NPO 법안은 3당의 합의 사항이 되었다. 12월 14일 3당이 시안의 골자를 작성해, 이를 기초로 1996년 3월 중 국회에 NPO 법안을 제출하기로 했다. 1996년 1월 개각이 있었으나, 하시모토 류타로橋本龍太郎 내각이 발족할 즈음에 새로 작성된 '3당 정책 합의'에서도 NPO에 대해서는 "조기에 안을 마련해 의원입법을 통해 차기 정기국회에서 처리할 것을 목표로"하기로 했다.

그러나 자민당 총재가 총리가 된 내각의 출범을 계기로, 무라야마 내각 당시에는 억제되고 있었던, 사회당·사키가케 주도에 대한 자민당 내의 불만이 표면화되었다. 1996년 2월 16일부터 4월 3일까지 NPO 프로젝트 팀 회의는 열리지 않았고, 게다가 4월 3일 자민당이 제출한 시안은 12월에 합의된 내용에서 크게 벗어난 것이었다. 1995년 12월의 3당 합의안은 '공익 증진'을 시민 활동의 정의에 포함시키지 않고 일반적 목적 규정으로만 한다는 것이 골자였다. 그러나 자민당 안은 이를 포함시켰다. 또한 시민 활동의 범위에 대해, 합의안에서는 자원봉사 활동에 한정하지 않고 광범위한 시민의 자주적 사회 참여 활동으로 규정했는데, 자민당 안은 이를 자원봉사 활동 중심으로 제한하고 있었다. 그리고 법인화에 대해서도 자민당 안은 3당 합의안과 유사한 듯하면서도 실질적으로는 소관 관청의 재량에 따라 인가할 수 있도록 행정관청이 '감독·행정처분'을 내릴 여지를 확대하는 등 문제가 될 소지가 컸다. 이런 자민당의 법안은 시민 활동을 촉진하기보다는 이를 행정적으로 감독할 목적을 지녔다.

결국 NPO 프로젝트 팀 수준에서는 합의에 이르지 못해, 상부 기관인 여당 정책조정회의에서 이 문제를 다루었다. 그 결과 1996년 9월 18일, "공익이라는 문구는 목적 규정에는 넣고, 정의에서는 뺀다. 시민 활동은 자원봉사 단체에 국한하지 않고 활동 분야에 인권과 평화 등도 포함한다. 정책 제언 활동도 인정한다."라는 데 합의해 ("시민 활동 촉진 법안에 대한 합의 사항"), 국회에는 12월에 법안이 상정된다. NPO 법안을 둘러싼 연립 여당 내 대립 구도는 '자민당 대 사회당·사키가케'였다. 자민당이 표방한 행정감독 위주의 관점에 맞서, 사회당이 시민 활동을 촉진하자는 입장에 서서 저항한 것은 탈산업주의적 가치를 높였다는 긍정적인 평가를 받았다. 하지만 시민 활동 문제에 관심이 더 높았던 것은 오히려 사키가케였고, 사회당은 시민적 가치에 상대적으로 둔감했음이 여실히 드러났다. 사회당은 오랫동안 원전 반대 운동에 집중했고, 도이 위원장 시절에는 호헌 평화주의와 반원전, 환경보호 등을 연계해 나란히 내세우고 있었다. 그러나 연립 정권 참여에 따른 '현행 정책의 계승' 방침에 따라 호헌 평화주의와 마찬가지로 이 같은 입장마저 수정되었다. 고속증식로인 '몬주 원전'[30] 사고가 발생한 이후 원자력의 안전성에 대한 의문

---

30 역주 : 일본 후쿠이福井 현 쓰루가敦賀 시에 있는 원전. 1991년 시험 운전을 시작한 일본 유일의 고속증식로 원전인데. 본격 가동을 하지 못하던 상태에서 1995년 나트륨 유출 사고가 발생해 가동이 중단되었다. 그 뒤 15년 만인 2010년 재가동을 시도하다가 8월 26일 원자로 내부 사고가 발생해 다시

이 증폭되고 도넨動燃[31]이 사고를 은폐한 데 대한 불신이 높아져, 1996년 8월 4일에는 니가타 현 마키마치卷町의 주민 투표에서 원전 건설 반대파가 승리한 때였음을 감안하면, 사회당의 원전 인정은 참으로 부적절했다.

언론의 관심사를 살펴봤을 때, 원전 문제 이상으로 사회당의 점수를 깎은 것은 나가라長良 강 하굿둑[32] 문제였다. 호소카와 내각에서 건설대신[현재 국토교통대신]이었던 이가라시는 이 문제에 신중히 대응했다. 나가라 강 하굿둑을 비롯한 대형 건설 프로젝트의 규모와 방법을 수정할 뜻을 보여, 1993년 12월 11일 각료 회의에서 이를 위한 기구를 설치할 것을 제안해 승인받았다. 또한 12월 19일 이가라시는 나가라 강을 시찰한 뒤, 하굿둑 완공을 위한 예산은 요구하겠지만 실제로 사용할지는 미정이라고 말해, 실질적으로 동결할 것을 시사했다.

그러나 1995년 5월 22일 무라야마 내각의 노사카 고켄野坂浩賢 건설대신은 3월에 완공된 하굿둑을 본격 가동하기로 결정한다. 노사카는 "이후 조사·연구는 계속한다. 혹시 문제가 있다고 판단되면 필요한 조치를 한다."고 말했으나, 이에 반발한 반대파들이 건설성 앞

가동이 중단되었다.

31 역주 : 1967년 발족한 특수법인으로서 '동력노動力炉·핵연료개발사업단'PNC의 약칭이다. 고속증식로와 신형 원전 개발을 전문으로 하는 사업단이다.

32 역주 : 미에三重 현 나가라 강 입구에 만든 하굿둑(보). 나가라 강의 생태계 파괴 및 어획량 감소 등을 우려해 건설 반대 운동이 일어났다. 이 문제는 단순히 '개발이냐 환경이냐'의 논점을 넘어, 세금을 사용하는 공공사업의 기본 방향, 하천 관리, 산업 진흥, 환경보호 등을 둘러싼 여러 논점을 제기했다.

에서 단식투쟁을 벌이기도 했다. 이런 거센 반응에 대해 이가라시는 "안보·자위대에 관한 정책을 전환할 때는 거의 항의 전화가 없었다. 나가라 강 하굿둑 때는 격한 항의가 들어와 사회당의 표가 반감했다고들 말했다."라고 회상하면서, "시민들이 지금 무엇을 문제라고 생각하고 있는지"에 대한 감수성이 사회당에 없었다고 말했다(이가라시 인터뷰 1997/02/17).

사회당의 정권 참여는 〈신선언〉 이후의 현실정당화가 그 배경이었다. 그리고 현실정당화의 목적 또한 정권 참여가 아니라 사회민주주의를 실현한다는 목표를 지향하는 것이어야 했다. 그럼에도 연립정권에서 사회당이 기존의 사회민주주의 정치, 새로운 사회민주주의(탈산업주의) 정치 등 두 가지 가능성을 과연 얼마나 의식적으로 추구했는지 의문이다. 물론 연립 정권하에서 사회당의 방침이 모두 실현될 수는 없었다. 그러나 사회당은 호소카와 내각에서는 연립 여당 내 제1당이었고, 자민·사회·사키가케 정권에서는 당수가 총리였다. 사회당이 가장 중요하다고 여긴 정책 분야에서 영향력을 행사할 수 없을 만큼 취약한 입장에 있지는 않았다. 당의 존재근거로 받아들여진 호헌 평화주의를 버리고 참가한 연립 정권이라면, 사회민주주의 정당으로서 사회당이 어떻게 거듭났는지를, 정책을 통해 적극적으로 보여 줄 필요가 있었다 할 것이다.

맺음말

사회당의 '현실정당'화를 규정한 것은, 첫째, 계급정치 수준에서 1955년 체제가 붕괴한 것, 다시 말해 계급 교차 연합이 해소되고 우파 주도로 노동 전선이 통일된 것이었다. 총평의 힘을 배경으로 사회당 내에서 맹위를 떨치던 사회주의협회파는 총평이 우경화되면서 쇠퇴했다. 1986년 〈신선언〉이 채택되면서 마르크스주의를 포기하게 된 상황은, 이 같은 계급정치의 맥락에서 거의 온전하게 이해할 수 있다.

그러나 호헌 평화주의 포기에 대해서만큼은 조직 노동 요인 하나만으로 충분히 설명되지 않는다. 노동 전선 통일을 이룬 연합 회장이 압력을 가했음에도 사회당은 호헌 평화주의를 고수했다. 사회당의 이런 저항력은, 첫째, 호헌 평화주의가 사회당에 깊이 뿌리내렸다는 점, 둘째, 노동의 권력자원동원 응집력이 낮았다는 점, 셋째, 기관 중심주의의 규정력이 컸다는 점을 말해 준다. 지역 활동가들의 호헌 평화주의 지지가 당대회에 반영되어 당 집행부의 방침을 규정했다. 예컨대 사회당 국회의원의 대다수가 호헌 평화주의 포기에 찬성한다 해도, 기관 중심주의가 유지되는 한 당의 기본 방침을 바꾸기는 매우 어려웠다.

이 같은 현상은 1993년 이후 유동적 정치 상황이 전개되면서 급변했다. 연립 정권에 참여하는 긴급사태 속에서 국회의원, 특히 당 집행부인 위원장-서기장에 권한이 집중되어 기관 중심주의는 작동되지 못했다. 무라야마 위원장이 총리에 취임함으로써, 호헌 평화주의 포기를 선언할 만큼 집행부의 자유재량이 커졌다고 할 수 있다.

호헌 평화주의를 포기하면서 사회당의 현실정당화가 드디어 완성되었다 하겠으나, 그 이후의 전개는 현실정당화를 이끌었던 자들이 기대한 것과는 아주 거리가 멀었다. 사회당은 비약하기는커녕 당세를 유지하지도 못했고, 최종적으로는 당명 변경을 놓고 분열해 역사의 무대에서 사라졌다.

기대와 현실 사이의 이런 차이는 어디에서 기인했을까? 정당의 권력자원동원이라는 관점에서 보면, 1980년대 사·공·민 혹은 사·민 결집 노선은 사회당이 취한 노조 의존 전략의 연장선상에 있었다. 따라서 공명당을 고리로 사회당·민사당의 역사적 화해를 시도한다는 것은 총평과 동맹의 대립을 해소하고, 노동 내에서 통일적이고 효과적인 권력자원동원을 목표로 한 것이었다. 그러나 현실에서 노동 전선 통일을 주도한 것은 사민주의 계열의 노조가 아니라 기업주의 노조들이었고, 사회민주주의는 노동을 결집시키는 중추가 아니었다. 덧붙여 말하자면, 당시 사회민주주의는 그 본거지였던 유럽, 심지어 북유럽에서도 전환점을 지나고 있었다. 그런 상황을 도외시하고 단순히 서구 사회민주주의를 수입해서 될 일은 아니었다.

사회당의 노조 기반 확대 전략은 이렇듯 처음부터 심각한 문제를 안고 있었다. 그러나 이 전략이 파산에 이른 직접적인 계기는 PKO 관련 법안을 둘러싸고 사회당이 저항정당으로 회귀한 데 있다. 사·민 결집 노선이 파산한 뒤, 사회당은 새로운 권력자원동원 전략을 보여 주지 못한 채 연립 정권에 참가하게 된다. 그러나, 비록 자각하지 못했다고 해도, 사회당은 그로 말미암아 오랫동안 안주해 온 노조 의존 전략과 결별한다. 혹은 질적으로 이를 뛰어넘는 결단을 내리게 된다. 왜냐하면 호소카와 연립 정권이 내세울 만한 최대한의,

그리고 유일한 정책이 선거제도 개혁이었으나, 그 결과로 채택된 소선거구·비례대표 병립제 아래서는 노조에 의존해 당세를 유지하기가 어려웠기 때문이다. 하물며 당세 확대를 기대할 수는 없었다.

따라서 사회당이 보여 준 새로운 권력자원동원 전략은 사민주의와 리버럴(자유주의)의 결집이었고, 이에 따른 신당 결성이었다. 그것으로 기존의 지지 기반인 노조를 뛰어넘어 신중간층까지 동원하려한 것이다. 그러나 신당 운동은 실패로 끝났다. 야마하나 등이 주창한 신당론은 사회당의 유산을 어떻게 승계할지에 대한 역사 인식을 지니지 못했고, 다른 한편 집행부가 제시한 신당론은 그저 조직 방어에만 관심이 집중되었기에, 어느 것 하나 새로운 지평을 열어 줄만한 것이 못 되었다.

이에 더해 사회당 신당 운동이 실패로 귀결된 원인으로, 연립 정권 내에서 사회당이 애매하게 행동했다는 점도 지적된다. 당이 기존에 취한 노선과 방침을 버리면서까지 연립 정권에 참가했음에도 사회당이 목표로 한 사회민주주의가 어떤 것인지를 실제의 정책을 통해 보여 주지 못했다. 사회당의 실패는 한마디로 전략적 사고가 결핍한 데 기인한 것이다.[33]

---

33 우리는 사회당의 권력자원동원 전략의 변화를 살펴보았지만, 그것은 어디까지나 필자가 채용한 분석 개념이고, 사회당 자신이 그런 전략을 의식하고 있었던 것은 아니다. 사회당의 전략적 사고의 결여는 사·민 결집론이 파산한 이후 특히 두드러졌다. 당의 명운을 결정할 선거제도의 변경, 호헌 평화주의의 수정은 임기응변적 대응의 결과였다.

제6장

총괄과 전망

머리말

계급정치와 정당정치 수준에서 일어나는 권력자원동원은 논리적으로는 구분되지만, 산업사회에서 양자의 관계는 어느 쪽이 선행하든 상호보완적이라고 여겨져 왔다.[1] 그러나 최근 양자의 관계에 변화가 보이는 듯하다. 조직 노동의 권력자원동원은 일반적으로 침체 혹은 쇠퇴하는 것 같지만, 다른 한편 사회민주주의 정당은 일시적 침체를 벗어나 새로운 권력자원동원에 성공하고 있는 듯하다. 과연 사회민주주의의 새로운 가능성을 찾을 수 있을까?

이것이 이 책의 마지막 질문이다. 질문의 성격상 여기에서의 논의는 어디까지나 발견적인 데 머물고, 다소의 억측도 분명 있을 것이다. 우선 유럽 사민주의의 변화에 대한 키첼트Herbert Kitschelt의 논의를 소개하고, 다음으로 일본 사회민주주의의 가능성에 대해 논한다.

---

1 노조 의존 가설이 말해 주듯, 일본에서 계급정치가 정당정치에 미치는 규정력은 압도적이었다.

1. 사회민주주의의 새로운 전략

20세기 정치학의 최대 쟁점은 자본주의와 사회주의의 대립이었다고 해도 과언이 아니다. 특히 20세기 후반에는 이 대립이 체제 선택으로 귀결되는 매우 이데올로기적인 정치로부터 분배를 둘러싼 정치로 이행했다는 특징을 보인다. 민주주의 정치체제를 시행하는 선진 자본주의 나라들은 생산 영역에서 이루어지는 노자 화해(생산성 연계 임금으로 상징되는 노동권과 경영권의 상호 승인)를 바탕으로, 정치에 의한 재분배를 목표로 한다. 그 결과 자본주의의 틀 내에서 계급 양극화를 막고 복지국가를 실현한다는 규칙이 생겨났다.

이는 대량생산·대량소비 체제에서 노동자가 생산과정뿐만 아니라 소비 과정에도 포섭되는 축적 체제, 그리고 경제에 대한 정치의 개입을 정당화한 케인스주의가 등장했기에 가능했던 일이다. 나라별로 노자 화해 및 복지국가가 발전한 정도는 다양했지만, 그 공통의 체제적 특징은 사회민주주의적 합의였다고 말할 수 있다. 흔히 '영광의 30년'이라고 말하는 전후 자본주의 번영기 때 사회주의적 요구를 자본주의 안에 수렴하는 메커니즘이 보편적으로 나타났다. 수렴이론, '이데올로기의 종언'론 등이 주목받은 이유이다.

그러나 1970년대에 들어서면 분배를 둘러싼 대립이 다시 표면화된다. 신자유주의가 복지국가를 비판하면서, (국가 혹은 정치에 의한) 재분배를 시장에 의한 조정으로 대체하는 움직임이 강화되었다. 신자유주의가 대두한 배경으로 흔히 지적되는 것이, 첫째, 경제활동에서 국경이 소멸하는 현상이다. 시장의 국제화는 케인스주의적인 국가 단위 경제관리의 효과를 크게 제약했고, 그 결과 복지국가주의는 민간의 경제활동을 제약하는 것으로 여겨졌다. 게다가 값싼 노동력을 외국에서 구할 수 있게 되자, 자본은 과거처럼 국내에서 노자 화해를 고려할 필요가 없어졌다. 즉 노자 화해에 기초한 복지국가주의는 자본축적 전략으로서의 중요성을 크게 상실하게 되는 것이다.

둘째, 균질적 노동력의 존재를 전제한 생산 체제에서 유연한 전문화, 특화를 필요로 하는 생산 체제로의 이행이다. 다시 말해, 노동 시장은 다양화되고 그에 따라 이해관계도 분화되어, 소유 제도가 노동의 계급적 단결을 촉진한다는 단순한 도식은 시대에 뒤떨어진 것이 되었다. 주요 선진국 중에서 1980년대에 노조 조직률이 높아진 나라는 스웨덴과 핀란드뿐이었고, 겨우 현상을 유지한 나라도 캐나다와 노르웨이에 불과했다(Visser 1992, 19). 즉 사민주의의 왕국이라 불렸던 북유럽을 제외하면 노동의 조직률은 모두 떨어진 셈이다.

이처럼 과거 사민주의를 지지한 주요 기반이었던 조직 노동이 축적 전략에서 차지하는 중요성이 줄어들고, 하나같이 주체 역량이 침체되는 경험을 하고 있다. 문제가 자본주의 시스템의 구조적 변화에서 발생한 이상, 자본축적 전략으로서 사회민주주의를 구현할 가능성은 크게 제약되기 마련이었다. 1980년대 사민주의 세력은 도처에서 수세에 처했다. 그러나 최근, 조직 노동의 침체와는 별개로, 유럽에서는 사민주의 정당의 부흥이 눈에 띈다. 유럽의 경우를 보면 북유럽과 영국·독일·프랑스는 물론, 사민주의 정당이 참가하지 않고 있는 정권을 찾기 어려울 정도다.

왜 유럽에서 사민주의 정당이 되살아나고 있는가? 역사적·문화적·사회적 요인 등 다양한 요인들이 있겠으나, 여기에서는 사민주의 정당의 주체적 결단, 전략적 선택에 주목하고자 한다. 1980년대 중반부터 유럽 각국의 사민주의 정당들은 차례로 강령과 전략의 수정을 단행해, 국가적 재분배 대신 시장 적합성을 강조하는 방향으로 중심을 이동했다. 영국 노동당의 "정책 리뷰", 스웨덴 사민당의 "프로그램 2000" 등이 대표적 사례인데, 스웨덴 사민당의 동향에 대해서는 제1장에서 살펴본 대로다.

그렇다면 사회민주주의 정당의 부흥은 단지 그들도 신자유주의를 수용했기에 가능했던 것인가? 경제정책에서 양자의 거리가 얼마간(혹은 많이) 좁혀진 것은 분명하지만, 신자유주의와 (신)사회민주주의 사이에는 현재 새로운 대립 축이 확인되고 있다. 신자유주의자는 그저 시장과 경제적 효율만을 주장한 것이 아니다. 그들은 전통적 공동체, 권위주의적 위계제(예컨대 강한 국가와 교회, 가부장적 가족 질서) 속에서 개인의 의무와 복종을 강조한다. 이에 대해 1970년대 이후의 산업구조 변화, 즉 탈산업화 현상은 개인의 자기실현과 프라이버시, 생활환경을 중시하는 새로운 가치들(분권·참여·젠더·생태 등)을 창출했다. 이런 것들에 대해서는 앞서 탈산업주의 정치를 실현할 가능성으로 지적한 바 있다. 정도의 차이는 있으나 유럽 사민주의가 다시 살아나는 경향은 이런 새로운 가치들에 호응하면서 나타난 현상이다(宮本 1994a, 229-230).[2]

---

[2] 스웨덴 코포라티즘의 붕괴가 축적 전략을 둘러싼 노동의 분열과 자본(SAF)의 공세에 의한 것이었음은 제1장에서 말한 바 있다. 다른 한편 스웨덴 사민당은 1970년대 이후 환경문제(원자력발전)와 페미니즘의 도전을 받고 있기도 하다. 요컨대 스웨덴 모델이 변화한 배경에는 탈산업주의적 가치를 둘러싼 정치가 있었다(Micheletti 1995).

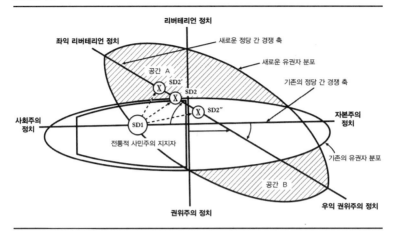

자료 : Kitschelt(1994a, 32).

키첼트는 이런 상황에 근거해 공동체적 가치를 둘러싼 정치가 새로운 대립 축이 되고 있다고 주장하면서, 전자를 권위주의 정치, 후자를 리버데리언[3] 정치라고 부른다(Kitschelt 1994a). 〈그림 A-1〉을 보자. 분배를 둘러싼 과거의 정치 공간은 새로운 대립 축이 대두하면서 '좌익 리버테리언 정치'와 '우익 권위주의 정치'의 대립 공간으로 변했다. 이에 대응하는 사민당(SD1)의 선택지가 SD2, SD2′, SD2″이다. 기존 위치(SD1)에서 자연스레 이행한다면 SD2가 되겠지만, 정당들 간 경쟁이나 당 내부 정치의 사정에 따라 차이가 날 것이다. 예

3 역주 : 리버테리언Libertarian은 자유liberty를 으뜸 목표로 하여 자율성, 선택의 자유, 정치적 자유와 결사체, 개인적 판단의 중요성을 강조하는 경향 혹은 그런 사람을 가리킨다. 권위주의에 대한 반감을 공유하지만, 기존의 사회경제 체제에 대한 대안을 놓고 여러 입장으로 나뉜다.

컨대 당 내외에 더 좌파적인 세력이 대두하면 SD2'로, 좌파 대항 세력이 없고 지도부의 집권 의욕이 강하다면 SD2″로 이행할 것이다.

의석수를 최대화하려면 언뜻 SD2″가 가장 합리적 선택인 듯하지만, 실제로는 그렇게 간단하지 않다. 우선 중앙은 다른 정당들과의 경쟁이 격심하므로, 사민주의 정당의 독자성을 보여 주기가 힘들다. 또한 새로운 대항 축은 1970년대 이후 신자유주의 공세를 반영해 기존 축과 중앙보다 더 우측에서 교차한다. 따라서 SD1에서 중간층 투표자를 얻기 위해 SD2″로 이행하면, 이는 기존 축을 기준으로 보면 사민주의의 한계를 넘어서는 것이 된다. 그렇게 되면 과거 대립 축의 효과가 완전히 없어지지 않는 한 지지자들에게 커다란 혼란을 초래할 것이다.

그래서 중앙에 정당들이 밀집되고 좌측 상단에 유력한 경쟁 정당이 존재하는 경우에는, 시장주의 정책보다 리버테리안 정치를 이상으로 강조해 '좌익 리버테리안' 정치 지지층을 최대한 흡수함으로써 (SD2') 우선 당의 존재 기반을 굳히는 전략이 유력해진다. 정당으로서의 존재근거와 정책 이념을 단기적 의석수 증가보다 중시한다면, 충분히 합리적인 장기 전략이 될 수 있다. 덧붙이자면, 선거 후 연립 정권 수립이 예상되는 경우, 중앙 근처에 위치한 정당이 포괄하기 어려운 유권자의 지지를 동원할 수 있다면 정권 파트너로서의 전략적 지위를 높이는 장점이 된다.

그런데 키첼트가 사민주의 정당의 전략적 행위가 중요하다고 강조하는 것은 노동자를 계급적으로 동원하는 데 의존한 전통적 사민주의를 유지하기가 힘들다고 생각했기 때문이다. 이제는 노동이 다양하게 분화되고 중첩되어, 노동자의 계급적 단결이 매우 어려워졌다. 예컨대 과거 재분배 정책은 사민주의 정책의 핵심적 존재근거였지만, 공공 부문과 민간 부문, 내수산업과 수출산업에 종사하는 노동자들 간에 [재분배 정책에 대한] 선호 차이는 크다. 복지국가가 확충되면 필연적으로 공공 부문 고용이 늘어난다. 그리고 공공 부문은 시장 경쟁에서 벗어나 있기에 민간 부문에 비해 노동자들의 사회주의 지향이 강한 경향이 있다. 민간 부문 내에서는 가혹한 국제 경쟁에 노출된 수출산업에 종사할수록 시장주의 지향이 강하다. 내수산업 노동자들은 이 둘의 중간에 위치한다고 볼 수 있다.

새로운 대립 축을 기준으로 볼 때 중요하다고 생각되는 것은 직업 경험이다. 직무에 대한 통제력과 직업적 자율성이 높을수록, 대인관계 및 상징(이미지) 창조와 관련된 직무일수록, 개인의 창조성과 자기 결정력, 의사 전달 능력이 필요해진다.[4] 그런데 이런 능력들은 일반적으로 '리버테리언 정치'에 대한 지향을 강화한다고 여겨진다. 직업적 자율성과 교육 수준의 상관관계가 높아서, 교육 수준이 높을수록 자기 직무 통제 능력이 높다. 이에 비해 교육 수준이 낮을수록 단순하고 단조로운 직업(제조업, 일반 사무직)에 취업하는 경향이 있고, 이 경우 자기 결정력이나 상상력이 아니라 명령·지시에 대한 복종이 요구되므로 권위주의적 가치 지향이 강화된다고 여겨진다. 또

---

4 역주 : 미국 클린턴 정부에서 노동부 장관을 지낸 로버트 라이시Robert Reich는 1991년 미국의 직업 분화를 다음과 같이 셋으로 구분했다. ① 반복 생산 서비스routine production services(단순 반복적인 노동에 종사하는 전통적 생산직 및 하급 사무직), ② 대인 서비스in-person services(고객을 위한 '감정 노동'의 부담도 지고 있는 단순 반복적 서비스업 종사자), ③ 상징 분석 서비스symbolic-analytic services(과학기술 종사자, 마케팅 전문가, 전문 변호사, 전문 컨설턴트 등의 고학력 전문직 종사자).

한 여성의 고용은 압도적으로 대인관계와 의사소통 중심의 직종에 집중되어 있어서, 여성일수록 '리버테리언 정치' 지향성이 강한 경향이 있다(Kitschelt 1994a, 20-27).

물론 키첼트 모델은 유럽 상황에 한정된 것인데, 그렇더라도 그가 이 모델에서 말하듯이 새로운 가치의 정치가 중요한지는 논란의 여지가 있다. 게다가 그가 다소 성급하게 (구조적 제약을 강조하는) 정치경제학 이론의 가설들을 부정하고 그 설명력도 제대로 평가하지 않고 있기에, 논란의 여지는 더 커졌다(Pontusson 1995 참조). 또한 가치의 정치가 지니는 중요성을 인정하더라도, 그 대립 구도를 '리버테리안 대 권위주의'라고 단정하는 것이 타당한지를 놓고 의견이 갈린다.

그러므로 키첼트 모델을 그대로 일본에 적용하는 것은 충분하지 않다. 하지만 이 모델이 향후 사민주의의 가능성을 탐색하는 데 시사하는 바가 클뿐더러 발견적 가치를 지닌다는 점은 분명하다. 이미 보았듯이, 일본에서도 관공노가 좌익적 경향이 강한 반면, 수출산업 금속노조들은 시장 지향성이 높다는 사실이 증명되었다. 또한 고학력화·서비스산업화·정보산업화는 물론이고, 고령화와 맞물려 노동시장의 여성화가 빠르게 진행될 것으로 예상되는 일본에서는 키첼트가 말하는 '리버테리안 정치'의 중요성이 높아질 가능성이 크다.

2. 일본에서 사회민주주의는 가능한가

키첼트는 사민주의 정당의 운명이 탈산업사회의 구조 변화에 적합한 대응 전략 선택에 달려 있다고 강조한다. 또한 사민주의 정당이 조직 노동으로부터 자립할 것을 강조한다. 그렇다 해도 전통적인 사민주의를 단순하고 정태적이라고 묘사하는 것은 지나치다. 어느 나라에서도 노동 계급은 자연스럽게 형성되지 않았고, 그 과정에는 언제나 다양한 생각과 전략이 존재했으며 숱한 시행착오가 있었다 (Hymann 1992 참조). 가령 스웨덴에서 사민주의는 노동과 자본, 노총(LO)과 사용자단체(SAF)가 상호작용하는 가운데, LO의 중앙 집중화가 진행되어 조직적 통제가 강화되고 전투적 노조들에 대한 통제가 이루어진 결과로 대두했다. 그리고 스웨덴 사민당의 정책 선택(실업보험 제도 도입)이 노동의 조직화에 크게 기여했다. 따라서 노동의 조직화, 계급 형성은 무엇보다도 전략적 행위가 낳은 결과이지, 경제구조가 필연적으로 규정하는 것은 아니다.

또한 사회주의 정치를 실현하려면 전통적 산업 노동자를 뛰어넘는 지지를 조직할 전략이 결정적으로 중요했다. 복지국가주의란 노동의 이익을 실현할 뿐만 아니라, 이에 그치지 않고 국민들에게 보편적 권리로서의 사회권을 부여하는 정책이고, 노동자 내부의 단결만을 꾀하는 데서 벗어난다는 의미가 있었다. 이렇듯 산업사회에서의 계급 형성은, 가장 성공한 사례라고 하는 스웨덴에서도 결코 자연스럽고 당연하게 달성되지 않았다.

일본의 경우, 전후 1955년 체제가 성립할 때까지 노자 관계는 유동적이었다. 이후 사회민주주의 실험이 실패한 이래 관공노의 계급주의화와 민간 노조의 기업주의화가 진행된 과정은, GHQ의 절대권력, 경제 부흥 및 산업합리화라는 지상 명제가 주어진 가운데서도 전략적 행위가 큰 규정력을 행사한 과정이었다. 즉 노동 내부의 좌우 대립, 총평의 주도권 확립과 좌경화, 자본 내에서도 동우회로부터 일경련으로의 주도권 이행에 따른 계급 대립의 격화 등이 바로 계급 교차 연합과 기업주의의 형성을 촉진해 간 것이다.

기존의 사회민주주의 모델에서도 이런 전략적 행위의 중요성이 등한시되었던 것은 아니다. 그렇지만 키첼트 모델의 새로운 점은 전략적 행위의 중요성을 지적한 것 자체가 아니라, 계급정치와 정당정치가 점차 서로 어긋나게 되어, 사민주의 정당은 계급정치와 결별해야 비로소 성공할 수 있게 되었다는 주장이다. 이 주장은 실증적으로 충분히 입증된 것은 아니고, 특히 앞으로의 일본을 생각할 때 납득하기 힘든 점이 있지만, 연립 정권이 수립된 이후 사회당의 행보가 그의 주장과 부합한다는 점은 매우 흥미롭다. 당시 사회당은 노조 의존에서 벗어나 권력자원동원 전략을 재구축할 필요성에 쫓기고 있었다.

이런 사회당의 몰락을 키첼트 모델에 따라 분석해 보자. 일본에서는 기업주의적 사회 통합이 이루어졌기에, 유럽과는 달리 분배의 정치에 따른 긴장감이 크지 않았다. 단적으로 말해 [분배의 정치를 시행할] 필요성이 적었던 것이다. 고도성장기에는 춘투를 매개로 기업 수준에서 임금 인상 및 임금격차 시정이 실현되면서 재분배 정책은 별다른 정치적 쟁점이 되지 않고 있었기 때문이다. 보수·혁신을 막론하고 '자구 노력과 기본적 사회복지의 병행'을 주장하는 목소리가 많았던 것은, 애초 소득 격차가 적었고 공공복지를 보완하는 기업 복지가 제공되는 기업 사회가 존재했기 때문이다(蒲島·竹中 1996, 255-256). 일본에서는 분배의 정치 대신에 헌법, 미·일 안보, 자위대 문제가 중요했다. 따라서 일본의 경우 이처럼 역사적으로 특수한 사정에 따라, '사회주의 대 자본주의'의 대립이 탈이념화되어 분배의 정치로 정돈되어 간 것이 아니라, '호헌 평화와 사회주의'라는 축과 '미·일 안보와 자본주의'라는 축이 대립했던 것이다.

'호헌 평화와 사회주의'는 사회당의 총평 의존 체질을 정당화했다. 왜냐하면 이는 동서 긴장(냉전)이 팽팽하던 시기에 일본의 군사적 역할을 부정하고 헌법 개정에 반대하는 소극적·보수적 운동이었고(그 중요성과는 무관하게), 저항정당으로서 사회당의 존재 의의를 높여 주는 반면, 이에 반하는 의석수 최대화 전략이나 정권 참여 전략은 부정하는 것이 되기 때문이다. 요컨대 호헌 평화주의는 총평에 전면적으로 의존한 선거로 제1 야당의 지위를 유지하는 사회당의 전략을 정당화하는 메커니즘을 지닌 것이었다.

계급적 권력자원동원에 가장 불리한 기업 사회가 형성되어 동원력이 저하되던 가운데 사회당은 오히려 전면적으로 총평에 의존하는 일견 기묘한 선택에 안주했다. 득표율이 낮아도 의석을 확보할 수 있는 중선거구제였기에 가능한 선택이었다. 그러나 총평이 해산되고 호헌 평화주의를 현실주의 노선으로 바꾸라고 요구하는 '연합'이 탄생한 이상, 당장은 아니라도 언젠가는 호헌 평화주의를 후퇴시켜 노조 의존을 계속할지, 아니면 노조와 결별하는 한이 있어도 호헌 평화주의를 고수할지 사이에서 결단해야 할 국면이 사회당에 다가오고 있었다.

그런데 비자민 연립 정권이라는 해프닝이 벌어져, 사회당은 호헌 평화주의와 노조 의존을 모두 버리는 길을 선택하게 되었다. 연합의 야마기시 회장의 뜻에 따라 비자민 연립 정권에 참가했고, 연립내각에서 호헌 평화주의를 고수할 수는 없다고 결단했다. 이는 겉보기에는 호헌 평화주의를 버리고 노조 의존을 계속하는 길을 선택한 것이다. 그러나 연립정부에 참여하는 또 하나의 조건이었던 선거법 개정은 노조에 의존해 선거를 치르는 것을 매우 어렵게 만들었다.

연립 정권에 참가한 사회당의 선택을 키첼트 모델에 반영해 보자. 우루과이라운드, 연금 지급 연령 높이기, 소비세 5퍼센트 인상 동의, 그리고 호헌 평화주의 포기 등의 결정을 보면, 사회당이 기존의 가로축에서 좌우 경계선을 넘어섰음이 분명하다. 한편 리버테리언(탈산업주의) 정치의 관점에서 보면, 〈아이누 문화 진흥법〉[5]·〈지방 분권 추진법〉·〈PKO법〉 문제가 주목된다. 그러나 〈아이누 문화 진흥법〉을 제외하고는 사회당이 주도적으로 추진하지 않았을 뿐만 아니라 원전 인정, 나가라 강 하굿둑 사용 허가 등의 환경 정책에서(당연히 리버테리언 정치에서) 마이너스 점수를 받은 것을 고려하면, 사회당이 리버테리언 정치에 기울인 노력은 그렇게 크지 않았다. 요컨대 세로축 방향에서 사회당의 이동은 미미했다고 생각된다.

사회당은 호소카와 연립 정권에 참여한 이후, 특히 무라야마 내각에서 기본적으로 SD2″의 방향으로 가려 했다고 볼 수 있다. 그러나 이는 기존 대립 축에서 보면 자기부정의 길이었고, 게다가 리버럴(자유주의)을 표방하는 보수정당들과 경쟁해야 하는 길이었으므로, 당의 독자적 색깔을 내기도 어렵거니와 새로운 존재 의미를 확립하기도 쉽지 않았다. 따라서 사회당의 선택은 처음부터 리스크가 크고

---

5 역주 : 1997년 5월 14일 공포된, 일본의 소수민족인 '아이누'족을 고유의 민족으로 처음 인정한 법. 아이누족의 언어와 문화의 육성과 계승을 위한 사업을 국가와 지자체가 맡게 했다.

험난한 길이었다.

그러나 사회당이 실패했다고 해서 일본에서는 사회민주주의가 불가능하다고 단정해서는 안 된다. 일본에서도 오히려 사회민주주의 정당을 지지할 수 있게 할 조건들이 만들어지고 있다고 보이는 몇 가지 대목이 있었기 때문이다. 리버테리언 정치와 마찬가지로, 혹은 그 이상으로 중요한 것이 재분배 문제이다. 그동안 말로야 어찌 되었든 실제로는 한 번도 심각한 정치적 쟁점으로 다루어지지 않았던 재분배 정치가 앞으로 커다란 쟁점이 될 가능성이 있다. 1990년대에 들어 '평등 사회' 일본을 지탱해 온 기업주의가 크게 흔들리고 있다. 이 점을 살펴보자.

첫째, 저성장기에 들어서자 소득 격차가 확대되었고, 이는 1990년대까지 일본을 선진국 중에서 두드러지게 불평등이 큰 사회로 바꾸어 놓았다. 1980년대 초, 일본의 세전 소득 지니계수는 0.349였고, 이는 선진 10개국(미국·영국·오스트레일리아·네덜란드·캐나다·스위스·스웨덴·독일·노르웨이·프랑스)에 비해 가장 낮아서(즉 평등해서) 평등 사회라는 일본의 이미지를 보여 주는 듯했다. 그러나 세후 지니계수는 0.314로 스위스와 미국 다음으로 높았다(埋橋 1997, 87-88).

그 뒤에도 일본의 소득 격차는 더욱 벌어져서, 세전 지니계수가 0.405(1987년), 0.433(1990년), 0.439(1993년)로 미국 이상으로 높아졌다. 1989년 공화당 정권 아래 불평등이 심각하게 확대되었을 때 미국의 지니계수는 0.40이었다. 가히 "경이로운 불평등 지수"였다(橋木 1994, 72-75). 요컨대 1980년대 전반 일본은 재분배 정책이 취약했던 탓에 세후 소득에서는 이미 세계적으로 불평등 지수가 높은 나라였는데, 1990년에는 세전 소득마저 가장 불평등한 나라 가운데 하나가 된 것이다.

둘째, 1990년대 들어서 1980년대의 '기업주의 고도화' 노선은 재검토될 수밖에 없었다. 1991년 7월 일경련은 '미래의 경영과 노동을 생각하는 특별위원회'를 설치했고, 이 위원회는 이듬해 8월 보고서를 제출한다. 이 보고서에서는 기존의 일본적 경영과 고용 유지 방침을 유지한다는 입장이 담겼다. 하지만 거품경제가 붕괴되면서 일경련은 일본적 경영을 재검토하기에 이르렀고, 1995년 5월 "신시대의 '일본적 경영'"을 발표해 일본적 경영을 대폭 수정할 것을 주창하기에 이른다.

여기서 일경련은 피고용자 의식의 다양화에 대응한 인사관리, 개인의 주체성을 중시하는 다양한 선택지를 제공해 능력·성과를 철저히 중시할 것, 기업을 넘어서는 횡단적 노동시장의 육성, 유연한 인사관리 등을 주창한다. 구체적으로는 '장기 축적 능력 활용형', '고도 전문 능력 활용형', '고용 유연형' 등 세 가지 유형에 맞춘 고용 형태를 제안하고 있다. 장기 고용과 현장 교육OJT이 계속되는 것은 간부 요원인 '장기 축적 능력 활용형'에 한정되고, 이 집단에 대해서는 전처럼 승진·승급(혹은 강등)은 있지만 임금은 일정 자격까지는 직능급, 그 이상은 연봉제로 하여 능력주의를 철저히 적용한다는 것이었다. 상여금은 '정율 + 성과' 기준으로 하되, 퇴직금에 [점수 평가에 따라 차등화하는] '포인트 제도'를 도입하기로 했다.

두 번째 유형인 '고도 전문 능력 활용형'은 기획·영업·연구개발 부문에 적용되는데, 능력 및 지식 획득은 Off-JT, 즉 기업 외부에서의 교육 훈련을 중심으로 하고 기간제로 고용한다. 상여금과 퇴직금은 없고, 임금은 연봉제나 성과급, 노동시간은 당연히 '재량裁量 노동

제'6가 적용된다. 세 번째 '고용 유연형'의 대상은 일반직·기능직·판매직이고 기간제 고용, 시간제 직무급이 적용되며 승급은 없다(新·日本的経営システム等研究プロジェクト編 1995, 32).

일설에 따르면 재계에서는 첫 번째 유형은 전체의 약 10퍼센트로 보고, 대부분의 노동자는 무기 계약에서 유기 계약으로, 특히 세 번째 고용 형태로 바뀌어 갈 것을 상정했다고 한다(戶木田 1997, 72-73). 이런 유동적 인사관리는 내부노동시장 유연화, 중간 노동시장 창출을 주장했던 1980년대의 수준을 뛰어넘어 외부노동시장을 적극적으로 활용하려는 것이고, 일본적 고용의 질적 변화를 촉진하는 것이다.

일경련의 이런 방침에 호응해, 정부는 노동 규제를 완화하거나 다양한 고용 형태를 도입하기 위해 규제의 수정에 나섰다. 1997년 〈남녀고용균등법〉을 개정해 모집·채용·배치·승진에서의 남녀 차별을 금지(기존에는 권고 사항)하는 동시에, 〈노동기준법〉의 여성 보호 규정(시간 외 노동, 휴일 근무, 심야 노동 등의 제한)을 철폐한다. 또한 경영 관리자 등 29개 직종으로 제한되었던 민간 유료 직업소개업이 원칙적으로 자유화되고, 화이트칼라 직종은 전면 자유화된다. 1996년 12월에는 연구 개발 등 11개 직종을 파견 직종에 추가해 26개로 했으나, 노동성은 원칙적으로 자유화할 것을 제안했다. 또한 1998년

---

6 역주 : 재량 노동제는 실제 근로시간과 상관없이, 노사가 미리 정한 시간을 일한 것으로 간주하는 제도. 업무 수행의 수단과 방법, 시간 배분 등을 노동자의 재량에 맡길 필요가 큰 업무에 적용한다. 후생노동성이 적용 업무의 범위를 정하는데, 반드시 노사 합의를 거쳐야 하며 관할 관청에 도입 신고를 해야 한다.

9월 〈노동기준법〉을 개정해, 재량 노동 대상 업무를 확대하고 변형 노동시간제 도입 요건을 완화할 방침을 세웠다.

기업들의 구체적 움직임을 보면, 첫째, 1990년대에 들어 조기 퇴직 우대 제도의 적용 연령을 낮추려 하고 있다. 노무행정연구소의 조사에 따르면, 1994~97년 사이에 51세를 [이 제도의] 시작 연령으로 하는 기업이 28.6퍼센트에서 18.7퍼센트로 줄고, 50세가 38.6퍼센트에서 43.1퍼센트로, 50세 미만이 32.9퍼센트에서 38.2퍼센트로 늘었다(『니혼게이자이 신문』 1997/04/05). 연봉제를 관리직에 적용한 기업이 늘고 있어서, 1998년 2월 조사(사회경제생산성본부가 2,246개 상장 기업을 대상으로 실시했고 380개 회사가 응답)에 따르면 [연봉제를] 이미 도입한 기업이 18.7퍼센트였고, 1998년 4월 조사(『아사히 신문』 1998/05/02)에 따르면 주요 기업 2백 개 중 65개 회사가 도입해 3분의 1에 달했다. 후지쓰富士通는 1994년 4월부터 연공급을 폐지하기로 결정했다. 또한 인력 파견업을 보면, 1987년 노동자 파견법(〈노동자 파견 사업의 적정한 운영 확보 및 파견 노동자의 취업 조건 정비 등에 관한 법률〉) 시행 이후 급성장해 1995년에는 총 매출이 1조171억 엔, 파견 노동자 수는 약 61만 명, 파견 건수는 18만1,800건에 달했다(『아사히 신문』 1997/11/29 석간).

물론 지금 진행되고 있는 노동시장의 '자유화'가 어떻게 귀결될지를 판단하기에는 아직 이르다. 뿌리 깊은 연공제의 풍토 속에서 연봉제는 그 이름만 확산되고 있는 것 아니냐는 지적도 있다. 그러나 어느 쪽이든 앞으로 기업을 넘어서서 시장을 매개로 하는 고용의 조정과 배치가 당분간 진행될 것은 분명하다. 만일 지금의 방향이 장기화되면 종신 고용과 연공임금으로 지탱되던 남성 가장 중심의 일본적 시스템은 붕괴하고, 남녀 모두 자신의 자격과 기능으로 외부 노동시장에서 경쟁하는 사회가 등장할 것이다.[7] 이는 노동의 관점에서 불공정을 바로잡고 선택 기회가 확대될 가능성이 커진다는 이점이 있지만, 고용과 소득의 보장은 분명 악화될 것이다. 따라서 변화에 따른 불이익을 당한 피해자를 어떻게 구제할지가 정치적 쟁점이 될 가능성이 커질 것이다.

고용 형태의 다양화 및 유동적 인사관리와 더불어 기업 복지도 수정되고 있다. 이는 노동자가 기업 의존에서 벗어나고, 공적 복지가 확충될 흐름으로 이어질 가능성이 있다. 예컨대 장기 불황과 저금리가 이어지는 가운데 기업연금은 최근 감소하고 있다. 주로 중소기업이 가입되어 있는 적격 연금의 수를 보면, 1993년 9만2,447개로 최고에 달했다가 그 뒤로 감소해 1997년에는 8만8,310개까지 줄었다(『니혼게이자이 신문』 1998/06/05).

후생 연금 기금을 보면, 1990년대 들어 기금 수는 늘고 있지만, 증가율이 낮아지고 있다. 1988~92년 사이에 1,258개가 1,735개로 증가한 데 비해, 1993~96년 사이에는 1,804개에서 1,883개로 느는 데 그쳐 연평균 120여 개가 증가했던 것이 30개 이하로 줄고 있다(厚生省 1998, 298). 후생 연금 기금이 해산된 경우는 적지만, 1994년 첫 사례가 나온 뒤 1995년에 1개, 1996년에 7개, 1997년에 14개 기금이 해산했다. 이에 대해 정부는 1998년 1월부터 5.5퍼센트의

---

7 그러려면 당연히 남녀 임금격차가 조정되어야 한다. 일본의 남녀 임금격차는 여전히 매우 클뿐더러 1980년대 내내 격차가 벌어지고 있었다(橘木 1998, 95).

자산 운용 기준 금리를 철폐하고 기금 운용의 자유화를 추진하고 있
다. 또한 후생연금연합회사는 1998년 4월 재정 악화로 해산한 두
기금에 '지불 보증 제도'를 적용하지 않기로 결정해, 그 뒤 재정 지
원을 대폭 억제하겠다는 방침을 정식화했다(『니혼게이자이 신문』 1998
/05/09; 1998/05/27).

적격 연금제도가 폐지되고, 후생 연금 기금이 해산되며, 지급보
증이 거부되리라는 최악의 시나리오가 일반화될 것이라고 말할 수
는 없다. 그러나 제도를 유지하기 위해 지급액을 낮추는 시도가 이
미 시작되었다. 기업연금이 공적 연금을 높이는 기능이 계속될지가
점점 불투명해지고 있는 것이다. 공적 복지 억제와 가처분소득의 위
축, 그리고 기업 복지의 대폭 축소 등을 생각하면 재분배 정치가 다
시 부각될 것은 분명해 보인다.

현재 사회민주주의는 축적 전략으로서 그 유효성을 상실했고, 따
라서 과거처럼 복지국가와 같은 거시적 구상을 제시할 수 없는 상태
이다. 그러나 이는 사회민주주의에 국한된 문제가 아니며, 그런 상
황에서도 사회민주주의를 필요로 하는 정치 공간이 존재한다는 점
은 분명하다. 물론 이 같은 가능성을 현실화할 정치적 주체가 등장
할 수 있는지는 별개의 문제이다.[8]

---

8 새로운 대립 축이 왜 형성되기 어려운지는 그간의 정당 재편 과정을 보면 분명해진다. 가령 오타케는
　정치적 공간에서는 헌법·안보 문제를 둘러싼 대립 축이 사라지고 있었지만, 일반 유권자의 의식은
　여전히 기존의 보혁 대립에 머물러 있었기에 오자와 등이 시도한 신보수주의 대립 축 설정이 실패했
　다고 본다(大嶽 1998). 사회민주주의 쪽이 대립 축을 설정하려 해도 같은 문제에 직면할 수 있다.

보론

신자유주의를 넘어서

1. 신자유주의의 시대

이 책에서 필자는 1955년 체제를 하나의 정치경제 체제로 파악하려 했다. 거시적 수준에서 계급 교차 연합이 굳어진 것, 즉 민간 부문에서는 노사협조 체제가 실현되고 공공 부문에서는 노사 대결(계급투쟁)이 벌어지는 등 극단적으로 양분된 구조가 고착화된 것이 1955년 체제였다. 민간 부문의 기업주의 노동운동과 공공 부문의 계급적 노동운동이 밀고 당기는 이 정치 공간에서 사회민주주의 세력이 대두할 기회는 거의 없었다. 1980년대 들어 정규직이 정예화되고 주변 노동력이 눈에 띄게 확대되었지만, 경영 측은 '중간' 노동시장을 창출해 잉여 노동력을 흡수하고자 했고, 기업주의 노동조합은 경영합리화(인원 삭감과 임금 억제)에 협력함으로써, 오히려 기업주의화는 더 강화되고 고도화되었다.

이렇게 기업주의가 강화되면서 보호받지 못하는 주변 노동력이 확대되었지만, 글로벌화와 장기 불황 속에서 1990년대 중반 일경련은 종신 고용을 사실상 포기하는 노동 유연화 방침을 발표한다. 정부 또한 이에 호응하듯이 노동시장 규제 완화를 추진했다. 이처럼 주변 노동력이 확대되는 흐름은 일본 기업들이 1970년대 이래 추진해 온 경영합리화 정책의 연장이라고 말할 수 있다. 그러나 종신 고용과 연공임금이라는 일본만의 기존 노사관계에서 벗어나겠다는 입장을 밝힌 것은 획기적이었다. 첨언하면, 주변 노동력의 확대는 과거에는 중·고령 시간제 여성 노동자들이 증가하며 이루어졌고, 이들이 여전히 주변 노동력의 주류라는 사실에는 변함이 없다. 그러나 최근 무시할 수 없는 변화가 나타나고 있다.

1990년대 후반부터 비정규직이 급증했다. 1985년에는 총고용자 3,896만 명 중 비정규직은 591만 명으로 15.2퍼센트였다. 2005년에는 4,835만 명 중 1,510만 명으로 31퍼센트에 이르렀다. 특히 그간 정규직·비정규직 모두 절대 규모는 늘었는데, 1997년 이후 정규직은 감소하고 비정규직은 늘고 있다는 사실에 주목할 만하다. 이제 비정규직이 주변적 업무에 한정되지 않고 기간·중심 업무에서도 활용된다는 사실을 보여 주기 때문이다(大原社会問題研究所編 2007, 60).

비정규직 중 젊은 층의 비중이 증가한 현상도 두드러졌다. 1985년에는 35세 미만(학생은 제외)인 비정규직은 134만 명 이하였으나, 2005년에는 465만 명에 달했다. 이는 비정규 고용의 중심인 중·고령 여성(이들 중 대다수가 시간제) 523만 명에 육박하는 규모이고, 둘을 합하면 전체 1,510만 명의 3분의 2에 이른다(大原社会問題研究所編 2007, 61). 15~24세에서는 정규직 비율이 2001년 64퍼센트에서 2006년 57퍼센트로 낮아졌다(小杉 2007, 35). 젊은 층에서 비정규직 비율이 증가한 현상은 졸업자 신규 채용과 종신 고용을 전제로 한 현장 교육, 즉 내부노동시장에서의 기능 습득 시스템이 약화되었다는 의미이다.

또한 파견 노동이나 청부 노동[하청 노동] 등 간접고용이 급증하고 있는 것이 현재 비정규 고용의 특징이다. 1985년 6월 이른바 노동자 파견법이 통과되고 이듬해 7월부터 시행되었다. 1999년 개정에 따라 대상 업무가 원칙적으로 자유화되고, 2003년 개정으로 제조업까지 파견이 인정되자 파견 사업은 급속히 확대되었다. 1994년 파견 노동자 수는 1백만 명 정도였으나 2006년 7월 현재 227만 명에 달했다. 그 실태를 보면, 총무성의 "노동력조사 상세집계"에서 총고용 중 파견자의 비율은 2005년 4~6월 평균 2.4퍼센트(120만 명)에 이르렀다. 정규직이 67.7퍼센트, 비정규직이 32.3퍼센트, 비정규직 가운데 파트타임과 아르바이트가 21.8퍼센트였다.[1]

파견과 청부[하청] 간에 가장 큰 차이는, 파견일 때는 파견받는 사업장이 파견자에게 지휘·명령을 할 수 있으나 청부일 때는 금지된다는 점이다. 청부는 1990년대에 파견이 금지된 제조업에서 크게 늘었다. 2004년 현재, 제조업 전체에서 86만6,500명이 청부인데, 한 설문조사 결과를 보면 60~70퍼센트에 이르는 사업장이 1990년대에 청부 노동자를 활용하기 시작했다(大原社會問題研究所編 2007, 41, 44). 제조업 파견이 허용되었음에도 파견 대신 청부를 이용하겠다는 사업장이 많다(大原社會問題研究所編 2007, 45). 이는 직접고용 파트타임이나 아르바이트는 물론이고 간접고용 파견에 비해서도 청부 노동이 사업주의 책임과 규제가 약하고 경영상 이점이 크기 때문이다.[2]

---

1 사단법인 인력파견협회, http://www.jassa.jp/corporation/situation.html (2007/08/16 검색)

2 파견 노동의 경우, 파견받는 기업은 노동안전 및 위생 책임을 파견 업체와 함께 진다. 또한 파견 노동자에 대한 고용 기간의 상한이 설정되고, 일정 요건이 되면 파견받은 기업은 파견 노동자에게 고용계

이렇듯 비정규직 고용이 양적·질적으로 강화된 결과, 이른바 '격차사회' 문제가 표면화되기 시작했다. 논쟁을 촉발한 것은 다치바나키 도시아키橘木俊詔의 『일본의 경제격차』(橘木 1998)인데, 이 책의 통계 처리 방법에 대한 비판부터 격차 확대는 고령화 현상의 반영에 불과하다는 주장에 이르기까지 다양한 반향을 불러왔다. 이처럼 학계의 관심을 넘어 여론의 주목을 받게 된 것은 이 책의 개정판이 일반 독자들을 위해 쓰인 점도 일조했겠지만, 무엇보다 일본경제가 경직되고 정체된 것은 좋지 않은 평등주의 때문이라고 생각해 [노동]시장의 자유화를 추진하고 있었던 정부 안팎의 신자유주의자들에게 거슬렸기 때문일 것이다.[3]

지금은 격차사회 자체를 부정하는 경향은 사라졌다. 만일 격차 확대가 단지 고령화 때문이라면, 이는 원래 격차가 컸던 인구층의 비율이 높아졌기 때문일 것이므로 경제사회 구조상의 변화를 의미하지는 않는다. 그러나 일본에서 고령자층 내의 소득 격차가 서구에 비해 크고 가족 복지가 약해 사회보장에서도 고령자의 자기 부담이 커지고 있는 현상을 고려하면, 그것이 심각한 정치 문제라는 것은 틀린 말이 아니다. 또한 과거에는 경제적 격차가 작았던 청년층(20대)에서도 격차가 급속히 확대되고 있음을 간과해서는 안 된다.

고령 가구의 지니계수를 보면, 70세 이상의 경우 (3세대 가구를 제

약을 제시해야 한다. 청부 노동일 때는 그런 책임과 의무가 없다(大原社会問題研究所編 2007, 47-48).

3 이 책이 출간된 이후 격차사회 문제를 다룬 책이 엄청나게 출간되었다. 그중 몇 개만 소개하면 다음과 같다. 佐藤(2000), 中央公論編集部編(2006), 橘木(2006), 室住(2006), 吉川(2006).

외한) 모든 가구에서 격차가 축소되어 1986~2001년 사이 독신 가구는 0.392에서 0.366으로, 부부 가구의 경우 0.430에서 0.320으로 낮아졌다. 60대를 보면, 부부 가구를 제외하고는 모두 상승했다. 가장 수치가 높은 독신 가구의 경우 0.421에서 0.431로 높아졌다. (3세대 가구를 제외하고는) 20대의 경우 수치가 상승했다. 독신 가구는 0.215에서 0.305, 나머지는 0.244에서 0.374로 높아졌다(白波瀬 2006, 63; 2007, 13).

노동시장에서 비정규 고용이 증가하고 격차사회 현상이 진전되는 가운데, 조직 노동의 역할이 커졌으리라고 예상할 만하지만 정작 현실에서 그들의 존재감은 희박했다. 노조 조직률을 보면 1975년 34.4퍼센트에서 2006년에는 18.2퍼센트까지 떨어졌다. 노동조합 수는 1985년 7만4,499개에서 2004년에는 6만2,085개로 줄었다. 조합원 수를 보면 1994년 1천3백만 명을 정점으로 감소해, 2004년에는 1,031만 명 이하가 되있다. 결성 당시 8백만 조합원을 뽐냈던 연합의 조합원은 2006년 현재 650만 명에 불과하다(大原社会問題研究所編 2007, 215).

일본의 기업별 노조는 기업의 정규직 사원들로 구성되며, 비정규직이 증가할수록 필연적으로 조직률은 저하되기 마련이다. 중·고령 여성 파트타임의 경우 애초부터 남성 가장의 부양가족 자격(배우자공제, 사회보험료 면제)의 틀 내에서 일하는 경우가 많고, 노동자로서 단결하겠다는 의욕이 약하다. 그러나 최근 들어 파트타임 조직화가 진전을 보이고 있다. 1998년 파트타임 조직률(추정)은 2.5퍼센트에 불과했으나 2006년에는 4.3퍼센트까지 늘었다. 같은 기간 노조원 총수에서 차지하는 비중은 2.0퍼센트에서 5.2퍼센트로 늘었다(大原社会問

題研究所編 2007, 213). 또한 현재 청년층 비정규직이 증가하고 있는데, 특히 파견·청부인 경우에 적지 않은 수가 기간 업무를 담당하면서도 임금은 정규직보다 훨씬 낮은 상황이기에 조직화될 가능성이 매우 크다.

그렇더라도 기존의 기업주의 노조들이 이들을 조직화하기는 불가능하다. 그래서 주목되는 조직이 커뮤니티유니온community union이다. 커뮤니티유니온의 선구라고 하는 '에도가와江戸유니온', 오사카의 '유니온 히고로ひごろ' 등은 1980년대 전반에 탄생했지만, 1989년에는 '커뮤니티유니온 전국 네트워크'(이하 전국네트)를 결성했는데, 제1회 교류회에 50여 개 유니온이 참가했다. 2003년 현재 67개 단체, 총 1만4천 명이 참가하고 있다. 커뮤니티유니온은 그 이름에서 짐작할 수 있듯이 기업이 아니라 지역을 기반으로 개인들이 자발적으로 가입해 결성된다. 말하자면 기존의 기업 공동체에서 배제된 중소기업 노동자, 파트타임 노동자, 파견 등 비정규직 노동자, 조합원 자격이 없었던 관리직 노동자 등이 다양한 유형의 커뮤니티유니온에 가입하고 있다.

이런 커뮤니티유니온은 고용의 다양화, 비전형화라는 흐름에 대응해 나타난 주목할 만한 조직화 형태인데, 지금까지는 '피난처' 같은 성격이 강해서, 개인적인 문제를 상담하기 위해 노조에 가입하고 문제가 해결되면 조합을 탈퇴하는 경우가 많았다. 이 같은 조직적 유동성 및 취약성을 극복하려면 지역(커뮤니티)이 단지 소비의 장이 아니라 생산 네트워크 혹은 총체적인 생활 네트워크로 재편되어야 한다. 커뮤니티유니온은 '피난처'가 아니라 이런 지역사회를 만드는 사회운동으로 발전할 필요가 있다. 그러기 위해서는 기존 노동운동과 협력하고 연대할 필요가 있다. 과거 총평의 노동운동에는 지역에서의 조직 활동을 중시하는 전통이 있었다. 연합도 조직률 하락을 막아야만 하는데, 2003년 6월에 발표된 '연합 평가위원회'의 중간 보고를 보면 "기업별 노조의 한계를 돌파해 사회운동으로서 자립"을 주창하고 있다. 같은 해 전국네트의 조직 가운데 절반가량이 '전국 커뮤니티유니온 연합회'(전국유니온)를 결성해 연합에 가입했다.[4]

그러나 노조 조직률을 더욱더 높이려면 비정규직은 물론이고 정규직 조직률도 지금보다 더 높여야 한다. 이에 대해서는 쓰루 쓰요시都留康의 연구를 주목할 만하다(都留 2002). 그는 실증적 자료에 근거해, 조직 노동이 침체한 원인은 산업구조 변화와 경영자의 저항, 종업원의 조합 기피 등보다는, 노동조합이 조직화를 추진할 체제를 충분히 갖추지 못한 데에서 찾아야 한다고 지적했다. 연합에 가입한 48개 산별 연합체 대부분이 조직화 방침을 갖추고 있으나 조직 활동가(오르그)를 전임으로 재용하고 있는 조직은 1980년대 말 여섯 개에 불과했다. 10년 후에는 가입 조직은 42개로 줄었지만 오르그 채용 조직은 아홉 개로 늘었다. 하지만 그사이 신규 조합원은 1989년 9만1,244명에서 5만9,668명으로 줄고 있었다(都留 2002, 69-75).

물론 오르그만 조직화를 담당하는 것은 아니다. 따라서 그보다는 노동조합이 노동자의 기대에 부응하는 활동을 하고 있는지가 조직화의 성패를 판가름한다고 할 수 있다. 노동자들은 노동조합에 임금

---

4 커뮤니티유니온에 대한 더 자세한 설명은 東京管理職ユニオン編(2003) 참조.

교섭, 노동시간 단축, 복리 후생의 충실화 등을 기대하고 있지만, 노동조합이 이를 위해 충분히 노력하지 않는다고 느낀다(都留 2002, 134). 기업주의 노조는 임금 억제에 협력하고 노사협조를 한층 강화하며 경영합리화에도 협조해 왔다. 이는 고용 보장을 가장 우선시하는 기업주의 논리에서 보면 합리적 선택일지 모르나, 장기적으로 노조의 존재 의미를 퇴색시키는 선택이다. 오랫동안 임금 인상의 장을 형성해 온 춘투는 1975년 춘투를 계기로 하한 인상bottom-up에서 상한치 설정으로 그 기능이 바뀌었는데, 2002년 춘투에서 결국 기준임금 인상에 실패해 명실 공히 종언을 고했다(『아사히 신문』 2007/06/02).

쓰루의 연구는 일본 노동의 권력자원동원 실패가 구조적 요인 이상으로 주체적인 문제, 조직화 노력의 부족과 전략의 실패에서 기인했다고 말한다. 정당과 사회운동의 연대, 비정규직의 조직화 등도 물론 중요하지만, 노조의 본래적 목적, 즉 임금 인상과 노동조건 개선의 성과를 높이는 것 자체가 전제되지 않으면 안 된다. 경영 측과 불필요한 대립을 부추기자는 것은 아니지만, 춘투와 최저임금 인상, 부당해고 저지 투쟁 등을 재구축해 경영 측과 건전한 긴장 관계를 형성하는 것이야말로 노동조합의 존재 의의를 재확인하는 데서 필수적이라고 할 수 있다.

2. 지구화 전략

1) 지구적 계급론

격차사회에 맞서는 첫걸음은 노동조합의 기본으로 돌아가는 것이다. 그렇다고 지구화의 와중에 있는 자본에 대항하는 전략이 기존의 일국주의 경제관리를 전제할 수는 없다. 보수 세력과 자본이 추진하는 글로벌화(신자유주의 전략)에 대항할 수 있는 권력자원동원 전략이 필요하다. 이 문제에서 가장 중요한 것은 신자유주의 담론 공간에서 벗어나 해방되는 일이다. 예전에 필자는 다음과 같이 주장한 바 있다.

> 1980년대에는 신자유주의가 정치적 이데올로기이자 정치적 선택의 하나임을 한눈에 알 수 있었다. 그러나 1990년대 지구화는 마치 선택이 아니라 필연인 것처럼 이야기된다. 이런 지구화론 …… 을 배경으로, 시장 원리주의는 좌파에게도 침투하고 있다(新川 2004, 37).

지구화에 대응해 국제 경쟁력을 유지하는 것을 금과옥조로 하는 신자유주의 전략은 작은 정부와 유연한 재정 정책을 실현하고, 노동 시장을 유연화하며, 경영의 합리화·효율화를 추구하고자 한다. 이런 개념들은 표현만으로는 긍정적인 가치를 지닌 것으로 여겨져서, 한번 받아들이면 비판하기가 어려워진다. 이 덫에서 벗어나려면, 그 개념들이 맥락에 따라 복지 예산 삭감, 고용 불안, 해고 등을 의미한다는 사실을 거듭 폭로하고, 경제를 다시 사회 속에 묻어 들어가게

하는 작업을 진행할 필요가 있다. 현실 속의 지구화는 다양한 선택지를 허용하며, 이를 불가항력으로 보는 것은 정치적 신화에 불과하다(新川 2005, 6장; ブルデュ─ 2000). 신자유주의적 담론 공간에서 해방되기 위해서는 그 담론의 맥락을 계속 되묻고 상대화할 필요가 있다.

지구화에 대응하는 우파의 전략이 신자유주의라면, 좌파의 대응은 저마다 다르다. 가장 오른쪽의 전략은 신자유주의 담론 공간 속에 일정한 위치를 확보하려는 '제3의 길' 노선이다(新川 2004). 이와 달리, 신자유주의에 맞서는 동시에 기존의 사민주의 전략이 지닌 일국주의적 계급정치 및 복지국가론의 한계를 넘어서려는 것이 지구적 계급주의이다.

국제적 자본 이동을 규제해 일국주의 경제관리를 회복하려는 시도가 글로벌화에 의해 곤란해졌고, 자본이 국민경제의 틀에서 해방되었고, 유럽연합(이하 EU)처럼 국적을 초월한 시민권이 등장하고 있다면 초국가적 복지 체제를 구상해 그 속에서 사회권을 확립하는 전략을 생각해 볼 수 있다. 국가 단위의 계급투쟁을 다시 세계적 규모의 계급투쟁으로 확대하려는 시도는 그런 방향일 것이다.

레슬리 스클레어Leslie Sklair는 초국적기업 경영자와 이들을 지원하는 지구적 관료, 정치가, 전문가 집단, 이들이 활동하는 기관 등이 초국가적 자본가계급을 형성하고 있다고 말한다. "그들은 계급이다. 그들은 생산·분배·교환관계로 규정될 수 있기 때문이다. 그들은 자본가계급이다. 그들은 개인 혹은 집단으로 자본의 주요 형태들을 소유하고(또는 소유하거나) 통제하기 때문이다. 그들은 초국가적 자본가계급이다. 현실이든 상상이든 모든 국민국가의 이해관계를 초월해 전 지구적 자본의 이익을 추구하고, 국경을 초월해 활동하고 있기 때문이다"(Sklair 2001, 295).

사스키아 사센Saskia Sassen 역시 지구적 지배계급의 탄생을 지적했다. 그녀는 기업 경영자와 이들을 지원하는 국제적 관료들의 네트워크를 구분해 양자를 다른 계급으로 본다. 이들은 반드시 동일한 이익을 추구하지는 않는 것으로 보이기 때문이다. 이 지배계급들의 다른 쪽에 전 지구적으로 불이익을 받는 계급이 존재한다. 여기에는 노동조합뿐만 아니라 환경 운동 등을 비롯해 다양한 사회운동 활동가들이 포함된다. 그리고 [사센은] 오늘날 다양한 NGO들과 '세계사회포럼'을 비롯한 반反세계화운동, 이들의 네트워크가 구축되고 있다고 지적한다.

노동조합 등은 보통 지역적인 활동에 머문다. 그렇지만 불이익을 받는 계급은 겉보기에 지역적일 뿐 실제 활동 범위는 지역 단위를 훨씬 넘어선다. 환경문제와 난민 구제 관련 NGO들의 활동은 국제적 네트워크 속에서 진행된다. 또한 기업 활동이 지구화된 결과, 노동조합도 관련 국가들의 노조들과 긴밀하게 정보와 의견을 교환하면서 공장폐쇄와 이전, 노동권 침해를 저지하고자 공동전선을 펴는 사례들도 있다. 이민이 증가하면서 도시 자체가 국제화되고 가족 구성원이 여러 국가에 흩어져 살게 됨에 따라 국경의 의미도 퇴색한다. 지역에서 투쟁하는 것이 국경을 넘어 지구적 계급 연대를 만들어 낼 수 있다(Sassen 2004; Sklair 2001; カリニコス 2004).

"만국의 노동자여, 단결하라!"고 한 『공산당선언』을 시대착오적이라고 비웃기 쉬우나, 지구적 계급론의 관점에서는 그 발견적 의의를 무시할 수 없을 것이다. 지구적 계급이라는 개념은 지구화가 야기한 불평등과 격차가 개인적 원인이 아니라 구조적인 이유로 발생

했다는 점, '재난'은 개인이 운이 나빠 맞닥뜨리는 것이 아니라 필연적으로 특정 집단을 엄습한다는 점을 상기하지 않으면 안 된다. 제러미 시브룩Jeremy Seabrook은 이렇게 말한다. "계급이란 도식적인 변화의 문제가 아니다. 계급이란 살아 있는 인간이 부정과 굴욕을 어떻게 되새기는지, 그들이 사회의 위계질서 속에서 특권을 어떻게 정당화하고 억압에 어떻게 저항했는지를 다룬, 한 편의 이야기와 같은 것이다"(シーブルック 2004, 66).

오늘날 불평등은 예컨대 소득 1분위와 5분위가 전체 소득에서 차지하는 비중이 시계열적으로 어떻게 변해 왔는지를 통계학적으로 살피는 방식으로 파악된다. 또한 빈곤이라고 하면, 중간 소득의 50 퍼센트 이하 가구는 얼마이고, 시계열적으로 어떻게 변화했는지를 말하는 것이 된다. 소득과 빈곤은 통계상으로는 연속된 척도 위에서 각 개인이나 가구의 위치를 파악하는 것이 된다. 이런 통계학적 인식은 문제를 개개인의 경제적 위치 문제로 해소해 사회구조를 은폐하고, 그 결과 계급투쟁은 시야에서 사라져 버린다(シーブルック 2004, 67). 이에 비해 지구적 계급론은 못 가진 자와 지구화로 말미암아 불이익을 받는 자들이 시장주의와 개인주의라는 담론 공간에 사로잡혀 있다고 지적하면서, 이와는 다른 정치적 공간이 존재하며 새로운 동원이 가능하다는 점을 이야기한다.

그러나 지구적 수준의 단결을 이야기할수록 계급 형성론의 난제는 더욱 심각해진다. 만일 경제적·사회적 범주로서 계급의 존재가 확인되더라도, 그 '즉자적' 계급이 어떻게 하면 계급의식을 지닌 '대자적' 계급으로 단결해 갈 수 있는가?(新川 2000). 지역적 투쟁에서부터 지구적 연대를 구축해 간다는 것은 과연 가능한가? 국경의 소멸, 국민국가의 종언이 제국帝国과 그에 저항하는 다중多衆을 낳는다고 마이클 하트Michael Hardt와 안토니오 네그리Antonio Negri는 지적한다. 이들은 계급 동원이 곤란해진 현실을 직시하고, 여러 형태로 국경을 벗어나는 다양한 네트워크에서 변혁의 주체를 찾으려고 시도하는데, 실천 가능성은 차치하더라도, 한번 되새겨 볼 만하다(Hardt & Negri 2000).

2) 지구적 시민사회론

자본의 자유로운 이동과 국민국가의 상대화라는 현실 인식에 동의하면서도 계급적 정치 동원 이론이 아니라 민주주의의 세계화에 따른 '지구적 사회민주주의'를 구상한 연구자가 데이비드 헬드David Held이다(Held 1995; 2004). 그는 지구화가 진행되는 가운데 긴장과 대립 못지않게 교류와 협력이 이루어질 가능성에 주목하고 있다. 따라서 주권국가로부터 초국가적 지배 구조로 이행하면 민주주의와 사회적 연대의 지구화가 진행되리라고 낙관한다. 그는 무역과 생산, 금융 등 경제의 지구화, 그에 따른 국제적 관리 기구들과 각국 정부 관료들의 네트워크야말로, 지구적 계급론과는 달리, 민주주의를 실현할 국제적 도구라고 적극적으로 평가한다.

그는 지구적 사회민주주의라는 맥락에서 그 핵심 정책들을 제시한다. 그리고 환경보호의 윤리 원칙과 지구적 사회정의, 사회연대와 공동체 등의 제도적 목표들은 사회민주주의의 특징을 보여 주는 것들이다. 그러나 과연 그것이 일국 사회민주주의(즉 복지국가)를 대신할 제안이 될지는 불분명하다(Held 2004, 164-165). 그는 세계적인 재분배 과제에 맞선다는 전제 아래, 지구적 민주주의와 사회연대(즉 지구적 시민사회)를 실현하는 데 관심을 두고 있다.

그에 따르면 지구적 민주주의는 결코 그림의 떡이 아니다. 그는 지구적 지배구조(거버넌스)의 다층성·다차원성을 지적하면서, 여기에는 정부 조직뿐만 아니라 초국적 시민사회, 기업 섹터, 공사 혼합형 조직(예컨대 국제증권관리위원회기구OSCP) 등도 참여하고 있다고 지적한다. 초국적 시민사회는 예컨대 그린피스, 주빌리 2000Jubilee 2000,[5] 기타 NGO 등을 말한다(Held 2004, 83). 그러나 국경을 넘어선 사회적 연대의 싹이 보인다고 해서, 곧바로 [지역·국가] 특수적 쟁점을 뛰어넘어 세계시민이라는 정체성을 형성할 수 있다는 데에 쉽게 수긍하기는 어렵다.

근대 시민사회가 주권국가와 주권자로서의 국민(혹은 그와 유사한 어떤 것)을 배경으로 탄생했다고 하나, 이 같은 조건 혹은 제약을 극복하는 초국가적 시민사회가 어떻게 가능한 것인가? 다양한 형태의 지구적 지배 구조가 존재하고, 시간이 지날수록 그것이 더욱 중요해질 것임을 부정하지 않는다 하더라도, 헬드가 기대하듯이 거기에서 지구적 사회연대, 시민사회에 이르는 길이 바로 눈에 들어오지는 않는다.

글로벌 전략은 장기적인 전망으로서는 몰라도 지금의 복지국가의 위기에 직접 대응하는 구상은 아니다. 그렇다면 우리는 다시 국민국가로 돌아가서 복지국가의 위기에 대응해야 할지 모른다.

---

5 역주 : 2000년을 기해 상환이 불가능한 최빈국들의 부채를 면제하자는 운동으로, 2001년 이후에는 국가별 조직들이 만들어졌다.

3. 국민국가의 재편성 전략

1) 사회적 다양성과 복지 반동

자본주의 시스템의 지구화에 대항하고자 생활 세계 수준에서 국제적 연대가 나타날지라도, 불평등을 바로잡을 국제적인 정치적 동원이 실현되기까지는 요원하다. 19세기 후반 영국의 세계 지배하에서 자본의 자유로운 이동이 실현되었다. 그러나 사회주의자의 국제 연대 시도는 실패했고, 사회주의적 평등주의 전략은 계급을 국민의 개념 속으로 통합하는 복지국가 전략으로 실현되었다. 이 국민 개념이 지금 흔들리고 있다.

사회적 연대를 가로막는 요인은 다양하다. 예컨대 탈脫포드주의와 탈산업화, 경제의 서비스화·정보화 등의 현상은 고용의 다양화를 촉발하는 한편, 동질적인 노동 사회와 노동 문회를 침식한다. 또한 지금 선진국들에서는 고령화로 생산 인구가 줄고 퇴직 인구는 늘어나 세대 간 긴장이 높아지고 있다. 이미 취업한 세대는 고용이 보장되고, 젊은 층은 노동시장에 진입하기 어려워져서 청년 실업률이 높아짐에 따라 세대 간 갈등이 증폭된다. 또한 젠더 정치의 도전도 있다. 복지국가는 출발부터 성차별 구조(남성 가장 중심)를 전제하고 있었다고 해도 틀린 말은 아니다. 나라마다 편차는 있지만 여전히 그런 경향이 남아 있다. 성차별적 복지국가에 대한 연구는 국민의 절반인 여성이 사회적·성치적으로는 소수자로 차별받는 복지국가의 역사와 현실을 고발하고 있다.

고령화에 대한 단기적 대응책을 마련하는 과정에서 여성의 노동시장 진입이 늘어나고, 이민과 이주 노동의 도입이 촉진되고 있다. 그러나 국민으로 동화되기 어려운 이민자의 규모도 계속 늘어, 국민이라는 개념 또한 혼란스러워졌다. 1998년 현재 오스트레일리아·뉴질랜드·스위스는 인구의 20퍼센트 이상이 이민자이고, 캐나다는 18퍼센트, 미국은 12퍼센트, 프랑스·네덜란드·스웨덴도 거의 10퍼센트에 달했다. 유럽의 이민자들은 주로 터키에서 오고, 미국에는 주로 멕시코 같은 주변 국가나 남반부의 개발도상국에서 온다. 이들은 민족적·언어적·종교적 이질성이 높아 쉽사리 국민으로 통합되지 못한다.

이민 국가의 역사를 보면, 이민에 대해 매우 다양한 입장이 존재한다는 사실을 확인할 수 있다. 대표적으로는, 단순하고 강제적인 동화정책을 펼치거나, 동화되기 힘든 자들을 배제하기도 하고, 이민에 따른 사회적 영향을 국민적으로 흡수하는 통합론(용광로)이 있는가 하면, 이민 문화에 대한 소극적 관용론('선의의 무시', '모자이크 사회론') 또는 적극적 관용론(다문화주의) 등도 있다. 특히 1970년대 이후 캐나다와 오스트레일리아에서 다문화주의 정책이 진행되었고, 이는 그 뒤 미국에서도 채택되었다. 다문화주의 패러다임은 '정체성 정치'와 '인정·차이의 정치'와 같은 이론적 연구가 쌓이면서 내용적으로 한층 풍부해졌다.

이런 정치 이론들은 지배 민족(서구의 경우 특히 백인 남성)이 만들어내는 허구의 '국민'에 대해 사회적 소수자들이 강요된 통합을 거부하고, 자기 문화의 고유성을 적극적으로 긍정하며, 더 나아가 사회적으로 인정할 것을 요구함으로써, '국민'이란 신화에 불과하다는 사실을 폭로하고 있다고 본다(ヤンダ 1996; テイラー 1996; コノリー 1998; ケニー

2005). 윌 킴리카Will Kymlicka는 정복 민족, 피정복 민족, 자발적 이민 등을 구별하는 다문화주의 시민권을 주창했는데, 그것은 다문화주의 정책의 기초 이론으로 크게 주목받았다(キムリッカ 1998). 네이선 글레이저Nathan Glazer는 대니얼 모이니한Daniel Patrick Moynihan과 함께 '용광로'론은 신화에 불과하다는 것을 실증적으로 밝힌 저작에서 "우리는 이제 모두 다문화주의자다."라고 주장했다(Glazer 1997).

그러나 글레이저의 주장이 타당한지는 의문스럽다. 1990년대 들어 지배 민족인 백인들이 다문화주의 정책에 반동적으로 대응하는 경향이 서구 각국에서 나타났다(Hewitt 2005). 다문화주의가 진행되는 동안 지구화를 추진하는 신자유주의 정책 또한 시행되었다. 지구화에 따라 국제 경쟁이 격화되고 사회적 다양성이 늘어나면서 국민 가운데 다수파는 위기감을 느꼈고, 소수파를 배제함으로써 국민국가를 강화하려 하고 있다. 다문화주의의 기치를 선명히 해온 캐나다·오스트레일리아 등마저도 이런 현상에서 자유롭지 않다.

1988년 다문화주의법을 제정한 캐나다에는 얄궂게도 같은 시기에 앨버타 주를 중심으로 우익 포퓰리스트 캐나다개혁당[6]이 생겨났다. 앨버타 주는 전통적으로 보수적인 지역이지만, 개혁당은 캐나다의 보수 본류의 정당이라고 할 수 있는 진보보수당을 흡수해 캐나다보수당이 되어 집권하고 있다. 이 정권은 기존의 다문화주의 정책을

---

6 역주 : 캐나다개혁당Reform Party of Canada은 우익 포퓰리스트 전국 정당으로 1987년에 창당했고, 2000년에는 캐나다연합당Canadian Alliance으로 바뀌었다. 이어 2003년 진보보수당Progressive Conservative Party과 합당해 캐나다보수당Conservative Party of Canada이 되었다.

크게 바꾸지는 않았지만, 스티븐 하퍼Stephen Harper 총리는 다문화주의와 복지국가에 모두 반대하고 있다(新川 2006a). 오스트레일리아에서 핸슨이 이끈 한나라당의 선풍은 짧게 끝났지만,[7] 키팅 노동당 정권의 '너무 나아간' 다문화주의 정책을 수정하려는 흐름이 하워드의 자유당 정권[8]으로 이어진 듯하다. 이자사 사요코飯笹佐代子는 하워드 정권의 시민권 정책을 "다문화 공존 모델에서 '보편적' 이념에 기초한 미국식 국민 통합 모델로 근본적으로 바꾸려는 것"으로 파악하고 있다(飯笹 2007, 183; 関根 2000). 한편 시오바라 요시카즈塩原良和는 오스트레일리아 다문화주의의 변질을 "'개인'으로서 문화적 다양성을 지닌 사람들을 오스트레일리아 민족으로 통합해 가는"것으로 파악하고 있다(塩原 2005, 18). 다문화주의는 이미 1980년대에 변질되기 시작했고 하워드 정권은 이를 가속화했을 뿐이라는 시오바라의 생각은 이자사의 인식과는 다르지만 둘 사이에 내용상 차이는 크지 않다.

"'보편적' 이념에 기초한 국민 통합"을 노리는 미국에서는 큐클럭스클랜KKK처럼 매우 위험한 인종차별주의 집단뿐만 아니라 공권력을 행사하는 제1선의 공무원들이 인종차별적 행동을 하는 등, 풀뿌리 수준에서 백인들의 반동적 행태가 존재한다. 게다가 레이건 정

---

7 역주 : 오스트레일리아 한나라당One Nation은 폴린 핸슨Pauline Hanson이 1997년 창당한 극우 정당으로, 1998년 지방선거 때 퀸즐랜드 주에서 득표율 22퍼센트로 11석(총 89석)을 얻고 상원 의원도 배출했다. 당시 전국 득표율은 9퍼센트였다. 이후 지지도가 하락해 지금은 명맥만 유지하고 있다.

8 역주 : 노동당Labor Party과 더불어 오스트레일리아 양대 정당의 하나인 자유당Liberal Party은 1996년 선거에서 폴 키팅Paul Keating 총리가 이끈 집권 노동당을 물리치고 13년 만에 재집권했고, 당수인 존 하워드John Howard는 2007년까지 총리로 재직했다.

권 이후 소수자 우대 정책affirmative action 및 빈곤 가구 복지 지원에 대한 반동이 계속되고, 다문화주의에 대한 자유주의자들의 비판도 나타나고 있다(ブルーム 1988; シュレジンガーJr. 1992; 古矢 2002; 小林 2007).[9] 프랑스와 오스트리아, 독일, 게다가 북유럽에서도 배외주의 극우 정당이 활동하고 있다(Hewitt 2005; 山口·高橋編 1998; 山本 2003; 宮本 2004).

2) 자유주의적 민족주의

평등과 재분배는 좌파의 정치 전략이고, 안보와 국민 정체성의 위기를 부르짖는 것은 우파의 전매특허로 여겨지고 있었다. 조야한 배외주의를 내세우는 우익 민족주의는, 이민이 범죄를 늘리고 복지 부담을 키우는 원흉이라며 공격한다. 국민국가의 안보와 정체성 쟁점이 우파에 유리하다고 보는 좌파들은 국제주의를 주창하면서도 국민국가를 성년으로 비판하기를 회피해 왔다. 하지만 그렇게 해서는 다문화주의에 대한 반동적 공격을 저지할 수 없다. 이 같은 인식을 바탕으로 데이비드 굿하트David Goodhart는 자유주의적 민족주의를 주장한다. 그는 좌파가 민족주의와 국민감정을 적절하게 받아들여 이 상징들을 적어도 정치적으로 중립화함으로써 중도좌파에 유리하

9　미국 자유주의의 대가인 아서 슐레진저 2세Arthur Meier Schlesinger, Jr.는 다음과 같이 경고한다. "미국은 누구의 방해도 없이 자유롭게 스스로 선택할 수 있는 개인들로 구성된 나라가 아니고, 많든 적든 민족성에 깊이 뿌리내린 집단들로 구성된 나라라는 인식이 (다민족주의에 의해) 강화된다. 다민족주의라는 믿음은 역사적 목적을 벗어나서 동화를 분열로, 통합을 분리로 치환한다. 따라서 통일union을 멸시하고 다수pluribus를 찬미한다"(シュレジンガーJr. 1992, 10).

게 바꿔야 한다고 말한다(Goodhart 2004, 155).

굿하트는 좌파들의 이상주의적 신화(인간은 합리적 존재이고, 근친자를 제외한 모든 타자들을 동일하게 존중하고 대우하는 존재)를 우선 버리고, 좌파의 딜레마를 솔직히 인정할 필요가 있다고 말한다. 그는 재분배와 '인정의 정치'의 관계에 주목한다. 좌파(사회민주주의자)는 한편으로는 복지국가 정책, 익명의 상호부조(사회적 연대)에 의한 재분배 정책을 추진해 왔다. 다른 한편, 좌파는 사회적 다양성을 적극적으로 수용하면서, 사회적·성적·민족적·인종적 소수파들의 권리와 정체성을 옹호해 왔다. 그러나 이 둘은 양립하기 어렵다. 동질성보다 다양성이 앞서서 도덕적 합의와 시민적 의무감, 사회 귀속감이 약화되면, 관대한 복지국가에 대한 지지가 흔들릴 수 있다. 동질성과 도덕적 합의 자체가 복지국가의 전제라고 생각된다. 국민의 권리와 의무로부터 분리된 인권 사상은 무의미하다. 특히 재정 부담을 수반하는 복지의 권리를 인권과 분리해서는 안 된다(バーグマン 2006, 26).

굿하트는 이 딜레마를 극복하려면 국민적 단결을 내세우면서 다수파의 문화와 가치의 존재를, 비록 느슨한 형태라 해도, 적극적으로 인정해야 한다고 주장한다. 국민적 감정에는 양면성이 있다. 이는 증오와 공격성을 낳기도 하지만, 근대 산업사회의 여러 긍정적 측면들을 낳기도 했다. 예컨대 알지 못하는 동포 시민을 위해 크든 작든 희생을 감수하는 것, 개인적 관계를 넘어서서 귀속감과 성원의식을 가지게 되는 것 등이다. 복지국가는 이런 적극적 국민감정에 의해 지탱되고 있다. 이를 되살려 나쁜 측면을 억제하는 것이 자유주의적 민족주의가 지향하는 바다. 그러기 위해서는 국민(즉 시민)이 결코 사회적 소수파를 배제해서는 안 된다(민족과 시민의 구별). 국민은 이민이 있든 없든 시시각각 변화하고 발전한다는 점을 자각할 필요가 있다. 그에 따르면 "온건한 혁신적 민족주의는 국제주의를 배제하지 않는다. 그것은 배타적인 내향적 민족주의를 극복하자는 것이다"(Goodhart 2004, 157).

굿하트의 자유주의적 민족주의는, 한스 콘Hans Kohn이 제시한 이분법에 따라, 나쁜 민족주의와 좋은 민족주의[10]를 구분해 후자를 되살리자는 것이다(Kohn 2005). 이처럼 과도하게 단순화된 이분법에 타당성이 있다고 보기 힘들다. 민족주의가 결코 보편적 가치에만 의존하는 이념이 아니라는 점에서, 설령 그런 이분법을 인정한다고 해도, 굿하트의 논의에는 문제가 많다.

자유주의와 민족주의를 통합하려는 시도로서 율리 타미르Yuli Tamir의 논의가 있다. 그는 개인의 자유로운 선택을 중시하는 자유주의와 개인이 태어난 맥락(문화 공동체)을 중시하는 민족주의는 처음부터 공존이 불가능한 것이 아니라고 지적한다. 자유주의 자체가 일정한 문화 공동체를 조건으로 삼아 태어난 이상, 양자의 차이를 극단화해 양립 불가능한 것으로 만드는 자유주의자나 민족주의자의 주장에서는 아무것도 얻지 못한다. 그는 양자를 결합할 핵심 개념으로 '맥락적 개인'contextual individuals을 제시한다. 개인의 정체성은 일정한 문화적·사회적 공동체의 틀 속에서 형성되지만, 개인은 최종적으로는 그 정체성을 선택할 수도 버릴 수도 있다. 민족의 자기 결정이란 개

---

10 나쁜 민족주의는 동유럽 민족주의, 문화적 민족주의, 종족적 민족주의 등이고, 좋은 민족주의는 서유럽 민족주의, 시민적 민족주의, 자유주의적 민족주의 등이라고 한다.

인의 자유를 보증하기 위해 불가결한 것이다(タミール 2006).

타미르가 말하는 자유주의적 민족주의는 굿하트처럼 자유주의의 가치를 지닌 지배 민족의 정체성을 강화하려는 것이 아니다. 오히려 그 반대다. 타미르는 개인의 선택이 맥락적인 것이고 그 맥락이 문화 공동체에 의해 규정되는 한, 설사 그 문화 공동체가 권위주의적인 것이라 해도 개인이 이를 선택했다면 존중되어야 한다고 생각한다(タミール 2006, 105). 개인의 선택, 그리고 그 맥락인 문화 공동체의 자기 결정을 존중하는 것 자체가 타미르가 내세우는 자유주의적 민족주의의 핵심이다.

굿하트는 소수파에게도 관용을 요구한다. 소수파는 자유주의적 가치를 사실상 따르면 되고, 이를 개인적 신념으로 할 필요는 없다. 요컨대 소수파에게는 적극적 관용(공사 모두 자유주의를 지지할 것)이 반드시 요구되지는 않으나, 소극적 관용(공적으로는 자유주의를 따르고 사적으로는 그러지 않아도 됨)은 요구된다(Goodhart 2004, 163). 굿하트는 설령 비자유주의적 전통과 생활 습관을 지닌 소수민족이라도 이런 소극적 관용을 지니는 것만으로도 다수파 이웃들과 함께 살아갈 수 있고, 오랫동안 공존할수록 상호 신뢰 관계가 형성될 것이라고 기대한다. 그러나 "편견은 관용과 공존한다. 이는 사회 조화와 인종주의가 공존하고, 다문화주의와 인종 불평등이 공존하는 것과 마찬가지다"(ハージ 2003, 173). 덧붙여 말하자면, 관용과 비관용은 권력을 가진 자의 선택이고, 소수파가 다수파의 가치를 따르는 것은 "자기가 어쩔 수 없는 것이기 때문"이거나 참고 견디는 것과 다름없다(ハージ 2003, 173).

과연 굿하트가 말하는 '재분배 정치'와 '인정의 정치'의 딜레마가 존재할까? "이민이 늘어나면 민족적·인종적 다양성이 높아져 복지국가를 침식한다."라는 가설은 지금까지 주로 미국에서 검증되어 왔다. 미국의 사회 지출이 낮은 이유, 혹은 "미국인은 복지를 혐오한다."는 이유 등을 인종적·민족적 다양성에서 찾을 수 있다고 지적하는 연구가 많았다(Hero & Tolbert 1996; Plotnick & Winters 1985; Gilens 1999). 최근에는 미국과 유럽 나라들의 사회적 지출 중 절반가량을 인종적 다양성의 수준 차이로 설명할 수 있다는 분석도 있었다(Alesina & Glaesser 2004).

그러나 이 같은 문제들을 크라우딩아웃crowding-out 효과 가설('인정의 정치'에 에너지·시간·재정이 투입될수록 재분배 정책이 약해진다), 침식 효과 가설(다문화주의 정책은 시민적 연대와 신뢰를 침식해 재분배에 대한 지지도를 낮춘다), 오진 가설(진짜 문제는 민족과 인종이 아니고 경제적·정치적 불평등이다) 등 세 가지 가설로 분류해 살펴보니 하나같이 인과관계는 물론 상관관계도 분명하지 않다는 결론을 도출하는 연구도 있었다(Banting & Kymlicka eds. 2006).[11]

크라우딩아웃 효과 가설은 '인정의 정치'와 '재분배의 정치'를 제로섬 관계로 파악하고 있는데, 이는 분명 신자유주의 담론을 그대로 받아들였기 때문이다. 작은 정부, 재정 균형이라는 관점에 서면 양자는 제로섬 관계이지만, 그런 전제를 버리면 양자 사이에 크라우딩아웃이 존재한다고 생각할 이유는 없다.[12] 또한 재분배 지지 연합이 인정의 정치로 관심을 돌리면 재분배 정치가 약화된다고도 할 수 없

---

11 이 실증 연구의 소개는 新川(2006b; 2007) 참조.
12 역주 : 원래 크라우딩아웃 효과는 정부가 재정지출을 늘리면 민간의 경제활동이 억제되는 효과를 말한다. 재정 확대를 위해 국채를 발행하면 시중 금리 인상을 유발하기 때문이다.

다. 양자의 관심은 상보적일 수 있기 때문이다. 만일 인정의 문제가 오진 가설에서 말하듯 정치적·경제적 불공정의 문제와 밀접히 연결된 것이거나, 혹은 후자 자체가 진짜 문제라고 한다면, 오히려 인정을 요구하는 목소리는 재분배를 요구하는 목소리를 강화할 것이다. 오진 가설은 인정의 정치가 과도하게 문화투쟁으로 전개될 때의 위험성을 지적하는 점에서 경청할 만하지만, 그렇다고 해서 인정의 문제가 정치적·경제적 불공정 문제를 해결하는 것으로만 해소될 수 있을지는 의문이다. 또한 침식 효과 가설의 경우, 사회적 다양성이 늘어날수록 사회적 연대와 신뢰를 침식해 버린다면, 바로 그 때문에 다문화주의 정책이 필요하다고도 말할 수 있다(Banting & Kymlicka 2006).

이렇듯 굿하트가 생각하는 인정의 정치와 재분배 정치의 딜레마는 결코 자명하지 않다. 이를 무비판적으로 받아들여 주류 국민 지배 체제의 적실성을 재확인하려는 것은 다소 경솔한 생각이다. 게다가 그의 자유주의적 민족주의론은 민족주의론으로 성립하기에는 큰 문제가 있다고 생각한다. 이 점을 다시 검토해 보자.

4. 다원적 국민국가와 사회관

지구화가 복지국가를 침식한다는 통설에 대해, 필자는 재정 구조의 변화를 놓고 봤을 때 그런 가설은 지지되지 않는다고 주장한 바 있다(新川 2002; 2005). 지구화에 의해 사회적 다양성이 확대되고 인정의 정치가 부상한다는 새로운 변수를 적용하더라도, 그로 말미암아 복

지국가의 침식이 분명해졌다고 볼 수는 없다. 이런 현상을 두고, 지구화에 대응하는 지구적 계급투쟁과 지구적 시민권을 성급히 주장하는 것은, 사회권을 담보하는 국민국가라고 하는 중요한 정치 공간을 헛되이 경시하는 일이 된다. 리처드 로티Richard Rorty는 이렇게 말한다. "국민국가 정부가 이제 시대에 뒤쳐졌으므로 이를 대신할 것을 생각해 내야 한다고들 하는데, 이는 글로벌화에 의해 빈곤 상태로 전락할 위험에 빠진 이들에게 위안이 되지 않는다. …… 국민국가는 여전히 사회보장 수당을 결정하고 있고, 사회정의도 국민국가가 결정한다"(ロ―ティ 2000, 105).

　　그렇지만 지금 우리가 탈복지국가 시대를 살고 있다는 점도 분명하다. 굿하트의 자유주의적 민족주의론이 지닌 가장 큰 문제점은 '흘러간 과거'를 전제하며 지배적 국민 다수파를 안심시키고 이들에게 자신감을 주려 한다는 데 있다. 그는 타미르와 같은 개념을 사용히면서도 타미르의 다원주의적 발상에 대해서는 충분히 귀를 기울이지 않는다. 그는 '일국민 일국가'라는 근대 국민국가의 신화를 유지하는 동시에 문화적 다원주의를 허용하면 된다고 생각하지만, 이는 문화 다원주의의 관점에서는 시대착오적이다.

　　오히려 지금의 사태는 나누거나 양도할 수 없는 주권, 그리고 이를 담당하는 존재인 국민이라는 신화가 유지되기 어려워 보이게 한다. 타미르의 자유주의적 민족주의, 킴리카의 다민족 국가, 그리고 마이클 키팅Michael Keating의 다민족 민주주의(Keating 2001) 등의 개념들은, 그 뉘앙스는 다르지만, 하나같이 한 국가의 국민이 하나일 필요가 없음을 시사한다. 독자적 문화 공동체에 속한 사람들은 자유민주주의가 부여하는 보편적 시민권에서만큼은 소외감에 시달린다. "왜

냐하면 그들은 자기 것이 아닌 문화에 물든 정치제도와 정치 문화에 지배되고 있기 때문이다"(タミール 2006, 178).

애초 집단적 권리는 어디까지나 개인의 자유를 실현하기 위해 인정되었고, 아무리 양자가 불가분할지라도, 원리상 명백히 후자가 전자에 우선한다. 그렇지 않다면 다문화주의는 우연히 그 공동체에 속한 개인을 그 속에 가두는 권력이 되고 만다. 국민 구성이 다양하다고 할 때, 이는 결코 문화적 다양성만을 말하는 것이 아니다. 여러 국민 공동체들은 단지 문화 공동체에 그치는 것이 아니라 독자적인 역사, 영역을 가지고 자결(자기 결정)권을 주장하는 존재이기도 하다.

주권국가가 상대화되고 있는 지금, 꼭 국가만 자결권을 주장할 수 있는 것은 아니다. 국가가 아니라도 한 국가 안에서 독자적 민족으로 인정받기를 요구하는 것이 민족주의의 새로운 모습이라고 키팅은 말한다. 말하자면 '탈脫주권 시대의 국가 없는 민족' 등이다. 지구화가 진전되면서 국민적 소수파가 국가를 넘어선 네트워크 속에서 자신의 위치를 확립할 기회를 얻고, 국가가 다양한 문화 공동체의 자결권을 적극적으로 용인하는 통치 구조를 가지면, 분리·독립이라는 선택은 이제 매력적이지 않게 된다. 오히려 그들의 문화 공동체를 존속할 수 있게 보장하는 국가에 대한 충성심이 생겨날지도 모른다. 복수의 국민 정체성이 허용되어 '일국민 일국가'의 신화에서 해방된다면, 문화적 차이를 초월한 사회적 연대의 공간이 생기지 않겠는가?

EU로 눈을 돌려 보자. EU에서도 재분배의 사회정책은 여전히 국민국가 내에서 이루어진다. 따라서 북유럽과 독일, 프랑스에서도 굿하트가 말한 자유주의적 민족주의의 움직임이 분명 나타나고 있다.

그러나 EU 차원의 시민을 창출하자는 주장은 분명 그 수준을 뛰어넘는 논리를 내포하고 있다. 경제 교류, 사회적 다양화를 진행시키면, 장기적으로 각국의 경제와 인구구성은 평준화될 것이다. 즉 일국 차원에서는 사회적 다양화가 진행되지만, 모든 나라가 다양화를 경험하므로 전체적으로는 균질적인 사회가 되는 것이다. 이때 비로소 국민국가를 초월해 사회권이 보장되고 사회적 재분배가 시행될 가능성이 생길 것이다. 물론 역외, 즉 EU 외부와는 어떤 관계를 구축해야 하는지는 여전히 문제로 남아 있다.

이런 논의는 사회적 다양화가 진행되고 있는 서구 및 이민 국가에서 어느 정도 의미가 있을 뿐 일본과는 무관하다고 생각할지 모른다. 그렇지만 아시아에서도 경제 교류와 정비례해 인적 교류가 긴밀해질 것임을 염두에 둬야 한다. 특히 일본은 고령화가 급속히 진행되고 있기에 다양한 일자리를 외국인 노동자들에게 의존해야 한다. 이때 동질적 국민이라는 소박한 신화가 배외주의로 흐르면 국제적 긴장이 초래될 수 있다. 이런 맥락에서, 자본의 이동에 대항하는 국제적 공동전선을 구축하는 것은 물론, 국내에 있는 외국인 노동자들의 실질적인 인권 보호, 나아가 시민권(국적과는 다른 개념)을 확보하는 데도 과연 노동운동이 나설 수 있을 것인가? 국민국가의 신화에서 해방된 시민권의 실현 자체가 지구화에 대응하는 노동운동이 껴안아야 할 과제일 것이다.[13]

---

13 이 장의 2~4절은 新川(2006b; 2007)를 요약하고 가필한 것이다.

증보판 후기

　이 책을 집필한 동기와 목적은 서장에서 이야기한 바 있으나, 일본사회당의 소멸이라는 사실 이상으로 이론적 관심사가 직접적인 계기였다. 나는 권력자원동원론을 활용해 일본의 복지국가 연구를 진행해, 그 일단의 성과를 『일본형 복지의 정치경제학』으로 발간했었다.[1] 그러나 그 당시에 이미 권력자원동원론을 비판하는 연구가 상당히 나타나고 있었다. 이 책의 제1장에서 다루고 있는 자본 권력론과 계급 교차 연합론, 역사적 제도론이 권력자원동원론에 도전한 주요 이론들이다. 권력자원동원론을 둘러싸고, 스웨덴 사민주의 사례를 과도하게 일반화하고 있다거나 혹은 그에 편중되어 있다는 외재적 비판도 종종 있었다. 그러나 그와 달리 이런 이론적 도전들은 스웨덴 사민주의를 연구하고 재해석해 권력자원동원론을 극복하려 했다는 점에서 매력적이고 건설적인 논쟁을 만들고 있었다.

　그러나 그 이론들이 권력자원동원론을 대체할 수 있을까? 나는 그렇지 않다고 생각했다. 자본 권력론과 계급 교차 연합론은 권력자

1　新川敏光, 『日本型福祉の政治経済学』(三一書房, 1993). 이 책은 2005년 『日本型福祉レジームの発展と変容』(ミネルヴァ書房, 2005)의 제1편으로 다시 발간되었다.

원동원론을 이용한 실증 연구의 비판으로는 설득력이 있으나 이론적으로는 권력자원동원론의 틀 안에 있는 것이고, 역사적 제도론은 권력자원동원론의 환경과 맥락을 다루는 이론이다. 따라서 이들은 권력자원동원론의 제약 조건을 밝혀 주는 것이지 결코 그와 모순되거나 상반되지는 않는다고 생각했다. 그래서 자연스럽게 이 이론들을 통합하는 관점에서 실증적 연구를 해보자고 생각하게 되었다.

이 같은 이론적 관심을 배경으로, 일본사회당·총평 블록을 연구 대상으로 선정했다. 이는 내 전공이 일본 정치 연구라는 사실에 따른 우연적 선택이기도 했지만, 북유럽 스웨덴의 '강한' 사회민주주의 연구를 통해 형성된 이론에 자극을 받아, 극동 지역 일본의 '약한' 사민주의를 요리해 보자는 야심이 있던 것도 사실이다. 그 시도가 얼마나 성공했는지는 독자들의 판단에 맡길 수밖에 없지만, 주관적으로는 '계급 교차 연합이 응축된 1955년 체제'라는 아이디어를 가지고, 공공 부문외 일반적 성격과 일본의 특수한 제도적 조건을 드러냄으로써, 그리고 그런 제약 아래 진행된 합리적 선택으로서 호헌 평화주의 전략이라는 미로를 탐색해 가면서 어느 정도는 전후 일본 좌익의 존재 의의 및 한계를 밝힐 수 있었다고 생각한다.

이 책의 주제와 관련된 중요한 연구들이 그 뒤로 꾸준히 진행되고 있었다. 연구서들은 물론 당사자들의 회상록도 있었다.[2] 그런 연

---

2 연구서들은 다음과 같다. 原彬久, 『戦後史のなかの日本社会党』(中央公論新社, 2000); 森裕城, 『日本社会党の研究』(木鐸社, 2001); 中北浩爾, 『1955年體制の成立』(東京大學出版会, 2002); 山口二郎·早川純貴, 『日本社会党』(日本経済評論社, 2003); 水野秋, 『太田薫とその時代(上下)』(同盟出版サービス, 2002);

구 성과들과 새로운 증언들이 이 책에는 반영되지 못했다. 그런 자료들로 이 책을 보강할 수도 있겠지만 원래 이 책은 자료로서의 가치를 목적으로 한 연구가 아니었고, 보강 여부와 상관없이 이 책의 논지는 여전히 타당하다고 판단했다. 불필요하게 분량을 늘려 서술하면 논지의 명쾌함이 손상되지 않을까 우려되기도 했다. 이 책은 어디까지나 비교정치경제학의 축적된 연구를 바탕으로 명확한 분석 방법과 시각을 통해 일본사회당·총평 블록의 흥망을 개념적·체계적으로 이해하려는 시도임을 다시 말해 두고 싶다.

개정 증보판을 준비하면서 다시 고니시 히데오小西英央 씨의 신세를 졌다. 10년 가까운 세월 동안 그녀는 노련한 중견 편집자가 되었지만, 나 자신을 돌이켜 보면 나이만 먹어 버렸다는 부끄러움이 가득하다. 연구자로서 앞으로 10년이 중요하다고 마음을 다잡고 있다. 고니시 씨는 그렇게 나 자신을 돌아볼 계기를 만들어 주었다. 깊은 감사를 표하고 싶다.

久米郁男, 『労働政治』(中央公論新社, 2005); 五十嵐仁編, 『'戦後革新勢力'の源流』(大月書店, 2007). 당사자들의 회고록 중 五十嵐広三, 『官邸の螺線階段』(ぎょうせい, 1997)과 久保亘, 『連立政権の眞實』(読売新聞社, 1998)은 집필 당시에 출간되어 있었지만 참고하지는 못했다. 石橋政嗣, 『'五五年体制'內側からの証言』(田畑書店, 1999), 伊藤茂, 『動乱連立』(中央公論新社, 2001), 船橋成幸, 『<証言>戦後半世紀の政治過程』(明石書店, 2001) 등은 이 책의 출판 이후에 나온 것들이다. 이들 가운데 이가라시 고조五十嵐広三, 구보 와타루久保亘, 이토 시게루伊藤茂 등 세 분과는 다행히 직접 이야기를 나눌 기회가 있었고, 『니혼게이자이 신문』에 연재된 이시바시 마사시石橋政嗣 씨의 "나의 이력서"를 읽기도 해서, 필요한 자료는 집필할 당시에 거의 구할 수 있었다. 국철노조와 관련해서는 민영화를 추진한 중심인물들의 수기와 葛西敬之, 『未完の国鉄改革』(東洋経済新聞社, 2001), 松田昌士, 『なぜばなる民営化JR東日本』(生産性出版, 2002) 등이 있다.

끝으로, 개정판을 위해 교정을 도와 준 교토 대학 대학원생 곤도 마사키近藤正基, 아라키 다카히토荒木隆人, 가와무라 유스케河村有介 세 사람에게도 감사의 뜻을 전한다.

초판 후기

　국제적으로 동유럽 진영이 붕괴하고, 일본 내부적으로 연립 정권에서 사회당이 좌충우돌한 것을 계기로 일본에서 사회주의 정치의 신용 가치가 크게 폭락했다. 20세기의 정치는 자본주의와 사회주의의 긴장 관계 속에서 복지국가를 발전시켜 왔으나, 이제 복지국가는 '시대에 뒤떨어진' 것이 되고 있을지 모른다. 그러나 단순한 시장주의가 새로운 시대의 패러다임이 될 수는 없다. 복지국가, 그리고 이를 추진할 수 있는 기반이었던 사회민주주의의 의의와 한계를 분명히 하는 작업이야말로 21세기 정치를 전망하는 데 필수적이다.

　일본의 맥락에서 복지국가의 재편과 사회민주주의의 새로운 가능성을 논하려면 우선 일본에서는 복지국가가 어떻게 발전해 왔으며 사회주의 정치는 어떤 역할을 했는지를 밝혀야 한다. 복지국가에 대해서는 충분하지 못하나마 필자의 전작인 『일본형 복지의 정치경제학』에서 검토했으니 여기에서는 후자, 즉 일본 전후 정치에서의 사회민주주의의 전개(정확히 말하자면 그 '부재')에 초점을 맞추고 있다.

　이 책에서는 비교정치경제학의 축적된 연구를 바탕으로 사회민주주의 모델을 재구성하고, 그에 기초해 가설을 설정하고 사실관계를 검토해 보고 있다. 따라서 사실관계는 대체로 시간순으로 배열되고 있지만, 이를 묶어 주는 것은 어디까지나 이론적 맥락이다. 이 같은 접근법은 비교정치학에서는 흔한 방법인데, 현대 정치 분석을 하나의 연구 분야로 확립하는 데 유력한 방법이기도 하다.

'총평·사회당 블록'의 역사적 연구가 필요하고 중요하다는 사실은 새삼 강조할 필요가 없지만, 그러려면 이후 장기간에 걸쳐 자료를 수집·분석하고 관계자 인터뷰를 하는 등 방대한 작업이 요구될 것이다. 또한 이 연구에서 일본사회당에 직접 관여했거나 혹은 지지해 온 사람들의 '생각'을 충분히 다루지 않았다는 지적도 있을지 모른다. 이 책에 사용된 연구방법은 필자의 문제의식에 입각해 규정되고 있기에, 당연히 얼마든지 다른 접근 방법도 가능하다.

이 책은 이른바 '논문집'은 아니나, 각 장의 상당 부분은 독립적 논문으로 발표해 온 것들이다. 제1장은 "사회민주주의론 재고: 스웨덴 연구를 단서로"[1]를 크게 고치고 덧붙인 것이다. 제2, 5장의 주요 논점들은 "자본주의와 민주주의: 일본사회당과 사회민주주의",[2] "노래를 잃은 카나리아?: 사회당 '현실'정당화 노선의 승자"[3]에 제시되어 있으나, 독립적 논문으로 만들기 위해 전면적으로 수정했다. 제3, 4장은 "또 하나의 55년 체제: 교차 계급적 연합과 기업주의"[4]와 "국

1 新川敏光, "社会民主主義論再考: スウェーデン研究を手がかりにして," 『法政理論』26巻4号(新潟大学, 1994/03).

2 新川敏光, "資本主義とデモクラシー: 日本社会党と社会民主主義," 内山秀夫・薬師寺泰三編, 『グローバル・デモクラシーの政治世界』(有信堂, 1997).

3 新川敏光, "歌を忘れたカナリア?: 社会党'現実'政党化路線ワナ," 山口二郎・生活經濟政策研究所編, 『連立政治 同時代の検証』(朝日新聞社, 1997).

4 新川敏光, "もう一つの五五年体制: 交叉階級的連合と企業主義," 『北大法学論集』47巻1号(1996/05).

철노조에서 본 전후 좌파 노동운동의 궤적과 비극"[5]을 토대로 가필한 것이다.

이 책을 완성하기까지 많은 도움을 받았다. 우치야마 히데오內山秀夫, 오타케 히데오, 무라마쓰 미치오村松岐夫 세 선생님들과 가와하라 아키라川原彰, 야마구치 지로山口二郎 두 분은 게으른 나를 공동 연구의 장으로 이끌어 논문을 쓸 기회를 주셨다. 각각의 연구 모임을 이기적으로 활용했기에 공동 연구에 얼마나 공헌했는지를 헤아리면 마음이 무겁지만, 다양한 연구의 장에서 받은 지적 자극은 헤아리기 힘들 만큼 크다. 이토 미쓰토시伊藤光利, 우시로 후사오後房雄, 구메 이쿠오久米郁男, 사카노 도모카즈阪野智一, 시노다 도루篠田徹, 노나카 나오토野中尚人, 하야카와 요시키早川純貴, 히와타리 노부히로樋渡展洋, 마부치 마사루真渕勝, 미야모토 타로宮本太郎 등의 교수들은 직간접인 비판과 조언을 아끼지 않았다. 또한 홋카이도 대학 법학부에서 1998년 연구교수로 있으며 강의 부담을 덜 수 있었다. 이런 연구 환경을 누리지 못했다면 이 책의 완성은 매우 늦어졌을 것이다. 홋카이도 대학 법학부, 특히 정치학 강좌의 동료들에게도 깊이 감사드린다.

나는 1993~95년 오사카 시립대학 법학연구과, 나고야 대학 법학연구과에서 강의할 기회를 가졌다. 여기에서 많은 대학원생들과 장시간에 걸쳐 토론하면서 귀중한 아이디어들이 떠올랐다. 나 자신을 제외하고는 아마도 가장 진지하게 내 글들을 읽으며 열심히 비판

5 新川敏光, "国労にみる戦後左派労働運動の軌跡と悲劇," 『法政理論』 27巻1号(1994/08).

하고 질문해 준 당시 대학원생들에게 고맙다는 말을 전하고 싶다.

그리고 원래 이 연구를 위해 직접 연구비를 신청했던 것은 아니나, 앞서 말한 공동 연구 등에 참여하면서 문부성[현재 문부과학성] 연구비, 그 밖에 일본국제교류센터·생활경제정책연구소·산토리문화재단의 간접 지원을 받을 수 있었다. 이 책에 인용된 인터뷰 조사들은 대부분 공동 연구 모임에서, 특히 야마구치 선생이 이끈 생활경제정책연구소가 주최한 공동 연구 모임에서 이루어졌다. 이 연구소의 전무이사인 하마타니 준浜谷惇, 주임연구원 오가와 마사히로小川正浩 두 분은 나의 무례한 질문에도 흔쾌히 응했을 뿐만 아니라 많은 자료를 제공해 주었다. 마음속 깊이 감사하고 있다.

끝으로, 이 책의 출판을 허락해 준 호리스분카샤法律文化社에 깊이 감사드린다. 특히 나의 무리한 요구들을 담담하게 받아들인 편집부의 고니시 히데오 씨에게 감사를 전하고 싶다. 나에게는 '구원의 여신'이었지만, 그녀에게 내가 너무 지독한 '걸신'乞神이 아니었기만을 바랄 뿐이다.

같은 길을 걷다 먼저 떠난 친구 I와 S를 추억하며, 그들에게 이 책을 바친다.

옮긴이 후기

　이 책은 일본 교토 대학의 신카와 교수가 쓴 『환시 속의 사회민주주의』幻視のなかの社会民主主義(『戦後日本政治と社会民主主義』 増補改題)를 번역한 것이다. 한국어판에서는 제목을 『일본 전후 정치와 사회민주주의: 사회당·총평 블록의 흥망』으로 수정했고, 지은이 측도 이에 동의해 주었다.

　1980년대 말에서 1990년대 초에 걸쳐 급격하게 진행된 일본노동조합총평의회(총평)와 일본사회당의 동반 몰락은 일본을 넘어 세계의 노동운동계에 커다란 충격파를 던진 역사적 사건이었다. 총평은 1950년 창립 이래 좌파가 주도한 명실상부한 일본의 제1 노총이었으며, 이 총평과 긴밀히 결합한 일본사회당 역시 1955년 이래 수십 년에 걸쳐 제1 야당의 지위를 유지해 왔다. 그 총평이 1989년 해산하고 핵심 조직들이 대거 우파 주도의 일본노동조합총연합(연합)에 투항했으며, 뒤이어 일본사회당도 급속히 조락해 1990년대 중반 사실상 소멸해 버린 것이다. 1980년대 이래 대부분의 자본주의 나라들에서 노동조합이 쇠퇴하고 사회주의정당의 우경화가 진행되고 있었다. 그러나 북유럽의 여러 나라들에서는 여전히 대규모의 노동조합과 사회(민주)주의정당이 건재해 있으며, 그 밖의 나라들에서도 노동운동과 노동정치의 쇠퇴와 위기는 있을지언정 일본의 경우처럼 몰락 혹은 소멸의 상태에 이른 사례는 아직 찾아볼 수 없다.

총평과 사회당의 이 불행한 역사에 대해서는 일본에서도 연구가 진행 중이다. 많은 연구서와 논문, 그리고 핵심 당사자들에 의한 회고와 증언의 기록들이 있었고, 지금도 계속해서 추가 기록이 수집·발굴되거나 증언이 채록되고 있다. 그러나 장기간에 걸쳐 엄청난 볼륨으로 진행된 이 운동의 역사를 일목요연하게 정리하고 분석하기란 실로 어려운 일이다. 총평과 사회당의 역사를 더듬어 보던 중, 옮긴이는 여러 자료와 문헌 중에서 신카와 교수의 이 책을 번역해 소개해 보기로 결심했다. 그 이유는 다음과 같다.

첫째, 방대한 볼륨의 연구 대상을 고려할 때, 연구자가 분명한 입장과 관점에 서서 이론적·분석적 연구 틀을 분명히 설정하는 것이 절대적으로 필요하다. 신카와 교수는 사민주의의 관점을 분명히 하는 가운데, 서구의 (권력)자원동원 이론을 원용하고, 구체적으로는 '계급 (교차) 연합'의 분석 틀을 설정함으로써 이 복잡한 주제를 짜임새 있게 정리하고 분석할 수 있는 접근법을 취하고 있다.

둘째, 노동운동·노동정치를 둘러싼 내외 환경의 변화(예컨대 고도성장 혹은 글로벌 신자유주의 등)를 중시하면서도 분석의 초점을 노동운동·노동정치의 틀 속에서 진행된 자본과 노동 사이의 복합적 계급정치에 맞추고 있다. 동일한 조건과 환경 속에서도 서로 다른 결과가 나타났다면, 그 핵심 원인은 외부가 아니라 내부에서 찾아야 한다. 자본은 어떻게 생각하고 어떻게 움직였는지, 노동은 어땠는지, 그 결과는 어떻게 나타나고 있었는지가 역시 중요하다.

셋째, 더 들어가서, 자본은 그 내부에서, 노동은 또 그 내부에서 각각 어떻게 움직였는지를 볼 수 있어야 한다. 자본과 노동의 이분법을 넘어서서 자본 내의 서로 다른 분파들, 노동 내의 서로 다른 분파들이 어떻게 생각하고 어떻게 움직였는지가 중요하다. 그리고 이 분파들이 자기 계급 내에서, 그리고 적대계급의 다른 분파와 맺는 관계에서 어떤 전략적 행위를 선택하고 실천했는지를 봐야 한다.

총평과 사회당의 역사에 대한 연구 작업은 지금도 진행 중이고, 따라서 이후 더욱 진전된 연구 성과들이 나타날 수 있을 것이다. 그러나 지금으로서는 신카와 교수의 이 저작을 소개하는 것이 최선의 선택이라고 믿는다.

초역 작업이 끝난 지 1년 넘는 시간이 지났다. 우선, 저자인 신카와 교수의 출간 허락을 얻는 데 예상외로 많은 시간이 걸렸는데, 전작의 출간 경험이 유쾌하지 못했던 것이 망설인 이유였다고 한다. 그럼에도 옮긴이와 후마니타스 출판사를 믿기로 결심하고 한국어판 출간을 허락해 주었으니, 그저 감사할 따름이다. 그 중간에서 일본 도코하常葉 대학 안주영 교수의 도움을 받았다. 신카와 교수의 제자인 안 교수는 원고 초고를 검토해 번역상의 문제점들에 대한 의견을 보내 주었으며, 신카와 교수의 한국어판 서문을 직접 번역해 주기도 했다. 다시 한 번 감사의 뜻을 표하고 싶다. 후마니타스의 편집 담당 윤상훈 씨의 성실과 끈기에도 감사드린다. 그는 계속되는 질문과 문제 제기로 번역의 충실도를 높이게 했고, 출간이 늦어지는 데 대한 옮긴이의 푸념과 짜증을 달래는 '감정 노동'까지 감수해 주었으니 고마울 따름이다.

2016년 4월 20일
임영일

참고문헌

1. 일본어 자료(독음을 가나다순 정렬)

加藤寛. 1982. "国鉄解体すべし." 『現代』 4月号.

加藤寛·大野光基·屋山太郎. 1983. "またまた国鉄労使国賊論." 『文藝春秋』 61巻8号, pp. 383-398.

岡崎哲二·菅山眞次·西沢保·米倉誠一郎. 1996. 『戦後日本経済と経済同友会』. 岩波書店.

岡沢憲芙. 1991. 『スウェーデンの挑戦』. 岩波書店.

岡沢憲芙·多田葉子. 1997. "スウェーデン: EU加盟と第三の道のゆくえ." 『比較福祉国家論』. 法律文化社.

江田三郎. 1979a. "わたしの履歴書." 『江田三郎: そのローマンと追想』. 江田三郎刊行会, pp. 25-62.

_____. 1979b. "さらば愛しの社会党よ!" 『江田三郎: そのローマンと追想』. 江田三郎刊行会, pp. 441-446.

建林正彦. 1995. "合理的選択制度論と日本政治研究." 『法學叢論』 137巻3号, pp. 63-86.

鎌倉孝夫. 1986. 『'国鉄改造'を撃つ: 公共交通の再生』. 緑風出版.

高橋勉. 1996. 『資料 社会党河上派の軌跡』. 三一書房.

高橋彦博. 1985. 『現代政治と社会民主主義: 三つの潮流とその実験』. 法政大学出版局.

高橋正雄. 1981. 『社会党の秘密: 果して回生の時はあるか』. 潮文社.

高梨昌他. 1982. "シンポジウム·国鉄労使関係と国鉄改革の問題点." 『経済評論別冊 行革と官公労働運動の危機』. 日本評論社, pp. 48-75.

高梨昌編著. 1985. 『証言 戦後労働組合運動史』. 東洋経済評論社.

高木郁郎. 1989. "日本のおける労働組合の'転開'." 社会政策叢書 編集委員会編.

　　　『社会政策叢書 第13集: 転換期の立つ労働運動』. 啓文社, pp. 65–84.

　　　. 1991. "公労協'スト権スト'(1975年): 政治ストの論理と結末."

　　　労働争議史研究会編.『日本の労働争議(1945–80年)』. 東京大学出版会, pp.

　　　345–381.

高畠通敏編. 1989.『社会党: 万年野党から抜け出せるか』. 岩波書店.

古矢旬. 2002.『アメリカニズム: '普遍国家'のナショナリズム』. 東京大学出版会.

谷誠美. 1986. "社会党の政策決定過程." 中野実編著.『日本型政策決定の変容』.

　　　東洋経済新報社, pp. 181–209.

　　　. 1990. "55年体制確立過程における社会党の役割と影響力."『リバイアサン』.

　　　夏臨時増刊号, pp. 123–141.

公労協(公共企業労働組合協議会)編. 1978.『公労協スト権奪還闘争史』. イワキ出版.

空井護. 1993. "自民党一党支配体制形成過程として石橋·岸政権(1957–1960年)."

　　　『国家学会雑誌』106巻 1·2号, pp. 107–160.

関嘉彦. 1980.『ベルンシュタインと修正主義』. 早稲田大学出版部.

関根政美. 2000.『多文化主義社会の到来』. 朝日選書.

亀嶋庸一. 1995.『ベルンシュタイン: 亡命と世紀末の思想』. もすず書房.

久米郁南. 1992a. "労働の参加なき勝利?: 雇用政策の政治経済学."『レヴァイアサン』

　　　11号, pp. 171–194.

　　　. 1992b. "戦後労使和解体制の形成." 日本政治学会編.『戦後国家の形成と経済發展:

　　　占領以後』. 岩波書店, pp. 187–209.

　　　. 1998.『日本型労使関係の成功: 戦後和解の政治経済学』. 有斐閣.

国労(国鉄労働組合)編. 1979.『国鉄マル生闘争資料集』. 労働旬報社.

　　　. 1981.『国労権利闘争史』. 労働旬報社.

　　　. 1986.『国鉄労働組合40年史』. 労働旬報社.

国労新潟地方支部(運動史編さん委員会)編 1979.『国鉄新潟·不屈の30年』.

　　　国労新潟地方支部.

宮本太郎. 1994a. "スウェーデンにおける労働者基金問題の展開:

　　　スウェーデンモデルの変容(上)."『大原社会問題研究所雑誌』426号, pp. 43–58.

　　　. 1994b. "スウェーデンにおける労働者基金問題の展開:

　　　スウェーデンモデルの変容(下)."『大原社会問題研究所雑誌』430号, pp. 13–34.

　　　. 1994c. "'スウェーデンモデルの終焉'をめぐって."『海外社会堡障情報』107号,

pp. 16–27.

______. 1994d. “福祉国家を超える戦略: スウェーデン社民党の挑戦.” 季刊『窓』22号, pp. 227–246.

______. 1997. “比較福祉国家の理論と現実.” 岡沢憲芙·宮本太郎編著.『比較福祉国家論: 揺らぎとオルターナティブ』. 法律文化社, pp. 12–43.

______. 2004. “新しい右翼と福祉ショービニズム.” 齊藤純一編著.『福祉国家/社会的連帯の理由』. ミネルヴァ書房.

貴島正道. 1979.『構造改革派: その過去と未來』. 現代の理論社.

橘木俊詔. 1994. “所得分配平等の‘神話’は崩れた.”『世界』三月号, pp. 72–75.

______. 1998.『日本の経済格差: 所得と資産から考える』. 岩波書店.

______. 2006.『格差社会 何が問題なのか』. 岩波書店.

橘木俊詔·浦川邦夫. 2006『日本の貧困研究』. 東京大学出版会.

金子勝. 1991. “企業社会の形成と日本社会.” 東京大学社会科学研究所編.『現代日本社会 五 構造』. 東京大学出版会, pp. 125–167.

吉川徹. 2006.『学歴と格差·不平等: 成熟する日本型学歴社会』. 東京大学出版会.

金属労協(IMF–JC)編. 1984.『IMF–JC20年史: 21世紀を展望した新たな發展を, 1964–1984』. 全日本金属産業労働組合協議会.

内藤国夫. 1979.『ハガキ無宿: 郵政マル生の内幕』. 毎日新聞社.

内田健三. 1979. “江田三郎小論.”『江田三郎: そのローマンと追想』. 江田三郎刊行会, pp. 103–110.

大内秀明·田中愼一郎·福田豊·高木郁郎·新田俊三. 1989.『土井社会党: 政権を担うとき』. 明石書店.

大本圭野. 1985. “福祉国家とわが国住宅政策の展開.” 東京大学社会科学研究所編.『福祉国家 六 日本の社会と福祉』. 東京大学出版会, pp. 397–452.

大嶽秀夫. 1986. “日本社会党悲劇の起源.”『中央公論』101巻11号, pp. 146–161.

______. 1987. “経営協議会の成立と變容.” 坂本義和外.『日本占領の研究』. 東京大学出版会, pp. 349–384.

______. 1994.『自由主義的改革の時代: 1980年代前期の日本政治』. 中央公論社.

______. 1996.『戦後日本のイデオロギー対立』. 三一書房.

______. 1998. “政界再編と政策対立: 新党にとる政策対立軸再構築の摸索.”『レヴァィアサン』. 夏臨時増刊号, pp. 7–36.

大野光基. 1986.『国鉄を売った官僚たち』. 善本社.

大原社会問題研究所編. 2007.『日本労働年鑑』.

大竹文雄. 2005.『日本の不平等: 格差社会の幻想と未来』. 日本経済新聞社.

大河内一男編. 1966.『資料·戦後二十年史 四 労働』. 日本評論社.

渡辺治. 1990.『'豊かな社会'日本の構造』. 労働旬報社.

_____. 1991a. "現代日本社会と社会民主主義." 東京大学社会科学研究所編.
　　　　『現代日本社会 五 構造』. 東京大学出版会, pp. 271-334.

_____. 1991b.『企業支配と国家』. 青木書店.

_____. 1994.『政治改革と憲法改正: 中曽根康弘から小沢一郎へ』. 青木書店.

稲上毅. 1981.『労使関係の社会学』. 東京大学出版会.

_____. 1985. "国鉄労使関係の改革."『経済評論増刊: 国鉄再建を考える』. 日本評論社,
　　　　pp. 164-172.

都留康. 2002.『労使関係のノンユニオン化: ミクロ的·制度的分析』. 東洋経済新聞社.

東京管理職ユニオン編. 2003.『転形期の日本労働運動: ネオ階級社会と勤勉革命』.
　　　　緑風出版.

同友会編. 1976.『同友会30年史』. 経済同友会.

藤田若雄·塩田庄兵衛編. 1963.『戦後日本の労働争議 上下』. 御茶の水書房.

鈴木玲. 1999. "組合内政治と組合路線: 国労の事例を通じて理論的考察."
　　　　『労働社会学研究』1号, pp. 51-68.

労働省編. 各年.『資料労働運動史』. 労務行政研究所.

労働運動研究会編. 1988.『資料労働戦線統一: 総評·同盟から'連合'へ』.
　　　　労働教育センター.

労働争議調査会編. 1957.『戦後労働争議実態調査 第一期第二巻』. 中央公論社.

_____. 1959.『戦後労働争議実態調査 第三期第三巻』. 中央公論社.

埋橋孝文. 1997.『現代 福祉国家の国際比較: 日本モデルの位置づけと展望』. 日本評論社.

綿貫譲治. 1979. "高度成長と経済大国化の政治過程." 日本政治学会編.
　　　　『年報政治学1977年度: 55年体制の形成と崩壊–続·現代日本の政治過程』.
　　　　岩波書店, pp. 141-191.

飯笹佐代子. 2007.『シチズンシップと多文化国家: オーストラリアから読み解く』.
　　　　日本経済評論社.

飯塚繁太郎·宇治敏彦·羽原清雅. 1985.『結党四十年·日本社会党』. 行政問題研究所出版局.

白井泰四郎. 1982.『現代日本の労務管理』. 東洋経済新聞社.

白波瀬佐和子編. 2006.『変化する社会の不平等: 少子高齢化にひそむ格差』.

東京大学出版会.

兵藤釗. 1982. "職場の労使関係と労働組合." 清水愼三編著. 『戦後労働組合運動史論:
　　　企業社会超克の視座』. 日本評論社, pp. 203-372.

_____. 1984. "総論." 兵藤釗編. 『国鉄労働運動への提言』. 東京大学出版会.

_____. 1997a. 『労働の戦後史 上』. 東京大学出版会.

_____. 1997b. 『労働の戦後史 下』. 東京大学出版会.

兵藤釗他. 1981. "国有鉄道の労働運動: 職場の労働條件規制と国労"民主的規制'路線."
　　　労使関係調査会編. 『転換期における労使関係の実態』. 東京大学出版会, pp.
　　　337-511.

保住敏彦. 1992. 『社会民主主義の源流』. 世界書院.

福永文夫. 1996. "日本社会党の派閥." 西川知一・河田潤一編著. 『政党派閥:
　　　比較政治学的研究』. ミネルヴァ書房.

_____. 1997. 『占領下中道政党の形成と崩壊: GHQ民政局と日本社会党』. 岩波書店.

福田豊・田中愼一郎. 1988. 『社会民主主義の選択: 社会党はいまなぜ'新宣言'か』.
　　　ありえす書房.

本澤二郎. 1989. 『社会党大研究』. ぴいぷる社.

_____. 1997. 『連合の罪と罰』. ぴいぷる社.

富田信男. 1992. 『芦田政権・223日』. 行研出版局.

北明美. 1997. "ジェンダー平等: 家族政策と労働政策の接点." 岡沢憲芙・宮本太郎編著.
　　　『比較福祉国家論: 搖らぎとオルターナティブ』. 法律文化社, pp. 178-205.

飛鳥田一雄. 1987. 『飛鳥田一雄回想録: 生生流轉』. 朝日新聞社.

社団法人日本人材派遣協会. http://www.jassa.jp/corporation/situation.html
　　　(2007/08/16 검색).

社会主義協会. 1978. 『社会主義協会の提言』. 社会主義協会出版局.

山口二郎. 1997. "壮大な政治的実験?" 山口二郎・生活経済政策研究所編.
　　　『連立政治同時代の檢證』. 朝日新聞社.

山口定・高橋進編. 1998. 『ヨーロッパ新右翼』. 朝日新聞社.

山崎清. 1988. 『日本の退職金制度』. 日本労働協会.

山本潔. 1974. "'産業再建'カラ諸政治主体," 東京大学社会科学研究所編. 『現代日本社会 五
　　　構造』. 東京大学出版会, pp. 181-244.

_____. 1981. 『自動車産業の労資関係』. 東京大学出版会.

_____. 1982. 『日本の賃金・労働時間』. 東京大学出版会.

_____. 1991. "大企業の労資関係." 東京大学社会科学研究所編. 『現代日本社会 五 構造』.
　　　東京大学出版会, pp. 169-216.

山本潔·上井喜彦·嵯峨一郎. 1981. "自動車工業の労資関係:
　　　A自動車における'相互信頼的'労資関係." 労使関係調査会編.
　　　『転換期における労使関係の実態』. 東京大学出版会, pp. 3-160.

山本賢藏. 2003. 『右傾化に魅せられた人々: 自虐史観からの解放』. 河出書房新社.

山岸章. 1992. 『連合世直しへの挑戦』. 東洋経済新報社.

_____. 1995a. 『'連立'仕掛人』. 東洋経済新報社.

_____. 1995b. 『'連立政権時代'を斬る』. 読売新聞社.

山下静一. 1992. 『戦後経営者の群像: 私の'経済同友会'史』. 日本経済新報社.

杉田敦. 2005. 『境界線の政治学』. 岩波書店.

森田実. 1990. 『社会党の系譜』. 時事通信社.

三浦展. 2005. 『下流社会: 新たな階層集団の出現』. 光文社.

上住充弘. 1992. 『日本社会党興亡史』. 自由社.

上妻美章. 1976. 『春闘: 総評史の断面』. 労働教育センター.

生産性本部労使協議制常任委員会編. 各年. 『労使関係白書』.

生産性本部編. 1985. 『生産性運動30年史』. 日本生産性本部.

西尾勝. 1979. "過疎と過密の政治行政." 日本政治学会編. 『年報 政治学 1977年度
　　　55年体制の形成と崩壊: 続·現代日本の政治過程』. 岩波書店, pp. 193-302.

石橋政嗣. 1998/09/29. "私の履歴書." 『日本経済新聞』.

石原信雄. 1995. 『官邸2668日: 定策決定の舞台裏』. 日本放送出版協会.

石原俊時. 1996. 『市民社会と労働者文化: 福祉国家の社会的起源』. 木鐸社.

石田博英. 1963. "保守政党のビジョン." 『中央公論』78巻1号, pp. 88-97.

石田英夫. 1985. 『日本企業の國際人事管理』. 日本労働協会.

石川眞澄·広瀬道貞. 1989. 『自民党: 長期支配の構造』. 岩波書店.

篠藤光行. 1989. 『日本社会党: 思想と運動』. 労働大学.

小林清一. 2007. 『アメリカン｀ナショナリズムの系譜: 統合の見果てぬ夢』. 昭和堂.

小杉礼子. 2007. "学校から職業への移行の変容." 堀有喜依編.
　　　『フリーターに滞留する若者たち』. 勁草書房.

小塩隆士·田近栄治·府川哲夫編. 2006. 『日本の所得分配: 格差擴大と政策の役割』.
　　　東京大学出版会.

小越洋之助. 1992. "労働市場." 永山武夫編著. 『労働経済: '日本的経営'と労働問題』.

ミネルヴァ書房, pp. 36-73.

小田美智男. 1986. 『危機にたつ国鉄労働者: 国鉄の分割・民営化と労働運動の行方』.

　　　オリジン出版センター.

篠田徹. 1989. 『世紀末の労働運動』. 岩波書店.

松岡英夫. 1990. 『連合政権が崩壊した日: 社会党・片山内閣からの教訓』. 教育史料出版会.

松崎義. 1991. "鉄鋼争議(1957・59年): 寡占間競争下の賃金闘争." 労働争議史研究会編.

　　　『日本の労働争議(1945-80年)』. 東京大学出版会, pp. 161-204.

松井政吉. 1972. 『戦後日本社会党私記』. 自由社.

升味準之輔. 1969. 『現代日本の政治体制』. 岩波書店.

＿＿＿. 1985. 『現代政治: 1955年以後』. 東京大学出版会.

新・日本的経営システム等研究プロジェクト編著. 1995. 『新時代の日本的経営:

　　　挑戦すべき方向とその具体策』. 日本経営者団体連盟.

新井綱太郎・五島淺男. 1991. 『退職金・年金制度の設計と運用』. 経営書院.

新川敏光. 1984. "1975年春闘と経済危機管理." 大嶽秀夫編著. 『日本政治の争点』.

　　　三一書房, pp. 169-232.

＿＿＿. 1993. 『日本型福祉の政治経済学』. 三一書房.

＿＿＿. 1997. "日本: 日本型福祉の終焉?" 岡沢憲芙・宮本太郎編. 『比較福祉国家論』.

　　　法律文化社, pp. 154-175.

＿＿＿. 2000. "階級政治の再構成." 小川浩三編. 『複数の近代』. 北海道大学図書刊行会.

＿＿＿. 2002. "グローバル社会は国家能力を減退させる?" 『現代思想』12月号.

＿＿＿. 2004. "福祉国家の危機と再編." 齊藤純一編著. 『福祉国家/社会的連帯の理由』.

　　　ミネルヴァ書房, pp. 13-53.

＿＿＿. 2005. 『日本型福祉レジームの發展と変容』. ミネルヴァ書房.

＿＿＿. 2006a. "カナダ連邦政治と国家統合: その特徴と変容." 『法律論叢』158巻5・6号.

＿＿＿. 2006b. "不平等と政治的動員戦略." 日本政治学会編. 『年報政治学 2006-I』.

　　　木鐸社.

＿＿＿. 2007. "脱福祉国家時代の社会権." 『現代思想』9月号.

室住眞麻子. 2006. 『日本の貧困: 家計とジェンダーからの考察』. 法律文化社.

安東仁兵衛・石川眞澄. 1995. 『社会党の50年: 歴史的な役割とこれから』.

　　　日本社会党機関紙局.

安井恒則. 1991. "勞務管理制度の確立過程と労働組合." 堤矩之・波江巌編.

　　　『日本の勞務管理と労使関係』. 法律文化社, pp. 83-111.

塩原良和. 2005.『ネオ・リベラリズム時代の多文化主義』. 三元社.

塩田庄兵衛. 1963. "国鉄新潟争議." 藤田若雄・塩田庄兵衛.『戦後日本の労働争議 上』.
　　　　御茶の水書房, pp. 317-366.

塩田潮. 1994.『江田三郎: 早すぎた改革家』. 文藝春秋社.

永山武夫. 1992. "労働政策." 永山武夫編著.『労働経済 "日本的経営"と労働問題』.
　　　　ミネルヴァ書房, pp. 1-35.

永野重雄. 1982.『永野重雄 わが財界人生』. ダイヤモンド社.

五十嵐仁. 1998.『政党政治と労働組合運動: 戦後日本の到達点と二十一世紀への課題』.
　　　　御茶の水書房.

屋山太郎. 1982. "国鉄労使'国賊'論."『文藝春秋』60巻4号, pp. 92-112.

熊谷徳一・嵯峨一郎. 1983.『日産争議 1953: 転換期の證言』. 五月社.

熊沢誠. 1982. "スト権スト・1975年日本." 清水慎三編著.『戦後労働組合運動史論:
　　　　企業社会超克の視座』. 日本評論社, pp. 483-526.

＿＿＿. 1984. "分会活動の必要性と可能性." 兵藤釗編.『国鉄労働運動への提言』.
　　　　第一書林, pp. 188-222.

＿＿＿. 1989.『日本的経営の明暗』. 筑摩書房.

＿＿＿. 1993a.『新編 日本の労働者像』. 筑摩書房.

＿＿＿. 1993b.『新編 民主主義は工場の門前で立ちすくむ』. 社会思想社.

原田純孝. 1985. "戦後住宅法制の成立過程." 東京大学社会科学研究所編.『福祉国家 六
　　　　日本の社会と福祉』. 東京大学出版会, pp. 317-396.

有賀宗吉. 1978a.『国鉄の労政と労働運動 上』. 交通協力会.

＿＿＿. 1978b.『国鉄の労政と労働運動 下』. 交通協力会.

伊藤光利. 1988. "大企業労使連合の形成."『レヴィアサン』2号, pp. 53-70.

日経連編. 1981.『日経連30年史』. 日本経営者団体連盟体.

日本経営史研究所編. 1978.『経済団体連合30年史』. 経済団体連合会.

＿＿＿. 1986.『全日本海員組合40年史』. 全日本海員組合.

日本労働協会編. 1962.『合理化と労働組合』. 日本労働協会.

日本社会党結党40周年記念出版刊行委員会編. 1985.『資料日本社会党40年史』.
　　　　日本社会党中央本部.

日本社会党結党50年史編纂委員会編. 1996.『日本社会党史』. 社会民主党全国連合.

田口富久治. 1958. "日本社会党論: その政党社会学的診断と批判."『中央公論』73巻9号,
　　　　pp. 124-143.

田口富久治編. 1969.『日本社会党論』. 新日本出版社.

田多英範. 1991. "分立型国民年金体制の確立." 横山和彦・田多英範編.
　　　　『日本社会保障の歴史』. 学文社, pp. 140-162.

田辺誠. 1988.『愛と知と力の政治』. 日本評論社.

田村祐造. 1984.『戦後社会党の担い手たち』. 日本評論社.

全労編. 1968.『全労10年史』. 全労10年史編纂委員会.

全電通編著. 1988.『全電通労働運動史』. 全国電気通信労働組合.

前田幸男. 1995. "連合政権構想と知事選挙: 革新自治体から総与党化へ."『国家学会雑誌』
　　　　108巻11-12号, pp. 121-182.

戦後労働行政編. 1984.『歴代労相と戦後労働行政秘史』. 労働問題研究会議.

鄭瑛惠. 2003.『'民が代'斉唱: アイデンティティー・国民国家・ジェンダー』. 岩波書店.

早川純貴. 1992. "国鉄の'分割・民営化'をめぐる総評指導と国労の抵抗力:
　　　　労働戦線統一過程におけるデュアリズム."『阪大法学』164-165号, pp.
　　　　627-654.

佐藤俊樹. 2000.『不平等社会日本: さよなら總中流』. 中公新書.

佐々木. 1979. "東の佐々木, 西の江田."『江田三郎: そのロマンと追想』. 江田三郎刊行会,
　　　　pp. 207-208.

竹入義勝. 1998. "秘話 五吳年体制のはざまで⑤."『朝日新聞』九月二日.

中島正道. 1982. "戦後激動期の'下からの経営協議会'思想:
　　　　イデオロギーと労働組合に関する一考察." 清水愼三編著.『戦後労働組合運動史論:
　　　　企業社会超克の視座』. 日本評論社, pp. 129-174.

中北浩爾. 1998.『経済復興と戦後政治: 日本社会当 1945-1951年』. 東京大学出版会.

中西健一. 1985.『戦後日本国有鉄道論』. 東洋経済新報社.

中央公論編集部編. 2001.『論争・中流崩壊』. 中央公論新社.

中条未知. 1993. "醫療保険政策の展開過程." 近代日本研究会編.『年報・近代日本研究 一五:
　　　　戦後日本の社会・経済政策』. 山川出版, pp. 1-42.

中村一浩. 1992. "経営参加." 永山武夫編著.『労働経済'日本的経営'と労働問題』.
　　　　ミネルヴァ書房, pp. 243-281.

増田弘. 1996.『公職追放: 三大政治パージの研究』. 東京大学出版会.

地主重美. 1985. "高齢化社会の醫療保障." 東京大学社会科学研究所編.『福祉國家 五:
　　　　日本の経済と福祉』. 東京大学出版会, pp. 289-352.

眞柄秀子. 1998.『体制移行の政治学: イタリアと日本の政治経済変容』. 早稲田大学出版部.

鉄労(鉄道労働組合)新潟地方本部編. 1971.『伸びよ鉄労の果てまでも:
　　　国鉄新地労12年史』.

清水愼三. 1963. "三井三池争議." 藤田若雄・塩田庄兵衛編.『戦後日本の労働争議 下』.
　　　御茶の水書房, pp. 479-584.

_____. 1982. "三池争議小論: 80年代からの再論."『戦後労働組合運動史』. 日本評論社,
　　　pp. 445-481.

_____. 1995.『戦後革新の半日陰: 回顧と對話』. 日本経済評論社.

清水英彦. 1991. "年金保険の制度改革." 横山和彦・田多英範編著.『日本社会保険の歴史』.
　　　学文社, pp. 299-321.

草野厚. 1989.『国鉄改革: 政策決定ゲームの主役たち』. 中央公論社.

村山富市. 1996.『村山富市が語る'天命'の561日』. ベストセラーズ.

村山富市・辻本清美(述). 1998.『そうじゃのう・・・村山富市'首相体験'のすべてを語る』.
　　　第三書館.

総同盟50年史刊行委員会編. 1968.『総同盟50年史 第三巻』. 日本労働組合総同盟.

総評40年史編集委員会. 1989.『総評40年史』. 総評資料頒布会.

椎橋勝信. 1989. "II. これが社会党だ." 高畠通敏編.『社会党: 万年野党から抜け出せるか』.
　　　岩波書店, pp. 43-103.

太田薫. 1969.『轉換期の日本労働運動: 右傾化の克服と70年闘争』. 平和書房.

_____. 1975.『春闘の終焉: 低成長下の労働運動』. 中央経済社.

土居充夫・早川純貴・山口裕司. 1985. "現代日本における政治過程へのアプローチ:
　　　第二臨調と国鉄問題."『阪大法学』136号.

土田武士. 1991. "醫療保険の制度改革." 横山和彦・田多英範編.『日本社会保障の歴史』.
　　　学文社, pp. 277-298.

樋渡展洋. 1991.『戦後日本の市長と政治』. 東京大学出版会.

_____. 1993. "戦後日本の社会・経済政策レジームと与野党競合." 近代日本研究会編.
　　　『年報・近代日本研究 一五 戦後日本の社会・経済政策』. 山川出版, pp. 126-170.

樋渡展洋. 1995. "55年体制の'終焉'と戦後国家."『リバイアサン』16号, pp. 121-144.

坂野潤治. 1985. "戦後日本のおける'社会民主主義', '民主社会主義', '企業民主主義'."
　　　東京大学社会科学研究所編.『現代日本社会 四 歴史的前提』. 東京大学出版会, pp.
　　　227-261.

八丁和生. 1982.『いま, 国鉄は: 深まる危機と国民の選択』. 法律文化社.

平井陽一. 1991. "三井三池争議(1960年): 人員整理の'質'と三鑛連離脱問題."

労働争議歴史研究会編. 『日本の労働争議(1945–80年)』. 東京大学出版会, pp. 205–245.

坪郷實. 1997. "市民活動の時代." 山口二郎・生活経済政策研究所編. 『連立政治 同時代の検証』. 朝日新聞社, pp. 175–214.

蒲島郁夫・竹中佳彦. 1996. 『現代日本のイデオロギー』. 東京大学出版会.

河西宏祐. 1981. 『企業別組合の実態: '全員加入型'と'少数派型'の相剋』. 日本評論社.

_____. 1982. 『'電産二七年争議'論: 戦後日本における'企業別主義'確立の画期』. 清水愼三編著. 『戦後労働組合運動史論: 企業社会超克の視座』. 日本評論社, pp. 407–444.

下田守一. 1982. 『嵐のなかの国鉄: 合理化の軌跡と労働現場』. 労働旬報社.

向坂逸郎. 1972. 『日本革命と社会党』. 社会主義協会.

戸木田嘉久. 1997. 『'構造的失業'時代の日本資本主義』. 新日本出版社.

横山和彦. 1991. "分立型国民皆保険体制の確立." 横山和彦・田多英範編著. 『日本社会保険の歴史』. 学文社, pp. 123–139.

厚生省(年金局)監修. 1988. 『年金白書』. 社会保険研究所.

厚生省(厚生省50年史編集委員会)編. 1988. 『厚生省50年史 記述編』. 財団法人厚生問題研究会.

黒田兼一. 1991. "戦闘的労働運動の衰退と協調的労使関係の成立." 堤矩之・浪江巌編. 『日本の労務管理と労使関係』. 法律文化社, pp. 55–80.

エンゲルス, F. 1965. 『家族・私有財産・国家の起源』(戸原四郎訳). 岩波書店.

カリニコース, A. 2004. 『アンチ資本主義宣言: グローバリゼーションに挑む』. こぶし書房.

キムリッカ, ウィル. 1998. 『多文化時代の市民権: マイノリティーの権利と自由主義』. 晃洋書房.

ケニー, マイケル. 2005. 『アイデンティティの政治学』. 日本経済評論社.

コノリー, W. E. 1998. 『アイデンティティ/差異: 他者性の政治』. 岩波新書.

シーブルック, ジェレミー. 2004. 『階級社会: グローバリズムと不平等』. 青土社.

シュレジンガー Jr., アーサー. 1992. 『アメリカの分裂: 多元文化社会についての所見』. 岩波書店.

タミール, ヤェエル. 2006. 『リベラルなナショナリズムとは』. 夏目書房.

テイラー, C. 1996. "承認をめぐる政治." テイラー/ハーバーマス他.

　　　　『マルチカルチュラリズム』. 岩波書店.

ネグリ, A., M. ハート. 2004.『マルチチュード: '帝国'時代の戦争と民主主義 上・下』.
　　　　日本放送出版協会.

バーグマン, ヴァリティ. 2006. "サンディカリズムからアナルコシアトルへ."
　　　　『生活経済政策』第113号.

ハージ, ガッサン. 2003.『ホワイト・ネイション: ネオ・ナショナリズム批判』. 平凡社.

ブルーム, アラン. 1988.『アメリカン・マインドの終焉: 文化と教育の危機』. みすず書房.

ブルデュー, ピエール. 2000.『市場獨裁主義批判』. 藤原書店.

ものがたり編. 1997a.『ものがたり戦後労働運動史 1』. 教育文化協会.

_____. 1997b.『ものがたり戦後労働運動史 2』. 教育文化協会.

_____. 1998.『ものがたり戦後労働運動史 3』. 教育文化協会.

ヤング, アイリス M. 1996. "政治体と集団の差異:
　　　　普遍的シチズンシップの理論に対する批判."『思想』第867号.

レーニン. 1953.『プロレタリア革命と背教者カウツキー他七篇』. 国民文庫社.

ローティ, R. 2000.『アメリカ未完のプロジェクト: 20世紀アメリカにおける左翼思想』.
　　　　晃洋書房.

2. 영어 자료

Alesina, A. and E. Glaeser. 2004. *Fighting Poverty in the US and Europe: A World of Difference*. Oxford: Oxford Univ. Press.

Banting, K. and W. Kymlicka eds. 2006. *Multiculturalism and the Welfare State*. Oxford: Oxford Univ. Press.

Beck, Ulrich. 2004. "Inequality and Recognition: Pan-European Social Conflicts and Their Political Dynamic." in A. Giddens and P. Diamond eds. *The New Egalitarianism*. Cambridge: Polity, pp. 1-45.

Bernstein, E. 1993. *The Precondition of Socialism*. Cambridge: Cambridge Univ. Press.

Calder, K. 1988. *Crisis and Compensation*. Princeton: Princeton Univ. Press.

Cameron, D. 1978. "The Expansion of Public Economy: A Comparative Analysis." *American Political Science Review* 72: 1,243-1,261.

_____. 1984. "Social Democracy, Corporatism, Labor Quiescence and the Representation of Economic Interests in Advanced Capitalist Society." in J. Goldthrope ed. *Order Conflict in Contemporary Capitalism*. Oxford: Clarendon Press, pp. 143-178.

Castles, F. and D. Mitchell. 1992. "Identifying Welfare State Regimes: The Links between Politics, Instruments and Outcomes." *Governance* 5: 1-26.

Esping-Andersen, G. 1985. *Politics against Market*. Princeton NJ: Princeton Univ. Press.

_____. 1990. *The Three Worlds of Welfare Capitalism*. Princeton NJ: Princeton Univ. Press.

_____. 2006. "Inequality of Incomes and Opportunities." in A. Giddens and P. Diamond eds. *The New Egalitarianism*. Cambridge: Polity, pp. 8-38.

Esping-Andersen, G. and R. Friedland. 1992. "Class Coalition in the Making of West European Economies." *Political Power and Social Theory* 3: 1-52.

Esping-Andersen, G. and W. Korpi. 1984. "Social Policy as Class Politics in Postwar Capitalism: Scandinavia, Austria and Germany." in J. Goldthrope ed. *Order*

Conflict in Contemporary Capitalism. Oxford: Clarendon Press, pp. 179-208.

Evans, Peter B. et al. 1985. *Bringing the State Back In*. Cambridge: Cambridge Univ. Press.

Finnemore, Martha. 1996. "Norms, Culture, and World Politics: Insights from Sociology's Institutionalism." *International Organizations* 50: 325-347.

Freeman, R. B. et al. 1997. *The Welfare State in Transition*. Chicago: Univ. of Chicago Press.

Fulcher, J. 1991. *Labor Movements, Employers, and the State*. Oxford: Clarendon Press.

Garrett, Geoffrey. 1993. "The Politics of Structural Change: Swedish Social Democracy and Thatcherism in Comparative Perspective." *Comparative Political Studies* 25: 521-547.

Gay, Peter. 1952. *The Dilemma of Democratic Socialism: Eduard Bernstein's Challenge to Marx*. New York: Columbia Univ. Press.

Gilens, Martin. 1999. *Why Americans Hate Welfare: Race, Media, and the Politics of Antipoverty Policy*. Chicago: Univ. of Chicago Press.

Glazer, Nathan. 1997. *We are All Multiculturalists Now*. Cambridge, Mass.: Harvard Univ. Press.

Goodhart, David. 2004. "Britain's Glue: The Case of Liberal Nationalism." in A. Giddens and P. Diamond eds. *The New Egalitarianism*. Cambridge: Polity, pp. 154-170.

Gould, Arthur. 1993. "The End of the Middle Way? The Swedish Welfare State in Crisis." in C. Jones ed. *New Perspectives on the Welfare State in Europe*. London: Routledge, pp. 157-176.

Hall, Peter and R. Taylor. 1996. "Political Science and the Three New Institutionalisms." in *Political Studies* XLIV: 936-957.

Hardt, M. and A. Negri. 2000. *Empire*. Cambridge, Mass.: Harvard Univ. Press (水嶋一憲他訳. 2003. 『帝國: グローバル化の世界秩序とマルチチュードの可能性』. 以文社).

Held, David. 1995. *Democracy and the Global Order*. Cambridge, U. K.: Polity Press (佐々木寛他訳. 2006. 『デモクラシーと世界秩序: 地球市民の政治学』. NTT出版).

_____. 2004. *Global Covenant*. Cambridge, U. K.: Polity Press (中谷義和・柳原克行訳.

2005. 『グローバル社会民主主義の展望: 経済・政治・法のフロンティア』. 日本経済評論社).

Hero, R. and C. Tolbert. 1996. "A Racial Ethnic Diversity Interpretation of Politics and Policy in the States of the US." *American Journal of Political Science* 40: 851-871.

Hewitt, Roger. 2005. *White Backlash and the Politics of Multiculturalism*. New York: Cambridge Univ. Press.

Hoefer, Richard. 1996. "Swedish Corporatism in Social Welfare Policy, 1986-1994: An Empirical Examination." *Scandinavian Political Studies* 19: 67-80.

Huber, E. and John D. Stephens. 1998. "Internationalization and the Social Democratic Model Crisis and Future Prospects." *Comparative Political Studies* 31: 353-397.

Hyman, Richard. 1992. "Trade Unions and the Disaggregation of the Working Class." in Mario Regini ed. *The Future of Labor Movements*. London: Sage, pp. 150-168.

Ingham, Geoffrey. 1974. *Strikes and Industrial Conflict: Britain and Scandinavia*. London: Mcmillan.

Iversen, Torben. 1996. "Power, Flexibility, and the Breakdown of Centralized Wage Bargaining: Denmark and Sweden in Comparative Perspective." *Comparative Politics* 26: 147-177.

Keating, Michael. 1996. *Nations Against the State*. New York: Palgrave.

_____. 2001. *Plurinational Democracy: Stateless Nations in a Post-Sovereignty Era*. New York: Oxford Univ. Press.

King, D. S. and B. Rothstein. 1993. "Institutional Choice and Labor Market Policy: A British-Swedish Comparison." *Comparative Political Studies* 26: 147-177.

Kitschelt, Herbert. 1994a. *The Transformation of European Social Democracy*. New York: Cambridge Univ. Press.

_____. 1994b. "Australian and Swedish Social Democrats in Crisis." *Comparative Political Studies* 27: 3-39.

Koelble, Thomas A. 1995. "The New Institutionalism in Political Science and Sociology." *Comparative Politics* 27: 231-243.

Kohn, Hans. 2005. *The Ideas of Nationalism*. New Brunswick: Transaction Publishers.

Kono, Masaru. 1997. "Electoral Origins of Japanese Socialists' Stagnation." *Comparative Political Studies* 30: 55-77.

Korpi, W. 1978. *The Working Class in Welfare Capitalism*. London: Routledge and Kegan Paul.

_____. 1989. "Power, Politics, and State Autonomy in the Development of Social Citizenship." *American Sociological Review* 54: 309-328.

Korpi, W. and M. Shalev. 1979. "Strikes, Industrial Relations and Class Conflict in Capitalist Societies." *British Journal of Sociology* 30: 164-187.

_____. 1980. "Strikes, Power, and Politics in the Western Nations: 1900-1976." *Political Power and Social Theory* 1: 301-334.

Kunkel, Christoph and Jonas Pontusson. 1998. "Corporatism versus Social Democracy: Divergent Fortunes of the Austrian and Swedish Labor Movements." *West European Politics* 21: 1-31.

Lachman, Desmond et al. 1995. *Challenges to the Swedish Welfare State*. Washington D. C.: International Monetary Fund.

Lane, Jan-Erik. 1993. "The Twilight of the Scandinavian Model." *Political Studies* XLI: 315-324.

Lange, Peter, M. Wallerstein, and M. Golden. 1995. "The End of Corporatism? Wage Setting in the Nordic and Germanic Countries." in S. M. Jacoby ed. *The Workers of Nations*. New York: Oxford Univ. Press, pp. 76-100.

Levin, Lief. 1994. "The Rise and Decline of Corporatism: The Case of Sweden." *European Journal of Political Research* 26: 59-79.

Lipset, S. M. 1981. *Political Man*. expanded and updated edition. Baltimore: Johns Hopkins Univ. Press.

March, J. G. and J. P. Olsen. 1996. "Institutional Perspectives on Political Institutions." *Governance* 9: 247-264.

Marshall, T. H. and Tom Bottomore. 1992. *Citizenship and Social Class*. London: Pluto (岩崎信彦・中村健吾訳. 1993. 『シチズンシップと社会的階級』. 法律文化社).

Micheletti, Michele. 1995. *Civil Society and State Relations in Sweden*. Aldershot: Avebury.

Moses, Jonathon W. 1994. "Abdiction from National Policy Autonomy: What's Left to Leave?" *Politics and Society* 22: 125-148.

Myles, J. 1989. *Old Age in the Welfare State*. revised ed. Lawrence: Univ. Press of Kansas.

Norgaard, A. S. 1996. "Rediscovering Reasonable Rationality in Institutional Analysis." *European Journal of Political Research* 29: 31-57.

Notermans, Ton. 1993. "The Abdiction from National Policy Autonomy." *Politics and Society* 21: 133-167.

_____. 1994. "Social Democracy in Open Economies: A Reply to Jonathon Moses." *Politics and Society* 22: 149-164.

O'conner, J. S. and G. M. Olsen. 1998. *Power Resources Theory and the Welfare State*. Toronto: Univ. of Toronto Press.

Olsson, S. E. 1988. "Decentralization and Privatization: Strategies against a Welfare Backlash in Sweden." in R. Morris ed. *Testing the Limits of Social Welfare*. London: Univ. Press of New England, pp. 60-95.

_____. 1990. *Social Policy and Welfare State in Sweden*. Lund: Arkiv.

Pierson, Christopher. 1991. *Beyond the Welfare State?* Cambridge, U. K.: Polity.

Pierson, Paul. 1994. *Dismantling the Welfare State?* Cambridge: Cambridge Univ. Press.

Plotnick, R. and R. Winters. 1985. "A Politico-Economic Theory of Income Redistribution." *American Political Science Review* 79: 458-473.

Pontusson, Jonas and Peter Swenson. 1996. "Labor Markets, Production Strategies, and Wage Bargaining Institutions." *Comparative Political Studies* 29: 223-250.

Pontusson, Jonas. 1991. "Labor, Corporatism, and Industrial Policy." *Comparative Politics* 23: 163-179.

_____. 1992a. "At the End of the Third Road: Swedish Social Democracy in Crisis." *Politics and Society* 20: 305-332.

_____. 1992b. *The Limit of Social Democracy*. Ithaca: Cornell Univ. Press.

_____. 1993. "The Comparative Politics of Labor-Initiated Reforms: Swedish Cases of Sucess and Failure." *Comparative Political Studies* 25: 548-578.

_____. 1995. "Herbert Kitschelt, The Transformation of European Social Democracy"(book review). *Comparative Political Studies* 28: 469-475.

Przeworski, Adam. 1985. *Capitalism and Social Democracy*. Cambridge:

Cambridge Univ. Press.

Quadagno, Jill. 1988. *The Transformation of Old Age Security.* Chicago: The Univ. of Chicago Press.

Rothstein, Bo. 1990. "Marxism, Institutional Analysis and Working-Class Power: The Swedish Case." *Politics and Society* 18: 317-345.

_____. 1992. "Labor-Market Institutions and Working Class Strength." in Kathleen Thelen et al. eds. *Structuring Politics.* Cambridge: Cambridge Univ. Press, pp. 33-56.

_____. 1996. *The Social Democratic State.* Pittsburgh: Univ. of Pittsburgh Press.

Russo, John and Sherry L. Linkon. 2005. *New Working-Class Studies.* Ithaca: ILR Press.

Sassen, Saskia. 2004. "New Global Classes: Implications for Politics." in A. Giddens and P. Diamond eds. *The New Egalitarianism.* Cambridge: Polity, pp. 143-153.

Schmidt, M. G. 1982. "The Role of the Parties in Shaping Macroeconomic Policy." in F. G. Castles ed. *The Impact of Parties.* London: Sage, pp. 97-176.

_____. 1983. "The Welfare State and the Economy in Periods of Economic Crisis." *European Journal of Political Research* 11: 1-26.

Shalev, M. 1983. "The Social Democratic Model and Beyond." *Comparative Social Research* 6: 315-351.

Siaroff, Alan. 1994. "Work, Welfare and Gender Equality: A New Typology." in Diane Sainsbury ed. *Gendering Welfare States.* London: Sage, pp. 82-100.

Sklair, Leslie. 2001. *The Transnational Capitalist Class.* Oxford: Blackwell.

Skocpol, T. and K. Finegold. 1983. "State Capacity and Economic Intervention in the Early New Deal." *Political Science Quarterly* 97: 256-278.

Stephens, John D. 1996. "The Scandinavian Welfare States: Achievements, Crisis, and Prospects." in G. Esping-Andersen ed. *Welfare States in Transition.* London: Sage, pp. 32-56.

Stockwin, J. A. A. 1968. *The Japanese Socialist Party and Neutralism.* London: Cambridge Univ. Press.

Streek, Wolfgang and Philippe Schmitter. 1991. "From National Corporatism to Transnational Pluralism." *Politics and Society* 19: 133-164.

Swenson, P. 1991a. "Labor and the Limits of Welfare State." *Comparative Politics* 23: 379-399.

_____. 1991b. "Bringing Capital Back In, or Social Democracy Reconsidered." *World Politics* 43: 512-544.

Thelen, K. and S. Steinmo. 1992. "Historical Institutionalism in Comparative Politics." in K. Thelen et al. eds. *Structuring Politics*. Cambridge: Cambridge Univ. Press, pp. 1-32.

Thelen, Katheleen. 1991. *Union of Parts*. Ithaca: Cornell Univ. Press.

_____. 1993. "West European Labor in Transition." *World Politics* 46: 23-49.

Visser, Jelle. 1992. "The Strength of Union Movements in Advanced Capital Democracies: Social and Organizational Variations." in Mario Regini ed. *The Future of Labor Movements*. London: Sage, pp. 17-52.

찾아보기

일본 노동조합 총연맹 체제의 변화 과정

① 전후 노조 분립과 1차 노동 전선 통일 : 총평의 출발

일본 패전 후, 연합군 총사령부의 정책에 따라 노동운동이 부활한다. 1946년 우파와 중도파는 일본노동조합총동맹(총동맹)을, 공산당계 좌파는 전일본산업별노동조합회의(산별회의)를 조직한다. 총동맹은 처음부터 노사협조 노선을 취해 산별회의와 갈등했다. 1950년 산별회의에서 공산당계에 반발해 산별민주화동맹(민동)을 결성한 노조들이 잇따라 탈퇴하고, 이들과 총동맹이 결합해 총평을 결성했다. 그러나 총평이 좌경화되면서 총동맹계 우파들이 탈퇴해, 1951년 6월 총동맹을 재건한다. 총평과 총동맹이 대립하는 체제였으나, 총평이 압도적으로 우위에 있었다. 산별회의는 쇠퇴해 1958년 해산한다.

② 재분립 : 4대 노총 시대로

총평이 좌경화하자 이에 반발해 탈퇴한 세력들이 1952년 '전투적 자유주의' 노선을 내세운 전국산업별노동조합연합(신산별)을 결성한다. 총평이 좌파 주도하에 사회당과 밀착하자, 이에 반발한 우파 조직들이 다시 이탈했고, 이들은 총동맹과 결합해 1954년 전일본노동조합회의(전노)를 조직한다. 전노는 1962년 전일본노동총동맹회의(동맹회의)로, 1964년 전일본노동총동맹(동맹)으로 개편된다. 한편 소수파 중립 노조들은 이와 별도로 1956년 중립노동조합연락회의(중립노련)를 조직했다. 이로써 '총평-동맹-중립노련-신산별'이 정립된 '4대 노총' 체제가 되었다. 이 가운데 최대 조직이 관공 부문 노조를 중심으로 한 총평, 그다음이 민간 노조 중심의 동맹이었다. 총평은 사회당, 동맹은 (사회당에서 이탈한) 민사당을 지지했다.

③ 2차 노동 전선 통일 : 연합의 시대로

1974년 좌파 계열 노조들이 통일전선촉진노조간담회(통일노조간)를 결성했고, 1979년에는 신산별과 중립노련이 결합해 상징적으로 총연합을 결성했다. 이어 1982년에는 우파 민간 노조들을 중심으로 전일본민간노동조합협의회(전민노협)가 결성된다. 이 과정을 주도한 것이 자동차·조선·철강 등 민간 부문 대기업 노조들, 특히 금속 부문의 노조 협의체인 IMF-JC였다. 전민노협은 1987년 협의회에서 연합회(민간연합)로 개편되고, 여기에 동맹과 중립노련이 해산 후 결합한다. 1988년 신산별이 해산하고, 이듬해 총평이 해산해 민간연합과 결합함으로써 일본노동조합총연합(연합)이 결성된다. 연합의 시대가 열린 것이다.

④ 전노련과 전노협 : 3대 노총 체제로

총평의 해산과 연합으로의 통합에 반발한 총평 내 좌파 조직들이 1989년 전국노동조합연락협의회(전노협)를 결성했고, 통일노조간을 모체로 좌파 주도의 노동 전선 통일을 추진한 공산당계 조직들도 1989년 전국노동조합총연합(전노련)을 결성했다. 그 뒤 지금까지 일본은 연합·전노련·전노협의 3대 노총 체제를 유지하고 있다. 1989년 당시 연합은 약 8백만 명, 전노련은 140만 명, 전노협은 30만~50만 명 규모였다. 연합이 압도적 우위에 있었으므로, "일본 노동운동의 우익적 재편이 완성"되었다고 일컬어졌다. 2013년 기준으로 연합은 약 675만 명, 전노련은 120만 명, 전노협은 12만 명이다.

* 이 설명과 이어지는 도표는 원서에 없는 것으로, 한국 독자의 이해를 돕기 위해 옮긴이가 추가했다.

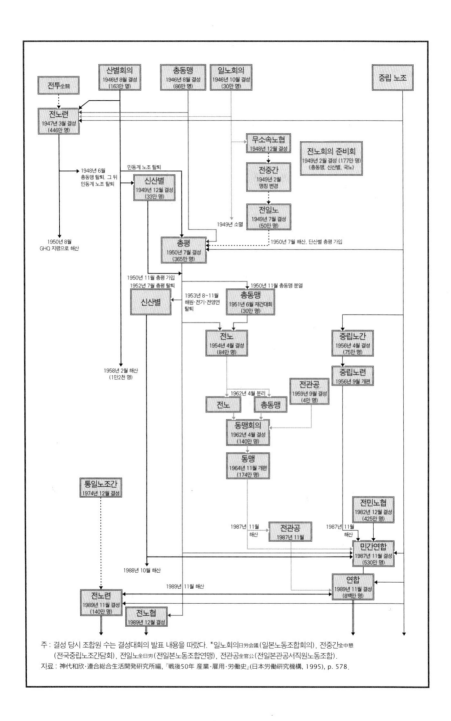

주 : 결성 당시 조합원 수는 결성대회의 발표 내용을 따랐다. *일노회의日勞会議(일본노동조합회의), 전중간全中鹽
(전국중립노조간담회), 전일노全日勞(전일본노동조합연맹), 전관공全官公(전일본관공서직원노동조합).

자료 : 神代和欣·連合総合生活開発研究所編, 「戦後50年 産業·雇用·労働史」(日本労働研究機構, 1995), p. 578.

후마니타스의 책 | 발간순

부러진 화살(개정판) | 서형 지음
냉전의 추억 | 김연철 지음
현대 일본의 생활보장체계 | 오사와 마리 지음, 김영 옮김
복지한국, 미래는 있는가(개정판) | 고세훈 지음
분노한 대중의 사회 | 김헌태 지음
워킹 푸어, 빈곤의 경계에서 말하다 | 데이비드 K. 쉬플러 지음, 나일등 옮김
거부권 행사자 | 조지 체벨리스트 지음, 문우진 옮김
초국적 기업에 의한 법의 지배 | 수전 K. 셀 지음, 남희섭 옮김
한국 진보정당 운동사 | 조현연 지음
근대성의 역설 | 헨리 임·곽준혁 엮음
브라질에서 진보의 길을 묻는다 | 조돈문 지음
동원된 근대화 | 조희연 지음
의료 사유화의 불편한 진실 | 김명희·김철웅·박형근·윤태로·임준·정백근·정혜주 지음
대한민국 정치사회 지도(수도권편) | 손낙구 지음
대한민국 정치사회 지도(집약본) | 손낙구 지음
인권을 생각하는 개발 지침서 | 보르 안드레아센·스티븐 마크스 지음, 양영미·김신 옮김
불평등의 경제학 | 이정우 지음
왜 그리스인가? | 자클린 드 로미이 지음, 이명훈 옮김
민주주의의 모델들 | 데이비드 헬드 지음, 박찬표 옮김
노동조합 민주주의 | 조효래 지음
유럽 민주화의 이념과 역사 | 강정인·오향미·이화용·홍태영 지음
우리, 유럽의 시민들? | 에티엔 발리바르 지음, 진태원 옮김
지금, 여기의 인문학 | 신승환 지음
비판적 실재론 | 앤드류 콜리어 지음, 이기홍·최대용 옮김
누가 금융 세계화를 만들었나 | 에릭 헬라이너 지음, 정재환 옮김
정치적 평등에 관하여 | 로버트 달 지음, 김순영 옮김
한낮의 어둠 | 아서 쾨슬러 지음, 문광훈 옮김
모두스 비벤디 | 지그문트 바우만 지음, 한상석 옮김
진보와 보수의 12가지 이념 | 폴 슈메이커 지음, 조효제 옮김
한국의 48년 체제 | 박찬표 지음
너는 나다 | 손아람·이창현·유희·조성주·임승수·하종강 지음
             (레디앙, 삶이보이는창, 철수와영희, 후마니타스 공동 출판)
정치가 우선한다 | 셰리 버먼 지음, 김유진 옮김
대출 권하는 사회 | 김순영 지음
인간의 꿈 | 김순천 지음
복지국가 스웨덴 | 신필균 지음
대학 주식회사 | 제니퍼 워시번 지음, 김주연 옮김
국민과 서사 | 호미 바바 편저, 류승구 옮김

통일 독일의 사회정책과 복지국가 | 황규성 지음
아담의 오류 | 던컨 폴리 지음, 김덕민·김민수 옮김
기생충, 우리들의 오래된 동반자 | 정준호 지음
깔깔깔 희망의 버스 | 깔깔깔 기획단 엮음
정치 에너지 2.0 | 정세균 지음
노동계급 형성과 민주노조운동의 사회학 | 조돈문 지음
시간의 목소리 | 에두아르도 갈레아노 지음, 김현균 옮김
법과 싸우는 사람들 | 서형 지음
작은 것들의 정치 | 제프리 골드파브 지음, 이충훈 옮김
경제 민주주의에 관하여 | 로버트 달 지음, 배관표 옮김
정치체에 대한 권리 | 에티엔 발리바르 지음, 진태원 옮김
작가의 망명 | 안드레 블책·로시 인디라 지음, 여운경 옮김
지배와 저항 | 문지영 지음
한국인의 투표 행태 | 이갑윤
그들은 어떻게 최고의 정치학자가 되었나 1·2·3 | 헤라르도 뭉크·리처드 스나이더 지음,
            정치학 강독 모임 옮김
이주, 그 먼 길 | 이세기 지음
법률가의 탄생 | 이국운 지음
헤게모니와 사회주의 전략 | 에르네스토 라클라우·샹탈 무페 지음, 이승원 옮김
갈등과 제도 | 최태욱 엮음
자연의 인간, 인간의 자연 | 박호성 지음
마녀의 연쇄 독서 | 김이경 지음
평화는 어떻게 만들어지는가 | 존 폴 레더라크 지음, 김동진 옮김
스웨덴을 가다 | 박선민 지음
노동 없는 민주주의의 인간적 상처들 | 최장집 지음
광주, 여성 | 광주전남여성단체연합 기획, 이정우 편집
한국 경제론의 충돌 | 이병천 지음
고진로 사회권 | 이주희 지음
스웨덴이 사랑한 정치인, 올로프 팔메 | 하수정 지음
세계노동운동사 1·2·3 | 김금수 지음
다운사이징 데모크라시 | 매튜 A. 크렌슨·벤저민 긴스버그 지음, 서복경 옮김
만들어진 현실(개정판) | 박상훈 지음
민주주의의 재발견 | 박상훈 지음
정치의 발견(개정3판) | 박상훈 지음
세 번째 개똥은 네가 먹어야 한다[자유인 인터뷰 1] | 김경미 엮음
골을 못 넣어 속상하다[자유인 인터뷰 2] | 김경미 엮음
한국 사회 불평등 연구 | 신광영 지음
논쟁으로서의 민주주의 | 최장집·박찬표·박상훈·서복경·박수형 지음

어떤 민주주의인가(개정판) | 최장집·박찬표·박상훈 지음

베네수엘라의 실험 | 조돈문 지음

거리로 나온 넷우익 | 야스다 고이치 지음, 김현욱 옮김

건강할 권리 | 김창엽 지음

복지 자본주의 정치경제의 형성과 재편 | 안재홍 지음

복지 한국 만들기 | 최태욱 엮음

넘나듦(通涉)의 정치사상 | 강정인 지음

막스 베버, 소명으로서의 정치 | 막스 베버 지음, 최장집 엮음, 박상훈 옮김

한국 고용체제론 | 정이환 지음

이것을 민주주의라고 말할 수 있을까? | 셸던 월린 지음, 우석영 옮김

경제 이론으로 본 민주주의 | 앤서니 다운스 지음, 박상훈·이기훈·김은덕 옮김

철도의 눈물 | 박흥수 지음

의료 접근성 | 로라 J. 프로스트·마이클 R. 라이히 지음, 서울대학교이종욱글로벌의학센터 옮김

광신 | 알베르토 토스카노 지음, 문강형준 옮김

뚱뚱해서 죄송합니까? | 한국여성민우회 지음

배 만들기, 나라 만들기 | 남화숙 지음, 남관숙·남화숙 옮김

저주받으리라, 너희 법률가들이여! | 프레드 로델 지음, 이승훈 옮김

케인스 혁명 다시 읽기 | 하이먼 민스키 지음, 신희영 옮김

기업가의 방문 | 노영수 지음

니콜로 마키아벨리, 군주론 | 니콜로 마키아벨리 지음, 박상훈 옮김

그의 슬픔과 기쁨 | 정혜윤 지음

신자유주의와 권력 | 사토 요시유키 지음, 김상운 옮김

코끼리 쉽게 옮기기 | 김영순 지음

사람들은 어떻게 광장에 모이는 것일까? | 마이클 S. 최 지음, 허석재 옮김

감시사회로의 유혹 | 데이비드 라이언 지음, 이광조 옮김

신자유주의의 위기 | 제라르 뒤메닐·도미니크 레비 지음, 김덕민 옮김

젠더와 발전의 정치경제 | 시린 M. 라이 지음, 이진옥 옮김

나는 라말라를 보았다 | 무리드 바르구티 지음, 구정은 옮김

가면권력 | 한성훈 지음

반성된 미래 | 참여연대 기획, 김균 엮음

선택이라는 이데올로기 | 레나타 살레츨 지음, 박광호 옮김

세계화 시대의 역행? 자유주의에서 사회협약의 정치로 | 권형기 지음

위기의 삼성과 한국 사회의 선택 | 조돈문·이병천·송원근·이창곤 엮음

말라리아의 씨앗 | 로버트 데소비츠 지음, 정준호 옮김

허위 자백과 오판 | 리처드 A. 레오 지음, 조용환 옮김

민주 정부 10년, 무엇을 남겼나 | 참여사회연구소 기획, 이병천·신진욱 엮음

민주주의의 수수께끼 | 존 던 지음, 강철웅·문지영 옮김

왜 사회에는 이견이 필요한가(개정판) | 카스 R. 선스타인 지음, 박지우·송호창 옮김